한 국 사 를

움 직 인

1 0 0 인

한국사를 움직인 100인

윤재운 · 장희흥 지음

초판 1쇄 발행 · 2010. 12. 10.
초판 3쇄 발행 · 2015. 11. 16.

발행인 · 이상용 이성훈
발행처 · 청아출판사
출판등록 · 1979. 11. 13. 제9-84호
주소 · 경기도 파주시 회동길 363-15
대표전화 · 031-955-6031
팩시밀리 · 031-955-6036
E-mail · chungabook@naver.com

ISBN 978-89-368-1004-7   03900

∗ 값은 뒤표지에 있습니다.
∗ 잘못된 책은 구입한 서점에서 바꾸어 드립니다.
∗ 본 도서에 대한 문의사항은 이메일을 통해 주십시오.

∗ 표지 이미지 제공처
이제현 · 송시열 · 이하응 · 고종 · 최익현 · 황희 초상(국립중앙박물관, 중박201009-394), 안향 · 이시백 · 신임(국립중앙박물관, 중박201011-525), 정약용 초상(다산기념관), 원효 · 의상 초상(범어사성보박물관), 김구 · 김좌진 사진(독립기념관), 김육 초상(실학박물관), 채제공 초상(수원화성박물관), 이순신 초상(현충사), 조식 초상(권태균 님)
∗ 이 책에 사용된 작품 중 일부는 저작권자를 찾지 못했습니다. 저작권자가 확인되는대로 정식 허가 절차를 진행하겠습니다.

한국사를 움직인 100인

| 단군부터 전태일까지 한국을 바꾼 사람들 |

윤재운
장희흥

청아출판사

　이 책은 한국사에 뚜렷한 자취를 남긴 인물 100명을 선정하여 그들의 생애와 활동을 통해 한국사를 보다 쉽게 이해할 수 있도록 쓰여졌다.

　역사는 인간이 만든 것이고, 인간의 역사이다. 따라서 역사를 이해할 때 그 안의 인간을 이해해야만 그 역사는 비로소 생동감과 역동성을 지니게 되며, 살아 있는 역사가 된다. 역사는 인간에 의해 주재되며 변화를 겪기 때문에 역사에서 인간성을 배제하고는 시대적 관심도, 역사의 일정한 틀과 흐름도 이해하기 힘들어진다. 역사는 오늘도 인간에 의해 창조되고 있으며 과거를 심판, 평가하여 미래를 바람직하게 설계할 수 있는 예시를 준다.

　이 책에는 한국 고대사에서 현대사에 이르기까지 총 100명에 이르는 인물들이 소개되어 있다. 각 인물은 생년을 기준으로 배열되어 있으나 일부는 독자의 이해를 돕기 위해 각 인물이 관여한 중심적인 사건을 고려하여 한 시대 내에서 약간의 변화를 주었다. 각 인물에 대해서는 생애와

활동 및 당대의 주요 사건 등을 중심으로 해당 인물의 전체 모습이 드러나는 것은 물론 한국사의 큰 흐름을 이해할 수 있게 집필하였다.

물론 이 책에 수록된 인물만으로 한국사의 주요 인물이 모두 망라되었다고 할 수는 없다. 비록 이 책에서 다루지는 않았지만 한국사에서 중요한 업적을 남긴 인물들이 많이 남아 있기 때문이다. 그렇지만 현재 역사학계에서 크게 관심을 가지고 있고, 중요하다고 생각되는 인물들을 선정하여 다루었고, 정치·경제·문화·예술 등 각 방면의 인물들이 고루 다루어지도록 노력하였다. 마지막으로 이 책을 출간하는 데 도움을 주신 청아출판사 관계자 분들께도 감사를 드린다.

2010년 12월

지은이 윤재운, 장희흥

고려 시대

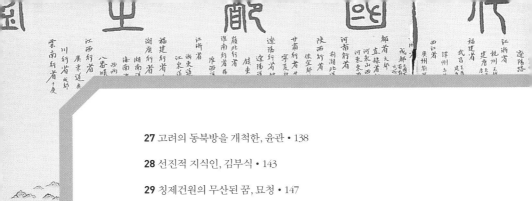

조선부터 대한민국까지

우리나라에서 중앙집권적 통치 체제를 갖춘 고대 국가가 등장하기 시작한 것은 삼국 시대부터이다. 가장 먼저 성립된 고구려는 압록강 유역 일대를 기반으로 정복 사업을 활발히 전개했다. 기원전 1세기 한강 유역에 건국된 백제는 독자적인 문화 기반 위에 중국, 왜 등과 교류하거나 때론 대립했다. 가장 늦게 중앙집권 국가로 발전한 신라는 소국들을 병합하며 국력을 키우고, 대당 외교를 통해 7세기경 삼국을 통일했다. 그 후 통일 신라는 확장된 영토와 함께 왕권의 전제화를 이룩했다.
7세기 말 고구려의 장수 대조영이 고구려 유민과 말갈족을 규합하여 지린에 발해를 세우면서 남북국 시대가 시작되었다. 9세기경 크게 융성한 발해는 왜와 우호 관계를 유지하면서 신라를 견제했으나 10세기 초 거란 족에 쫓겨 926년 멸망했다.

한국사 연대표

B.C. 400
철기 시대가 시작
되다.

B.C. 372
맹자가 탄생하다.

B.C. 108
고조선이 멸망하
다.

B.C. 57
박혁거세, 서라벌
을 건국하다.

B.C. 37
주몽, 고구려를 건
국하다

B.C. 18
온조, 백제를 건국
하다.

A.D. 42
금관가야,
건국되다.

A.D. 313
고구려, 미천왕이
한사군을 멸망시
키다.

B.C. 403
중국, 전국 시대가
시작되다.

B.C. 323
헬레니즘 시대가
도래하다.

B.C. 221
진시황, 중국을 통
일하다.

B.C. 58
카이사르, 갈리아
를 정복하다.

B.C. 27
로마, 제정을 시작
하다.

B.C. 4
예수가 탄생하다.

A.D. 220
후한이 멸망하고
위, 촉, 오의 삼국
이 정립되다.

세계사 연대표

고조선부터 후삼국까지

A.D. 414
고구려, 장수왕이 광개토 대왕비를 세우다.

A.D. 443
나제 동맹이 결성되다.

A.D. 532
금관가야가 멸망하다.

A.D. 612
고구려, 살수대첩을 이루다.

A.D. 676
신라, 삼국을 통일하다.

A.D. 698
발해가 건국되다.

A.D. 828
신라, 장보고가 청해진을 설치하다.

A.D. 900
견훤, 후백제를 건국하다.

A.D. 901
궁예, 후고구려를 건국하다.

A.D. 918
왕건이 궁예를 추방하고 고려를 건국하다.

A.D. 935
신라, 멸망하다.

A.D. 325
니케아 공의회가 열리다.

A.D. 327
게르만 족, 대이동을 하다.

A.D. 579
무함마드가 탄생하다.

A.D. 589
수나라가 중국을 통일하다.

A.D. 771
샤를마뉴, 프랑크 왕국을 통일하다.

A.D. 800
바이킹, 대이동을 시작하다.

A.D. 843
베르됭 조약으로 프랑크 왕국이 분열되다.

A.D. 907
당이 멸망하고 5대 10국 시대가 열리다.

한민족의 시조
단군

檀君(?~?)

■ 고조선의 첫 번째 임금.
■ 현존하는 사서 중 《삼국유사》와 《제왕운기》에 처음 언급된다.
■ 한민족의 시조로 일컬어지며 민족적 자주 의식의 상징이다.

단군은 고조선의 첫 임금이다. 기원전 2333년 아사달에 도읍을 정하고 단군조선을 개국했다. 그는 한반도 역사상으로도 첫 임금이다. 곧 한민족의 시조라고 해야 옳다. 단군에 관한 구체적인 기록들은 모두 다르지만, 모든 사료들이 이 부분에 대해서는 이견의 여지가 없다.

중국 삼국 시대에 관한 사서라고 추정되는 《위서魏書》와 고려 시대 승려 일연一然이 쓴 《삼국유사》를 비롯해 다양한 자료에 실린 단군에 관한 기록은 조금씩 다르다. 이름만 해도 《삼국유사》에는 '제단 단壇' 자로 기록되어 있는 반면 5년 후 출간된 이승휴의 《제왕운기》에는 '박달나무 단檀' 자가 쓰여 있다. 학자들은 대체적으로 후자를 정확한 표기로 삼는다.

또 《삼국유사》에는 환인의 아들 환웅과 곰에서 인간으로 변신한 웅녀 사이에서 단군이 태어났다고 기록되어 있지만, 《제왕운기》에는 단웅천왕檀雄天王이 손녀에게 약을 먹여 사람이 되게 한 다음 단수신과 결혼시켜 낳은 아들이 단군이라고 밝히고 있다.

《삼국유사》에 따르면 단군은 하늘의 신인 환인의 손자이다. 환인의 아들, 즉 단군의 아버지가 되는 환웅이 인간 세상에 내려가 살겠다고 하자, 환인이 그 뜻을 받아들여 천부인天符印 3개를 주고 인간 세상으로 내려보냈다는 것이다. 환웅은 3,000명의 무리를 이끌고 태백산 정상의 신단수 아래로 내려왔다.

천부인 가운데 부符와 인印은 관리의 신분을 나타낸다. 제왕의 명령을 수행하는 관리에게 내렸던 '부'를 통해 환웅의 지배를 하늘의 뜻을 받은 것으로 합법화하는 것이다. 천부인 세 가지를 청동검, 청동거울, 청동방울이라고 말하는 학자들도 있다. 땅에 도착한 환웅은 천제자天帝子 혹은 천왕天王이라 불렸다. 그는 하늘의 뜻을 담아 신시를 세웠고, 풍백風伯, 우사雨師, 운사雲師, 즉 바람과 비와 구름의 신을 거느리며 곡穀, 명命, 병病,

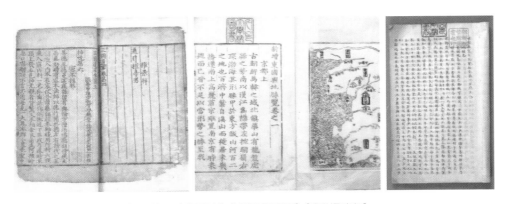

단군 신화가 기록된 책들 왼쪽부터 《삼국유사》, 《신증동국여지승람》, 《세종실록지리지》.

형刑 같은 인간사의 360가지 일을 맡아 세상을 다스리기 시작했다.

단군의 어머니는 곰에서 인간이 되었다고 전하는 웅녀이다. 그녀가 아직 곰이었을 때 호랑이와 함께 환웅을 찾아가 사람이 되게 해 달라고 기원했다. 환웅은 "쑥과 마늘을 먹고 100일 동안 햇빛을 보지 않고 참으면 사람이 된다."라고 말했다. 호랑이와 곰은 함께 동굴 속에 들어가 쑥과 마늘을 먹고 지내던 중 호랑이는 중간에 뛰쳐나갔지만 곰은 삼칠일(三七日, 21일) 만에 여인의 몸으로 변했다. 그녀가 환웅과의 사이에서 낳은 이가 곧 단군왕검檀君王儉이다.

곰은 고아시아 족(Paleo Asiatic, 구 시베리아 어를 사용하던 민족)이 시조로 숭배하던 존재이다. 그들은 스스로를 곰의 자손이라고 믿었다. 고아시아 족의 '세계목(世系木, 고대 신화에서 하늘과의 통로로 여겨진 신성한 나무)'이 단군 신화에서는 '신단수'로 표현된 것이라는 해석도 가능하다. 또 하늘 신의 아들과 지상을 대표하는 곰이 결합함으로써 제정일치의 정당성을 확보하려 했던 것으로도 보인다. 단군 신화를 태양 숭배 신앙과 토템 사상이 결합된 기록으로 보아 서로 다른 사상을 지닌 두 부족이 정치적으로 통합되었다고 해석하기도 한다.

단군의 탄생 못지않게 해석의 여지를 주는 것은 바로 첫 도읍의 위치이다. 일연은 《삼국유사》에서 단군이 '평양성'에 도읍을 정해 국호를 '조선'이라고 했다고 기록한다. 그리고 "평양성이란 '지금의 서경'을 말한다."라고 덧붙였다. 당시 서경은 오늘날의 평양을 가리킨다. 하지만 같은 책에서 일연은 '아사달'이라는 지명을 함께 사용했다. "도읍을 백악산 아사달로 옮겨 1,500년 동안 나라를 다스렸다. ……단군은 장당경으로 옮겼다가 뒤에 돌아와서 아사달에 숨어 산신이 되니……"라는 구절이다. 이로 인해 고조선의 첫 도읍의 위치는 평양이라는 설과 황해도 구월

대곡리 출토 유물 화순 대곡리 영산강 구릉에서 발견된 청동기 시대의 무덤 유적에서 출토된 유물. 국립중앙박물관 소장(중박201009-394).

산이라는 설로 양분되었다.

　단군 신화는 그가 1,500년이 넘도록 제왕으로 군림했다고 전한다. 죽음을 초월해 영원한 생명을 누렸다고도 한다. 이를 왕조사처럼 그대로 수용하는 것은 무리가 있을 듯하다. 대신 단군왕검을 한 개인으로 보기보다는 고조선의 군장을 지칭한 일반명사로 이해하는 견해에 주목할 필요가 있다. 신성한 왕권이 대를 이은 권력자에게 전달된다는 시각이 그렇다. 그렇다면 단군이 죽더라도 새 단군이 신성한 왕권을 행사해 1,000년이 넘게 이어갈 수 있다는 이야기이다.

　단군은 고조선을 건국한 건국의 시조로 신성시되어 왔다. 특히 고조선이 있던 지역인 평안도 등지에서는 단군을 인간사에 영향을 미치는 신으로 숭배하기도 했다. 고려 시대에 들어와서부터 특히 한민족의 시조로 단군을 추앙하며 우리나라만의 독자적인 역사가 시작되었음을 강조했는데 이는 민족적 자주 의식을 드높이기 위함이었다. 이러한 역사 의식은 사직단에서 단군에 대한 제사를 지내는 등 조선 시대에 계승되었다가 구한말 '단군민족주의'의 등장으로 강화되었다. 식민 지배라는 민족의 위기 속에서 구국의 의지를 드높이기 위해 단군을 정신적 기반으로 하여 다양한 역사 운동이 전개된 것이다. 이 일환으로 단기를 사용하고, 개천절을 기념하는 등 한민족의 정체성을 되찾고 민족의 단결을 고취하는 데 단군 신화가 이용되었다.

위만조선은 중국의 식민지였을까?

사마천의 《사기》와 반고의 《한서》에는 위만조선이 등장한다. 위만은 옛 연나라 사람인데 랴오둥 일대에 망명했다가 무리 1,000여 명을 이끌고 동쪽으로 도망쳐 준왕準王의 외신外臣으로 지냈다. 이후 고조선朝鮮의 오랑캐와 옛 연·제의 망명자들을 복속시켜 왕이 되었고, 왕검성에 도읍을 정했다. 기원전 194년에서 기원전 180년의 일이다.

한때 위만조선은 중국인이 고조선 지역을 지배한 식민지 정권으로 오인되었다. 하지만 고조선만의 독자적인 정치 체제를 유지했고, 지배층 대부분이 토착민이라는 점에서 이 주장은 곧 사라졌다. 위만조선에서 왕위는 세습되었고, 왕을 정점으로 한 지역공동체의 수장들이 중앙 관직을 차지하고 있는 정치 구조였다. 정치 체제가 문관인 상직相職과 무관인 장군직將軍職으로 나뉜 것도 위만조선의 특징이다.

또한 사유재산을 법으로 보호하는 '팔조금법八條禁法'을 통해 노비와 일반인의 구분이 엄격했고, 단검이나 칼 같은 부장품들을 통해 정복 전쟁이 활발했을 것으로 추정할 수 있다. 위만조선은 철기에 기반을 둔 군사력으로 주변 지역을 정복해 영토를 계속 넓혔고, 공납을 받는 등 국제적인 지배 관계도 실현했을 것으로 보인다. 위만조선은 기원전 108년 한나라에 의해 멸망할 때까지 채 100년이 지속되지 않았지만, 철기 문화를 찬란히 꽃피운 고대 국가였다.

최초의 영웅이자 신화가 된
주몽

朱蒙(B.C. 58~B.C. 19년)

▮ 동명성왕(東明聖王). 고구려의 건국 시조(재위 B.C. 37~B.C. 19년).
▮ 《삼국사기》에 따르면 천제의 아들 해모수와 하백의 딸 유화 사이에서 태어났으며, 알에서 탄생했다고 한다.
▮ 기원전 33년 부여를 떠나 졸본에 고구려를 세웠다.

주몽, 즉 동명성왕은 고구려의 시조이다. 주몽 이외에도 추모鄒牟, 상해象解, 추몽鄒蒙, 중모中牟, 도모都慕 등 여러 이름이 전한다. 성은 고高씨이다.

수많은 이름 가운데 '주몽'으로 주로 불린 이유는 《삼국사기》의 〈고구려본기〉〈동명성왕조〉에 설명되어 있다. "동명성왕은 성이 고씨이고, 이름이 주몽이다. 일곱 살 무렵부터 재주가 뛰어나 스스로 활과 화살을 만들어 쏘았는데 백발백중이었다." 그리고 당시 부여 속담에 활 잘 쏘는 이를 주몽이라고 했다는 설명이 덧붙어 있다. 따라서 주몽을 고조선이 멸망한 후 어수선한 주변국들 사이에서 활로 대표되는 철제 무기를 잘 다루던 사람으로 이해할 수 있다. 《삼국유사》에도 이와 비슷한 내용이 전한다.

영남 지방에서 출토된 철제 무기 쇠로 만든 강력한 무기와 농기구를 사용하게 됨에 따라 정복 전쟁에 의한 주변 지역의 통합이 급격히 이루어졌고, 고대 국가 형성의 기반이 마련되었다. 국립중앙박물관 소장(중박 201009-394).

광개토대왕릉비와 광개토대왕 시절 북부여의 관리였던 모두루牟頭婁의 묘지에는 주몽을 '추모왕'이라고 적고 있다. 그런가 하면 일본 문헌에서는 백제의 시조로 '도모'라는 표현을 사용하는데, 이는 '동명'을 달리 표현한 말이다. 이런 혼용은 '동명'이라는 한 존재를 각기 다른 글자로 표기하는 과정에서 벌어진 일이라는 견해가 있다. 반면 중국《후한서》의 〈부여전〉이나《양서》의 〈고구려전〉에는 부여의 시조가 '동명'으로 기록되어 있고,《위서》등에서는 고구려의 시조를 '주몽'이라고 지칭한다. 즉 동명을 시조로 모신 전통은 부여에서 시작되어 고구려, 백제에 이르기까지 보편적이었다는 해석이 가능하다.

때문에 학자들은 동명과 고구려의 시조 주몽을 다른 인물로 받아들이고 있다. 동명왕을 고구려가 아닌 부여의 건국자로 보는 견해가 대표적이다. 동명성왕은 주몽과 동명왕이 겹쳐지면서 후대에 붙여진 이름이라는 것이다. 하늘의 후예라는 의식이 강했던 고구려인들이 건국자 주몽을 신격화하는 과정에서 부여의 동명왕 신화를 이용했다는 주장이 이를 뒷받침한다.

주몽의 탄생에 대해 《삼국사기》와 《삼국유사》에는 다음과 같이 묘사되어 있다. 주몽의 아버지는 천제의 아들인 해모수이다. 해모수는 북부여의 왕이기도 하다. 이는 주몽이 동부여에서 태어났음에도 왕통의 근원이 북부여에 있음을 증명하는 대목이다.

동부여의 금와왕이 하루는 태백산 남쪽 우발수로 놀러 갔다가 한 여인을 만났다. 그녀는 "저는 하백의 딸 유화입니다. 동생들과 놀러 나왔다가 천제의 아들인 해모수를 만나 웅신산 밑 압록 강가에서 함께 살았는데 어느 날 그가 떠나 버린 뒤 돌아오지 않았습니다. 부모는 중매도 없이 남자를 따라간 저를 책망해 이곳에 귀양을 보냈습니다."라고 말했다.

금와가 이를 이상히 여겨 유화를 궁으로 데리고 돌아가 방에 가두었다. 이후 햇빛이 유화를 따라다니더니 곧 태기가 있었다. 유화는 크기가 다섯 되나 되는 알을 하나 낳았다. 금와왕이 알을 버리라고 하여 개, 돼지에게 주었지만 먹지 않았고, 길가에 버리면 소나 말이 피해 지나다녔다. 깨뜨리려 해도 깨지지 않아 결국 금와왕은 유화에게 알을 돌려주었다. 유화가 알을 따뜻한 곳에 두니 남자아이가 껍질을 깨고 나왔다. 아이는 어려서부터 영특한 데다 일곱 살에 이미 활을 자유자재로 쏘는 등 재주가 남달랐다. 그가 바로 활을 잘 쏘는 아이, 주몽이었다.

하지만 금와의 일곱 아들은 그의 재능을 불편하게 여겼다. 특히 맏아들 대소는 "사람의 소생이 아니니 일찍 없지지 않으면 후환이 있을 것"이라며 주몽을 죽이려 했다. 하지만 금와는 대소의 말을 듣지 않고 주몽에게 말을 기르게 했다. 주몽은 날랜 말에게는 먹이를 조금만 주어 야위게

호랑이 사냥 묘사된 벽화에 그려진 사냥 모습. 벽화의 무사가 쏘고 있는 활은 맥궁이라고 하며, 고구려의 시조가 활을 잘 쏘는 주몽이었다는 사실을 알 수 있다.

하고 둔한 말은 잘 먹여 살이 붙도록 했다. 금와는 이런 줄도 모르고 살찐 말은 자신이 타고, 야윈 말은 주몽에게 주었다.

　말을 골라 기르며 때를 노리던 주몽은 어머니 유화의 조언에 따라 대소와 신하들을 피해 부여에서 도주했다. 주몽 곁에는 오이烏伊, 마리摩離, 협보陜父 세 사람이 따랐다. 엄체수라는 큰 강에 도달했을 때 강물이 불어나 강을 건널 수가 없자 주몽은 "나는 천제의 아들이요, 하백의 외손자이다. 나를 쫓는 군사가 곧 닥치는데 이를 어쩌면 좋단 말인가."라고 탄식했다. 그러자 물고기와 자라 들이 떠올라 강을 건널 다리를 만들어 주었다. 주몽과 세 벗이 강을 건너자 물고기와 자라 들은 다시 흩어져 군사들이 그 뒤를 쫓지 못했다.

동부여를 탈출한 주몽은 졸본부여로 남하해 나라를 세웠다. 위치는 압록강 지류인 동가강(佟佳江, 지금의 훈장渾江) 유역으로 전한다. 기원전 37년의 일이다. 주몽은 국호를 고구려라 하고, 스스로 성을 '고'라고 지칭했다. 주몽은 기원전 36년 비류국의 왕 송양松讓의 항복을 받아낸 뒤 국호를 '옛 땅을 회복했다'는 뜻의 고구려 말인 '다물多勿'로 개칭하기도 했다. 2년 뒤에는 성곽을 올리고 궁궐을 지었다. 기원전 28년에는 북옥저를 멸망시켰다는 기록도 전한다. 다만 《삼국사기》〈백제본기〉에는 북부여 출신 주몽이 졸본에 간 뒤 왕의 사위가 되어 왕위를 이었다고 기록되어 있다.

설화와 달리 실제로 주몽은 금와의 후궁 유화가 낳은 서자였을 것이다. 대소를 비롯한 적통 왕자와의 경쟁에서 밀린 주몽은 죽음을 피하기 위해서라도 동부여를 떠날 수밖에 없었다. 졸본부여에 도착한 주몽은 그곳의 유력자였던 연타발延陀勃의 딸 소서노召西奴와 결혼함으로써 세를 확장하기 시작했다.

고구려는 일찍부터 기마민족의 문화를 받아들여 전쟁에 유리했다. 고구려는 기동성과 철제 무기를 기반으로 동방 침입의 요로인 퉁거우通溝로 거점을 옮긴 뒤 낙랑군과 임둔군의 교통로를 끊는 등 한족에 맞서고, 변방의 말갈족 부락을 평정해 국경을 정비하면서 세력을 확장했다.

쌍영총 벽화의 일부 기마에 능숙했던 고구려인의 모습을 엿볼 수 있다. 국립중앙박물관 소장(중박201009-394).

고구려 수도인 국내성의 북벽

　기원전 24년 음력 8월, 동부여에 남아 있던 주몽의 어머니 유화가 숨을 거두었다. 금와는 태후의 예를 갖춰 정성껏 장례를 지냈다. 이를 계기로 주몽은 동부여에 토산물을 보내 감사의 뜻을 전했고, 두 나라는 우호 관계를 맺기 시작했다. 하지만 금와가 죽고 맏아들 대소가 왕위에 오른 뒤 양국 관계는 다시 악화되었다.

　기원전 19년에는 동부여에 남아 있던 주몽의 부인 예씨와 아들 유리類 利가 주몽을 찾아 고구려로 왔다. 주몽은 유리를 태자로 삼고 5개월 후 숨을 거두었다. 그의 나이 마흔 살이었다. 능은 졸본 근처 용산龍山에 삼았다. 시호는 동명성왕이다.

해상왕국을 이룬
근초고왕

近肖古王 (?~375년)

▌ 백제 제13대 왕(재위 346~375년). 비류왕의 둘째 아들로 태어나 4세기 중반 백제의 부흥을 이끌었다.
▌ 371년 평양성 전투에서 고구려의 고국원왕을 전사시켰다.
▌ 아직기, 왕인 등을 일본에 보내 학문과 각종 문화를 전파했다.

근초고왕은 백제의 제13대 왕이다. 그는 백제의 정치, 경제, 문화적 기틀을 세우고, 왕권을 강화함으로써 백제 중앙집권화의 토대를 닦았다.

4세기 초 낙랑군과 대방군이 축출된 후 한반도의 정세는 복잡해졌다. 낙랑군과 대방군이 위치한 지역을 사이에 두고 고구려와 백제가 치열하게 영토 분쟁을 벌였고, 신라-가야-왜는 필요에 따라 고구려, 백제와 각기 교섭을 맺었다.

4세기 중반 백제는 왕위를 둘러싼 내분에 휩싸였다. 책계왕과 분서왕이 갑자기 피살된 이후 비류왕이 왕위에 올랐으나 내분은 쉽사리 진정되지 않았다. 당시 백제의 지배층은 개루-고이-책계-분서로 이어지는 세력과 초구—구수—비류로 연결되는 세력으로 나뉘어 알력싸움이 한창이었다. 비류왕이 죽은 뒤 개루—고이계의 계왕이 왕위에 올랐지만 2년 만에 숨지고, 비류왕의 둘째 아들인 근초고왕이 즉위했다.

그러나 당시 왕위 계승은 평화적으로 이루어진 것이 아니었다. 때문에 근초고왕은 즉위 직후부터 왕권을 강화하는 데 주력했다. 근초고왕은 일본의 《고사기古事記》에는 '조고왕照古王', 《일본서기日本書紀》에는 '초고왕肖古王'으로 표기된다. '초고왕계'를 계승한 그는 자신의 이름 앞에 '근近' 자를 덧붙여 '초고와 가까운' 혹은 '초고와 닮았다'는 뜻을 왕명에서부터 밝힘으로써 왕권의 계통을 확실히 하려고 했다. 이는 그의 아들 근구수왕近仇首王의 경우도 마찬가지였다. 동시에 그는 그동안 왕권이 미치지 못했던 지방을 직접 통치할 수 있도록 구역을 나누고, 중앙에서 지방관을 파견해 관리했다. 중앙집권화를 꾀한 것이다.

내부 조직을 정비한 근초고왕은 밖으로 눈을 돌렸다. 우선 남쪽 영산강 유역을 중심으로 백제의 세력권에서 벗어나 있던 마한의 잔여 세력을 복속시켰다. 이로써 백제는 전라도 지역 전체를 지

백제의 금동관과 금동신발 [국립중앙박물관 소장(중박 201009–394), 국립전주박물관 소장(전박0097031000)]

한국사를 움직인 100인

근초고왕 재위 시 영토

배 영역으로 확보하게 되었다. 하지만 당시의 통합은 공납을 받는 수준이었던 것 같다. 현지 지배층의 권위를 일정 부분 보장해 주는 대신 공납을 받은 것이다. 이는 5세기 들어 이 지역에 대형 옹관묘가 조성되고, 그안에 금동관과 금동신발, 큰 칼을 부장할 만한 지배 세력이 존재하고 있었다는 점을 통해 유추할 수 있다.

근초고왕은 소백산맥 너머 낙동강 서쪽의 가야 세력에도 영향력을 미쳤다. 백제가 가야 지역으로 진출한 까닭은 왜와의 교역로를 장악하기 위해서였다. 364년(근초고왕 19) 백제 사신 3명이 왜와의 통교를 위해 파견됐지만 해로를 개척하지 못하고 되돌아온 일이 있었다. 하지만 이를 알고 2년 뒤 왜에서 사신이 찾아오자 근초고왕은 매우 기뻐하며 후하게 대접하고 보물창고를 열어 진귀한 물건을 보여 줬다. 왜 사신들의 교역 욕구를 자극한 것이다. 결국 근초고왕은 왜와의 독점 교역권을 확보했다.

백제는 남으로는 왜국과의 무역을, 북으로는 북진 정책을 통한 영토 확장을 시도했다. 따라서 남하 정책을 추진하는 고구려와의 충돌이 불가피했다. 369년 치양성(雉壤城, 황해도 배천)에서 처음 맞붙은 백제와 고구려의 갈등은 371년 평양성 전투로 최고조에 이른다. 근초고왕은 태자 근구수와 함께 군사 3만 명을 거느리고 평양성을 공격하여 고구려의 고국원왕을 전사시키고 대방고지帶方故地까지 차지했다. 이제 역사상 최대 영역을 확보한 백제는 낙랑군과 대방군의 옛 땅에서 주도권을 잡아 그들이 독점하다시피 했던 동아시아 국제 교역도 손에 넣게 되었다.

백제는 정복 활동에 힘을 기울이면서도 외교 관계도 소홀히 하지 않았다. 고구려에 대항하는 과정에서 근초고왕은 신라와의 동맹을 강화했다. 그리고 이를 기반으로 근초고왕의 백제는 한반도의 중심 세력으로 성장했다. 또한 중국 동진東晉과의 외교 관계도 빼놓을 수 없다. 풍납토성에서 출토된 동진 계통의 발 3개가 달리고 자루가 있는 냄비인 초두鐎斗, 석촌동 고분에서 출토된 동진의 청자와 배 젓는 노는 당시 양국의 문물 교류가 활발했음을 입증한다. 근초고왕이 동진으로부터 '영동장군영낙랑태수領東將軍領樂浪太守'에 책봉된 것도 이런 교류가 있었기에 가능한 일이었다.

백제가 랴오시遼西 지방에 진출한 시기도 근초고왕 때이다. 호족의 침

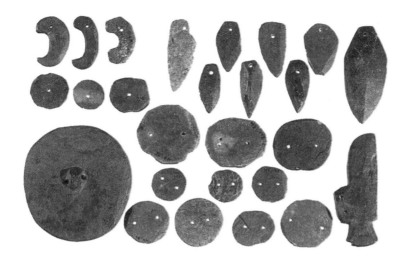

항아리와 그릇받침, 석제 모제품(좌측부터) 우리나라에서 최초로 발굴된 제사 유적인 부안 죽막동 유적에서 출토되었다. 국립중앙박물관 소장(중박201009-394).

입으로 중국이 분열된 틈을 타 그는 랴오시 지방으로 진출하고 백제군百濟郡을 설치했다. 랴오둥遼東으로 진출하려던 고구려를 견제하는 동시에 무역기지를 확보해 상업적인 이득을 취한 것이다. 한나라 이후 중국 황해 연안에서 한반도의 서남 해안으로, 다시 일본 열도로 이어지는 해상 교통로를 백제가 계승한 셈이다. 이로써 백제는 랴오시 지방의 무역기지와 한반도, 일본에 있는 백제계 세력을 연결하여 고대 상업망도 구축하게 되었다.

당시의 활발한 해상무역은 전라북도 부안 죽막동의 제사 유적에서 일부 엿볼 수 있다. 죽막동 제사 유적은 변산반도의 서쪽 해안절벽 위에서 발견됐는데 수성 뒤쪽 숲에 삼국 시대의 토기와 석제 모조품이 깔려 있었다. 주변 경작지에서도 당시 토기와 후대의 기와 조각들이 수습되었다. 이는 해상무역이 원활하게 이루어지기를 바라며 바다를 향해 제를 올리던 당시의 신앙 유적일 것으로 추정된다.

칠지도 백제 왕이 왜왕에게 하사한 철제 칼로 이소노카미 신궁에 소장되어 있다.

이제 가야와 왜는 백제를 통해 중국과 교역하게 되었다. 특히 왜왕은 낙랑과 대방이 축출된 이후 선진 문물을 공급받을 수 없던 차에 백제가 교역을 중개하기 시작하자 이를 적극적으로 환영했다고 전해진다. 백제가 일본 열도에 해양 거점을 개설하고 왜왕과 긴밀한 교역을 펼쳤던 것이 바로 이즈음이다. 근초고왕이 369년 왜왕에게 보냈다는 '칠지도七支刀'가 대표적인 증거이다. 현재 이소노카미 신궁石上神宮에 보관되어 있는 칠지도에는 금석문자로 명문銘文이 새겨져 있다. 그 해석에 있어서는 의견이 분분하지만 근초고왕 때 만들어져 백제의 '후왕(侯王, 제후)'인 왜왕에게 하사된 것만은 분명해 보인다.

그 밖에도 근초고왕 시절 백제는 왜에 다양한 선진 문물을 전수했다. 왕인王仁과 아직기阿直岐가 왜에 《천자문》과 《논어》를 전달한 것도 바로 이때이다. 일본에서는 이를 계기로 유학 사상이 일어났다고 한다. 강력한 왕권과 외부 교역로를 확보한 근초고왕은 박사博士 고흥高興에게 국사책 《서기書記》를 짓게 했다. 왕실의 계보를 정리하는 한편 그 신성함을 돋보이게 하려는 취지였다.

삼국은 왜 한강 유역을 사이에 두고 치열하게 접전했을까?

삼국 사이에 한강 유역 쟁탈전이 격화된 것은 551년부터이다. 고구려는 광개토대왕이 한강 유역까지 점령한 이후 최고의 전성기를 누리고 있었다. 이에 백제와 신라는 동맹을 맺어 고구려에 빼앗긴 옛 땅을 회복하기로 했다. 양국이 고구려를 기습한 결과 백제는 한강 하류 남한산성 일대를, 신라는 한강 상류 지역을 확보했다. 그러나 양국의 동맹은 2년 만에 깨지고 말았다. 신라의 진흥왕이 다시 백제를 기습 공격해 한강 하류까지 장악했기 때문이다. 백제 성왕이 보복에 나섰지만 전사(관산성 전투)함으로써 백제는 이후 다시는 한강 유역을 되찾지 못했다.

한강은 한반도 중앙을 가로지르는 큰 강이다. 경제적으로나 군사적으로나 한반도에서의 패권을 잡는 데 유리한 위치였다. 그리고 무엇보다 한강을 지배한 국가는 서해를 통해 직접 중국과 소통할 수 있었다. 신라가 564년 이후 중국 남조의 진陳과 북조의 북제北齊에 사신을 보낸 것이나 훗날 당나라와 연합해 삼국 통일의 기치를 올린 것도 한강 유역을 확보했기에 가능한 일이었다.

그렇다고 고구려와 백제가 손을 놓고 있었던 것만은 아니다. 양국은 비록 신라와 국경을 접하고 있지는 않았지만 크고 작은 기습으로 방어선을 무너뜨리기 일쑤였다. 신라는 이를 방어하는 데 국력의 상당 부분을 쏟아야 했다. 수나라는 고구려를 제압해 동아시아에서 패권을 잡으려 했고, 신라는 고구려와 백제를 멸망시켜 삼국을 통일할 계획을 세웠다. 양국의 이해관계가 맞아떨어져 결성된 나당 연합군은 660년 백제를 멸망시키고, 8년 뒤 고구려를 제압했다. 그러나 신라는 676년에야 당나라 군대를 한반도에서 몰아내고 평양 이남 지역을 온전히 확보할 수 있었다. 삼국 통일의 순간에도 한강은 역시 신라의 영토였다.

광개토대왕

廣開土大王 (374~412년)

■ 고구려 19대 왕(재위 391~412년). 우리나라 역사상 최대의 영토를 확장한 정복 군주이다.
■ 최초로 연호를 사용했다. 연호는 영락으로 재위 시에 영락대왕이라고 불렸다.
■ 동부여를 정벌하고 남쪽으로는 한강선까지 진출, 서쪽으로는 후연을 격파하고 랴오둥 지역을 확보했다.

광개토대왕은 고구려 제19대 왕이다. 이름은 담덕談德 혹은 안安으로 전해진다. 고국양왕의 아들로 사후에 '국강상광개토경평안호태왕國罔上廣開土境平安好太王'이라는 시호가 내려졌다. 이를 줄여 광개토왕 혹은 광개토대왕이라고 한다. 광개토대왕은 특히 한반도 최초로 독자적인 연호를 사용한 것으로 알려져 있다. 광개토대왕릉비에 따르면 연호는 '영락永樂'이다. 따라서 재위 시에는 영락대왕永樂大王으로도 불렸다고 한다. 중국과 일본에서는 호태왕好太王으로 알려져 있다. 그는 소수림왕의 정치적인 안정을 기반으로 영토를 최대로 확장한 정복 군주로 유명하며, 동예를 통합하고 동부여를 정벌했다.

광개토대왕은 386년(고국양왕 3) 태자로 책봉되었고, 고국양왕 사후 왕위에 올랐다. 그는 즉위 초기부터 백제와 크고 작은 전쟁을 벌였다. 재위 이듬해인 392년 7월 대방帶方을 탈환하기 위해 백제의 북쪽을 공격해 석현石峴 등 10곳의 성을 함락했다. 난공불락의 요새인 관미성(關彌城, 강화 교동도)을 20일 만에 함락시킨 것도 광개토대왕의 공적이다.

396년에는 직접 수군을 거느리고 한강 이북의 백제 성 58곳과 촌락 700곳을 공략했다. 고구려군은 위례성까지 포위하여 백제 아신왕의 항복을 받고 그의 동생과 백제의 대신 10명을 인질로 붙잡기도 했다. 이것으로 한강 이북과 예성강 동쪽 지역이 광개토대왕의 지배 아래 놓이게 되었다.

그러나 백제의 반격도 만만치는 않았다. 백제는 왜를 내세워 399년 고구려와 동맹 관계에 있던 신라를 공격했고, 5년 뒤에는 고구려의 대방고지까지 침략했지만, 광개토대왕의 군대에 가야 지역까지 추격당했다. 광개토대왕은 대방고지에 침입한 왜를 몰아내고 407년, 백제의 6성을 함락시켜 응징했다.

태왕릉 광개토대왕릉으로 추정되는 태왕릉. 중국 지린 성 지안 현 소재.

광개토대왕비 고구려 건국 신화 및 광개토대왕에 이르는 역사와 약력, 정복 활동 등이 기술되어 있어 당시의 고구려를 이해하는 데 귀중한 자료이다.

신라와는 친선 관계를 맺고 영향력을 행사했다. 특히 400년 왜구의 침입으로 위기에 처한 신라에 원군 5만 명을 보내 격퇴시켰고, 이후 신라를 속국으로 삼아 담보물로 인질을 보내게 하고 하슬라(何瑟羅, 지금의 강릉) 지방을 경계로 삼았다.

당시 고구려의 서쪽에는 모용-씨慕容氏의 후연국後燕國이 있었다. 396년 후연의 왕 모용보慕容寶가 광개토대왕을 '평주목요동대방이국왕平州牧遼東帶方二國王'에 책봉한 이후 양국은 사절을 파견하는 등 한동안 평화적인 관계를 유지했지만 이는 4년 만에 파탄을 맞는다. 후연의 새 왕인 모용성이 쑤쯔허蘇子河 유역에 있는 고구려의 남소성과 신성을 침략한 것이다. 광개토대왕은 이에 보복하기 위해 2년 뒤인 402년 후연의 숙군성을 공격했고, 404년에는 후연을 공격했다. 이를 통해 광개토대왕은 랴오둥 성을 비롯한 랴오허遼河 동쪽 지역을 차지하게 되었다. 후연의 모용희가 405년 랴오둥 성을 침략했지만 모두 물리치고 국경을 튼튼히 했다. 이와 동시에 광개토대왕은 산둥山東 성에 중심을 둔 남연南燕의 왕 모용초慕容超에게 천리마를 선물하는 등 후연을 견제하기 위해 외교전을 벌이기도 했다.

광개토대왕의 정복 전쟁은 여기에서 그치지 않았다. 북쪽으로는 거란을 정벌해 500명을 사로잡고, 볼모로 있던 고구려인 1만 명을 풀어 주었다. 395년에는 거란의 일부로 추정되는 비려碑麗를 공격해 부락을 격파하고 숱한 가축을 전리품으로 확보했다고 전해지며, 410년에는 동부여를 정벌해 64개의 성을 빼앗아 동부여를 고구려의 세력권 아래로 편입시켰

위나암 성 모용황의 공격을 받았던 고구려 전기의 도읍지.

다. 결국 광개토대왕은 북으로는 동부여, 남으로는 한강까지 진출했고, 서쪽으로는 랴오허 지역을 확보함으로써 만주의 주인공이 되었다.

광개토대왕의 업적 가운데 눈여겨볼 것은 내정을 정비하는 데에도 정력을 쏟았다는 것이다. 그는 장사, 사마, 참군 같은 중앙 관직을 신설했고, 왕릉을 보호하고 관리하는 수묘인守墓人 제도를 재정비했다. 평양에 9개의 절을 지어 불교를 장려해 훗날 장수왕이 단행할 평양 천도의 발판도 마련했다.

412년 광개토대왕은 39세의 젊은 나이로 세상을 떠났다. 능과 능비는 현재 중국 지린吉林 성 지안 현에 남아 있는데, 능을 둘러싸고 장군총설과 태왕릉설이 엇갈린다.

비운의 군주
성왕

聖王 (?~554년)

- 백제의 제26대 왕(재위 523~554년).
- 웅진에서 사비로 천도하고 국호를 남부여로 변경했고, 중국 양나라 및 일본과 친교했다.
- 554년 관산성 전투에서 신라의 복병에 의해 전사했다.

성왕은 백제 제26대 왕으로 무령왕武寧王의 아들이다. 이름은 명농明禯이라고 한다. 《삼국사기》에는 "지식이 영매하고 결단력이 있어 나라 사람이 성왕으로 칭하였다."라고 묘사되어 있고, 《일본서기》에는 "천도지리에 통달해 그 이름이 사방에 퍼졌다."라고 기록되어 있다. 무령왕과 함께 백제의 영주(英主, 훌륭하고 뛰어난 임금)로 일컬어진다.

　성왕의 가장 중요한 업적으로는 538년에 이루어진 사비 천도가 꼽힌다. 성왕은 도읍을 웅진(熊津, 지금의 공주)에서 사비성(泗沘城, 지금의 부여)으로 옮기고 국호를 남부여로 개칭했다. 그러나 선대의 웅진 천도가 고구려의 남침에 쫓기다시피 이루어진 것이라면 성왕의 사비 천도는 다분히

궁남지 유적 사비 시대 백제의 궁궐이 있던 곳.

정치적인 의도에서 이루어진 것이었다. 금강 유역의 사비는 넓은 평야를 끼고 있었으며, 가야로 진출하는 데에도 유리한 위치였다. 또한 성왕은 지방 통치 조직을 개편하여 왕권을 강화하고, 중국 양나라, 일본과 우호적인 관계를 유지했다.

사비 지역의 토착 세력이던 사씨沙氏, 沙宅氏의 강력한 정치적 지지를 바탕으로 성왕은 국호를 남부여로 개칭함으로써 백제의 시조 '부여'를 강조했다. 중앙의 22부部와 지방의 5부部·5방方 제도를 시행해 왕권을 굳건히 한 것도 이 무렵의 일이다. 중앙의 22부란 1품 좌평佐平에서 16품 극우克虞에 이르는 16관등제와 전내부前內部 등의 내관 12부와 사군부司軍部 등의 외관 10부를 뜻한다. 지역별로는 수도를 상부, 전부, 중부, 하부, 후부의 5부로 구획하고 5부 밑에 5항巷을 편제해 통치에 유용하도록 했다. 전국은 동방, 서방, 남방, 북방, 중방의 5방方으로 나누고 그 아래 7~

부여 시가지 전경 [국립중앙박물관 제공(중박201009-394)]

10개의 군을 두는 5방·군·성(현)제를 확립했다. 이에 더해 귀족회의체의 정치적 발언권을 약화시켜 왕권 중심의 강력한 전제 군주 국가를 확립하고자 했다.

중국과의 교류는 당시 양나라에서 모시박사, 공장, 화사 등을 초빙하면서 더욱 고조되었다. 523년(성왕 1) 양나라의 고조高祖와 국교를 강화해 고조로부터 '지절도독백제제군사수동장군백제왕持節都督百濟諸軍事綏東將軍百濟王'이라는 칭호도 받았다.

뿐만 아니라 당대의 백제는 인도와도 교류가 있었다. 성왕은 특히 인도에서 범어로 된 5부율五部律을 가져온 겸익을 높이 평가했고 이후 고승들과 함께 번역하도록 했다. 담욱 등이 지은 《율소律疏》 30권에 직접 〈비담신율서毗曇新律序〉를 쓰기도 했는데 모두 불교를 장려하려는 성왕의 뜻이 담긴 것이다. 또한 성왕은 여기에서 그치지 않고 달솔達率 등을 파견해 석가불금동상 1구와 경론을 일본에 보내는 등 일본에 불교를 전파하는 데에도 힘썼다.

성왕은 강력해진 왕권을 바탕으로 고구려에 빼앗긴 한강 유역 탈환에 나섰다. 551년 성왕은 백제군을 중심으로 신라, 가야와 동맹을 맺어 연합군을 형성했다. 연합군은 고구려의 남평양(南平壤, 지금의 서울)을 공격해 기선을 제압한 뒤 고구려군을 패주시켰다. 이로써 백제는 한강 하류의 6군을 회복했고, 신라도 한강 상류의 10군을 차지했다.

하지만 2년 뒤인 553년, 신라 진흥왕은 나제 동맹을 깨고 백제를 위협했다. 한강 하류를 빼앗기 위해 고구려와 밀약을 맺은 것이다. 그 결과 신라는 한강 하류 지역을 빼앗고 동쪽 변경에 신주新州를 설치해 이를 공식화했다. 2대 전 동성왕이 이룩한 신라 왕실과의 혼인을 통한 양국 간의 우호 관계는 이렇게 파탄이 나고 말았다.

성왕은 당장 복수하고 싶었지만 일단 신라를 안심시키기 위해 왕녀를 진흥왕의 후궁으로 보내는 파격을 감행했다. 그리고 이듬해 수많은 전쟁 반대파의 만류를 묵살하고 신라를 습격했다. 이때 가야의 원군도 합세했다.

성왕은 직접 보병과 기병을 거느리고 전투에 임했다. 양국의 맞대결은 관산성(管山城, 지금의 옥천)에서 절정으로 치달았다. 전쟁 초반에는 백제가 우세했다. 그러나 성왕이 구천 지역에 매복해 있던 신라 복병의 공격에 전사하면서 전세가 역전되었다. 이 전쟁으로 백제는 왕을 비롯해 1품인 좌평 4명이 숨지고 병사 3만 명이 전사하는 타격을 입었다. 패전 결과는

삼년산성 현 충북 보은에 위치한 곳으로 신라가 백제를 공격하기 위해 전초기지로 삼았던 산성이다. 국립 청주박물관 제공.

참혹했다. 백제는 동성왕 때부터 성왕이 이룩한 왕권 중심의 정치 체제 가 무너지고 귀족 중심의 정치 체제로 전환되었다. 이로써 100년 가까이 이어졌던 나제 동맹도 완전히 결렬되었다.

삼국 통일의 기반을 마련한
진흥왕

眞興王 (534~576년)

■ 신라 제24대 왕(재위 540~576년). 신라에 의한 삼국 통일의 기반을 마련했다.
■ 553년 백제가 점령했던 한강 유역의 요지를 공취하고, 이듬해 관산성 전투에서 백제 성왕을 전사시켰다.
■ 영토를 확장하면서 창녕, 북한산, 황초령, 마운령 등에 순수비를 세웠고, 556년에는 기원(祇園), 실제(實際) 등의 사찰을 건립하고 황룡사를 준공했다.

진흥왕은 삼국 통일의 기반을 닦은 신라 제24대 왕이다. 지증왕의 손자이자 법흥왕의 동생인 입종갈문왕立宗葛文王의 아들로 태어났다. 재위 기간은 540~576년이다. 진흥왕 하면 '정복왕'이라는 단어가 떠오를 정도로 신라를 비약적으로 발전시킨 왕으로 평가된다. 그는 백제가 차지하고 있던 한강 유역의 요지를 빼앗았고, 화랑을 만들어 군사·문화의 기틀로 삼았다. 새로 점령한 지역에는 순수비를 세웠다.

진흥왕은 일곱 살의 어린 나이에 즉위했다. 때문에 즉위 당시에는 어머니인 법흥왕의 딸 지소부인 김씨가 섭정을 했다. 541년에는 이사부를 병부령에 임명해 백제와 화친을 맺었고, 551년(진흥왕 12)부터 친정을 시작했다.

진흥왕 재위 시 신라의 영토

그리고 연호를 '개국開國'으로 바꾸고 본격적인 대외 활동을 시작했다.

진흥왕이 본격적으로 정복 활동을 시작한 것은 병부령 이사부와 함께 였다. 그는 한강 유역을 늘 염두에 두었던 것 같다. 처음에는 백제 성왕과 연합해 고구려가 차지했던 지역을 장악했다. 그는 거칠부居柒夫를 포함한 8명의 장군에게 한강 상류인 죽령 이북의 고현(高峴, 지금의 철령) 이남 지역

한국사를 움직인 100인

10개 군을 빼앗도록 했다. 하지만 2년 뒤에는 동맹을 뒤로하고 실리를 택했다. 진흥왕은 백제가 고구려로부터 빼앗아 점령하던 한강 하류 지역을 확보하기 위해 고구려와 손을 잡고 백제를 기습 공격했다. 이로써 진흥왕은 한강 유역을 모두 차지했다. 그리고 정복한 지역에 신주新州를 설치하고 아찬 김무력金武力을 초대 군주軍主로 임명해 통치했다.

그가 이토록 한강 유역에 관심을 기울인 이유는 백제를 거치지 않고 중국과 직접 교류하기 위해서였다. 백제만 없다면 서해를 통해 바로 교역할 수 있기 때문이다. 신라는 564년(진흥왕 25) 중국 남조의 진陳과 북조의 북제北齊에 사신을 파견해 외교 활동을 시작했다.

낙동강 유역에 진출한 것은 가야를 정복하기 위해서였다. 대가야는 관산성 전투 당시 백제와의 연합군으로 참전한 전력이 있었다. 패전한 대가야는 사실상 신라에 복속되었다. 562년 대가야가 반란을 일으켰고, 진흥왕은 병부령 이사부를 보내 반란을 진압하도록 했다. 마침내 대가야는 완전히 사라졌고, 진흥왕은 대야주(大耶州, 지금의 경상남도 합천)를 설치해 가야 유민을 통치하는 동시에 백제의 기습에 대비했다.

진흥왕 때 신라는 동북 지역으로 진출해 비열홀주(比烈忽州, 지금의 함경남도 안변)를 설치하고 사찬沙湌 성종成宗을 군주로 임명한 것으로 보아 함흥까지 세력을 뻗고 있었음을 알 수 있다. 그는 고구려, 백제, 가야를 가리지 않고 공격해 신라 역사상 최대 영토를 확보했다. 그리고 이를 기념하기 위해 정복한 지역에 순수비를 세웠다. 현재까지 남아 있는 순수비는 창녕, 북한산, 황초령, 마운령 등의 4개이며, 단양에는 적성비가 남아 있다.

활발한 정복 활동을 전개하면서 진흥왕은 이사부의 건의를 받아들여 546년(진흥왕 16) 거칠부에게 《국사國史》를 편찬하게 했다. 왕통의 정통성을 천명하고 위엄을 과시하려는 의도였다. 그는 특히 불교에 심취해 흥류사를 짓고 백성들이 출가하는 것도 허가했다. 549년 양나라에 유학 갔던 승려 각덕覺德이 석가모니의 유골을 가지고 귀국하자 모든 신하들을 대동해 흥륜사 앞에서 영접한 일도 있다. 553년에는 월성 동쪽에 왕궁을 짓다가 황룡이 나타나자 그곳에 절을 짓기로 하고 566년에 황룡사를 완공했다. 말년에는 머리를 깎고 승복을 입었다는 기록도 있다.

또 하나 간과해서는 안 될 업적이 화랑도를 창설한 것이다. 진흥왕은 기존에 있었던 여성 중심의 원화源花를 폐지하고 576년에 남성 중심의 화랑도로 개편했다. 화랑은 초기에는 청소년기의 귀족 자제들을 수련시켜 관직에 등용할 목적으로 만들어졌으나 점차 군대 조직으로 발전해 결국 삼국 통일의 기반이 되었다.

서동과 선화공주 설화, 진실일까 거짓일까?

신라 제26대 왕인 진평왕의 딸 선화공주는 절세미인이었다. 훗날 백제의 30대 왕이 되는 무왕武王, 서동은 어린 시절 공주를 연모하여 선화공주가 실은 밤마다 남몰래 서동의 방으로 찾아가 만난다는 내용의 노래 〈서동요薯童謠〉를 신라에 퍼뜨렸다. 이 노래는 곧 진평왕의 귀에까지 들어가 공주는 행실이 정숙하지 못하다며 귀양을 가게 되었다. 미리 대기하던 서동은 선화공주에게 막대한 황금을 보냈고, 공주는 신라 왕궁에 이를 보내 진평왕의 노여움을 풀고 둘의 혼인을 인정받으려 했다. 여기까지가 흔히 말하는 서동과 선화공주에 대한 설화이다.

하지만 실제 역사에서 신라 진평왕과 백제 무왕 때의 양국은 적대 관계였다. 현실적으로 둘의 결합이 어려웠다는 이야기이다. 때문에 서동은 무왕이 아닌 백제 제24대 동성왕이고, 선화공주는 신라 왕족인 이찬 비지比智의 딸이라는 설도 설득력을 얻는다. 서동과 선화공주가 용화산 밑 연못에서 미륵삼존彌勒三尊을 만나 감탄한 나머지 미륵사를 지었다는 내용에 근거해 그녀가 익산을 지배했던 지방 토호의 딸이라는 설도 전해진다.

고대 음악의 마에스트로
우륵

于勒 (?~?)

▌ 대가야국 사람으로 가실왕의 뜻으로 12현금을 만들고 가야금 곡 12곡을 지었다.
▌ 551년(진흥왕 12) 신라에 투항하고, 552년 대내마 계고와 법지, 대사 만덕 등 세 사람에게 각각
 가야금, 노래, 춤 등을 가르쳤다.
▌ 진흥왕에 의해 가야금 곡이 궁중음악이 되었다.

우륵은 신라의 음악가이다. 그에 대한 기록이 남아 있는 것은 많지 않아 정확한 생존 연대를 알 수는 없지만 가야국 가실왕과 신라 진흥왕 때 활동한 것으로 추정된다. 그는 가실왕의 뜻에 따라 12현금(絃琴, 가야금)을 만들고, 가야금 연주곡 12곡을 지었다.

우륵은 가야국 성열현省熱縣에서 살았다고 한다. 성열현의 위치에 대해서는 지금의 경북 의령군 부림면 근처라는 설과 신반해국散半奚國이라는 설이 엇갈린다. 결국 그가 어떤 가야에서 태어났는지, 그에게 12현금을 만들도록 한 가실왕이 몇 대 임금인지도 분명치 않다. 다만 가실왕이 우륵에게 "모든 나라의 방언도 각각 서로 다른데, 성음聲音이 어찌 하나일

수 있겠는가."라며 12곡의 악곡을 지으라고 했다는 이야기만 전한다. 이는 가실왕이 음악을 통해 가야의 여러 나라를 하나로 통일하려 했을 것이라는 해석이 가능하다.

그러다 가야국의 정세가 복잡해지자 우륵은 제자 이문(尼文 혹은 泥文)과 함께 낭성에 숨어 살며 노래와 춤을 닦았다. 그러다 그 이름이 신라 진흥왕에게 알려져 우륵과 이문은 궁에서 새 노래를 지어 연주했고, 이에 감동한 진흥왕의 배려로 국원(國原, 지금의 충주)에서 새 삶을 시작하게 되었다. 우륵은 552년 진흥왕이 보낸 대내마大奈麻 계고階古와 법지法知, 대사大舍 만덕萬德 세 사람에게 각각 음악적 재능을 전수하였다. 이때 우륵은 세 사람의 제자를 받아 각각의 재주를 따져 계고에게는 가야금을, 법지에게는 노래를, 만덕에게는 춤을 가르쳤다.

하지만 이 세 제자는 우륵이 만든 12곡을 가리켜 "번거롭기만 하고 바르지 못하다."라며 5곡으로 줄여 버렸다. 이를 전해들은 우륵은 처음에는 매우 화를 냈지만 곧이어 제자들이 줄인 5곡을 모두 듣고 난 뒤 눈물을 흘리며 "즐거우면서 음란하지 않고, 슬프면서도 비통하지 않으니 가히 바르다 하겠다."라고 감탄했다고 한다. 시간이 흐른 뒤 진흥왕이 가야금 곡을 궁중음악으로 선포하고 〈하림조河臨調〉, 〈눈죽조嫩竹調〉의 2조가 생겨 가야금 곡 185곡이 남게 되었다.

우륵이 집대성한 가야 음악은 신라의 대악(아악, 궁정음악)으로 발전했다. 신라에는 전통 음악인 향악이 있었지만 가야의 음악이 훨씬 더 선진적이었기 때문이라고 하는 견해도 있다.

한편으로는 진흥왕이 멸망한 나라의 음악이라며 귀족들이 반대하는 가야의 음악을

가야금(국립민속박물관 소장)

한국사를 움직인 100인

대악으로 수용한 것은 왕권 강화와 밀접한 관련이 있다고 보기도 한다. 삼국 통일을 완수할 때까지 민심을 하나로 모아야 할 필요가 있었던 것이다.

그리고 통일 후 신라가 안정된 다음부터는 더 이상 가야 음악과 신라 음악을 구분할 필요가 없어졌

신라 토기에 보이는 가야금 연주 모습

다. 그 옛날 우륵이 전한 가야의 음악이 이미 신라의 음악 안에 완전히 녹아 있었기 때문이다.

우륵이 가야에서 지었던 12곡은 〈상가라도上加羅都〉, 〈하가라도下加羅都〉, 〈보기寶伎〉, 〈달기達己〉, 〈사물思勿〉, 〈물혜勿慧〉, 〈상기물上奇物〉, 〈하기물下奇物〉, 〈사자기師子伎〉, 〈거열居烈〉, 〈사팔혜沙八兮〉, 〈이사爾赦〉이다. 이 가운데 〈보기〉, 〈사자기〉, 〈이사〉의 3곡을 제외한 나머지 9곡은 당시 군현의 이름에서 따온 것으로 추정된다. 충주의 금휴포와 탄금대의 이름은 모두 우륵이 지은 12곡 가운데에서 유래되었다.

삼국 시대의 음악

고구려, 신라, 백제 삼국은 중국 한나라부터 당나라까지 시대별로 중국의 음악을 받아들여 각국에 맞는 문화를 발전시켜 나갔다.

고구려의 음악은 안악 제3호분의 벽화를 통해 알 수 있다. 입고, 소, 북, 각, 요 등의 악기에 맞추어 노래를 부르는 그림과 거문고와 유사하게 생긴 현악기에 맞추어 춤을 추는 그림이 남아 있다. 고구려의 악기로는 약 14종 정도가 알려져 있는데 대개 한나라의 악기와 유사하다.

백제는 일본과 활발히 교류하면서 일본의 음악에도 큰 영향을 주었다. 일본에 전해진 백제의 악기로는 고, 각, 공후, 쟁, 우, 지, 적 등의 악기가 사용되었는데, 이는 중국 남조의 청악과 유사하다. 백제 음악에서 특기할 만한 것은 백제인 미마지가 612년 오나라 탈춤인 기악무를 일본에 전파했다는 기록이 있다. 이 기악무는 우리나라의 양주산대놀이와 내용과 구성에 있어 유사하다.

신라는 우륵이 전한 가야 음악이 궁중 음악으로 정착된 것으로 보아 고구려, 백제와 달리 자국의 독창적인 음악 발전이 미흡했던 것으로 보인다. 신라에서 일본에 전한 음악 역시 가야금만으로 구성된 단순한 음악이었다. 이는 신라가 두 나라에 비해 상대적으로 중국과 교류가 적었기 때문으로 여겨진다. 이 밖에 신라의 음악에 대해서는 유리왕 때 회악, 탈해왕 때 돌아악, 자비왕 때 백결선생이 지은 대악 등을 꼽을 수 있다.

신라는 삼국을 통일한 이후 고구려와 백제의 음악을 적극적으로 수용하였고, 당나라와 서역의 음악이 유입되었다. 거문고, 가야금, 향비파, 대금, 중금, 소금, 박판, 대고 등을 이용한 향악의 전통이 수립되었으며 본격적으로 불교 음악이 전래, 발전되었다.

안악 제3호분 중 행렬도 수레를 탄 주인공을 중심으로 기병, 보병, 군악대가 행렬을 이룬 모습을 묘사한 그림이다. 고구려 시대 왕과 병사, 악사의 복식은 물론 무기와 마구, 악기의 모습을 알 수 있다.

고대 미술의 금자탑
담징

曇徵 (579~631년)

▎고구려의 승려이자 화가.
▎일본에 건너가 불법을 강론하고 채화 및 맷돌, 종이, 먹 등의 제조법을 가르쳤다.
▎일본 호류지에 그린 〈금당벽화〉는 동양의 3대 미술품으로 꼽는다.

담징은 고구려의 승려이자 화가로 일본에 건너가 불법을 전하고 맷돌, 종이 등을 만드는 법을 가르쳤다. 당시 삼국의 화가들이 일본으로 건너가 아스카飛鳥 지역에서 꽃피운 문화를 따로 지칭할 정도로 영향력이 컸는데, 담징은 《일본서기》에 처음으로 등장하는 고구려 화가이다. 담징 같은 화가들은 그림을 그리는 것은 물론, 당시 무덤이나 사찰의 구조, 크기를 정하고 내부 장식이나 벽화까지 모두 선택한 종합기획자로 전해진다. 담징이 일본 호류지法隆寺에 그린 〈금당벽화〉는 동양의 3대 미술품 중 하나로 평가된다.

호류지 쇼토쿠 태자가 세운 사찰로 현존하는 일본 최고의 목조 건축물이다.

담징이 일본에 건너간 것은 610년(영양왕 21)의 일이다. 그는 단순히 호류지의 벽화를 그린 화가만은 아니었던 것 같다. 일본 미술사에 그의 이름이 남은 까닭은 채색법은 물론, 종이, 먹, 연자방아 등을 제작하는 법도 전했기 때문이다. 특히 일본에 유교 경전을 가르쳐 선진 문물을 습득하게 하고, 곡식을 갈아 먹는 방법까지 전해 식문화도 획기적으로 발전시켰다.

일본 나라 현에 있는 호류지는 스이코 왕推古의 조카 쇼토쿠聖德 태자가 601~607년에 세웠다는 절로, 지금까지 남아 있는 일본 목조 건축물 가운데 가장 오래된 것으로 손꼽힌다. 이 사찰은 금당과 오중탑을 중심으로 조성된 서원과 팔각당인 유메노도夢殿를 중심으로 하는 동원의 두 부분으로 나뉘며 아스카 문화를 대표하는 상징물이다. 금당 안에는 약사여래상, 석가삼존불상, 아미타삼존불상 등이 있고, 사불정토도四佛淨土圖 같은 수백 점의 고미술품이 소장되어 있다. 일본의 국보급 문화재로 인정받는 이 작품들은 모두 백제인이 제작한 것이다.

그러나 현대에 들어 대대적인 보수공사를 하는 과정에서 금당의 불상 대좌 밑에서 먹으로 낙서된 고구려 목공의 이름이 발견되었고, 이 절 최초의 주지스님이 고구려 승려인 혜자惠慈였다는 사실이 추가로 밝혀지면서 이 절을 건축하고 소장 미술품을 제작하는 데 백제뿐만 아니라 고구려

한국사를 움직인 100인

호류지의 〈금당벽화〉 610년 고구려 출신의 승려 겸 화가 담징이 그린 그림. 동양 3대 미술품으로 꼽힌다.

의 예술가도 함께 참여했을 것으로 추정되고 있다.

특히 고구려 화가였던 담징이 그린 〈금당벽화〉는 금당의 주벽에 자리 잡고 있다. 석가, 아미타, 미륵, 약사 등으로 구성된 사불정토도인 이 벽화는 12폭의 큰 석가 그림과 천장 밑 작은 벽면에 그려 넣은 40개의 그림으로 구성되어 있었는데 1949년 1월 수리를 하던 중에 화재로 소실되었다. 현재 남아 있는 것은 모사화의 일부일 뿐이다. 그럼에도 〈금당벽화〉는 중국의 운강석불雲崗石佛, 경주의 석굴암과 함께 동양 3대 미술품으로 꼽히며, 세계문화유산으로 등재되어 있다.

물론 일본 학계에서는 〈금당벽화〉를 담징의 작품으로 인정하지 않고 있다. 그림에서 드러난 화법이 어느 한 사람의 것이 아니라는 것이다. 일본 학자들은 색을 입힌 방식이나 인물 묘사 방법이 서역의 화풍에 기초하되 당나라 색채가 반영되어 있다며, 이 벽화가 7세기 후반에 그려진 것이라고 주장한다. 하지만 아미타여래상에 나타난 회화 기법은 서역의 화풍을 수용한 당시 고구려 고분벽화와 유사해 고구려 회화와 연관이 있음을 시사한다.

아스카 문화

7세기 전반 일본 정치의 중심은 나라 분지 남쪽의 아스카 지방이었다. 당시 일본에서는 불교를 놓고 세력 다툼이 한창이었는데 승자인 소가노 우마코蘇我馬子가 조카딸 스이코를 천황에 즉위시켰다. 정치는 그녀의 조카인 쇼토쿠 태자가 섭정했다. 쇼토쿠 태자는 중앙집권을 강화하고 관료제를 확립시켜 천황의 절대적인 지위를 확고히 했다. 이때 한국과 중국의 문물을 적극적으로 수입해 아스카 문화를 꽃피웠다.

아스카 문화는 백제를 빼놓고 생각할 수 없다. 유교, 불교, 건축, 조각, 회화 등이 백제에서 건너간 학자와 승려에 의해 전수됐기 때문이다. 이로 인해 아스카 지역에서는 불교 미술이 비약적으로 발전했다. 현재 일본의 제1급 국보인 호류지의 본존인 석가삼존상과 약사여래좌상이 모두 백제인의 작품이고, 동양 3대 미술품으로 평가받는 〈금당벽화〉는 고구려의 승려이자 화가인 담징이 그렸다.

최초의 여성 군주

선덕여왕

善德女王 (?~647년)

▍신라 제27대 왕(재위 632~647년). 신라 최초의 여왕이다.
▍자장법사를 당에 보내 불법을 수입했고, 분황사, 첨성대, 황룡사 9층탑을 건립했다.
▍647년에 상대등 비담과 염종의 반란 당시 병사했다.

선덕여왕은 신라의 제27대 왕으로 한반도 역사상 첫 여성 군주이다. 이름은 덕만德曼이다. 《삼국사기》에는 진평왕과 마야부인의 장녀로 기록되어 있지만 필사본 《화랑세기》에는 차녀라고 되어 있다. 《삼국유사》에는 출생 순서에 대한 언급이 없다. 632년 진평왕이 아들을 남기지 못하고 숨지자 화백회의가 선덕여왕을 새로운 왕으로 추대하고 '성조황고聖祖皇姑'라는 호를 올렸다.

선덕여왕이 즉위한 632년, 한반도는 전운에 휩싸여 있었다. 고구려의 영양왕이 598년에 전략적 요충지를 확보하기 위해 랴오시 지역을 침공한 후 수나라 문제가 30만 대군을 이끌고 고구려를 반격하는 등 한반도 북쪽

경주 나정 신라의 시조 박혁거세의 탄강 전설이 깃든 우물.

은 전쟁이 한창이었다.

　복잡한 대외 관계 속에서 아들이 아닌 그녀가 즉위할 수 있었던 까닭은 '성골'이라는 신라 고유의 왕족 의식 덕분이라 할 수 있다. 화백회의에서 올렸다는 호 '성조황고'라는 단어에는 선덕여왕이 박혁거세의 후손이자 석가모니의 후예라는 점이 강조되어 있다. 당시 왕실은 진평왕의 아버지인 동륜태자 계열이 이전의 왕족과는 다른 '신성한 뼈'를 이어받았다고 주장했다. 성스러운 석가모니의 뼈를 이어받은 '성골'만이 왕통의 정통성을 지닌다는 것이다. 진평왕이 아들을 남기지 않았으니 석가족 남성이 없고, 그렇다면 석가족 여성이라도 왕위에 올라야 한다는 명분이 생긴다. 이처럼 선덕여왕은 성골의 명분을 내세웠지만 귀족들은 그다지 우호적이지 않았다. 그녀가 즉위하기도 전에 이미 칠숙柒宿과 석품石品이 반란을 일으켰을 정도였다.

　선덕여왕은 왕위에 오른 632년, 대신 을제乙祭에게 국정을 총괄하도록

한국사를 움직인 100인

분황사 3층 모전석탑 분황사는 선덕여왕의 명에 의해 창건되었다.

했다. 그리고 전국에 관원을 파견해 흉년 피해를 최소화하도록 지시했다. 이듬해에는 1년간 조세를 면제한다는 시책을 썼다. 민심을 달랜 왕이라는 평가가 나오는 대목이다.

634년에는 연호를 인평仁平으로 고치고 분황사를 지었다. 독자적인 연호를 사용하여 왕실의 자주성은 강조했지만, 해마다 당에 조공 사신을 보내는 일은 계속했다. 고구려와 백제의 잦은 침공에서 신라를 보호하기 위해서는 당나라와의 연합이 필요했기 때문이다. 결국 선덕여왕은 재위 4년째인 635년 당나라로부터 '주국낙랑군공신라왕柱國樂浪郡公新羅王'으로 책봉받았다. 같은 해 영묘사도 창건했다.

신라는 638년부터 계속 고구려와 백제의 공격에 시달렸다. 638년 10월 고구려가 칠중성을 습격한 일은 물리쳤지만, 642년에는 백제의 의자왕에게 패해 미후성을 포함해 40곳의 성을 빼앗겼다. 백제와 고구려가 연합해 신라의 한강 방면 거점인 당항성(黨項城, 지금의 남양)을 습격하는 바람에 나-당 통로도 끊겼다. 백제 장군 윤충允忠의 침공으로 낙동강 방면의 거점인 대야성(大耶城, 지금의 합천)도 함락당했다. 국가적인 위기에서 선덕여왕은 김유신을 압량주(押梁州, 지금의 경산) 군주로 임명해 백제에 빼앗긴 성을 되찾게 하는 한편 당나라에 사신을 파견해 구원을 요청했다.

한편 불법을 배우러 당나라에 유학을 갔던 자장慈藏이 귀국했다. 자장의 권유에 따라 선덕여왕은 호국 의지를 담아 황룡사 9층탑을 축조했다. 높이 80미터의 거대한 이 목탑은 이웃의 아홉 적을 상징하는 9층으로 제작되었다. 황룡사 9층탑을 건립할 때 백제의 기술자인 아비지阿非知를 초청했을 정도로 선덕여왕의 의지가 높았다고 전해진다.

황룡사 9층 목탑(복원 모형) 한강 이북의 목탑이 주로 팔각 형태인 반면 그 이남의 목탑은 사각형인 탑이다.

선덕여왕은 또한 동양에 현존하는 가장 오래된 천문대인 첨성대瞻星臺를 남겼다. 천문 관측기구를 정상에 설치해 춘분, 추분, 동지, 하지 등 24절기를 측정했을 것으로 추정된다. 정자석은 동서남북 방위를 기준으로 삼았다고 전해진다. 학자에 따라서는 첨성대를 천문 관측기구가 아닌 일종의 제단으로 보는 견해도 있다.

그러나 이런 치적에도 여왕의 통치에 대한 반발은 재위 기간 내내 일어났다. 특히 신라의 구원 요청에 당태종은 사신을 통해 여왕이 통치하기 때문이라고 지적해 파란을 일으켰다. 또한 당나라는 "필요하다면 당나라 왕족 중 남자

한 명을 보내 신라 왕으로 삼도록
하겠다."라고 희롱하기도 했다.

뿐만 아니라 즉위 당시부터 신
라 내부에서도 여왕에 대해 불만
을 가진 귀족이 많았다. 이와 관
련하여 불필요한 논란을 종속시
키기 위해 예지력을 갖춘 뛰어난
여성이 왕위에 올랐음을 강조할
필요가 있었다. 후대에 여왕과 관
련된 신묘한 일화들이 많이 만들
어진 것은 이 때문이다. 《삼국유
사》에는 여왕의 신통력에 관한
세 가지 일화가 기록되어 있다.

첨성대 선덕여왕 때 세워진 동양 최고의 천문대.

첫째, 향기 없는 모란에 관한 일화이다. 어느 날 당태종이 진홍색, 자
색, 백색의 모란이 그려진 그림과 씨앗 석 되를 선덕여왕에게 보내왔다.
선덕여왕은 그림을 보고 "이 꽃에는 반드시 향기가 없을 것이다."라고 예
언했다. 시간이 흘러 꽃이 피었지만 그 꽃은 질 때까지 향기가 나지 않았
다. 신하들이 이에 대해 물으니 선덕여왕은 "꽃 그림에 나비가 없었다.
이는 남편이 없는 나를 희롱한 것이다."라고 답했다.

둘째, 개구리 울음소리로 전쟁의 징조를 알아차린 일화이다. 636년 궁
서쪽 영묘사 옥문지玉門池에 수만 마리의 개구리가 모여들어 사나흘 동안
계속 울어댔다. 선덕여왕은 곧 각간 알천閼川과 필탄弼呑 등을 시켜 군사
2,000명을 데리고 서쪽 교외로 나가 '여근곡女根谷'을 찾아갈 것을 명했
다. 그리고 그곳에 반드시 적병이 매복해 있을 것이라고 예견했다. 실제

로 부산富山 밑에 여근곡이란 골짜기가 있고, 백제군 500명이 숨어 있었다. 알천은 이를 모두 죽이고 남산에 숨어 있던 백제의 장군 우소와 군사들마저 모조리 죽였다. 이에 대해 선덕여왕은 "개구리가 심히 우는 모습은 병사의 모습이요, 옥문이란 여자의 음부를 가리킨다. 여자는 음이고 그 빛은 백색인데, 이는 서쪽을 뜻한다. 또한 남근이 여근에 들어가면 죽는 법이니 그래서 쉽게 잡을 수 있었다."라고 답했다.

셋째, 선덕여왕은 죽을 날도 스스로 예언했다고 전해진다. 하루는 신하들을 불러 "내가 몇 년 몇 월 며칠에 죽을 것이니 도리천에 장사 지내라." 하고 말했다. 신하들이 도리천의 위치를 묻자, 선덕여왕은 낭산狼山의 남쪽이라고만 했다.

그 말대로 그날에 선덕여왕이 승하하자 신하들은 낭산 남쪽 양지에 장지를 마련했다. 이후 10년 후 선덕여왕의 조카인 문무왕이 선덕여왕의 무덤 아래에 사천왕사四天王寺를 세웠다. 불경에 따르면 "사천왕천四天王天 위에 도리천이 있다."라고 되어 있으니 선덕여왕은 자신의 무덤 아래 사천왕사라는 절이 창건될 것을 미리 내다보았다는 것이다.

선덕여왕 재위 마지막 해인 647년 상대등 비담毗曇과 염종廉宗 등 진골 귀족이 "여자 군주는 나라를 잘 다스릴 수 없다女主不能善理."라며 반란을 일으켰다. 선덕여왕은 월성에 진을 치고 김춘추와 김유신을 파견해 난을 진압하던 중 평소 앓고 있던 신병으로 인해 숨을 거두었다.

인도에 카스트 제도가 있다면
신라에는 골품제도가 있다

신라의 골품제도는 왕족과 일반 백성을 구분하는 계급제도였다. 신라는 경주의 사로국 6부가 중심이 되어 주변의 나라를 흡수하면서 성장했다. 자연히 지배층은 6부로 편입되었고, 이는 520년 법흥왕이 율령을 반포할 때까지 계속되었다. 이때 원래 경주에서 나고 자란 지배층과 신라에 복속된 피지배층이 관직에 진출할 때 진급의 상한선을 두기 시작하면서 만들어진 것이 골품제도이다.

골품제도에 따라 신라인은 7개의 신분으로 나뉘었다. 골骨족은 왕족을 뜻하며 성골聖骨과 진골眞骨로 구분되었다. 원래 왕족은 모두 진골이었다. 하지만 진흥왕의 차남이었던 동륜태자의 후손들이 '성스러운 석가모니의 뼈'를 이어받은 '성골'만이 왕통의 정통성을 갖는다고 차별화하면서 성골과 진골로 나뉘었다.

그러나 성골 남자는 동륜태자의 아들인 제26대 진평왕까지만 이어졌다. 진평왕이 아들을 남기지 못하고 승하함으로써 성골 남자가 남지 않게 된 것이다. 때문에 '성골 여성'인 진평왕의 딸 선덕여왕과 '진골 남성'이 남게 되었다. 결국 성골이 왕위를 이어야 한다는 명분하에 선덕여왕이 제27대 왕으로 등극했다. 그리고 제29대 태종무열왕(김춘추)이 진골로는 처음으로 왕위에 오르면서 성골 출신의 왕위 계승은 막을 내렸다.

두품층은 6두품에서 1두품까지로 구별되며 숫자가 클수록 신분이 높았다. 6두품은 왕족을 제외하고 지배층 최고의 자리까지 진출할 수 있었다. 6두품이 '득난得難'으로 불렸던 이유이다. 그럼에도 6두품은 늘 진골보다는 박한 처우를 받았다. 예를 들어 신라의 17관등 가운데 제1관등인 이벌찬에서 제5관등인 대아찬까지는 오직 진골만이 오를 수 있었다. 즉 신분 상승의 한계로 인해 6두품이 신분제도에 불만을 품을 수밖에 없었던 것이다. 그러나 6두품이 진골이 되는 일은 없었지만, 진골 귀족이 강등되어 6두품이 되는 일은 종종 일어났다. 5두품과 4두품은 실무를 담당했을 것으로 추정된다.

골품제도가 공복의 색깔과 착용할 수 있는 옷감의 재질, 관의 종류 등을 세밀하게 구분하고 관직의 상한선을 규정했다고는 하지만, 고려나 조선의 노비제도 같은 규정이 없는 것으로 미루어 볼 때 계급을 나눴다기보다는 관직 진출의 상한선을 정해 두는 데 그쳤던 것으로 보는 견해도 많다.

살수대첩의 영웅
을지문덕

乙支文德 (?~?)

▌ 고구려의 장군.
▌ 수나라 군대를 살수에서 물리친 살수대첩은 을지문덕의 전략에 의한 것이다.

을지문덕은 고구려 영양왕 때의 명장이다. 그의 독특한 이름에 대해서는 '을지'라는 성이 고구려 관등명의 하나인 우태于台처럼 연장자 혹은 가부장을 뜻한다는 설과 '을'만 성이고 '지'는 존대의 접미사라는 설이 존재한다. 또한 '을지'를 선비족 계통에서 유래한 성씨 '울지尉遲'로 보고 그를 귀화인으로 추정하는 학자도 있다.

을지문덕은 수나라군이 고구려를 공격하자 적진으로 침투하여 형세를 정탐하고, 후퇴 작전으로 적군을 교란시킨 전술로 유명하다. 을지문덕은 고구려군의 거짓 항복에 후퇴하는 수나라군을 살수에서 기습 공격해 대승을 거뒀다.

중국을 통일한 수문제 양견은 튀르크까지 장악한 뒤 중원의 지배자로서 권위를 내세우려 했다. 하지만 고구려의 태도는 강경했다. 특히 고구려가 598년(영양왕 9) 말갈병 1만 명을 동원해 랴오시 지역의 임유관을 선제 공격한 이후 수문제는 반격을 단행하게 된다.

수문제는 같은 해 군사 30만 명을 동원해 고구려 정벌에 나섰다. 그러나 넷째 아들인 한왕 양량楊諒이 통솔하던 육군이 랴오둥으로 진격하던 중 홍수를 만나 군량 보급선을 놓치면서 숱한 군사들이 굶주림과 질병으로 숨지는 등

을지문덕 장군

큰 타격을 입었다. 수군도 고전을 면치 못했다. 평양에 가 보지도 못하고 풍랑을 만나 병선이 침몰해 버렸기 때문이다. 결국 수문제의 1차 고구려 정벌은 실패로 돌아가고 말았다.

수문제의 뒤를 이어 황제에 오른 수양제 양광은 대규모 토목공사를 벌여 민심이 흉흉해지자 이를 무마하기 위해 외부로 눈을 돌렸다. 그리고 수문제처럼 고구려 침공을 계획했다. 612년 수양제는 113만 3,800명이라는 역사상 전무후무한 군사를 일으켜 고구려로 향했다. 군량과 물자 수송을 맡은 부대의 숫자가 본군의 2배가 넘었고, 대군이 차례로 출발하는 데에만 40일이 넘게 걸릴 정도로 대규모였다.

수나라의 공격은 두 갈래였다. 우중문于仲文과 우문술宇文述이 각각 수군과 육군을 통솔해 동시에 침략한 것이다. 육군은 고구려의 주요 군사

거점인 랴오둥 성을 공격했으나 고구려의 항전으로 교착 상태에 빠졌다. 이에 수나라군은 바다를 건너 패강(浿江, 대동강)을 거슬러 평양성을 공격했지만 역시 전멸했다. 수세에 몰린 우중문과 우문술은 군사 30만 5,000명을 차출해 별동대를 꾸렸다. 평양을 직접 공격하기 위해서였다.

별동대가 압록강 서쪽에 집결했을 무렵, 을지문덕은 새로운 작전을 꾸몄다. 별동대의 직접 공격에 거짓으로 항복한 것이다. 그는 아예 적진으로 들어가 항복하는 척하면서 수나라 별동대에 군량이 부족하다는 사실을 알아냈다. 별동대는 처음에 100일분의 식량을 지니고 있었지만 기동성을 위해 중도에 식량의 대부분을 버렸기 때문에 먹을 것이 부족한 상태였다.

수나라의 약점을 간파한 을지문덕은 거짓으로 하루에 7번 싸워 7번 모두 패배한 것처럼 행동했다. 즉 7번 싸워 7번 달아나니 수나라군은 을지

수나라 군대 복원도

문덕의 계략인 줄도 모르고 평양성 30리 밖까지 이르게 되었다. 지나친 싸움과 추격으로 수나라군이 극도의 피로감을 느꼈던 것은 당연하다.

하루 동안 7번이나 후퇴하는 고구려군의 뒤를 추격한 수나라 별동대는 군량도 바닥난 지 오래인 데에다 지칠 수밖에 없었다. 더구나 중간에 군량을 전해 줄 수군마저 패하고 쫓겨난 이후였다. 별동대는 감히 평양성을 공격할 생각조차 하지 못했다.

모든 일이 계략대로 풀리자 을지문덕

한국사를 움직인 100인

은 수나라 군대에게 회군을 종용했다. 을지문덕은 이번에도 꾀를 냈다. 영양왕이 수양제를 알현할 것이라고 거짓 항복을 해 수나라군이 퇴각할 구실을 만들어 주는 한편 뒤에서 기습 공격을 하기로 한 것이다. 그가 당시 수나라군으로 보낸 오언시는 희롱조로 가득하다. "신통한 계책은 천문을 헤아리며 묘한 꾀는 지리를 꿰뚫는구나. 싸움마다 이겨 공이 이미 높았으니 족한 줄 알아서 그만둠이 어떠하리神策究天文 妙算窮地理 戰勝功旣 高 知足願云止."

수나라는 안심하고 살수(薩水, 지금의 청천강)를 건너 회군하기 시작했다. 을지문덕은 때를 기다렸다가 살수를 건너는 수나라 군대를 뒤에서 공격했다. 이 전투로 수나라의 장수 신세웅辛世雄이 전사했고, 대군 가운데 살아 돌아간 이는 불과 2,700명뿐이었다. 이것이 살수대첩이다.

고구려의 마지막 방어선
연개소문

淵蓋蘇文 (?~665년 혹은 666년)

▌고구려 말기의 장군, 재상.
▌이름은 기록마다 개소문, 개금, 이리가수미, 성씨도 연, 천, 전 등 다양하게 표기된다.
▌642년 영류왕을 죽이고 보장왕을 추대하고 이후 대막리지가 되어 절대 권력을 행사했다.
▌도교 진흥책, 대당 강경책을 폈고, 신라, 당과 적대적 외교 관계를 펼쳤다.

연개소문

연개소문은 고구려 말기의 재상이자 장군이다. 이름이 '개소문蓋蘇文', '개금蓋金', '개금盖金', '이리가수미伊梨柯須彌' 등 다양하게 전하고, 성씨도 '연淵', '천泉', '전錢' 등 기록마다 다르게 표기된다. 원래 연씨였지만 당나라 고조高祖 이연李淵과 같은 이름이 되는 것을 피하기 위해 뜻만 같은 '천泉'으로 개명한 것이라는 견해가 일반적이다. 출신지에 대해서도 고구려 동부 출신이라는 설과 서부 출신이라는 설이 엇갈린다.

연개소문의 할아버지와 아버지는 모두 고구려의 최고 관직인 막리지에 올랐던 인물이다. 《삼국사기》에 따르면 연개소문이 "스스로 물속에서 태어났다고 대중을 현혹시켰다."라는 구절이 있다. 그의 아들인 남생男生의 묘지명에도 "그의 집안이 연못泉에서 나왔다."라고 적혀 있는데 이는 물과 관련된 동북아시아의 고대 설화에서 영향을 받은 것으로 추정된다. 반면 연개소문의 다른 아들인 남산男産의 묘지명에서는 그의 조상을 고구려 시조인 주몽과 연결시키고 있다.

《삼국사기》에 따르면 연개소문은 생김새가 씩씩했고 수염이 아름다웠다고 전한다. 그는 또한 의지가 강하고 사소한 일에 얽매이지 않았다. 다만 아버지가 죽은 뒤 연개소문이 그의 자리인 막리지직을 이어받으려 하자 유력 귀족들이 연개소문의 무단적인 기질을 두려워하며 반대했다는 이야기가 함께 전해진다.

귀족들의 견제에도 연개소문의 세력은 날로 강해졌다. 특히 642년(영류왕 25년)에 연개소문이 천리장성을 쌓는 최고 감독자가 된 이후 그를 두려워하던 대신들은 왕과 상의해 연개소문을 죽이기로 했다. 하지만 연개소문이 이를 미리 알아차리고 역공을 폈다. 그는 부병部兵의 열병식을 구실로 귀족들을 모두 초대해 잔치를 벌였다. 이 자리에서 연개소문은 정변을 일으켜 100명이 넘는 귀족을 다 죽이고 궁으로 쳐들어가 영류왕을 죽이고 왕의 동생인 장臧을 왕으로 세웠다. 그가 바로 고구려의 마지막 왕인 보장왕寶藏王이다. 이제 연개소문은 귀족회의가 지니고 있던 병권과 인사권을 모두 장악했다.

이제 스스로 대막리지가 되어 대권을 장악한 연개소문은 반대파를 탄압하기 시작했다. 특히 당시 그를 드러내 놓고 반대했던 안시성의 성주를 가장 먼저 공격했으나 승패는 쉽사리 나지 않았다. 결국 연개소문은 안시성주의 지위를 계속 인정하고, 안시성주는 연개소문을 새 집권자로 인정하는 것으로 타협하며 일단락되었다.

연개소문은 이처럼 고구려 말기의 귀족 연립정권 체제를 적절히 이용하며 실권을 유지했다. 실질적인 권력을 쥐고 있던 대대로직은 5부 귀족들이 3년에 한 번씩 선임했는데 연임도 가능했다. 그러나 때때로 귀족들이 의견을 모으지 못하면 각기 사병을 동원해 무력으로 후임을 정하는 일도 없지 않았다. 그렇다고 해도 왕이 중재할 수 없었고 방임해야만 하는 상황이었다. 학자에 따라서는 연개소문이 집권하는 과정에서 유혈 사태를 벌이고 안시성주와 물리적으로 충돌한 것까지 귀족 연립정권의 일면으로 보는 경우도 있다.

연개소문은 장기 집권을 했고, 그 지위는 아들로 세습되었다. 연씨 일가는 왕과 귀족보다 더 강력한 세력으로 성장했다. 또한 연개소문은 당나라에 사신을 보내 숙달叔達 등 8명의 도사를 맞아들이는 등 도교를 육성하는 정책을 폈다. 이는 당시 유행하던 도참설을 배격하고 도교적인 전제 정치를 시행하려고 했기 때문이다. 동시에 불교를 기반으로 한 기존 귀족 세력의 잔재를 억압하려는 목적도 있었다.

연개소문이 집권하는 동안 고구려의 대외 정세는 긴박했다. 수나라와 20년에 걸쳐 지속된 전쟁은 수나라의 멸망으로 종결됐지만 중국 내부의 분열을 통일한 당나라의 세력이 막강해져 있었다. 당나라는 서쪽의 고창국高昌을 제압하고, 북의 튀르크를 멸망시킨 뒤 동북아시아 쪽으로 진출할 기회를 노렸다. 고구려는 수나라에 대해서는 강경책을 사용했지만 당나라가 건국된 이후로는 온건책을 폈다. 하지만 연개소문이 집권하면서

황룡산성

당에 대해서도 강경책으로 돌아섰다. 연개소문이 부여성에서 발해만 입구에 이르는 거대한 성곽인 천리장성을 축조한 것도 이런 당의 공격에 대비한 것이었다.

연개소문은 백제와 연합해 신라를 공격하기도 했다. 신라는 김춘추를 고구려에 보내 화친을 요청했지만 연개소문은 이를 거절했다. 신라는 이에 당나라로 사신을 보내 고구려를 견제해 달라고 요청했고, 당나라 사신이 중재자로서 고구려에 들어갔다. 그러나 연개소문은 당의 사신마저 가

두어 버렸다. 당태종은 고구려가 사신을 가둔 일을 빌미로 고구려를 침략했다. 당군은 초기에 상당한 전과를 올렸지만 안시성에서 크게 패하고 말았다. 이를 계기로 당은 신라와 손을 잡고 백제를 공격하는 전략을 폈다.

　665년 연개소문이 죽자, 옛 귀족들은 다시 당나라와의 관계를 개선하려고 했다. 연개소문의 맏아들 남생이 막리지직을 계승하고 온건책을 펴려고 했지만 동생 남건男建과 남산이 강경책을 요구하면서 내분이 일어났다. 권력 싸움에서 패한 남생이 당으로 망명하자 당은 남생을 앞세워 나당 연합군의 이름으로 고구려 정벌에 성공했다. 이 때문에 고구려의 내분과 멸망의 원인이 연개소문의 독재 때문이라고 보는 학자들의 견해가 적지 않다.

삼국 통일의 주역
김춘추

金春秋 (604~661년)

- 태종무열왕(太宗武烈王, 재위 654~661년). 신라 제29대 왕으로 신라 최초의 진골 출신 왕이 되었다.
- 신라 왕권의 전제화를 확립했고, 당나라의 율령제를 모방하여 관료 체제를 정비했으며, 구서당을 설치하여 군사 조직을 강화하는 등 본격적인 국가 체제를 확립했다.
- 660년 당나라와 연합하여 백제를 멸망시키고 이듬해 백제부흥군을 격파했고, 이어 고구려 정벌군을 조직하던 중 사망했다.

태종무열왕은 신라 제29대 왕으로 당나라군과 연합해 백제를 멸망시켰다. 진지왕의 손자로 성은 김金이고 이름은 춘추春秋라고 한다. 이찬伊湌 용춘龍春, 龍樹의 아들로 어머니는 진평왕의 딸 천명부인이다. 각찬角湌, 角干 김서현의 딸, 즉 김유신의 누이동생 문희를 배필로 맞아들였다. 이로써 진지왕 이후 왕위 계승 서열에서 벗어난 진지왕계와 신라에 항복해 새롭게 진골 귀족으로 편입된 금관가야계의 정치적, 군사적 결합이 완성되었다.

김춘추는 642년(선덕여왕 11) 백제가 대야성을 함락하면서 인생의 전환점을 맞는다. 당시 대야성 전투에서 김춘추의 사위인 김품석 부부가 숨

태종무열왕릉

졌고, 이 사건으로 김춘추는 외교 활동을 시작하게 되었다.

　그는 우선 대야성에서의 원한을 갚기 위해 고구려에 원병을 청하러 갔다. 하지만 고구려의 생각은 달랐다. 고구려는 진흥왕 시절, 신라가 고구려를 공습해 한강 상류 지역을 빼앗은 일을 거론하며 영토 반환을 요구했고, 김춘추는 그럴 수 없다고 맞섰다. 결국 김춘추는 고구려에 억류되고 말았다.

　김춘추는 고구려에 갇혔다가 겨우 탈출한 후 김유신과의 정치적 결속을 더욱 단단히 다졌다. 이를 바탕으로 김춘추와 김유신은 선덕여왕 재위 마지막 해인 647년, 상대등 비담과 염종 등 구귀족 세력이 일으킨 반란을 진압할 수 있었다. 비담의 반란을 진압한 김춘추−김유신계는 정치적인 실권을 완전히 장악했다. 김춘추가 외교 활동과 내정 개혁에 매진

할 수 있었던 것도 정치적인 배경이 뒷받침되었기에 가능한 일이었다.

김춘추는 고구려와 동맹을 맺는 데 실패하자 당나라와의 관계를 강화하는 데 전력했다. 648년(진덕여왕 2), 그는 당나라로 가는 사신을 자처해 적극적으로 친당 정책을 추진했다. 무엇보다 당태종으로부터 백제를 공격할 때 군사를 지원하겠다는 약속을 받아내 훗날 삼국 통일의 기틀을 마련했다. 2년 후 진덕여왕이 신라가 오랫동안 써온 자주적인 연호를 폐지하고 당나라의 연호인 영휘永徽를 채택한 것만 보아도 김춘추의 친당 정책이 신라에서 어떤 위력을 발휘했는지 알 수 있다.

김춘추가 추진한 내정 개혁도 친당적인 색채를 띠었다. 649년 의복과 머리에 쓰는 관을 중국식으로 따르게 한 중조의관제를 채택했고, 2년 뒤에는 조정의 모든 신하가 설날 아침 왕에게 하례를 올리도록 하는 정조하례제도 시작했다. 이런 정책은 실질적으로 왕권을 강화하는 데 뒷받침이 되었을 뿐만 아니라 당나라를 후원 세력으로 공표한 것이나 다름없었다. 훗날 자신이 즉위할 경우에 대비하여 사전 작업의 일환으로 이런 정책을 추진한 것으로 해석된다.

654년 진덕여왕이 승하하자 구귀족들은 상대등 알천을 왕위 계승자로 천거했다. 하지만 곧 화백회의에서 친당 외교와 내정 개혁을 통해 급성장한 신귀족 세력을 기반으로 한 김춘추가 섭정으로 추대되었고, 김춘추는 일시적으로 제휴했던 구귀족의 대표인 알천을 제치고 왕위에 올랐다. 52세의 김춘추가 왕위에 오른 것은 신라 왕조에서는 일대 사건이었다. 왕족이었지만 그가 진골 출신이기 때문이었다. 이로써 진평왕 때부터 유지된 '성골 출신 왕'의 전통이 깨졌다.

화백회의의 추대를 받는 형식으로 왕위에 오른 무열왕은 왕위 계승의 정당성을 유지하기 위한 정책을 폈다. 아버지 용춘을 문흥대왕文興大王

으로, 어머니 천명부인을 문정태후文貞太后로 추증해 왕권의 정통성을 강조했고, 이방부격理方府格 60여 조를 개정하는 율령을 반포해 왕권을 강화했다. 이듬해에는 원자인 법민法敏을 태자에 책봉해 왕권을 조기에 안정시켰다. 게다가 다른 아들인 문왕文王을 이찬으로, 노차(老且 혹은 老旦)를 해찬海湌으로, 인태仁泰를 각찬으로, 그리고 지경智鏡과 개원愷元을 각각 이찬으로 관등을 올려 주어 그들이 각자의 권력 기반을 잡도록 해 주었다.

656년 당나라에서 귀국한 김인문金仁問을 군주軍主에 임명하고 3년 뒤에는 역시 당에서 돌아온 문왕을 집사부 중시中侍에 앉혀 친당 정책과 직계친족에 의한 지배 체제를 강화했다. 이런 친당 정책으로 그는 당나라로부터 '개부의동삼사신라왕開府儀同三司新羅王'에 책봉되었다.

660년 왕권 강화에 절대적인 기여를 한 김유신이 상대등에 임명되었다. 김유신은 이전의 상대등들과 달랐다. 옛 상대등들은 대체적으로 왕권을 견제하거나 왕위 계승 순위에서 경쟁자의 성격이 짙었다. 하지만 김유신은 무열왕의 최측근이었다. 이는 귀족 세력이 왕권을 견제하는 본래의 역할을 버리고 오히려 왕권에 밀착하게 됐음을 의미한다. 이 때문에 귀족 세력은 점차 약해졌고, 행정 책임자인 집사부 중시의 권한이 강화되었다.

무열왕 대의 대외 관계는 친당 정책을 기본으로 하면서 고구려와 백제에 대해 전쟁을 일으키는 방향으로 이루어졌다. 655년 고구려가 백제, 말갈과 연합해 신라의 북경 33성을 습격하자 신라는 당에 구원을 요청했다. 이에 당나라의 정명진程名振과 소정방蘇定方이 군사를 이끌고 고구려를 공격했다. 그리고 660년부터는 본격적인 백제 정벌에 나섰다. 소정방의 군사 13만 명이 그해 5월 백제를 공격했고, 7월에는 김유신이 황산벌

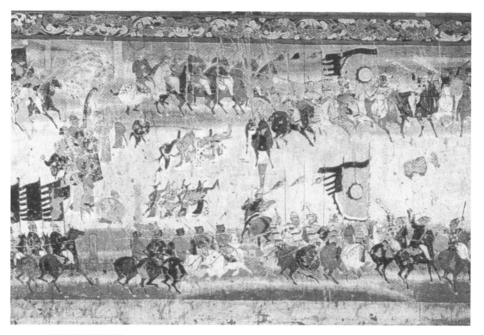

당나라 기마병의 행진

전투에서 백제 계백階伯 장군의 군사 5,000명을 격파한 뒤 당과 연합해 백제의 수도였던 사비성을 함락시켰다. 백제는 웅진성으로 피란을 갔던 의자왕과 왕자 부여융(扶餘隆, 웅진 도독)이 신라에 항복함으로써 역사 속으로 사라졌다. 무열왕은 백제의 옛 관료 가운데 항복한 사람들에게는 신라의 관등을 주는 회유책도 썼다.

무열왕은 곧이어 고구려 정벌군을 편성했지만 도중에 숨을 거두고 말았다. 재위 8년 만의 일로 향년 59세였다. 무열왕 사후 그의 직계 자손들이 8대에 걸쳐 왕위를 이어감에 따라 신라는 120년간 정치적 황금기를 누렸다.

나당전쟁

신라가 당나라와 연합해 백제, 고구려를 차례로 멸망시켰을 때까지만 해도 삼국 통일은 쉽게 완성되는 듯했다. 하지만 당나라는 곧 백제의 옛 땅에 웅진도독부를 비롯한 5개의 도독부와 고구려의 옛 땅에 9개의 도독부를 설치하여 당의 행정구역에 편입시키고자 했다. 더 나아가 당나라는 663년(문무왕 3) 신라를 계림대도독부로 삼고 문무왕을 계림주 대도독에 임명해 형식적으로 신라를 당의 한 구역으로 삼았다. 한마디로 한반도를 지배하려고 한 것이다.

이에 신라는 당에 대한 전면전을 벌였다. 신라에 귀순한 옛 고구려 왕족 안승安勝을 고구려왕으로 삼아 금마저(金馬渚, 지금의 익산군 금마면)에 보덕국을 세우고 고구려 유민들을 대당 항쟁에 끌어들였다. 신라는 670년 당과 부여융의 백제 군대가 장악한 성 82곳을 무너뜨리고, 이듬해 사비성을 함락시켜 백제의 옛 땅을 완전히 회복했다.

그럼에도 당의 침략은 더 거세졌다. 672년 당나라 고간高侃이 대군을 이끌고 쳐들어왔고, 2년 뒤에는 신라 문무왕을 폐하고 동생 김인문金仁問을 신라왕에 책봉한다며 군대를 파견했다.

675년 신라와의 전쟁에서 당나라군은 1,400명의 사망자를 냈고, 이근행李謹行의 무리 20만 명을 매소성(買肖城, 지금의 양주 일대)에서 섬멸했다. 676년에는 당의 수군을 금강 하류 기벌포에서 내쫓았다. 결국 당은 웅진도독부를 건안성으로, 안동도호부를 랴오둥으로 옮겨야만 했다. 670년부터 676년 사이의 이 전쟁으로 신라는 대동강에서 원산만 이남 지역을 확보하고 삼국 통일을 완수할 수 있었다.

덕과 지혜, 용맹을 모두 갖춘 명장
김유신

金庾信 (595~673년)

▌ 신라의 장군. 본관은 김해, 가야국의 시조 김수로왕의 12대손이다.
▌ 당나라군과 연합하여 백제를 멸망시키고 고구려를 정벌했다. 이후 당나라군을 한반도에서 몰아내며 삼국 통일을 이룩했다.
▌ 647년 비담과 염종의 난을 진압하고, 654년 진덕여왕이 후사 없이 죽자 김춘추를 왕으로 추대했다.

김유신은 삼국 통일을 이끈 신라의 명장으로 금관가야에서 망명한 왕족 출신이자 신라 왕실의 혈통을 이어받았다. 김유신은 훗날 당나라 소정방의 군대와 연합해 백제를 멸망시키고, 숱한 실패 끝에 고구려 정벌에도 성공함으로써 삼국 통일의 주역이 된다. 이후 당나라 군대를 한반도에서 축출하고 삼국 통일의 위업을 완수한다.

김유신의 증조부는 532년(법흥왕 19년) 신라에 투항한 금관가야의 마지막 왕인 구해왕仇亥王, 仇衡王이다. 할아버지는 신주도행군총관新州道行軍摠管을 지낸 가야의 명장 김무력金武力이고 아버지는 김서현舒玄이다. 어머니 만명부인은 신라 왕족으로 증조부는 지증왕이고, 할아버지는 진흥왕의 아버지인 입종갈문왕, 아버지는 숙흘종肅訖宗이다. 만명이 김서현과의 혼인을 발표하자 그녀의 아버지 숙흘종은 만명을 궁에 감금하며 반대했다. 신라에 투항한 가야 왕족이 진골 귀족으로 편입되기는 했으나, 왕족과 혼인할 수준의 귀족은 아니라는 것이 이유였다. 이 때문에 김유신의 집안은 신라의 귀족들 가운데에서도 권력의 정점에서 멀어진 소외된 계층으로 전락했다.

소년 김유신이 택한 길은 스스로 화랑이 되어 무예로 이름을 날리는 것이었다. 그는 열다섯 살이던 609년(진평왕 31) 화랑으로써 용화향도龍華香徒라는 낭도郎徒를 이끌며 귀족 자제들 사이에서 이름을 알리기 시작했고, 611년 국선國仙이 되기도 했다. 용화향도는 '미륵불의 용화 세계를 여는 무리'라는 뜻으로, 김유신은 신라에 고통과 죄악이 없는 광명한 세계를 건설하겠다는 야심을 담았다. 화랑이 된 김유신의 인생에 큰 전기가 된 것은 여동생 문희를 왕실의 일원인 김춘추와 결혼시켜 정계 한복판으로 진출할 발판을 마련한 일이다.

김유신

김유신은 서른네 살이던 629년 전쟁터에서 공을 세우면서 두각을 나타내기 시작했다. 당시는 신라군이 고구려의 낭비성을 공격했지만 1차 접전에서 크게 패해 전의를 상실한 상태였다. 이때 김유신은 아버지인 소판 김서현에게 "제가 벼리와 옷깃이 되겠습니다."라며 혼자 적진으로 돌진해 적장의 머리를 베어 옴으로써 전세를 승리로 이끌었다.

이후 숱한 공적을 인정받아 642년 압량주

(押梁州, 지금의 경상북도 경산)
의 군주가 되었고 이때부터
중요한 직책을 거쳐 나갔다.
2년 뒤에는 소판蘇判을 거쳐
상장군에 임명되어 백제 원
정군의 최고 지휘관 자리에
올랐다. 상장군 김유신은 전
략적 요충지인 가혜성, 성열
성, 동화성 등 7개의 성을 차

신라 시대의 생활용품 바느질을 하기 위한 각종 도구들이다. 청동 단추, 가위, 방울, 꽃 모양 장식 등. 국립경주박물관 소장(경박 201009-096).

례로 점령했다. 이듬해 정월 매리포성을 침략한 백제군을 격퇴시키기도
했다.

같은 해 3월에는 경주로 귀환하기도 전에 백제의 기습 소식을 듣고 출
동했는데 이때 유명한 일화가 전해진다. 가족들이 문 밖에 나와 기다리
는데도 눈길조차 주지 않고 진군하던 김유신은 50보쯤 간 뒤에야 말을 멈
추고 집에 가서 물을 떠오라고 시켰다. 부하가 가져온 물을 마신 김유신
은 "우리 집 물이 아직도 예전과 같은 맛"이라고 말하고는 말을 재촉했
다. 이를 본 군사들이 "대장군도 가족을 돌보지 않고 싸우는데 우리가 어
찌 가족과 떨어짐을 한스럽게 여기겠는가."라며 분발해 백제군을 대파했
다는 것이다.

647년은 김유신에게 분수령이 된 해였다. 상대등 비담과 염종이 "여왕
은 정치를 잘할 수 없다."라고 주장하며 명활성을 거점으로 월성의 왕족
세력을 공격한 것이다. 이른바 비담의 난이 일어난 지 8일 만에 선덕여왕
이 승하하고, 당시 흉조로 여겨지던 유성이 월성 쪽으로 떨어지자 왕실군
의 사기는 위축된 반면, 반란군의 기세가 하늘을 찌를 듯 높아졌다. 김유

신라의 왕경 복원도

신은 아랑곳하지 않고 진덕여왕과 귀족들을 독려해 반란을 진압하는 공을 세웠다. 이로써 그는 가야계 출신이라는 꼬리표를 떼고 정치적 입지를 강화했다.

김유신의 정치적 비중은 무열왕이 즉위한 이후 더욱 높아졌다. 대각간이라는 관직을 받은 것만 해도 그렇다. 신라의 관등은 상위 17등관계十七等官階와 그 위에 상대등, 각간직이 있다. 대각간은 그 상대등과 각간 위의 직에 내린 벼슬이었다. 기록에 따르면 660년 백제를 정복한 장군들에게 논공행상할 때 김유신에게는 특히 공로가 많다며 대각간이라는 벼슬을 새로 만들어 내렸다고 한다. 훗날 김유신은 삼국 통일의 공로를 인정받아 한 단계 더 높은 태대각간太大角干이 되기도 했다.

김유신은 정치적인 입지가 높아지면서 무열왕의 셋째 딸인 지소와 혼인했다. 이로써 그는 왕실과 더욱 긴밀한 관계를 맺게 되었다. 아버지 대에 가야 출신이라는 이유로 차별받던 것에 비하면 위상이 크게 오른 것이다.

660년 정월 김유신은 귀족회의의 수장인 상대등에 올랐다. 그리고 같은 해 7월 신라군 5만 명을 이끌고 소정방의 당나라군 13만 명과 연합해 고구려를 정벌하는 길에 옹산성(甕山城, 대전시 계족산성)에 있는 백제의 잔당을 토벌했다. 12월 당나라군에 군량미를 제공했지만 당나라군이 철수함으로써 1차 고구려 정벌은 실패하고 말았다. 김유신은 663년 백제 유민과 왜가 연합해 일으킨 반란군을 격파했고, 이듬해에도 사비성에서 봉기한 백제 유민을 교란시켰다. 668년 마침내 나당 연합군이 고구려를 멸망시키자 김유신은 신라군의 총사령관격인 대총관에 임명되었다.

김유신은 이제 늙고 쇠약한 까닭에 직접 전투에 참가하지는 못했다. 대신 왕경에 남아 왕이 원정을 떠난 이후의 국내 정치를 맡았다. 국가 원수로서, 삼국 통일의 기틀을 닦은 장수로서 김유신은 신라의 단결을 이끌었다는 평가를 받는다.

고구려 정벌 직후 태대각간이라는 최고직에 오른 김유신은 한반도에서 당나라의 군대를 축출하는 데 힘썼고, 한강 이북의 고구려 땅을 되찾았다. 그리고 673년(문무왕 13)에 세상을 떠났다. 그는 평생 자신에게 엄격했고, 신라의 결속을 위해 노력한 장수였다. 집에 잠시 들르지도 않고 연달아 전투에 나갔고, 아들 원술이 당나라와의 전투에서 패배하고 도망쳐 오자 왕에게 참수형에 처해야 한다고 건의하는 등의 일화는 그의 곧은 성품을 대변해 준다. 김유신이 숨을 거두자 문무왕은 산원(金山原, 지금의 경주시 송화산 기슭으로 추정)에 성대하게 장사를 지내고 비를 세워 공적을 기록했다. 김유신은 훗날 흥무대왕興武大王으로 추봉되었다.

한국 불교의 횃불

원효

元曉(617~686년)

▎ 신라의 승려. 속성은 설, 법명은 원효이다.
▎ 당나라로 유학을 떠나던 중 간밤에 마신 물이 해골에 괸 물이었음을 알고 대오했다는 일화를 남겼으며, 평생 불교 사상의 융합과 그 실천에 힘썼다.
▎ 분황사에서 독자적으로 통불교를 제창하고, 승복을 벗고 소성거사, 복성거사라 자칭, 〈무애가(無碍歌)〉를 지어 부르며 불교의 대중화를 일으켰다.
▎ 요석공주와의 사이에서 아들 설총을 낳았다.

원효는 분파되어 있던 불교 사상을 융합하고 귀족 불교를 대중화시키는 데 공헌한 신라의 고승이다. 속성은 설薛이며 법명은 원효이다. 훗날 이 두 문자를 집대성한 학자 설총薛聰의 아버지이기도 하다. 원효는 압량(押梁, 지금의 경산시)에서 관리의 아들로 태어났다. 당시 신라 사회를 지배하던 골품제의 관점에서 보면, 경주 외곽의 '지방' 출신인데다 진골도 아닌 비특권 가문 소속이었으므로 그에게는 처음부터 세속적으로는 출세하는 데 한계가 있었으리라 짐작할 수 있다.

원효가 태어난 곳은 현재 경산시 자인면의 한 언덕으로 추정된다. 실제로 그곳에는 원효가 신문왕 때 건립했다는 금당金堂 자리가 남아 있고 그 밑 골짜기에서 아들 설총이 태어났다는 이야기가 전한다. 원효의 출생과 관련된 일화도 있다. 원래 그의 집은 율곡栗谷의 서남쪽에 있었는데 원효를 잉태한 어머니가 이 골짜기를 지나다가 갑자기 산통이 와 밤나무 아래에서 아이를 낳았다는 것이다. 그 밤나무를 '사라수娑羅樹'로, 그 나무에서 열린 큰 밤을 '사라밤娑羅栗'이라고 불렀다고 한다.

원효가 출가한 것은 648년(진덕여왕 2)이다. 당시 신라 왕실은 불

원효(범어사 성보박물관 소장)

교를 국가 통치의 수단으로 활용하고 있었다. 신라 최고의 특권 계층인 진골 출신의 승려들도 적지 않았다. 한마디로 신라 초기의 불교는 왕실과 귀족을 위한 성격이 짙었다. 하지만 7세기에 들어서면서 진골 출신도 아니면서 당나라 유학도 다녀오지 못한 소외된 '일반' 승려들이 지배층 중심의 불교를 비판하고 백성들에게 불법을 설파하는 불교의 대중화를 부르짖기 시작했다. 원효가 출가한 때가 바로 이런 움직임이 활발해지던 시기이다. 원효의 사상에 대해서는 고구려에서 망명한 보덕普德을 스승으로 삼았다는 설, 시대적인 배경으로 보아 원광圓光과 자장慈藏으로부터 가르침을 얻었을 것이라는 설 등이 있지만 대체로 원효 스스로 경전을 연구하고 정진한 것으로 알려져 있다.

650년, 원효는 의상義湘과 함께 당나라로 유학을 떠났지만 육로로 고구

《금강삼매경론》

려를 통과하다가 순찰대에 잡혀서 실패하고 말았다. 그리고 11년 후 해로를 통해 다시 당나라 유학길에 올랐다. 당항성(唐項城, 남양)에 도착한 원효와 의상은 오래된 무덤가에서 하룻밤 잠을 청하기로 한다. 원효가 잠결에 목이 말라 바가지에 든 물을 아주 달게 마셨는데, 다음 날 깨어나 밝은 빛 아래 보니 그 물은 해골에 고인 물이었다. 원효는 이를 통해 '모든 것은 마음먹기 나름一切唯心造'이라는 깨달음을 얻고 "진리는 밖에서 찾을 게 아니라 자기 자신에게서 찾아야 한다."라며 다시 신라로 돌아왔다. 이후 그는 분황사를 거점으로 삼고 통불교(通佛敎, 원효종)를 제창하며 불교의 대중화에 앞장섰다.

원효에 대해 잘 알려진 일화 중 한 가지는 요석공주와의 사이에서 설총을 낳은 일이다. 요석공주는 태종무열왕의 둘째 딸로, 남편은 백제와의 전쟁에서 전사한 상태였다. 이후 원효는 파계한 것으로 단정하고 승복을 벗은 뒤 소성거사小性居士 혹은 복성거사卜性居士라고 자칭하면서 불교의 이치를 〈무애가〉라는 노래로 지어 부르고 다녔다. 원효는 "모든 것에 거리낌이 없는 사람이야 생사의 편안함을 얻느니라."라는 〈무애가〉를 읊조리며 시장과 기생집에 드나들며 평민들에게 불교를 전파했다고 한다. 가야금을 들고 사당에 들어가 음악을 즐기기도 하고, 명산을 찾아 좌선하며 정진하는 등 틀에 박힌 수행 방식과는 거리가 멀었다. 이런 원효의 기행을 두고 사람들은 중국의 고승 배도杯度나 지공誌公을 닮았다고 말하기도 했다.

원효의 사상은 매우 다양하지만 '하나'라는 구심점을 향하며, 화쟁(和諍, 모순과 대립을 하나의 체계 속에서 다루는 화해와 회통의 논리 체계)과 자유를 제창한 것으로 요약할 수 있다. 현재 전해지지 않는 문서까지 포함하면 그는 240권의 저서를 남긴 것으로 추정된다. 그중에서도 《해동소海東疏》라고도 불리는 《대승기신론소》는 중국 고승들이 자주 인용했고, 《금강삼매경론》은 인도의 고승이 아니고는 도달하기 힘든 결론을 담았다는 평가를 받았다. 여러 종파로 나뉜 불교 이론을 고차원적으로 통합했는데, 오늘날 학자들은 원효의 이런 사상을 화쟁和諍 사상으로 부르며, 그의 일심一心 사상, 무애無碍 사상과 함께 가장 특징적인 것으로 꼽고 있다.

Tip

설총과 화왕계

설총은 이두 문자를 집대성한 신라의 학자이다. 원효와 요석공주 사이에서 태어났다. 《삼국사기》에 설총이 9가지 경전을 신라 말로 읽고 가르쳤다는 기록으로 보아 언어 감각이 뛰어났던 것으로 보인다.

설총에 대해서는 〈화왕계花王誡〉를 지어 왕에게 인재 발탁을 건의한 일이 잘 알려져 있다. 《삼국사기》 〈열전〉 설총조에 실려 있는 〈화왕계〉는 화왕(花王, 꽃의 왕)이 아첨하는 미인(장미)과 충언하기 위해 베옷에 가죽 띠를 두른 차림으로 찾아온 백두옹(白頭翁, 할미꽃) 가운데 누구를 택할지 고민하다가 백두옹의 조언에 따라 겉모습에 현혹되지 않고 올바른 판단을 했다는 내용이다.

〈화왕계〉는 당시 신문왕에게 큰 깨우침을 주어 인재 등용 기준이 되었다고 한다. 훗날 조선 시대에 유행한 가전체 소설 〈화사花史〉나 〈화왕전〉이 이 작품을 번안한 것으로 추정된다.

한국 불교 사상의 토대를 닦은
의상

義湘(혹은 義相, 625~702년)

▌신라의 승려. 화엄종의 개조이다.
▌661년 문무왕 때 해로로 당나라에 가서 지엄의 문하에서 현수와 더불어 화엄종을 연구하고 670년 귀국했다.
▌676년 부석사를 짓고 화엄종을 강론했고, 해동 화엄종을 창시했다.

의상은 신라의 승려로 화엄종을 창시했다. 644년(선덕여왕 13) 경주 황복사에 출가해 당나라 유학을 다녀온 뒤 10여 개의 사찰을 건립했고 3,000여명의 제자를 길러 냈다.

의상에 관한 첫 기록은 원효와 함께 당나라로 처음 유학을 갔던 650년의 일이다. 이때 두 사람은 육로로 고구려를 통과하려다 정탐자로 오인받아 몇 달간 억류되었다 겨우 신라로 돌아왔다. 11년 뒤인 661년(문무왕 1) 의상과 원효는 귀국하는 당나라 사신의 배를 얻어 타고 중국 땅으로 들어갔다. 중도에 유학을 포기하고 신라로 귀국한 원효와 달리 그는 8년간 당에 머물며 선진 불교를 배웠다. 유학 시절 의상은 종남산 지상사至相寺

의 지엄智儼에게 가르침을 받았다. 지엄은 중국 화엄종의 제2대 교조로 화엄학의 기초를 다진 인물이다.

의상이 찾아가기 전날 밤, 지엄은 해동海東의 큰 나무 한 그루에서 잎이 번창하더니 그 잎이 중국까지 덮는 꿈을 꾸었다며 의상을 특별한 제자로 삼고 《화엄경》의 미묘한 뜻을 일일이 해석하며 가르쳤다. 의상은 또 남산율종南山律宗의 창시자인 도선율사道宣律師와 교류하며 사상의 폭을 넓혔다. 특히 당시 사귀었던 동문 현수賢首와는 신라에

의상(범어사 성보박물관 소장)

돌아온 뒤에도 서신을 주고받으며 관계를 이어 갔다. 의상은 훗날 지엄의 뒤를 이어 중국 화엄종의 3대 교주가 되었다.

8년간의 유학을 마친 의상은 귀국길에 올랐다. 귀국 동기에 대해서는 사료마다 조금씩 의견이 엇갈린다. 《삼국유사》에는 당나라 고종이 신라를 침략할 것임을 알리기 위해 귀국했다고 기록되어 있지만 《송고승전》에는 그가 화엄대교華嚴大教를 펴기 위해 신라로 돌아왔다고 전한다. 다만 그가 당나라에 머문 기간 동안 화엄 사상을 폭넓고 깊게 익혔다는 점만은 확실해 보인다. 의상은 화엄학의 한 사상을 《화엄일승법계도華嚴一乘法界圖》라는 도해시를 통해 남겼다.

귀국 직후 의상은 낙산사 관음굴로 들어가 관음보살에게 기도를 드렸다. 의상은 색깔이 파란 이상한 새를 쫓아 관음굴 앞으로 왔는데, 새가 석굴 속으로 들어가 자취를 감추고 만 것이었다. 의상이 이상하게 여겨 석굴 앞 바다 가운데 있는 바위 위에서 지성으로 7일간 기도를 올렸다. 그

화엄경 중 〈불부사의법품(佛不思議法品)〉의 변상도 부처님의 불가사의한 내용을 청련화 보살로 하여금 연화장 보살에게 설법하게 하는 내용의 그림이다. 국립중앙박물관 소장(중박201009-394).

러자 바닷속에서 붉은 빛깔의 연꽃이 솟아오르고 그 속에서 관음보살이 나타났다. 의상이 소원을 기원하니 만사가 뜻대로 되기에 훗날 이곳에 홍련암이라는 이름의 암자를 지었다는 설화가 전해진다.

이를 통해 의상은 보타락가산寶陀洛迦山에 상주하며 설법을 편다고 전해지는《화엄경》의 관음이 신라의 동해에도 머물고 있다는 믿음을 백성들에게 주고자 했다. 이때 쓴《백화도량발원문白花道場發願文》은 261자의 간결한 문장으로 그의 관음 신앙을 정리한 것이다. 이후 의상은 676년(문무왕 16)에 왕명으로 부석사를 세우기 전까지 전국의 산천을 돌아다니며 화엄 사상을 강론했다.

의상의 업적 가운데 눈여겨볼 만한 것은 수많은 사찰을 건립한 일이다. 이전에도 신라에서 화엄 사상은 존재했지만 의상처럼 널리 유포시킨 사람은 없었다. 의상은 왕명에 따라 건립한 부석사를 비롯해 중악 팔공산 미리사, 남악 지리산 화엄사, 강주 가야산 해인사, 웅주 가야현 보원사, 계룡산 갑사, 삭주 화산사, 금정산, 범어사, 비슬산 옥천사, 전주 무악산 국신사 등 전국에 화엄십찰華嚴十刹을 건립해 화엄 사상을 설파했다. 이 밖에도 불영사, 삼막사, 초암사, 홍련암 등도 건립했다는 기록이 있어 의상과 그의 제자들이 사찰 건립에 열정적이었음을 알 수 있다.

의상을 청빈한 승려로 기록한 문건도 많다. 그가 제자들을 통해 화엄 사상을 널리 전파한 것을 높게 평가해 문무왕이 땅과 노비를 내린 일이 있다. 그러자 의상은 "우리의 법은 지위가 높고 낮음을 평등하게 보고, 신분이 귀하고 천함을 한가지로 합니다. 또한 《열반경》에는 8가지 부정한 재물에 대해 말하고 있으니 어찌 제가 이를 소유할 수 있겠습니까."라며 거절했다는 일화도 있다. 이 이야기는 중국에까지 전해져 《송고승전》에 기록되었다.

이런 일화도 있다. 하루는 문무왕이 경주에 성곽을 쌓을 것을 명하자 의상이 이를 듣고 "왕의 정교政敎가 밝다면 비록 풀언덕 땅에 금을 그어 성이라 해도 백성이 감히 넘지 못하고 재앙을 씻어 복이 될 것이오나, 정교가 밝지 못하다면 비록 장성長城이 있더라도 재해를 면하지 못할 것입니다."라는 글을 올렸다. 이 글을 보고 문무왕은 성곽 축성을 중지했다.

의상은 화엄 사상을 정리하는 일 외에도 평생 3,000여 명의 제자를 육성하기도 했다. 부석사에서 40일간 법회를 열고 일승십지一乘十地에 대해 문답을 나눴고 소백산 추동에서 90일간 《화엄경》을 강의했다. 의상은 제자들이 답을 청해 오면 그들의 마음이 가라앉을 때까지 기다려 의심이 나는 점을 풀어 설명했고, 제자들은 이를 통해 창의적인 학문 세계를 펼쳤다. 이렇게 그가 배출한 오진悟眞, 지통知通, 표훈表訓, 진정眞定, 진장眞藏, 도융道融, 양원良圓, 상원相源, 능인能仁, 의적義寂 등 '의상십철義湘十哲'은 10대덕大德의 고승으로 평가된다. 한국 화엄종의 개조로 추대되는 의상은 고려 숙종으로부터 '해동화엄시조원교국사海東華嚴始祖圓教國師'라는 시호를 받았다.

고구려를 계승한
대조영

大祚榮 (?~719년)

▌ 고왕(高王, 재위 698~719년). 발해의 시조.
▌ 고구려의 유민으로 고구려 멸망 후 고구려 유민과 말갈족을 규합하여 698년 동모산을 도읍으로 한 진국(震國)을 세웠다.
▌ 713년 국호를 발해로 바꾸었다.

대조영은 발해의 시조로 '고왕'이라고 한다. 고구려 유민과 말갈족을 규합하여 나라를 세운 뒤 '발해'로 국명을 바꿨다. 그는 스무 살도 채 되지 않은 나이에 고구려군의 일원으로 당나라와의 전쟁에 참여했다. 고구려가 멸망한 후 당의 고구려 유민 분산 정책에 따라 대조영도 가족과 함께 랴오허 서쪽의 차오양營州 지역으로 이주한 것으로 보인다. 당시 차오양은 당나라의 내몽골과 동북아 지역을 통괄하는 군사적 요충지이자 여러 민족이 얽힌 교역의 중심지였다. 이곳에서 대조영은 옛 고구려의 주민이었던 말갈족과 연대감을 키우는 등 역량을 키워 나갔다.

696년 이진충李盡忠, 손만영孫萬榮이 이끄는 거란 족이 반란을 일으켜 차오양을 공격했다. 이를 틈타 대조영은 함께 억류되어 있던 고구려 유민과 말갈족을 이끌고 동쪽으로 탈출해 자립에 성공했다. 당시 당의 측천무후則天武后가 대조영의 아버지를 진국공震國公에, 말갈족의 우두머리인 걸사비우를 허국공許國公에 봉해 회유하려고 했지만 대조영은 이를 거부했다. 당은 우선 거란 족의 반란을 진압한 뒤 대조영 무리를 쫓았다. 하지만 대조영은 천문령(天門嶺, 지금의 지린 성 하따링)에서 당나라군을 크게 무찔러 추격권에서 벗어났고 지도자로서 입지를 확고히 다지게 되었다.

대조영은 동부 만주 쪽으로 이동해 699년쯤 지금의 지린 성 둔화현敦化縣인 동모산東牟山에 성을 쌓고 도읍을 정했다. 국호는 진震, 연호는 천통天統이라고 했다. 무단장 상류에 자리 잡은 이 지역은 창바이 산맥의 짙은 원시림으로 둘러싸인 천혜의 요충지였다. 이곳은 또한 계루부桂婁部의 옛 땅이었기에 훗날 대조영의 장남 대무예(大武藝, 무왕)도 계루군왕으로 불렸다.

이때부터 대조영은 진을 구심점으로 고구려 유민과 말갈족을 결집시켜 세를 키웠다. 오랫동안 당에 억류되었고, 당과 전쟁을 치르며 이동하

거란 인의 출렵도 유목민인 거란 족에게 있어 사냥과 전쟁은 생계 수단에 다름 아니었다.

동모산 대조영이 발해를 건국한 이래 50년간 발해의 수도였다.

는 동안 대조영 집단은 강한 전투력을 갖춘 집단으로 성장했다. 대외 활동도 시작했다. 대조영은 당과 대립하던 튀르크와 국교를 맺고, 신라에도 사신을 보내 진의 건국을 알렸다. 당나라의 위협에서 국가를 지키기 위해 외교책을 쓴 것이다.

한때 대조영을 없애려 했던 당나라는 대조영이 진을 건국한 이후 유화 정책으로 돌아섰다. 당중종은 705년 사신을 보내왔고, 대조영도 둘째 아들 대문예大門藝를 당에 보내 우의를 표했다. 713년 당현종은 '좌효위대장군발해군왕홀한주도독左驍衛大將軍渤海郡王忽汗州都督'이라는 별직을 대조영에게 주었고, 양국은 건국 초기의 갈등을 봉합했다. 같은 해 대조영은 국호를 진에서 발해로 바꾸었다.

발해는 대조영이 건국한 이후 약 200여 년 이상을 이어가며 동북아시아의 강국으로 우뚝 섰다. 현재의 만주 동부 지역을 중심으로 남쪽으로 한반

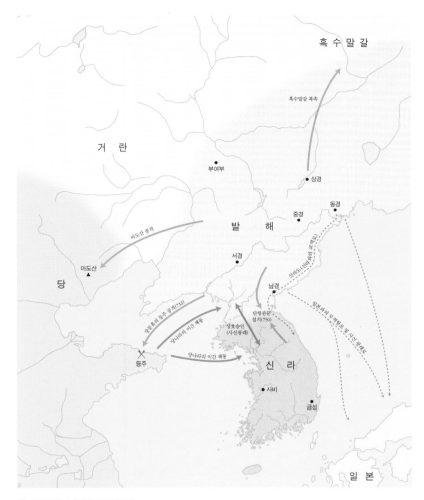

발해의 발전과 주변국과의 관계

도 북부 지역, 북쪽으로 헤이룽黑龍, 서쪽으로 랴오둥, 동쪽으로는 동해안에
이르는 만주-연해주-북한을 아우르는 넓은 땅에 걸쳐 있던 대제국 발해,
발해는 고구려를 계승한 한민족의 마지막 대륙국가로서 그 의미가 크다.

고선지

高仙芝 (?~755년)

- 고구려 유민 출신의 당나라 장수.
- 당의 서역 원정에 큰 공을 세웠으나 751년 탈라스 전투에서 이슬람 연합군에 패했다.
- 755년 안녹산의 난에서 토벌군을 이끌고 수도인 장안을 지켰다. 그러나 전투 중 모함을 받아 진중에서 참형되었다.
- 고선지의 서역 원정은 이슬람을 거쳐 서구 세계에 제지 기술과 나침반 등을 전하는 계기가 되어 동서 문화 교류에 큰 영향을 미쳤다.

고선지는 고구려 유민 출신의 당나라 장수이다. 당의 서역 원정에 큰 공을 세웠고 동서 교섭에도 많은 흔적을 남겼다. 당의 사진 절도사, 안서 절도사를 지냈다.

고선지의 성은 고구려의 왕성王姓인 고씨이다. 이에 따라 그가 고구려 멸망 뒤 당으로 건너간 고구려 왕족의 후손이라 추정하는 견해가 있지만 이를 뒷받침하는 사료는 남아 있지 않다. 하지만 그가 고구려 사람이었던 것만은 확실한 것 같다. 《구당서舊唐書》에는 고선지의 아버지인 고사계高舍鷄

고선지 장군(복원도)

가 고구려 멸망 이후 중원으로 이주해하서군河西軍에 종군했고, 서역의 사진四鎮에서 장군으로 복무했다고 기록되어 있다. 또 《자치통감》에는 선임 안서절도사 부몽영찰夫蒙靈ᄠ이 고선지의 공을 시기해 '개똥 같은 고구려놈'이라고욕했다는 대목도 실려 있다.

《신당서》에 따르면 고선지의 외모는무장과는 거리가 있었던 것으로 보인다. 그는 용맹한 장수 같다기보다는 말쑥하고 수려한 외모였다고 한다. 그래서 그의 아버지는 아들이 외모처럼 우유부단하지나 않을까 걱정이 많았다고한다. 하지만 활을 쏘고 말을 탈 때의 고

〈자치통감〉 북송 시대의 사마광이 편찬한 역사서로 세종의 명령으로 1436년에 간행되었다. 국립중앙박물관 소장(중박201009-394).

선지는 전혀 다른 사람이었다. 그는 곱상한 외모와 달리 영민했고 도량이 컸다고 한다.

고선지는 스무 살 무렵 아버지를 따라 안서군으로 갔다. 그곳에서 그는 아버지가 세운 공으로 인해 유격장군이 되었다. 하지만 당시 그를 큰재목으로 인정하는 사람은 아무도 없었다. 그러나 부몽영찰이 그를 여러차례 발탁했고 얼마 후 언기 진수사가 되었다.

평범한 그가 장수로 유명세를 타기 시작한 것은 741년 무렵이다. 톈산天山 산맥 서쪽의 달해부達奚部가 당나라에 반기를 들고 북상하자, 고선지가 기병 2,000명을 데리고 토벌에 나서 진압에 성공한 것이다. 그는 이 전투를 계기로 서역의 군사 요충지인 사진도 지병마사에 올랐다.

6년 뒤 1차 서역 원정 때는 한층 강화된 전투력을 선보였다. 747년 토번(吐蕃, 티베트)과 사라센 제국(7~15세기까지 인도 서부에서 이베리아 반도에 이르는 지역에서 일어난 이슬람 왕조를 통칭)이 동맹을 맺고 서쪽으로 진출하려던 당을 견제한 것이 발단이었다. 당이 이에 맞서 싸울 군대를 조직함으로써 고선지는 당시 행영 절도사로 군사 1만 명을 이끌고 파미르 고원을 넘어 토번 족의 군사 기지인 연운보連雲堡를 격파했고, 계속 진격해 소발율국의 수도 아노월성阿弩越城을 점령하는 성과를 올렸다. 사라센 제국과의 유일한 교통로인 교량을 끊어 양국의 제휴를 단절시킨 이 공로로 고선지는 홍로경 어사중승에 올랐다.

750년에는 사라센 제국과 동맹을 맺으려는 석국(石國, 타슈켄트 부근)을 토벌하고 국왕을 사로잡아 수도 장안으로 호송했다. 고선지는 2차 서역 원정의 공을 인정받아 751년 개부의동삼사에 임명되었다. 하지만 일이

탈라스 전투

꼬이기 시작했다. 포로로 잡혀 온 석국왕이 참살되자 서역 각국과 사라센이 한꺼번에 탈라스Talas의 대평원으로 쳐들어온 것이다. 이들은 당이 투르키스탄 서쪽 지역까지 진출한 것에 격앙된 상태였다. 결국 고선지는 정벌군 3만 명을 추려, 이른바 3차 서역 원정에 나섰다. 하지만 튀르크계인 카를루크 족이 당과의 동맹을 깨고 반란을 일으켜 협공하는 바람에 대패하고 말았다. 탈라스 전투가 끝난 뒤 당현종은 그를 다시 하서 절도사로 보내 우우임군 대장군에 임명했다.

755년 현종의 신임을 받던 안녹산이 당나라 국경방비군의 3분의 1가량을 장악하고 난을 일으켰다. 고선지는 즉각 토벌군의 부원수로 임명되었다. 고선지는 안녹산 세력에게 뤄양洛陽을 빼앗기고 퇴각하던 당나라 군대를 지원해 전열을 정비했고 반군을 격퇴하여 수도 장안을 지켰다. 하지만 평소 그에게 개인적인 원한이 많았던 부관 변영성邊令誠이 당현종에게 고선지가 마음대로 주둔지인 산저우陝州를 떠나 퉁관潼關으로 이동해 피해를 입혔다고 밀고해 진중에서 참형되고 말았다.

비록 그의 최후는 좋지 않았지만 그가 서역 원정에서 보여준 군사 전략은 후대에 높게 평가되었다. 고선지의 전적지를 직접 답사한 영국 탐험가 슈타인M. A. Stein은 고선지를 "세계에서 가장 천재적인 전략가"라고 논평하기도 했다. 또한 서구 사회에서 고선지는 단순한 군사 전략가가 아니라 제지 기술을 이슬람 세계에 전파하여 이슬람 문명과 유럽 문명 부흥의 기반을 닦은 인물로 평가받고 있다.

풍수지리설을 제창하다
도선

道詵 (827~898년)

▌ 통일 신라 시대의 승려. 속성은 김. 호는 옥룡자(玉龍子).
▌ 저서로 《도선비기(道詵秘記)》 등이 있고, 그의 음양지리설과 풍수상지법은 고려와 조선 시대를
통하여 우리 민족의 가치관에 큰 영향을 끼쳤다.
▌ 백계산 옥룡사에서 35년간 머무르면서 수백 명의 제자를 길러 냈고, 헌강왕의 초빙으로 궁중에
들어가 설법을 하는 등 왕실에도 많은 영향을 미쳤다.

도선(도선국사성보관 소장)

도선은 통일 신라 말의 승려로 풍수설의 대가이다.
그가 남긴 음양지리설, 풍수상지법風水相地法은 한
민족의 가치관 형성에 영향을 끼친 것으로 평가된
다. 속세의 성은 김씨로 전남 영암 출신인데, 왕가
의 후예라는 설도 있다.

도선의 행적에 대해서는 다양한 이야기가 전한
다. 그가 열다섯 살에 화엄사에서 출가한 사실은
대부분의 사료들이 똑같이 기술하고 있지만 당나
라에서 유학을 했다거나 승려로서 업적을 많이 남

도갑사 도선국사비(도선국사성보관 제공)

겄다는 기록은 다소 신빙성이 떨어진다. 그는 승려라기보다는 음양풍수
설의 대가로 가장 널리 알려져 있기 때문이다. 당나라에서 풍수설을 배
웠다는 주장도, 그가 스승으로 삼았다는 승려 일행一行과는 시대적으로
차이가 있기 때문에 사실이 아닌 것으로 보인다. 다만 850년에 천도사에
서 구족계具足戒를 받은 뒤, 백계산 옥룡사에서 후학을 지도할 때 제자들
이 수백 명씩 모여들었고, 이를 들은 헌강왕이 궁으로 초청해 법문을 들
었다는 일화는 사실로 추정된다.

　도선이 유명해진 계기는 무엇보다 고려 태조의 탄생과 관련이 있다.
875년(헌강왕 1) 도선이 "지금부터 2년 뒤 반드시 고귀한 사람이 태어날 것
이다."라고 예언한 이후 송악에서 훗날 고려 태조가 되는 왕건이 태어났
다는 것이다. 왕건은 도선에게 직접 설법을 듣지는 않았지만 그의 사상
을 많이 받아들였다고 한다. 특히 민간에 널리 알려져 있던 《도선비기》

도갑사 해탈문 월출산에 있는 사찰로 도선이 건립했다고는 하나 확실하지 않다. 도선국사성보관 제공.

에 큰 관심을 쏟았다. 태조가 후대에 남긴 〈훈요십조〉 가운데 "여기 사원 은 모두 도선이 산수의 순역을 점쳐 정한 자리에 개창한 것이다. 도선은 일찍이 '내가 점쳐서 정한 곳 외에 함부로 사원을 세우면 국운이 길하지 못하리라'라고 하였다."라는 제2조만 해도 태조가 도선을 어떻게 생각했 는지 알 수 있다. 태조는 신라 말에 사찰을 마구 세우는 바람에 나라가 멸 망했으니 그를 경계해야 한다는 말을 덧붙여 도선의 생각을 존중했다. 이처럼 도선이 산천의 지세를 점쳐 정한 자리에 세운 절과 탑을 '비보사 탑裨補寺塔'이라고 한다.

도선은 898년(효공왕 2) 72세를 일기로 숨을 거두었다. 항상 제자들에게 말한 것처럼 그는 앉은 채로 입적했다고 전해진다. 그가 숨진 후 효공왕 은 '요공선사了空禪師'라는 시호를 내렸고, 제자들은 옥룡사에 징성혜등 탑을 세웠다. 고려 현종은 그를 대선사大禪師로, 숙종은 왕사王師로 추증 했으며, 인종은 선각국사先覺國師로 추봉했다.

공부의 신

최치원

崔致遠 (857~?)

▌신라 시대의 학자. 경주 최씨의 시조. 자는 고운(孤雲), 해운(海雲)이다.
▌879년 황소의 난 때 고변의 종사관으로서 〈토황소격문〉의 기초를 작성해 문장가로서 이름을 떨쳤다.
▌894년 문란한 국정을 통탄해 하며 시무책 10조를 진성여왕에게 상소하고, 그 후 유랑하다 해인사에서 여생을 마쳤다.

최치원은 경주 최씨의 시조로 신라의 학자이자 문장가이다. 신라 말 '세 사람의 최씨' 가운데 한 사람으로 불릴 정도로 문장을 인정받았다. 특히 879년 황소黃巢의 난 때 고변高騈의 종사관으로서 〈토황소격문討黃巢檄文〉의 기초를 작성해 문장가로 이름을 날렸다.

최치원의 집안은 귀족 출신은 아니었다. 오히려 6두품으로 신라에서는 출세에 한계가 있는 상황이었다. 하지만 그의 집안은 신라를 대표하는 학자를 많이 배출한 가문이었다. 아버지 최견일崔肩逸에 대해서 자세하게 전해지는 것은 없지만 원성왕의 원찰인 숭복사崇福寺의 창건에 관계하였다고 전해진다.

최치원은 열두 살이던 868년(경문왕 8) 당나라로 유학을 갔다. 당시 당나라는 친당파를 키워 당의 문물을 전파하기 위해 주변국에 문호를 개방하고 외국인에게도 과거 시험을 치를 수 있게 했다. 최치원도 일종의 국비유학생으로 뽑혀 당나라로 가게 된 것이었다. 그가 당으로 갈 때 아버지는 "10년 안에 과거에 합격하지 못하면 나의 아들이라 하지 않겠다."라며 엄한 훈계를 내렸다고 한다. 최치원은 유학 7년 만에 예부시랑 배찬裴瓚이 주관한 빈공과賓貢科에 합격했다.

과거에 합격한 최치원은 2년간 뤄양을 돌아다니며 시를 짓는 데 몰두했다. 그때 그가 쓴 작품이《금체시今體詩》5수 1권,《오언칠언금체시五言七言今體詩》100수 1권,《잡시부雜詩賦》30수 1권 등이다. 876년(헌강왕 2) 당나라의 선주宣州 표수현위漂水縣尉가 되었다. 여기저기에서 지은 글을 추려 모은《중산복궤집中山覆簣集》1부 5권도 전한다.

최치원

최치원은 소도시의 현위로 만족하기에는 재능이 지나치게 뛰어났다. 그는 곧 고위 관리 시험에 도전하기로 하고 현위직을 그만뒀다. 하지만 수입이 끊긴 외국인이 고위 관리 시험을 본다는 것은 쉽지 않았다. 경제적으로 궁핍했던 그는 이위李蔚의 문객門客이 되었고, 곧이어 회남 절도사 고변의 추천으로 관역순관이 되었다. 당시 당나라는 수재와 가뭄으로 민심이 흉흉한 상태였다. 왕선지에 이어 879년 황소가 난을 일으키자 최치원을 관역순관에 천거했던 고변이 제도행영병마도통으로서 난을 진압하게 되었다. 최치원은 자연스럽게 고변의 종사관이 되어 서기를 맡게 되었다.

이후 4년 동안 최치원은 고변의 군막에서 지내며 표表, 장狀, 서계書啓, 격문檄文을 지었다. 그리고 879년에는 그 공적을 인정받아 승무랑 전중시어사 내공봉으로 도통순관에 임명되었고 포상으로 비은어대緋銀魚袋를 하사받았다. 882년에는 자금어대紫金魚袋까지 하사받았다. 문관으로서 그 자질을 황제에게 인정받은 것이다. 고변의 종사관으로 재직한 4년간 최치원이 지은 글은 1만 수가 넘었다. 특히 황소의 난에 부쳐 쓴 〈토황소 격문〉은 명문으로 이름을 날리는 계기가 되었다. 오늘날까지 전해지는 《계원필경桂苑筆耕》은 최치원이 귀국해 고변의 종사관 시절 지은 각종 글을 추려 모아 헌강왕에게 올린 것이다.

최치원의 글재주가 얼마나 뛰어났는지는 그가 쓴 글의 목록이 《당서唐書》〈예문지藝文志〉에 기록되어 있는 것만으로도 충분히 짐작할 수 있다. 하지만 《당서》〈열전〉에는 최치원의 전기가 빠져 있는데, 이는 당나라 사람들이 그의 문장을 질투했기 때문이라는 해석까지 나올 정도이다. 최치원은 이렇게 당에 머무는 17년 동안 고운顧雲, 나은羅隱 등 이름 높은 문인들과 사귀면서 재주를 더욱 키웠다.

최치원이 귀국을 결심한 것은 그가 모시던 고변의 변화 때문이다. 고변이 본연의 업무에 관심을 두지 않고 신선이 되기를 바라며 도교 사원을 짓는 등 이상한 행동을 보이기 시작한 것이다. 오랜 이국 생활에 지쳐 있던 최치원은 당나라에서의 생활을 청산하고 귀국길에 올랐다. 885년(헌강왕 11), 그의 나이 29세였다. 헌강왕은 최치원을 시독 겸 한림학사 수병부시랑 지서서감사에 임명했다. 이듬해 최치원은 왕명에 따라 〈대숭복사비문大崇福寺碑文〉 같은 명문을 지었고, 당에서 쓴 글을 모아 국왕에게 헌정했다.

하지만 신라는 점차 쇠락의 길로 접어들고 있었다. 지방의 호족이 득세하면서 왕권이 약해졌고, 재정도 바닥나다시피 했다. 889년(진성여왕 3)에는 각지에서 민란이 일어났을 정도이다. 결국 최치원은 894년 시무책 10조를 지어 진성여왕에게 상소했다. 문란한 국정을 바로잡아야 한다고 직언한 것이다. 이 일로 최치원은 6두품 최고의 관직인 아찬에 올랐지만 진성여왕의 개혁 의지는 그다지 높지 않았다. 이듬해 최치원은 내란 시기에 사찰을 지키다가 전몰한 승병을 위해 해인사의 공양탑 기문記文을 지었다. 이 기문에서 최치원은 "당토唐土에서 벌어진 병兵, 흉凶 두 가지 재앙이 서쪽 당에서는 멈추었고, 동쪽 신라로 옮겨와 그 험악한 중에도 더욱 험악하여 굶어서 죽고 전쟁으로 죽은 시체가 들판에 별처럼 흩어져 있다."라며 당시의 처참한 상황을 묘사했다.

쌍계사 진감선사비 최치원의 글씨로 새겨진 최치원 사산비의 하나이다. 국립중앙박물관 소장(중박201009-394).

진성여왕이 문란한 정치 상황에 대한 책임을 지고 효공왕에게 선양하자 최치원은 신라 왕실에 실망을 느끼고 관직을 버렸다. 이후 경주의 남산, 합천 청량사, 지리산 쌍계사, 합포현(合浦縣, 지금의 창원)의 별서 등 전국을 떠돌다 해인사에서 여생을 마무리했다.

그가 쓴 〈난랑비서문鸞郎碑序文〉은 화랑도의 의미를 잘 설명해 준다. 훗날 김부식은 《삼국사기》 권 4, 진흥왕 37년 조에 최치원의 〈난랑비서〉를 인용해 후대에 남겼다.

한국사를 움직인 100인

"우리나라에 현묘한 도가 있으니 풍류라 이른다. 교를 설치한 기원은 선사仙史에 자세하게 실려 있는데, 실로 3교를 포함하여 뭇 중생을 접촉하여 감화시켰다. 집에 들어와서는 효도하고, 나아가서 나라에 충성하는 것은 공자의 주지主旨 그대로이며, 무위로 세상일을 처리하고 말없는 가르침으로 행하는 것은 노자의 종지 그대로이며, 모든 악을 짓지 않고 모든 선을 받들어 행함은 석가모니의 교화와 같은 것이다."라는 구절이다. 화랑도를 풍류로 일컫고, 유교·불교·도교의 3교를 포함해 중생을 교화하는 것임을 설명한 것이다.

최치원은 또한 신라왕을 칭하던 거서간, 차차웅, 이사금, 마립간을《제왕연대록》에서 모두 왕으로 바꿔 표기했다. 정월 보름에 찰밥을 지어 까마귀에게 먹이던 신라의 풍습을 통해 삼국의 관계를 풀이한 문장도 남겨 후대의 역사 연구에 도움을 주기도 했다. 하지만 신라 고유의 풍속을 당나라 풍으로 바꾼 것에 대해서는 비판의 목소리도 적지 않다. 최치원은 고려 현종 때 내사령에 추증되었고, 문묘에 배향되었다. 시호는 문창후文昌侯이다.

시대를 앞서 간 선구자
장보고

張保皐 (?~846년)

▌ 신라의 무장. 해적들의 신라인 인신매매를 근절하기 위해 청해에 진을 설치하고 청해진 대사가
되어 해적을 소탕했다.
▌ 838년 왕위 계승 다툼에서 밀려난 우징과 함께 839년 민애왕을 죽이고 우징을 왕으로 추대
했다.
▌ 840년 일본에 무역 사절을, 당나라에 견당매물사를 보내 삼각 무역을 했다.

신라의 무장 장보고는 일명 '해상왕'이라고 불린다. 평민 출신이었으나
인신매매를 일삼던 해적을 소탕하며 일약 별처럼 떠오른 입지전적인 인
물이다. 바다의 왕이라는 별명답게 해상 교통로를 장악하며 무역 사절로
도 활약했다.

장보고의 본명은 궁복弓福 혹은 궁파弓巴로 알려져 있다. 그의 이름에
는 '활을 잘 쏘는 사람'이라는 뜻이 담겨 있다. 평민 출신이라고도 하며
노비 출신이라는 설도 있다. 골품이 뚜렷한 신라에서 출세에 한계를 느
껴 어린 시절 당나라의 쉬저우徐州로 건너갔다는 이야기도 전해진다. 그
가 본명을 버리고 '장보고'라는 이름을 택한 이유도 당나라에서 가장 흔

한 성씨이던 장씨張氏를 따른 것이라고 한다.

당시 당나라 동해안에는 신라인이 많이 거주하고 있었다. 양쯔揚子 강 하류부터 산둥 성에 걸쳐 살던 신라인은 아라비아와 페르시아 상인들과 교역이 잦았다. 신라와 일본을 오가며 국제 무역을 하던 이들도 있었다. 장보고는 이를 통해 해상 무역에 눈을 뜨게 된 것 같다. 하지만 해적은 그곳에서도 골칫거리였다. 중앙의 권력이 미치지 못하는 바닷가에서 해적들

적산 법화원의 장보고 동상

은 신라 해안까지 침투해 백성들을 잡아다 당나라에 노비로 팔기 일쑤였다. 노비로 잡혀 온 신라인의 삶은 처참했다. 장보고는 이에 분노하여 무령군武寧軍의 소장직을 사직하고 신라로 귀국한다.

신라로 돌아온 장보고는 828년(흥덕왕 3) 왕에게 해적을 소탕할 것을 주청했다. 이를 위해서는 남해 해상 교통의 요지인 완도에 해군기지를 건설해야 한다고 강조했다. 당나라로 가는 황해 무역로를 확보하고 해적을 근절하자는 것이었다. 왕의 승인을 받은 장보고는 민군民軍 1만 명을 확보하고 완도에 청해진淸海鎭을 건설했다. 흥덕왕이 장보고에게 내린 '청

청해진 지금의 장도에 남아 있는 청해진의 본영. 청해진을 중심으로 외국과의 삼각 무역을 주도했다.

해진 대사淸海鎭大使'라는 벼슬은 당시 관직 체계에는 없던 별도의 직함이
다. 장보고는 완도에 성책을 쌓아 전략 거점으로 삼았고, 수병을 훈련시
켜 해적을 소탕하는 데 앞장섰다.

　해적을 소탕한 장보고는 해로를 통해 당과 신라, 일본을 잇는 중계 무
역을 시작했다. 신라인은 구리거울, 모직물, 향료를 내다 팔고 비단과 면
을 들여갔다. 동남아시아와 서남아시아의 향신료도 중계 무역을 통해 신
라의 귀족들 사이로 퍼져 나갔다. 장보고는 이 밖에도 가죽, 문방구를 함
께 취급했다.

　장보고의 무역은 외교를 겸하는 특징이 있었다. 그는 일본과 당에 각
각 무역 사절인 회역사와 견당매물사를 파견했을 정도로 일반 상인과는
달리 독자적인 세력임을 과시했다. 해상을 장악한 장보고의 위세는 일본

　　　　　　　　　　　　　　　　　　　　　　　한국사를 움직인 100인

의 한 지방관이 "승려 엔닌圓仁과 귀국하려고 하니 길을 봐 달라."라는 서신을 보내기도 했다는 일화에서도 알 수 있다. 그만큼 장보고가 당시 해상로를 완전히 장악하고 있었다.

군대와 선박을 보유한 장보고는 무역을 통해 부를 축적했다. 그리고 그의 관심은 자연스럽게 정치로 옮겨 갔다. 836년(흥덕왕 11)은 장보고의 인생에 전환점이 된 시기이다. 왕위 계승 전쟁에서 패배한 김우징(金祐徵, 훗날 신무왕)이 청해진으로 피신한 것이다. 당시 김우징은 아버지를 왕위에 올리려 했다가 패하고 쫓기는 신세였다. 왕권은 흥덕왕을 폐위시킨 희강왕이 잡았다. 하지만 2년 뒤 다시 왕위 쟁탈전이 일어나 이번에는 희강왕이 피살되고 민애왕이 즉위했다. 그러나 이도 얼마 가지 못했다. 839년(민애왕 2) 4월 장보고의 지원을 받은 김우징이 대군을 이끌고 경주로 쳐들어가 왕을 죽이고 스스로 왕이 된 것이다. 장보고는 신무왕이 즉위하자마자 공로를 인정받아 감의군사에 올랐고, 뒤를 이은 문성왕 대에는 진해장군으로 임명되었다.

장보고는 중앙 귀족들도 두려워하는 세력으로 성장했다. 이에 따라 귀족들과의 대립도 격화되었다. 무엇보다 장보고가 문성왕의 두 번째 왕비로 자신의 딸을 천거하면서 갈등이 부각되었다. 군신들은 드러내 놓고 반대했다. 결국 문성왕은 한때 장보고의 부하였던 염장閻長을

장보고의 견당 무역선 복원 모형

시켜 장보고를 암살하도록 했다. 장보고 사후 851년(문성왕 13) 청해진의
주민들이 벽골군(碧骨郡, 지금의 김제)으로 강제 이주되면서 청해진은 완전
히 사라졌다.

당나라와 통일 신라 시대의 문물 교류

신라와 당의 교류는 오늘날의 국제무역 못지않게 빈번했다. 신라에서 건너간 사람들
이 집단으로 모여 살던 거주지로 신라방新羅坊이 있었을 정도였다. 대표적인 곳으로 산
둥 반도와 장화이江淮 · 항저우杭州 등이 꼽힌다. 이곳에는 주로 상인들이 살았다. 견당
사라는 이름으로 활동하던 사신과 당의 선진 학문을 익히러 간 유학생과 법승 등도 적
지 않았다.

신라방의 '방'은 중국의 성城을 나눈 거주 구역을 뜻하는 말이다. 신라방의 방정坊正,
즉 책임자는 신라인이었던 것으로 전해진다. 신라인들이 세운 절은 '신라원新羅院'이
라고 하는데 그중 장보고가 당에 머물 때 지은 적산법화원赤山法華院이 유명하다. 법화
원은 재당 신라인의 거점 역할을 톡톡히 했는데, 당은 물론이고 일본에서 건너온 승려
까지 모여들었다고 한다. 또 성 외곽에도 신라인이 살던 신라촌이 있었는데 신라촌을
묶어서 '신라소新羅所'라는 관청이 통제했다는 기록이 있다.

신라인들은 주로 상업과 해운업에 종사하면서 점차 당과 교류하는 외국인에게 통역
을 제공하는 역할도 맡았다. 당의 관리가 된 신라인도 다수 있었다. 신라인들은 대체적
으로 신라방과 신라촌에서 치외법권의 보호를 받은 것으로 보인다. 하지만 최근 학계에
서는 신라인이 당의 강력한 통제를 받았다는 주장도 나오고 있다.

백제의 부활을 꿈꾼 영웅
견훤

甄萱 (867~936년)

▋ 후백제의 초대 왕(재위 892~935년).
▋ 전주 견씨의 시조이고, 본성은 이씨이다.
▋ 신라에서 태어나 892년(진성여왕 6) 반기를 들고 일어나 무진주를 중심으로 기반을 닦았다.
▋ 927년 신라의 금성을 함락시켜 경애왕을 살해하고 경순왕을 옹립했다.
▋ 궁예의 후고구려와 충돌하며 세력 확장에 힘쓰다 후에 고려의 왕건에게 투항했다.

견훤은 후백제의 초대 왕이다. 중국과 국교를 맺고 궁예의 후고구려와 부딪치며 세력을 키웠다. 하지만 훗날 고려 왕건에게 투항한 뒤 자신이 세운 후백제를 멸망시켰다.

천년 왕국 신라가 멸망한 뒤 왕족과 귀족 세력은 몰락하고 지방의 토착 세력, 즉 호족이 급성장하기 시작했다. 견훤 역시 이런 혼란기에 나타난 지방 호족의 일파였다. 그의 집안은 대대로 농민이었지만 아버지인 아자개阿慈介가 장군으로 성장하면서 등장한 신흥 호족 세력이었다. 아자개가 호족 출신 여성과 혼인을 통해 장군으로 성장한 것이라는 추측도 있다.

견훤은 신라가 쇠락하던 892년(진성여왕 6) 반란을 일으켜 여러 성을 공

압록의 전경 견훤은 거점을 두고 세력을 확장한 무진주는 섬진강과 보성강이 만나는 지역이다.

격해 무진주(武珍州, 지금의 광주)를 점령하고 사실상 왕으로 등극했다. 900
년(효공왕 4)에는 완산주(完山州, 지금의 전주)에 도읍을 정하고 나라 이름을
후백제라고 했다. 견훤은 곧 관서와 관직도 정비했을 뿐 아니라 중국에
사신을 보내 국교를 맺는 등 국가의 기틀을 세우는 데 매진했다.

후백제는 성립 초기부터 후고구려와 사이가 좋지 않았다. 양국은 수시
로 물리적 충돌을 빚었다. 왕건이 궁예를 축출하고 고려를 건국하자 견
훤이 사신을 보내 축하한 일은 이 때문인 것으로 여겨지기도 한다. 물론
견훤은 표면적으로는 화친 정책을 표방했지만 실제로는 고려를 넘보는
등 군사적 긴장 관계를 풀지 않았다.

920년(경명왕 4)에 견훤은 대야성을 무너뜨렸고, 4년 뒤에는 아들 수미

강須彌强을 파견해 조물성(曹物城, 지금의 안동 혹은 상주 부근)을 공격했으나 함락하지는 못했다. 이듬해 왕건과 화친하고 인질을 교환했지만 이 화친은 오래 지속되지 못했다. 925년 고려에 갔던 볼모가 병으로 죽자, 견훤이 왕건의 볼모를 죽이고 고려를 공격했기 때문이다.

견훤의 대외 정책은 더욱 강경해졌다. 그는 927년 신라의 수도인 금성(金城, 지금의 경주)을 공격했다. 그리고 친고려 정책을 펴던 경애왕을 살해하고 효종의 아들인 김부金傅를 왕으로 세웠다. 그가 경순왕이다. 하지만 경순왕 역시 경애왕처럼 친고려 정책을 고수했고, 신라의 민심도 왕건으로 기울기 시작했다. 결국 929년 견훤의 군사가 고창(古昌, 지금의 안동)에서 왕건에게 크게 패한 후부터 유능한 신하들이 점차 고려에 투항하기 시작했다. 특히 932년 견훤의 충실한 신하였던 공직龔直이 고려에 투항했고, 934년에는 웅진 이북의 군현 30곳, 동해안의 성 110곳이 고려로 귀속되면서 견훤은 힘을 잃기 시작했다.

세력을 잃은 견훤에게는 또 다른 골칫거리가 있었다. 그에게는 아들이 10명이나 있었다. 특히 견훤이 넷째 아들 금강金剛을 편애해 그에게 왕위를 물려주려고 하자 형인 신검神劍, 양검良劍, 용검龍劍이 반란을 일으켜 금강을 살해하고 견훤을 금산사에 가두었다. 견훤은 금산사에서 도망쳐 고려에 항복했다.

936년 왕건은 직접 군대를 이끌고 견훤을 앞세워 황산에서 후백제군과 마지막 전투를 벌였다. 이 전투에서 패배하면서 후백제는 50여 년의 짧은 역사에 종지부를 찍었다. 이로써 왕건은 후삼국을 통일하는 데 성공했다. 그러나 이후 왕건은 되레 신검을 우대했고, 자신이 세운 후백제를 스스로 무너뜨렸다는 자책감에 화병이 난 견훤은 황산(黃山, 지금의 충남 논산) 불사佛舍에서 등창으로 인해 숨을 거뒀다.

금산사 석연대

견훤은 비록 실패한 왕이었지만 그가 일찍부터 외교를 중시했다는 점은 주목할 만하다. 그는 925년에는 후당後唐으로 사신을 보내 '백제왕'이라는 칭호를 받았고, 오월吳越과도 소통했으며 927년에는 발해를 멸망시킨 거란에서 사고娑姑 등 35명의 사신이 찾아왔을 때에도 장군을 보내 환대했다. 비록 발해를 멸망시키기는 했지만 거란의 지원으로 고려를 위협할 수 있다고 판단한 것이다. 922년과 929년 일본에 사신을 파견한 일도 있다. 이미 장보고에 의해 중국과의 무역이 크게 성행했기 때문에 지방 호족 출신으로서 중국, 일본과의 사무역을 중시했을 것이라는 추정이 가능하다.

한국사를 움직인 100인

다만 망해 가는 신라의 군사 조직을 흡수한 뒤 이를 유지하기 위해 신라와 똑같은 방식을 취하면서 견훤의 후백제는 새 길을 모색하지 못했다. 이미 전국에서 호족이 득세하면서 신라의 체제를 부정하고 새로운 사회를 건설하려던 때였기 때문이다. 새로운 물결에 적응하지 못한 견훤은 결국 후백제가 무너지고, 왕건이 후삼국을 통일하는 것을 지켜봐야만 했다.

사라져 간 통일의 꿈
궁예

弓裔 (?~918년)

▮ 후고구려를 건국한 왕(재위 901~918년).
▮ 성은 김. 몰락한 진골 귀족의 후예로, 신라 제47대 헌안왕 또는 제48대 경문왕의 아들이라고도 한다.
▮ 898년 송악(개성)을 근거로 자립하여 901년에 후고구려를 건국했다.

후고구려를 건국한 궁예는 흔히 폭군으로 묘사된다. 그는 몰락한 진골 귀족의 후예로 신라에서 태어나 정권 다툼에서 밀리면서 외지로 쫓겨난 것으로 추정된다. 신라 제47대 헌안왕의 아들로, 어머니는 이름이 전하지 않는 궁녀라고 하는데 48대 경문왕의 아들이라는 기록도 있다. 901년 후고구려를 세워 강원, 경기, 황해 일대를 점령했고, 한때 서남해 해상권도 장악했다.

궁예의 삶은 태어날 때부터 순탄치 않았던 것 같다. 그는 5월 5일 단오에 태어났는데, 그가 태어날 때 이상한 빛이 나타나고 태어나면서부터 치아가 나 있었다는 설화가 있다. 이에 국가에 해로운 존재가 될 것이라는 예언이 있었다고 한다. 궁예의 아버지는 예언이 실현되는 것을 막기 위해 갓난아이를 죽이라고 명했다. 신하가 강보에 싸인 아이를 다락 밑으로 던져 죽이려 했지만 유모가 숨어 있다가 궁예를 받았다. 이때 목숨은 건졌지만 유모가 실수로 눈을 손가락으로 건드리는 바람에 애꾸가 되었다. 이런 설화에 대해 학자들은 궁예가 신라 왕족으로 태어났지만 내분에서 밀렸다는 것을 뜻한다고 본다. 이후 궁예는 출가해 선종善宗이라는 법명으로 활동했다.

892년 궁예는 신흥 호족인 양길梁吉의 수하로 들어갔다. 당시는 몇 년째 계속된 흉년과 세금 포탈로 민란이 잦았다. 궁예는 양길의 군사를 일부 이끌고 주천(酒泉, 지금의 예천), 내성(奈城, 지금의 영월), 울오(鬱鳥, 지금의 평창), 어진(御珍, 지금의 울진) 등 여러 곳의 현과 성을 정복했다. 894년 궁예가 명주(溟州, 지금의 강릉)에 도착했을 때는 그를 따르는 무리가 3,500명이나 되었다.

궁예 미륵 안성 국사당에 위치한 궁예 미륵.

신숭겸 유허비와 용산재 왕건의 부하로 고려 건국에 큰 역할을 한 신숭겸은 후백제군과의 전투에서 왕건을 대신해 죽임을 당했다.

그의 세력은 인제, 화천, 철원까지 뻗었고, 독자적인 군대도 운영했다. 그에게 자진해서 복속하는 무리도 생겨났다. 그는 더 이상 양길의 부하로 있을 수 없었다. 896년 궁예는 임진강 주변을 공격하여 개성의 왕건 부자로부터 항복을 받아 냈다. 충주 남쪽에서 세를 불리던 양길이 궁예를 기습 공격했지만, 되레 기세에 눌려 패망한 것도 이때의 일이다. 899년 궁예는 왕건을 데리고 출전하여 소백산맥 이북의 한강 유역을 모조리 장악했고, 그 공을 인정해 왕건에게 아찬의 벼슬을 내렸다.

901년 마침내 궁예는 스스로를 왕으로 칭했다. 그리고 고구려의 계승자라고 자칭했다. 3년 뒤 국호를 마진摩震, 연호를 무태武泰로 정했다. 궁예는 905년 수도를 송악에서 철원으로 옮기고 연호를 성책聖册으로 고쳤다. 911년 국호를 다시 태봉泰封으로 바꿨고, 수덕만세水德萬歲를 새 연호

한국사를 움직인 100인

로 채택했다가 3년 뒤 정개政開로 교체했다. 그는 왕건의 도움으로 나주 정벌을 완성한 덕분에 해상권을 장악할 수 있었다. 견훤의 후백제를 위협하는 데에는 더할 나위 없이 좋은 카드였다.

궁예는 신라를 멸망시켜 없애야 하는 원수로 여겼다. 그는 신라를 '멸도滅都'라 부르며, 투항하는 신라인까지 모두 죽였다. 그러면서 스스로를 '미륵불'이라고 지칭하며 폭정을 합리화했다. 915년에는 심지어 부인 강씨와 두 아들마저 직접 죽이고, 반대파는 모조리 숙청하는 잔인성을 보였다. 결국 918년 폭군의 횡포를 보다 못한 신숭겸申崇謙, 홍유洪儒, 복지겸卜智謙 등이 궁예를 몰아내고 왕건을 새 왕으로 추대했다. 궁예는 변복을 한 채 도망치다가 길거리에서 백성들에게 피살되었다고 전해진다.

10세기 초 신라 말 지방 호족 세력들이 득세하면서 견훤이 후백제를, 궁예가 후고구려를 건국했고 한반도는 후삼국 시대를 맞이하게 된다. 신라의 영역은 경주 일대까지 좁혀졌고, 결국 이 시기에 등장한 왕건에 의해 918년 건국된 고려에 흡수되었다.

고려는 30여 명의 호족 세력을 주체로 건국된 귀족 중심의 통치 국가였다. 고대 사회의 모순과 비리를 해결하고자 선종을 사상적 기반으로 삼았고, 새로운 정치 사회 이념으로 유교를 수용했다. 사회가 안정되면서 지방 호족들은 문벌귀족화되어 정치, 경제, 사회, 문화를 지배하면서 고려만의 독자적인 문화가 꽃피게 되었다. 고려 말에는 보수화된 귀족들로 인한 정변과 거란, 여진, 몽골 등 외세의 침략으로 인해 사회가 동요하였고, 결국 몽골의 침략과 간섭을 통해 고려 사회가 변질되기 시작한다. 이런 상황에서 신진 사대부들이 등장하여 고려가 멸망하고 조선이 건국된다.

한국사 연대표

936
고려, 후백제를 멸망시키고 후삼국을 통일하다.

956
노비안검법을 실시하다.

981
최승로, 북방 국경선 확정과 불교의 폐단 등에 대한 건의안인 〈시무28조〉를 올리다.

993
거란, 고려에 1차 침입하다. 서희가 외교 담판으로 강동 6주를 설치하다.

1019
강감찬이 귀주에서 거란 군을 대파하다.

1033
거란과 여진의 침입에 대비하기 위해 천리장성을 축조하다.

1126
이자겸의 난이 일어나다.

1135
묘청, 서경천도 운동을 하다.

960
중국, 송이 건국되다.

962
신성로마제국이 성립되다.

979
송, 중국을 통일하다.

1066
노르만 족, 영국을 정복하다.

1096
1차 십자군 원정이 시작되다.

1115
여진, 금을 건국하다.

1127
남송이 건국되다.

1147
2차 십자군 운동이 일어나다.

세계사 연대표

고려 시대

1170
무신의 난이 일어
나다.

1176
망이·망소이의
난이 일어나다.

1196
최충헌이 이의민
을 죽이고 정권을
장악하다.

1198
만적의 난이 일어
나다.

1219
몽골–고려 연합군
이 거란 족을 물
리치다.

1231
몽골, 1차 침입하다.

1270
삼별초, 대몽 항쟁을
개시하다.

1359
홍건적, 고려를 침입
하다.

1388
이성계, 위화도에서
회군하다.

1192
일본, 가마쿠라
막부가 수립되다.

1206
칭기즈 칸, 몽골을
통일하다.

1215
영국, 《마그나카르
타》를 제정하다.

1337
프랑스와 영국 간
에 백년전쟁이 시
작되다.

1271
중국, 원나라가 건
국되다.

1347
흑사병이 유럽을
휩쓸다.

1368
중국, 명나라가 건
국되다.

민족 대통일의 위업을 이루다
왕건

王建 (877~943년)

▌고려 제1대 왕 태조(재위 918~943년). 혼인 관계를 통해 호족 세력을 통합하고자 29명에 이르는 많은 후비를 두었다.
▌918년 궁예를 폐위하고 후삼국을 통일했다. 고려를 세우고, 융화 정책, 북진 정책, 숭불 정책을 건국 이념으로, 불교를 호국 신앙으로 삼았다.
▌943년 후세의 왕들이 치국의 귀감으로 삼도록 〈훈요십조〉를 유훈으로 남겼다.

왕건은 후삼국을 통일하고 고려를 창업한 고려의 초대 왕 태조이다. 그는 재위 기간 동안 불교를 호국 신앙으로 삼아 국가의 기틀을 마련했다.

왕건의 시작은 궁예의 부하가 되면서부터이다. 한반도 중부를 석권한 궁예가 지금의 철원에 도읍을 정하자 왕건은 아버지를 따라 그의 휘하로 들어갔다. 궁예 아래에서 왕건의 활약은 눈부셨다. 그는 광주, 충주, 청주, 괴산의 군현을 평정한 공로로 900년에는 아찬에 임명되었고, 903년에는 후백제를 공격하여 금성군을 함락했다. 인근의 군현 10개를 빼앗아 나주를 설치하고 해상권마저 확보했다. 왕건이 출전하는 전투마다 크게 승리하고 영토를 확장하자 궁예의 신망은 계속 높아졌다. 913년에는 파진찬에 올라 시중이 되었다.

　문제는 궁예의 실정이었
다. 그는 점점 폭군으로 돌변
하며 기행을 일삼기 시작했
고, 민심을 잃어 갔다. 결국
918년 신숭겸 등이 궁예를 내
쫓고 왕건을 추대해 새 왕이
되었다. 왕건은 국호를 고려
高麗, 연호는 천수天授라고 정
했다. 하지만 난관이 많았다.
일부이기는 하지만 궁예를
추종하던 반대파의 저항이
거셌고, 지방의 호족이 날로
득세하는 것도 골칫거리였
다. 지방 호족들의 존재는 강
력한 왕권 국가를 세우는 데
걸림돌이 되었다. 게다가 후
백제의 견훤 역시 호시탐탐
국경을 침략해 왔다.

후삼국 통일 지도

　왕건은 민생 안정을 돌파구로 선택했다. 복잡한 대외 관계는 일단 접
어 둔 채 신라 말기부터 문란해진 토지 제도를 바로잡았다. 궁예 치세에
높아진 조세도 경감했다. 민심이 왕건에게 기울기 시작하면서 그는 하나
씩 새로운 정책을 실현해 나갈 수 있었다. 호족의 반발을 잠재우기 위해
각 지역 호족 출신 여성들과 정략적으로 혼인했고, 그 자손을 국가 인재

로 등용하며 우대했다. 29명이나 되는 후궁을 거느린 것은 이 때문이다. 민란과 반발을 어느 정도 수습한 왕건은 이듬해 1월 개성으로 도읍을 옮겼다. 이때 그가 내세운 정책은 크게 세 가지이다. 그는 융화, 북진, 숭불 정책을 건국 이념으로 삼아 강조했다. 지방의 호족은 회유했고, 서경을 개척해 여진을 공략했다. 영토 확장에 눈을 뜬 것이다. 그러면서 불교를 호국 신앙으로 삼아 전국에 절을 세워 불교를 장려했다.

　왕건은 신라에는 친화 정책을, 후백제에는 적대 정책을 썼다. 920년 10월 견훤이 신라를 침범하자 즉각 구원병을 보낸 일을 대표적으로 꼽을 수 있다. 하지만 후백제의 군사력은 고려보다 훨씬 강했다. 양국은 특히 경북 안동 일대에서 자주 부딪쳤다. 후백제의 입장에서는 이곳을 장악해야 고려와 신라의 교류를 막을 수 있었기 때문이다. 지루하게 이어지던 양국의 물리적 충돌은 930년 왕건이 고창 전투에서 견훤의 주력 부대를 초토화시키면서 비로소 끝이 나기 시작했다. 이후 일은 쉽게 풀렸다. 935년 견훤이 아들의 난에 의해 축출되면서 고려로 도망쳐 왔고, 신라 왕까지 자진 항복했다. 결국 왕건은 이듬해 일선군(一善郡, 지금의 선산)에서 최후의 접전을 벌여 후백제를 멸망시키고 후삼국 통일을 완성했다.

〈훈요십조〉

　태조는 세상을 떠나기 전 〈훈요십조訓要十條〉를 지어 남겼다. 후대 왕들이 귀감으로 삼아야 할 교훈을 정리한 글이다. 왕건이 통일 직후에 새 왕조의 도의와 신하가 지켜야 할 절의를 정리해 직접 썼다는 《정계政誡》 1권과 《계백료서誡百寮書》 8편은 현재 전해지

태조 현릉

지 않고 있다.

　통일과 함께 반드시 기억해야 할 그의 업적으로는 북진 정책을 꼽을 수
있다. 그는 고구려 멸망 이후 방치된 평양을 '서경'이라 하여 수도에 버
금가는 도시로 키웠고, 압록강 부근의 여진족을 토벌했으며 안변 이북의
옛 고구려 땅도 일부 회복했다. 또한 926년 발해가 멸망하자 그 지도층과
백성을 받아들여 차별하지 않고 관직에 중용했다.

소통을 강조한 재상
최승로

崔承老 (927~989년)

▌982년 사회 개혁 및 대중국관의 시정 등에 대한 〈시무28조〉를 올려 고려 정치 체제의 토대를 닦았다.
▌12목을 설치하고 목사를 파견하여 중앙집권적 체제를 갖추도록 했다.

최승로는 고려 초기의 문인이자 재상이다. 태조에서 경종까지 다섯 왕의 치적을 평가하고 불교의 폐단을 건의하는 등 파격적인 내용을 담은 〈시무28조時務二十八條〉를 올려 고려 정치 체제의 기초를 세웠다는 평가를 받는다. 중앙집권 체제를 지향해 12목을 설치하고 각 지방에 목사를 파견하도록 한 것도 그의 생각이었다.

최승로는 본래 신라 사람이었다. 그는 경주에서 태어났지만 935년(태조 18) 경순왕이 고려에 투항할 때 6두품이던 아버지와 함께 고려로 갔다고 전해진다. 어린 시절부터 총명해 12세 때는 태조 앞에서 《논어》를 암송해 칭찬을 받았다는 기록도 있다. 태조는 최승로의 재주를 기특하게 여겨

왕명으로 문서를 작성하던 원봉성의 학생이 되도록 주선하고 특별한 선물도 내렸다고 한다. 40대 초반까지는 학사직을 맡고 있으면서 소극적으로 정치에 참여했을 것이라 추정할 뿐 그가 정확히 어떤 일을 했는지는 명확하지 않다.

〈시무28조〉

최승로가 처음 요직을 맡은 것은 982년(성종 1) '정광행선관어사상주국正匡行選官御事上柱國'에 중용되면서부터이다. 그해 성종은 "중앙의 5품 이상 관리는 모두 봉사(封事, 밀봉된 채 임금에게 고하는 글)를 올려 현재 정치의 옳고 그름을 논하라." 하고 지시했다. 최승로는 인사권을 담당하는 중견 관료로서 상소문을 올렸다. 상소는 고려 태조부터 경종까지 다섯 왕의 치적을 평가한 〈오조치적평五祖治績評〉과 〈시무28조〉로 나뉜다. 〈시무28조〉 가운데 현재까지 전해지는 것은 22조이다.

최승로는 왕실이 불교에 지나치게 의존한다고 비판했다. 광종 때 백성의 고혈을 짜내 시행하는 공덕제(功德齋, 미래의 성불을 위하여 행하는 불교 의식)의 폐단이 많다며 폐지해야 한다고 주장했고, 과다한 보시 행위를 제한해야 한다고 강조했다. 또 승려가 궁에 마음대로 드나들며 왕실의 총애를 입어서는 안 되며, 왕실이 지나치게 불교를 숭상하면 안 된다고 지적했다. 금과 은을 과도하게 사용하여 불상을 제작하는 행위도 비판했다. 즉 불교 그 자체보다는 불교를 숭상하며 생긴 사회적 폐단을 꼬집은 것이다.

고려 시대 불화 고려 시대에는 불화가 많이 그려졌다. 왕실에서 불교를 숭상함에 따라 사찰 건립, 불화 제작 등에 막대한 세금을 사용하는 등 폐단이 많았다.

중앙집권적 정치 체제를 염두에 둔 조목도 있다. 지방관을 파견하고, 토호의 가옥 규모를 제한해야 한다는 대목이 대표적이다. 이는 지방 호

한국사를 움직인 100인

족을 억제하는 방안으로 성종은 이듬해 12주에 목사를 파견해 최승로의 주장을 현실화했다. 그러면서도 왕권의 비대화를 우려하여 궁의 노비와 말의 숫자를 줄이고, 국왕이 신하를 예로써 대우해야 한다고 덧붙였다.

최승로의 다양한 제안은 결국 유교적 통치 이념에 입각한 정치 체제로 귀결된다. 태조가 승하한 뒤 경종 대까지 수많은 권력 투쟁이 벌어진 것도 사실 신하들이 왕권을 뛰어넘으려 했기 때문이었다. 유교적 이상에 따라 군주가 정치의 주체가 되어야 하되, 신권과 긴밀한 협조 관계를 가지며 왕권과 신권이 상호 견제해야 한다는 것이다. 최승로가 "임금은 신하를 예禮로써 대하고, 신하는 임금을 충忠으로써 섬겨야 합니다. 바라건대 성상께서는 날마다 하루같이 삼가서서 스스로 교만하지 말고 신하를 대함에 공손함을 생각하며……."라고 적은 대목이 이를 보여 준다.

최승로의 상소에 크게 감동한 성종은 그를 가까이 두고 그의 조언에 귀 기울였다. 오늘날의 정치 보좌관의 역할을 한 것이다. 최승로는 983년 문하시랑평장사로 영전했고, 5년 뒤에는 종1품 문하수시중에 임명되었다. 최승로가 나이가 많음을 들어 관직에서 물러날 것을 몇 번이나 청했지만 성종은 허락하지 않았다. 989년 최승로가 세상을 떠나자 성종은 몹시 슬퍼하며 포 1,000필, 면 300석, 갱미粳米 500석 등을 부의했다. 이후 태사太師에 추증되었고, 998년(목종 1)부터는 성종의 묘에 함께 모셨다가 제를 지낼 때 배식하도록 했다. 시호는 문정文貞이다.

역사상 최고의 외교관
서희

徐熙 (942~998년)

▌거란의 침입 당시 적장 소손녕과 담판을 벌여 거란 군을 철수시켰다. 그 후 여진을 몰아내고 지금의 평북 일대의 국토를 완전히 회복했다.

▌994년 여진족을 축출하고 장흥진, 곽주 등을 축성했고, 이듬해 안의진 등지에 축성하고 선주 등지에 성보를 쌓아 지금의 평북 일대의 국토를 완전히 회복했다.

'서희' 하면 자동적으로 '외교 담판'을 떠올릴 정도로 그는 우리 역사에서 위대한 외교관으로 꼽힌다. 서희의 대표적인 업적은 거란이 침략했을 때 조정의 반대를 무릅쓰고 적장을 설득해 자진 철수하게 한 일이다. 뿐만 아니라 그는 여진을 몰아냈으며 평안북도 일대의 영토를 완전히 회복하는 성과도 올렸다.

서희의 집안은 대대로 명문가라 할 수 있다. 조부인 서신일徐神逸 대까지는 이천의 토착 호족이었고, 아버지 서필徐弼이 내의령에 오르면서 중앙 정계에 진출하게 되었다. 서희는 재상을 지냈고, 아들 서눌徐訥, 서유걸徐惟傑은 수상인 문하시중과 재상인 좌복야에 올랐다. 서눌의 딸은 현종의 비가 되어 외척 가문이 되기도 했다.

서희는 960년(광종 11) 문과에 급제한 뒤 광평원외랑, 내의시랑 등을 지냈다. 982년에는 송나라에 외교 사절로 파견되어 단절됐던 국교를 정상화하고 귀국했다. 이듬해 군정을 책임지는 병관어사가 된 데 이어 내사시랑평장사를 거쳐 태보, 내사령의 최고직에까지 올랐다.

993년 거란의 침입으로 조정이 시끄러워졌다. 거란의 적장은 소손녕蕭遜寧이었다. 거

백관의 공복 조복과 공복을 입은 고려 시대 관리들의 모습.

란은 고려가 북진 정책을 포기하지 않는 데에다 친송 외교 정책에 불만을 품은 상태였다. 소손녕이 이끄는 거란 군은 봉산군蓬山郡 전투에서 고려 군을 격파하고 "우리가 이미 고구려의 옛 땅을 차지했는데 고려가 자꾸 국경을 넘어 침탈하니 이를 토벌한다."라고 위협했다. 고려 조정에서는 여러 갈래로 의견이 나뉘었다. 그중에서도 거란에 항복하자는 쪽과 서경(평양) 이북의 땅을 넘겨주고 화의하자는 할지론割地論이 우세했다. 서경 이북의 땅을 거란에게 바치는 것을 전제로 서경의 곡식 창고를 풀어 백성에게 나누어 주고, 그래도 남는 것은 강에 버려 거란이 먹지 못하도록 할 것을 주장하는 신료들도 있었다.

거란의 군사들 깃발을 든 기마병들의 행진.

하지만 서희의 생각은 이와 달랐다. 거란은 봉산군을 빼앗았을 뿐 더 남하하거나 적극적으로 고려를 위협하는 것이 아니라는 판단에서였다. 서희는 거란과 직접 싸워야 한다는 강경론을 폈다. 처음에는 반신반의하던 신료들 가운데 민관어사 이지백李知白이 마음을 돌렸고, 성종도 곧 서희의 의견에 찬성했다.

때마침 소손녕이 대신과의 면담을 요청해 왔다. 자연스럽게 서희가 조정 대표로 뽑혔다. 거란의 군영에 도착한 서희에게 소손녕이 뜰에서 절을 하라고 요구하자 서희는 "뜰에서의 배례拜禮란 신하가 임금에게 하는 것"이라며 단호히 거절하고 서로 대등한 예를 행한 뒤 마주 앉았다.

두 사람의 대화는 거침이 없었다. 소손녕이 먼저 침입의 이유를 밝혔다. "그대의 나라는 신라의 옛 땅에서 일어났고, 고구려의 옛 땅은 우리가 소유했는데 그대들이 그 땅을 침식하므로 평정하러 왔다." 소손녕은

한국사를 움직인 100인

또 "고려는 우리와 국경을 맞대고 있으나 바다 건너 송나라를 섬기기에 공격한 것"이라고 호통을 쳤다.

그러자 서희가 이에 반박했다. "우리나라는 고구려의 옛 터전을 이어 나라 이름도 고려라 했고, 평양을 도읍으로 삼았다. 만약 땅의 경계를 가지고 논한다면, 거란의 동경(東京, 지금의 랴오양)도 우리 경내에 들어가니 어찌 침식이라고 말할 수 있는가. 뿐만 아니라 압록강 안팎도 역시 우

강동 6주

리 경내인데 지금 여진이 그곳을 점령해 간사한 짓을 하므로 도로가 막혀 고려가 어려움을 겪는다. 거란과 소통하지 못하는 것은 다 여진 때문이니 여진을 쫓아내고 우리의 옛 땅을 되찾게 된다면 어찌 우리 조정에서 거란을 불러들이지 않겠는가."

서희의 당당하고 설득력 있는 주장에 소손녕은 크게 감탄했다고 한다. 소손녕은 본국의 황제에게 서희의 주장을 보고했고, 거란 황제는 고려가 내세운 조건을 받아들여 화의를 승낙하며 철군을 명령했다. 거란은 송나라와 대치 중인 상황에서 고려와 장기전을 벌일 여유가 없었기 때문이다.

결국 거란은 서희와의 약속을 지켜 994년(성종 13)부터 3년간 압록강 동

쪽의 여진족을 몰아냈다. 서희는 결국 장흥진, 귀화진, 곽주, 귀주, 흥화진 등에 강동 6주의 기초가 될 성을 쌓아 영토를 압록강까지 넓혔다.

성종은 서희를 귀하게 여겼다. 그에게 태보내사령이라는 벼슬을 내렸고, 996년 서희가 병이 들어 개국사開國寺에 머물게 되자 직접 행차해 어의 한 벌과 말 세 필, 곡식 1,000석을 시주하며 그의 쾌유를 빌었다. 서희역시 성종 사후 그의 묘에 배향되었고, 덕종 때는 태사太師로 추증되었다.

강동 6주는 비록 고려의 영토를 압록강 밖으로 확대하지는 못했지만, 국방의 안정을 이룬 것은 물론 농경지를 확대하여 경제적 이점까지 안겨주었다. 특히 국제 정세에 대한 통찰력을 바탕으로 군사적 요충지를 확보함으로써 요-송-고려 사이에서 세력 균형을 유지하고, 동아시아 지역에서 국제적으로 자율성과 발언권을 확보할 수 있었다는 점에서 그 의미가 더욱 크다.

고려 불교의 원류

의천

義天 (1055~1101년)

▌천태종의 개조.

▌고려 제11대 왕 문종의 넷째 아들로 열한 살 때 경덕국사 난원 밑에서 승려가 되어 구족계를 받았다.

▌교종과 선종의 일치를 주장하며 고려 불교의 융합을 실현하여, 한국 불교의 발전에 획기적인 업적을 남겼다.

의천은 고려 시대를 대표하는 고승으로 천태종天台宗을 개창했다. 그는 고려 제11대 왕인 문종의 넷째 아들로 1065년 경덕국사景德國師 난원爛圓을 은사로 삼아 출가했다. 학문을 즐겨 대승과 소승의 경(經, 석가의 가르침), 율(律, 석가가 가르친 윤리·도덕적인 실천 규범), 논(論, 석가의 가르침을 논리적으로 설명한 철학 체계)의 세 가지 불경은 물론이고 제자백가 사상에 이르기까지 섭렵하지 않은 분야가 없었다고 한다. 시호인 '대각大覺'의 의미처럼 당시 의천은 석가의 후신으로 여겨질 정도였다.

1084년 의천은 송나라 유학을 계획했다. 불교를 더 깊이 있게 배우기 위해서였다. 당시 그는 불교에 조예가 깊은 송나라의 정원법사淨源法師와

의천

이미 서신을 교환하던 사이였다. 의천은 그에게 직접 가르침을 받고 싶었던 것 같다. 하지만 조정의 반대가 극심했고 특히 문종과 어머니 인예왕후가 허락하지 않았다.

왕실의 반대에도 의천은 이듬해 유학을 강행했다. 아버지 문종이 승하한 뒤였다. 1085년(선종 2) 4월 의천은 서신만 남긴 채 변장을 하고 도망치듯 유학길에 올랐다. 의천은 송의 계성사에서 유성법사有誠法師를 만나 화엄종과 천태종의 참뜻을 깨우쳤고 여러 절을 찾아다니며 불법을 공부했다. 흥국사에서는 인도 승려를 만나 현지 학문을 배우기도 했다. 그리고 마침내 항저우杭州 대중상부사의 정원법사와 《화엄경》, 《능엄경》, 《원각경》, 《기신론》 등 수많은 사상에 대해 토론하며 여러 종파의 학승들과 사귈 수 있었다. 당시 의천이 특히 가깝게 지냈던 이는 자변대사慈辨大師와 원소율사元炤律師였다. 의천은 고려에서 출국할 때 불교 서적을 많이 가져갔는데 이를 통해 학승들과 교류를 더욱 돈독하게 다질 수 있었다고 한다. 당시 송나라에는 당나라 말기 무종武宗의 불교 탄압과 9대에 걸친 전쟁으로 인해 불교 관련 서적이 전무하다시피 한 상태였기 때문이다.

송나라 유학은 1년 남짓으로 끝났다. 어머니 인예왕후가 귀국을 종용했기 때문이다. 결국 의천은 1086년 6월 불교 서적 3,000여 권을 가지고 귀국했다. 선종과 태후(인예왕후)가 직접 봉은사에서 친히 의천을 환대했다는 기록이 전해진다. 곧 의천은 흥왕사의 주지가 되었다. 그는 천태교학을 정리하고 제자들을 키우는 데 매진했다. 그러면서도 송에서 사귀었던 고승들과 서적, 서신을 교환하며 더욱 학문에 몰두했다. 특히 절친한 벗인 정원법사에게는《화엄경》의 세 가지 번역본과 이를 봉안할 장경각(藏經閣, 불경을 새긴 목판을 봉안한 전각) 건립 비용으로 금 2,000냥을 보내기도 했다. 이 때문에 정원법사가 장경각을 지었던 혜인원惠因院을 고려사高麗寺라고도 부른다. 혜인원은 1958년 중국의 대약진운동 과정에서 비구니들의 암자였던 마지막 건물이 무너지면서 완전히 역사 속으로 사라지고 말았다.

의천은 대단한 수집가이기도 했다. 요, 송, 왜 가릴 것 없이 각지의 불교 서적을 4,000권 이상 모았고, 국내의 고서를 추려 냈다. 그리고는 홍왕사에 교장도감을 설치해 그가 수집한 불경과 유서 4,700여 권을 교정, 간행했다. 간행물의 양이 얼마나 많았던지 그 목록만 정리해《신편제종교장총록新編諸宗教藏總錄》3권을 따로 만들었을 정도이다. 이를 줄여 '의천목록義天目錄' 혹은 '의천록義天錄'이라고 한다. 여기에 실린 책은 모두 1,010부 4,740권이 된다. 홍왕사 교장도감은 이 목록에 따라《고려속장경高麗續藏經》을 간행했다.

그러던 중 형인 선종이 승하하고 숙종이 왕위에 올랐다. 1097년(숙종 2) 어머니 인예태후의 명복을 빌기 위해 지은 국청사가 완공되었고, 의천은 주지가 되어 이곳

대각국사비

《대각국사문집》과 《석원사림》(규장각 한국학연구원 소장)

에서 천태교학을 강의하기 시작했다. 의천은 출가한 지 얼마 지나지 않
았을 때에도 스승인 경덕국사를 대신해 강론한 일이 많았다. 그의 강의
는 알기 쉽고 흥미로워 인기가 많았다. 국청사에서도 마찬가지였다. 그
의 설법을 직접 듣기 위해 천 명도 넘는 고승들이 국청사로 모여들었다.

천태종은 1099년 승려를 뽑기 시작하면서 불교의 한 종파로 공인받았
다. 특히 숙종은 의천의 열렬한 지지자였다. 의천의 천태종이 이름을 날
리기 시작하면서, 선종과 화엄종의 유능한 승려들 대부분이 천태종으로
옮겨 왔다고 전해진다.

의천 이전의 고려 불교는 교종과 선종으로 나뉘어 대립하고 있었다.
그런데 의천이 '교선일치敎禪一致'를 역설하며 화엄종의 학설로 일단 교
종을 통일한 뒤 선종의 교리에 입각해 천태종을 개창하면서부터 상황이
바뀌었다. 의천은 선종의 종파를 통합한 데 더해 원효의 핵심 사상까지
버무려 고려 불교를 하나로 융합하는 데 크게 기여했다. 그는 방대한 양
의 독서와 토론을 통해 유학에도 정통했을 뿐 아니라 화폐 사용을 건의하
는 등 사회, 경제적인 측면에도 공헌했다.

한국사를 움직인 100인

고려 시대 불교계의 대립

교종敎宗은 경전과 가르침을 중시하는 불교의 교파로 천태종과 화엄종이 대표적이다. 한반도에서는 삼국 시대에 유입된 이후 발전을 거듭해 신라 하대 5교, 즉 보덕의 열반종, 자장의 계율종, 원효의 법성종, 의상의 화엄종, 진표의 법상종 등으로 세분화되었다. 통일 신라 말에 유입된 선종은 이론이나 지식에 치우친 교종과 달리 참선을 통해 직접 진리에 도달할 것을 강조했다. 선종은 교종의 주류인 화엄종을 정면으로 비판하며 세를 키웠다. 선종은 화엄종보다는 자신들이 높은 차원의 도를 닦는다고 주장하며 우위를 입증하는 데 열을 올렸다. 이 과정에서 실제로 화엄종의 많은 승려들이 선종으로 전향했고, 화엄종 사원을 선종 사원으로 바꾸는 일도 빈번하게 일어났다. 그러나 화엄종의 세력이 쉽게 수그러든 것은 아니다. 9세기 말 화엄종은 '화엄 결사結社'라는 일종의 자체 반성을 통해 세를 지켜 나갔다.

교종과 선종이 더욱 격렬하게 대립한 데에는 양쪽이 각각 다른 정치 세력과 결탁했기 때문이었다. 왕실과 손잡은 교종이 지방의 호족을 등에 업은 선종과 원만한 관계를 유지하기는 어려웠다. 게다가 두 종파 모두 '열반'이라는 궁극적인 목표를 추구하지만 그 방법에서 크게 달랐기에 사사건건 대립할 수밖에 없었다.

고려가 건국된 이후에도 교종과 선종의 대립은 잦아들지 않았다. 얼마나 갈등이 심했던지 고려 태조가 남긴 〈훈요십조〉에 교·선 간의 사원 쟁탈을 금지하라는 대목이 있을 정도였다. 그러나 이런 왕실의 노력에도 교종과 선종은 각각 '교주선종敎主禪從'과 '선주교종禪主敎從'을 주장하며 의견을 굽히지 않았다. 덕분에 유학자들에게 배불排佛의 빌미만 제공하고 말았다.

고려의 동북방을 개척한
윤관

尹瓘 (?~ 1111년)

▌ 별무반을 창설하고 9성을 쌓아 여진을 평정했다. 그러나 그 후 여진의 9성 환부와 강화 요청에 따라 조정은 9성을 여진에 돌려주었다.
▌ 여진과 강화로 인해 정세가 바뀌자 1104년의 여진 정벌 실패에 대한 모함을 받아 관작을 삭탈 당했다.

고려의 명신이자 명장 윤관은 별무반이라는 군대를 창설해 9성을 쌓고 이를 통해 여진을 평정했다. 그러나 여진은 지속적으로 9성을 내놓을 것을 고려에 강요했고, 이에 고려 조정이 여진에 9성을 되돌려 줌으로써 그는 실패한 무장으로 비판받기도 했다.

윤관은 개국공신의 후예였다. 태조를 도와 고려 건국에 앞장선 삼한공신 윤신달尹莘達의 고손으로, 아버지는 검교소 부소감을 지낸 윤집형尹執衡이다. 윤관이 과거에 급제한 것은 문종 때의 일이다. 윤관은 1095년 숙종이 왕위에 오르자 좌사낭중으로 요나라에 파견돼 숙종의 즉위를 알리면서 요직에 오르기 시작했다. 당시 숙종은 부자 · 형제 상속을 기본으로

한국사를 움직인 100인

하는 왕위 계승의 관례를 깨고 조카인 헌종을 폐위하고 왕위에 올랐다. 윤관은 숙종의 정통성을 인정받기 위해 요나라에 이를 해명하는 중책을 맡은 것이었다. 윤관은 이후 승승장구하여 1101년에는 추밀원 지주사가 되었고, 이듬해에는 왕명에 따라 진사시를 주관했다.

윤관

여진 정벌이라는 그의 화두는 1104년 2월 동북면 행영도통에 임명됐을 때부터 생긴 것이다. 당시 여진은 날로 세력이 커지고 있었다. 특히 1년 전 새 부족장이 추대된 후 여진은 함흥까지 진출해 고려의 신경을 긁던 차였다. 숙종이 여진 정벌을 결심하고 군대를 보냈지만, 사기가 높지 않아 크게 패하곤 했다. 윤관은 그해 2월 21일 왕명을 받고 3월부터 바로 전쟁터로 나갔지만 여진의 강한 기병에 밀려 패전하고 말았다. 이대로는 결코 여진을 이길 수 없다고 판단한 윤관은 별무반別武班이라는 특수 부대를 창설했다. 윤관은 기병인 신기군과 보병인 신보군, 승병인 항마군으로 나누어 군사들을 훈련시켰다. 당시 농민과 승려, 상인은 물론 양반까지 포함되어 있던 별무반은 거국적인 군사 조직으로 거듭났다.

1107년(예종 2) 그동안의 훈련 성과를 보여 줄 때가 왔다. 여진의 동태가 심상치 않다는 보고가 들어온 것이다. 윤관은 도원수로 17만 대군을 이끌고 여진 정벌에 올랐다. 그는 먼저 여진족 족장에게 고려가 억류 중인 인질 2명을 석방하겠다는 거짓 정보를 흘렸다. 이에 속은 족장이 인질 2명을 데려올 군사 400명을 보내자 윤관은 이들을 인질로 잡았다. 여세를 몰아 윤관의 군대는 육군과 수군으로 나뉘어 여진을 동시에 공격했다.

기습에 당황한 여진이 동음성으로 숨어들자 정예 부대를 보내 격파했다. 이 전투에서 여진은 거점 135곳을 섬멸당하고 4,940명의 사망자를 냈다. 그리고 130명이 포로로 잡혔다. 윤관은 정복한 각 지역에 성 9개를 쌓고 방어에 들어갔다.

이 동북 9성은 고려의 행정 체제 안으로 재편되었다. 새로 넓힌 영토에는 남도의 백성이 이주해 살도록 했다. 특히 함흥평야의 함주에 대도독부를 설치하여 군사적 요충지로 삼았다. 물론 여진의 반발이 전혀 없었던 것은 아니다. 1108년(예종 2) 여진의 잔당이 공격해 가한촌 전투에서 윤관의 군대가 포위된 일이 있었지만 장수 척준경의 기지로 물리치는 등 몇 번의 고비를 넘겼다. 윤관은 여진 정벌의 공로를 인정받아 '추충좌리평융척지진국공신 문하시중 판상서이부사 지군국중사推忠佐理平戎拓地鎭國功臣門下侍中判尙書吏部事知軍國重事'에 봉해졌다.

〈척경입비도〉 윤관이 9성을 개척하고 비석을 세우는 장면이 묘사되어 있다. 고려대학교 박물관 소장.

그러나 윤관의 성과와 무관하게 조정의 분위기는 여진과의 화친으로 기울기 시작했다. 여진이 고려에 조공을 바치고 다시는 무력으로 침략하지 않겠다는 조건을 내세우며 9성을 돌려 달라고 지속적으로 요구해 왔기 때문이다. 여진은 동북 9성으로 인해 농경지를 빼앗겨 곤란한 처지였기에 화친

동북 9성

에 적극적이었다. 예종은 6부를 소집해 9성의 환부를 논의하도록 했다. 신하들도 대부분 환부에 동의했다. 생각과 달리 여진의 침입은 어느 한 지역만 방어한다고 해결될 일이 아니었고, 무엇보다 9성의 위치가 고려 본토와 너무 멀리 떨어져 있어서 관리하기 어렵고 안전도 장담할 수 없다는 논리가 득세했다. 극한으로 몰린 여진의 보복이 두려웠음은 물론이고, 숱하게 군사를 동원하느라 민심이 들끓는 것도 부담으로 여겨졌다. 결국 윤관이 공들여 일군 9성은 여진에게 돌아갔다.

  문제는 그다음부터였다. 여진에게 9성을 돌려주고 난 후 조정 신료들은 윤관을 패장으로 몰았다. 예종은 신하들의 모함만 듣고 윤관의 관직을 모두 박탈했다. 명분 없는 전쟁을 일으켜 국력만 탕진했다는 것이었다. 윤관은 억울함을 호소할 새도 없이 관직에서 물러났다. 그래도 예종은 그를 처벌해야 한다는 상소는 끝까지 물리쳤고, 1110년 다시 '수태보 문하시중 판병부사 상주국 감수국사守太保門下侍中判兵部事上柱國監修國史'

로 임명하며 그를 비호하려고 했다. 이에 윤관은 사의를 표명했고, 이듬해인 1111년(예종 6) 숨을 거두었다. 예종은 그의 공적을 참작해 문경공文敬公이라는 시호를 내렸다가 훗날 문숙공文肅公으로 고쳤다. 사후인 1130년(인종 8) 윤관은 예종의 묘에 배향되었다. 충신의 위패를 왕의 묘에 함께 묻고, 제사를 지낼 때 배석하는 예를 갖춘 것이다. 충신으로서 최상의 영광에 해당된다.

선진적 지식인
김부식

金富軾 (1075~1151년)

▌1145년 《삼국사기》를 완성했다. 《삼국사기》의 체재를 작성하고 사론을 직접 썼다.
▌묘청의 서경천도론을 반대했고, 서경천도 일파가 군대를 일으키자 원수로서 반란군을 제압했다.

김부식은 신라 왕족의 후손으로 경주의 주장州長인 김위영金魏英의 증손자이다. 그가 《삼국사기》를 편찬하면서 현종 이후 고려 왕실에 신라의 피가 흐른다는 점을 강조한 이유이기도 하다. 김부식의 증조부인 김위영은 신라가 멸망할 무렵 태조 왕건에게 의탁해 경주의 행정을 담당하는 주장에 올랐다. 아버지 김근金覲 때부터 중앙 관직에 진출했는데 특히 김부식의 4형제는 모두 과거에 합격한 수재들이었다. 특히 김부식과 둘째 형 부일富佾, 동생 부철富轍 세 사람은 가장 명예로운 한림직을 맡아 세간의 부러움을 샀다고 한다. 하지만 김부식에게는 사대주의자라는 불명예스러운 꼬리표도 늘 따라다닌다.

김부식은 1096년(숙종 1)에 과거에 급제한 이후 20년 동안 한림원 등에서 일했다. 공부를 게을리하지 않아 지식이 높았고 이 덕분에 예종과 인종에게 종종 경사經史를 강의했다. 그는 공자와 맹자를 학문의 근본이라고 생각했기에 그 누구보다 유교 이념과 윤리를 실천하려고 노력했다. 예를 들어 인종의 외조부이자 장인인 이자겸이 제멋대로 권력을 휘두르자 김부식은 그의 권세에 아랑곳하지 않고 오로지 유교적 관점에서 이를 비판하고 저지하기도 했다. 김부식은 왕인 예종과 인종에게도 늘 유교 이념을 강조했다고 한다.

1126년(인종 4) 5월 이자겸이 '십팔자十八子'가 왕이 될 것이라는 도참설을 퍼뜨려 인종을 폐위시키고 스스로 왕위에 등극하고자 하는 사건이 일어났다. 김부식은 이 난을 진압하고 정계의 중심으로 떠올랐다. 그는 곧 어사대부로 임명되었고, 1130년 12월에는 정당문학 겸 수국사政堂文學兼修國史로 승진, 재상이 되었다. 1132년에는 '수사공 중서시랑 동중서문하평장사守司空中書侍郎同中書門下平章事'에까지 올랐다.

그러던 중 1135년 묘청妙淸의 난까지 일어났다. 묘청은 음양도참설을 주장하며 이미 지세가 기운 수도 개경에서 벗어나 고려 중흥의 명당인 서경으로 천도해야 한다는 주장을 폈다. 반신반의하던 왕과 신하들이 하나씩 동의하면서 서경 천도가 실제로 진행됐는데, 이 과정에서 묘청 일파가 신궁 건설에 개입하면서 지나치게 잇속을 챙긴 사실이 들통 났다. 조정 신료들은 연일 천도를 반대하는 상소를 올렸고, 인종마저 서경 천도가 불가하다고 천명했다. 그러자 묘청이 금국 정벌金國征伐을 주장하며 반란을 일으킨 것이다. 묘청은 국호를 대위大爲, 연호를 천개天開라고 했다. 당시 판병부사이던 김부식의 군대가 제압에 나섰다. 묘청은 김부식의 군대가 서경에 채 도착하기도 전에 부하에게 살해되었고, 이후 14개월에 걸쳐 그

잔당이 반란을 계속 이어 갔으나 끝내 김부식의 왕실군에 의해 섬멸되었다.

김부식이 묘청의 난을 제압하자 인종은 크게 기뻐하며 그가 개경으로 귀환하기도 전에 '수충정난정국공신輸忠定難

《삼국사기》(규장각 한국학연구원 소장)

靖國功臣'에 책봉했을 뿐 아니라 '검교태보 수태위 문하시중 판이부사檢校太保守太尉門下侍中判吏部事'로 승진시켰다. 이 과정에서 김부식은 묘청의 난을 진압하는 데 큰 공을 세운 부하 윤언이를 탄핵해 양주 방어사로 좌천시키는 인사를 단행했다. 묘청이 서경천도론을 펴면서 "왕을 황제라 칭하고 연호를 제정해 쓰자."라는 의미의 칭제건원론稱帝建元論을 주장했는데, 윤언이가 이에 동조했다는 이유에서였다. 윤언이는 군사적인 행동을 취하자는 것이 아니라 황제라고 칭하고 독자적인 연호를 쓰는 문제라고 생각해 충분히 가능하다는 입장이었지만 철저한 유교학자로 사대주의자였던 김부식은 이를 결코 받아들일 수 없었기 때문이다.

하지만 김부식은 채 5년도 되지 않아 윤언이를 탄핵했던 그 인사 때문에 사직서를 내야 했다. 1140년 사면령이 반포되어 윤언이가 곧 정계에 복귀할 것처럼 보였기 때문이다. 김부식은 정치적인 보복을 두려워했던 것 같다. 때마침 형과 동생이 세상을 떠났고 자신의 든든한 지원자인 정습명鄭襲明마저 탄핵을 받았기 때문에 그는 정치적으로 고립됨을 느꼈다

김부식의 글씨 김부식은 우리나라 고문체 문장의 효시로 일컬어진다.

고도 한다. 김부식의 간곡한 상소에 왕은 세 번 만에 그의 사직을 허가했다. 대신 그에게 《삼국사기》를 편찬할 것을 지시했다. 김부식은 젊은 학자 8명을 지휘해 인종이 승하하기 직전 50권으로 된 《삼국사기》를 편찬해 올렸다.

《삼국사기》는 금석문부터 중국의 사서, 경서, 문집까지 활용해 기존 역사서의 한계를 극복했다는 점에서 높이 평가할 만하다. 그러나 사론史論에서 중국을 대국으로 표현하고, 중국의 충고를 따르지 않아 고구려가 멸망했다고 논평하고, 신라 고유의 연호는 잘못이라고 지적하는 등 사대주의적 입장으로 쓰인 사서라는 비난을 면치 못하고 있다.

그럼에도 그는 한반도 역사의 독자성을 고려하는 현실주의적인 입장도 함께 지니고 있었다. 사대주의라고만 폄하하기에는 무리가 있다는 이야기이다. 특히 이 책은 고려의 귀족 문화가 최고조에 도달했을 무렵 출간되었다. 당시 고려는 거란, 여진과 전쟁을 마치고 강력한 국가 의식을 표출하던 때였다. 따라서 김부식은 단순히 유교 이념만을 실현하기 위해서가 아니라 국가 의식을 구현하기 위해서도 이 책을 편찬했다고 평가해야 할 것이다.

묘청

칭제건원의 무산된 꿈

妙清 (?~1135년)

▎1127년(인종 5) 왕실 고문으로 추대되자 인종에게 서경으로 천도할 것을 주장했다. 이는 개경의 사대주의적인 중신들의 반대로 좌절되었다.

▎1135년 서경에 기반을 두고 국호를 대위, 연호를 천개라 하여 천견충의군(天遣忠義軍)을 조직하여 반란을 일으켰다. 반란군은 김부식이 이끄는 관군에게 섬멸당했다.

묘청은 고려의 승려로 서경(지금의 평양) 출신이다. 묘청이 역사에 등장하는 것은 서경 천도를 거론하면서부터이다. 묘청은 승려이면서도 도교에 심취해 풍수지리와 도참 사상을 두루 익혔고 이를 바탕으로 고려의 도읍을 개경에서 서경으로 옮겨야 한다고 주장했다. 그는 1128년(인종 6) 서경 출신인 정지상鄭知常 등과 함께 "지금의 도읍인 개경은 기운이 이미 쇠했고, 서경에는 왕기가 넘친다. 특히 서경의 임원역林原驛에 궁궐을 짓는다면 천하를 아우르게 되어 금나라가 스스로 항복하고 36국이 모두 신하가 될 것"이라고 주장하기 시작했다. 처음에는 반신반의하던 대신들 가운데 일부가 이 의견에 동요했다. 특히 이자겸의 난으로 궁이 불타고 금나라

고려 왕궁 복원도

가 갈수록 고려를 압박해 민심이 흔들리던 터라 인종 역시 서경천도론에
마음이 기울기 시작했다.

  인종은 당시 서경에 친히 행차해 5개월 동안 머물면서 임원역에 들어
설 새 궁터를 구경했고, 묘청에게 새 왕궁을 짓는 일을 맡겼다. 묘청은
이듬해 임원궁林原宮을 완성시켜 인종이 다시 행차했을 때 자랑스럽게
보였다. 이제 힘을 얻은 묘청은 '칭제건원(稱帝建元, 고려 임금이 스스로 황제
로 칭하고 독자적인 연호를 쓰는 일)'과 함께 '금국 정벌'이라는 새로운 주장
을 폈다.

한국사를 움직인 100인

하지만 그는 점차 무리수를 두기 시작했다. 서경의 상서로움을 부각시키려면 일종의 '쇼'가 필요하다고 판단한 묘청은 기름을 넣은 떡을 대동강에 미리 담가 두고 사람을 불러 모았다. 과연 그의 생각처럼 떡에서 흘러나온 기름이 물에 비치면서 강 주위에 오색찬란한 빛이 나타났다. 강물이 스스로 빛을 내니 사람들은 묘청의 말대로 서경의 상서로움을 믿게 되었다. 하지만 곧 그가 미리 떡을 넣어 둔 사실이 발각되어 그의 주장은 신뢰를 잃기 시작했다. 또 대화궁을 지은 뒤 '태일옥장보법太一玉帳步法'이라는 도술을 보이며 이를 도선으로부터 직접 전수받았다는 말을 하기도 했다.

임원애任元敱, 이중李仲 같은 문신들은 묘청의 천도론을 반대하며 그의 탄핵을 주청했다. 무엇보다 1134년 새로 지은 대화궁에 벼락이 치면서 풍수도참을 바탕으로 한 천도론은 명분을 잃게 되었다. 묘청이 이런 분위기를 몰랐을 리 없다. 그러나 그는 인종을 더욱 몰아붙여 서경 행차를 요구했다. 하지만 김부식을 위시한 개경파의 반대에 봉착하며 천도론이 폐기될 지경에 이르자 1135년 묘청은 분사시랑 조광趙匡과 병부상서 유참柳旵 등과 함께 난을 일으켰다.

묘청의 난은 이처럼 인종 즉위 초 외척을 제거하는 과정에서 생겨난 정치적인 불안에 금나라라는 외부 세력의 압박이 더해

대화궁에서 출토된 기와 조각

지며 일어난 사건이었다. 여기에다 도참 사상이 백성들 사이에서 인기를 끌었다는 점, 서경 출신들이 그간의 지리적 불만을 털어 버릴 기회로 삼으려 했다는 점이 도화선이 된 셈이다.

조정에서는 즉각 김부식을 평서원수로 삼아 토벌군을 파견했다. 그러나 관군이 도착하기도 전에 반란군은 항복했고, 승산이 없음을 알게 된 조광이 묘청과 유참의 목을 베어 바쳤다. 김부식은 주동자가 이미 숨졌으므로 잔당들을 용서하자고 주장했으나 조정 신료들은 단죄할 것을 주장해 반란 진압은 쉽게 마무리되지 않았다. 결국 반란군은 1년이 넘게 저항하다가 제압되었다.

무신의 시대를 연
정중부

鄭仲夫 (1106~1179년)

▌왕이 무신을 차별하는 데 불만을 품고 1170년 왕의 보현원 거동 때 문신들을 죽이고 정권을 장악했다.

▌의종을 폐하고 왕제 익양공 호(晧, 明宗)를 즉위시키고, 의종과 태자를 유배 보냈다.

▌1173년 김보당이 의종의 복위와 무신의 집권을 타도하려고 난을 일으키자, 이를 토벌하고 의종을 살해했다.

고려의 무신 정중부는 무신정변과 분리해 생각할 수 없는 인물이다. 의종이 무신을 차별하고 문신만 우대하는 데 불만을 품고 문관과 대소신료 대부분을 살해한 뒤 명종을 새 왕으로 세워 군인 정치 시대를 열었다. 무신정변은 기존 문신 중심의 정권을 뒤집고 왕권을 능가하는 정권을 세워 기존의 질서를 전복하고 정치, 사회, 경제, 문화적 변동을 일으켰다.

정중부는 어린 시절부터 무관의 자질이 출중했다고 전해진다. 정중부가 군적軍籍에 올라 고향에서 개경으로 올라갈 때의 일이다. 마을 사람들은 힘이 센 그가 도중에 횡포를 부리지는 않을까 걱정한 나머지 그의 팔을 묶어 보냈을 정도라고 한다. 정중부는 개경의 공학금군控鶴禁軍에 편입되었다가 견룡대정으로 임명되었다.

1142년 나례(儺禮, 섣달 그믐날 밤에 궁중에서 악귀를 쫓는 의식)에서 일이 벌어졌다. 연회 도중 내시 김돈중金敦中이 흥에 겨운 나머지 촛불로 정중부의 수염을 태우며 희롱한 것이다. 나이 어린 내시가 장난을 친 데 격분한 정중부는 의종의 만류에도 김돈중을 기둥에 묶어 놓고 흠씬 두들겨 팼다. 이 사건으로 김돈중의 아버지가 크게 반발해 무신과 문신의 대립이 수면 위로 떠올랐다. 여기에다 젊은 문신 한뢰韓賴가 대장군 이소응李紹膺의 뺨을 때리는 사건도 더해졌다.

당시 무관의 최고직은 정3품인 상장군이었다. 그 이상 승진하는 일은 불가능했다. 게다가 군대의 최고 통수권조차도 문신에게 있었다. 거란의 침입을 물리친 강감찬姜邯贊은 과거에 장원으로 급제한 문신이었고, 여진족을 물리치고 9성을 쌓은 윤관이나 묘청의 난을 토벌할 때 군사령직을 맡았던 김부식도 역시 문신이었다. 때문에 요직은 문신이 맡고 궂은일은 무관이 맡는다는 식의 의견이 팽배했고, 무신들의 불만이 높았다. 하지만 의종은 무신들의 불만은 헤아리지도 않고 계속 문신과 어울리며 정사를 돌보지 않았다. 또한 주연을 열 때마다 문신에게는 술을 권하고 무신들은 경비를 맡도록 하는 등 차별을 일삼았다.

불만이 극에 달한 무신들은 1170년(의종 24) 의종이 보현원에 도착해 주연을 베풀자 그 자리에 있던 문신들을 모두 살해했다. 정중부를 비롯한 무신들은 곧바로 궁궐과 태자궁에 있던 대소신료 50여 명을 추가로 죽이고 의종은 거제현으로, 태자는 진도현으로 추방했다. 그리고 의종의 아우 익양공翼陽公을 명종으로 옹립했다. 이때부터 정권은 무신이 주도하게 되었다.

정중부는 의종의 사저 4곳을 접수하고 그곳에 축재된 수많은 재물을

문관과 무관 고려 시대의 능에 설치된 문관과 무관의 위치를 통해 당시 지위의 높낮이를 알 수 있다.

차지했다. 문관직인 참지정사參知政事에 올랐고, 뒤이어 '중서시랑평장
사中書侍郞平章事'가 되었다. 2년 뒤에는 1172년 '서북면판사행영병마 겸
중군병마판사西北面判事行營兵馬兼中軍兵馬判事'에 올랐다. 의종 일파가 왕
조 복위를 시도하자 경주까지 가 있던 의종을 살해하도록 지시한 사람도
정중부였다. 그는 권세만 믿고 점차 횡포를 부리기 시작했다. 문하시중
까지 올랐으면서도 끝없이 더 높은 직위를 탐했고, 남의 토지를 예사로
빼앗아 거대한 농장을 보유하고도 재물욕을 버리지 않았다. 그의 가족과
문객들도 모두 그처럼 행동해 백성들의 원성이 끊이지 않았다. 결국 그
는 1179년(명종 9) 같은 무신인 경대승慶大升에게 살해당했다. 아들 균鄭
筠, 사위 송유인宋有仁도 함께 살해되어 정중부의 천하는 9년 만에 끝이

나고 말았다.

　정중부 정권이 몰락한 원인을 무신 내부의 권력 다툼으로 보는 견해도 있다. 무관이 문관을 겸하도록 하고, 문관만 임용되던 내시(內侍, 고려 시대 근시 및 숙위를 맡아 보던 직위)를 뽑을 때 무관에게도 응시 자격을 주는 등 무관을 우대한 것은 사실이다. 하지만 그는 양계兩界의 판관을 문관에게 양보하고 과거를 정상적으로 치러 문반도 보호했다. 또한 형량을 감하고 별례기은도감別例祈恩都監을 설치해 민심을 수습하기도 했다.

　그러나 그가 정권을 안정시키기 위해 기존의 온건 노선에서 벗어나 급진적인 개혁을 꾀하다 무신 내의 반발에 몰렸다는 주장도 있다. 결국 1196년 최충헌이 권력을 잡아 강력한 독재정권을 확립할 때까지 고려 사회에서는 무신들끼리의 권력 투쟁이 이어졌고, 이에 따라 지방에까지 중앙의 행정력이 미치지 못해 여러 형태의 민란이 계속 이어졌다.

무신 시대의 전성기를 구가한
최충헌

崔忠獻 (1149~1219년)

■ 1196년 권신 이의민을 죽이고 평량공 민을 옹립하면서 최씨 무신 정권을 확립했다.
■ 1198년 만적의 난을 토벌하고 군사권과 인사권을 장악했고, 교정도감을 설치해 국정 전반을 감독했다.

최충헌은 고려 무신 정권의 최정점에 있던 인물로 무려 24년 동안 독재자의 지위를 누렸다. 권력을 위해서라면 동생도 서슴없이 죽였고, 5명의 왕 가운데 2명은 직접 폐위할 정도로 막강한 권세를 자랑했다. 최충헌의 독보적인 입지는 그가 죽은 뒤에도 계속되어 최씨 정권이 40년 동안 이어지는 원동력이 되었다.

최충헌은 음보(蔭補, 과거를 거치지 않고 조상의 공훈에 의해 관직에 등용되는 것)를 통해 양온령에 등용되면서 관직에 진출했다. 1174년(명종 4) 조위총의 반란을 제압한 공로로 별초도령에 임명되었고 얼마 지나지 않아 섭장군에 올랐다. 그가 정계에서 두각을 나타낸 것은 1196년이다. 동생 충수

최충헌의 묘비

忠粹와 함께 정적 이의민李義旼을 살해하고, 이의민의 세력으로 알려진 문무관文武官들을 학살하거나 유배를 보내고 정권을 장악한 것이다. 왕명도 구하지 않은 채 무단으로 벌인 일에 조정은 발칵 뒤집혔지만 최충헌은 태연했다. 그는 "이의민이 경주에서 의종을 살해하고, 백성에게 폭정을 일삼더니 이제는 아예 왕위를 엿보므로 국가를 위해 토벌했습니다. 미리 명을 청하지 못한 이유는 거사가 누설될 것을 우려한 탓입니다."라고 학살을 정당화했다. 한술 더 떠 명종의 정치 폐단을 지적하는 〈봉사10조 封事十條〉를 올려 집권의 명분으로 내세웠다.

이제 거칠 것이 없어진 최충헌은 명종의 측근 50여 명을 추려내 궁 밖으로 추방했다. 그리고 스스로를 충성좌리공신에 봉했고, 아버지에게는 봉의찬덕공신 수태위 문하시랑직을 내렸다. 더 나아가 명종이 〈봉사10조〉를 이행하지 않는다며 궁에 가두고 명종의 동생인 평량공平涼公 민旼을 새 왕으로 옹립했다. 그가 신종이다. 최씨 정권을 완성한 최충헌은 친족들에게 크고 작은 벼슬을 내리며 권력 기반을 강화했다. 하지만 가족일지라도 그의 뜻을 거역하면 살려 두지 않았다. 첫 희생자는 그가 정권을 잡을 때 최고의 조력자였던 동생 충수였다. 충수가 자신의 딸을 태자(훗날의 희종)의 비로 간택하려고 했기 때문이다. 최충헌은 동생을 살해하고 그 무리를 몰살시켰다.

정적들을 제거하며 정권을 장악했기 때문인지 최충헌은 늘 신변 보호에 신경을 썼다. 그는 문무관과 한량, 군졸 가운데 용맹한 이들을 선발해

집 안팎을 6교대로 지키도록 했다. 집 밖으로 나갈 일이 있을 때는 6교대 전원이 길에서 호위하도록 했을 정도이다. 그는 1201년에는 추밀원사 이병부상서, 어사대부에 올랐다.

군사권은 물론이고 인사권까지 모조리 확보한 최충헌에게 왕은 허수아비에 불과했다. 가령 문무관의 인사를 낸다고 하면 왕에게 보고하는 것은 요식 행위에 지나지 않았다. 인사 내용을 말하면 왕은 고개를 끄덕일 뿐, 별도의 의견을 낼 수조차 없었다. 왕이 마음에 들지 않으면

무신 정권의 출현과 고려 사회의 혼란

새 왕을 세우면 그만이었다. 1203년 신종을 폐하고 희종을 옹립한 것도 역시 최충헌이 주도한 일이었다. 희종은 그를 별도의 예로 깍듯하게 대하며 '은문상국恩門相國'이라 불렀다고 한다. 1206년(희종 2) 진강후가 된 후부터는 궁궐을 출입할 때에도 평소에 입는 편한 옷을 입었으며 일산日傘을 받쳐 들고 시중을 드는 이만 3,000명이나 되었다고 전한다. 사실상 왕 노릇을 한 것이다.

권세가 높아질수록 정적은 늘어만 갔다. 1207년 평소 불만을 자주 표출하고, 많은 문객을 거느렸다는 이유로 조카인 박진재를 귀양 보냈고, 1209년에는 최충헌 부자를 살해하려던 이들을 숙청했다. 이 과정에서 최충헌은 교정도감을 설치해 인사, 감찰, 징세 등 독재 정권을 위한 도구로 활용했다. 교정도감은 최충헌 사후에도 그대로 남아 최씨 정권의 최고 권력 기관으로 성장했다. 1211년에는 내시낭중 왕준명王濬明의 계책으로 거의 죽을 뻔했다가 살아난 뒤 희종을 폐하고 한남공漢南公 정(貞, 강종)을 왕위에 앉혔다.

그는 일생 숱한 반란을 처리하며 독재 정권을 더욱 강화시켰다. 1198년 최충헌의 노비인 만적이 난을 일으킨 것부터 1200년 정방의의 반란, 금주(金州, 김해) 잡족인雜族人의 난, 경주 최대의崔大義의 난, 1202년 별초군의 반란 등 십수 번이 넘는 반란이 도처에서 일어났다. 그는 상황에 따라 토벌을 강행해 반란군을 몰살시키는 '채찍'을 휘두르거나 관직을 주고 천민 신분에서 해방시켜 주는 '당근'으로 회유하는 등 다양한 방법으로 반대 세력을 무마시켰다. 또 가족이라고 해도 절대 믿지 않았으며, 독재를 뒷받침할 교정도감 같은 기구를 두고 장기 집권을 염원했다.

최충헌은 정중부 사후 무신들 간의 내분으로 인한 정치적, 사회적 혼란을 수습하고 정권을 안정시켰다. 그러나 지나친 독재 정권으로 인해 왕권을 약화시켰고, 사병을 지나치게 확대하여 관군을 약화시키는 결과를 낳았다.

삼별초의 항쟁

삼별초三別抄는 1230년(고종 17년) 몽골의 침입에 대비해 무신 정권의 집권자 최우가
조직한 군사 조직이다. 원래 이름은 야별초夜別抄였다. 몽골이 침입해 옴에 따라 강력한
군사 집단으로 성장했는데, 1270년(원종 11) 고려 조정이 강화도에서 몽골에 복속하면서
반정부적인 성격을 띠게 되었다.

삼별초는 몽골에 항복한 조정을 전면 부정하고, 자신들만이 고려의 정통성을 잇는다
고 생각했다. 이들은 강화도에서 봉기해 진도로 이동, 개경 정부와 대치 국면에 들어갔
다. 삼별초군은 전라도 연해에서 세력을 확장하다가 점차 제주도로 영향력을 확대했
다. 진도를 중심으로 전라도와 경상도 연해를 모두 확보한 삼별초는 해산물의 이동로를
막아 개경을 압박했다. 또 고려와 몽골의 연합군과의 전투에서 몇 차례 승리함으로써
고려 조정을 위협했다.

하지만 1271년(원종 12) 연합군에 대패해 세력이 급속도로 위축되었다. 남은 세력이
제주도로 옮겨 가 1273년까지 항전을 지속했지만 끝내 모두 진압되고 말았다. 제주 북
제주군 애월읍에 남아 있는 항파두성은 당시 삼별초의 거점이었다. 삼별초의 항전은 몽
골을 향한 마지막 일전이었다. 삼별초마저 진압된 이후 고려는 14세기 중반까지 사실상
원의 '관리' 아래 부마국으로 전락한다.

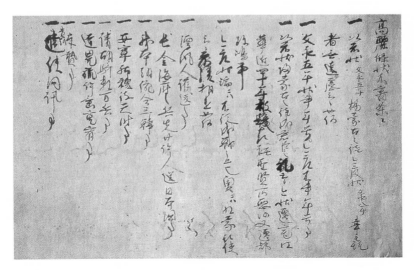

삼별초에 관한 문서

무신 시대 문인의 애환
이규보

李奎報 (1168~1241년)

▌고려 중기의 대문호, 호탕하고 활달한 문장으로 당대를 풍미한 명문장가이다. 시, 술, 거문고를 즐겨 삼혹호 선생이라 자칭하기도 했다.
▌저서에 《동국이상국집》, 《국선생전》 등이 있으며, 작품으로 《동명왕편》 등이 있다.

이규보는 고려의 명문장가이자 문신이다. 그의 시풍은 시대를 풍미했는데, 특히 벼슬에 임명될 때마다 감상을 읊은 즉흥시로 유명하다. 호는 백운거사이다. 말년에 시와 거문고, 술을 즐겼다 하여 '삼혹호三酷好 선생先生'이라고 자칭하기도 했다.

이규보는 어린 시절부터 글 짓는 재주가 남달랐다고 한다. 아홉 살 때부터 어려운 고전들을 읽기 시작했고, 열네 살 때는 한 사학이 주최한 하과(夏課, 여름철에 절을 빌려 과거 시험 준비를 하는 것)에서 시를 가장 빨리 지어 '기재奇才'로 불렸다. 그는 형식적인 글을 멀리했다. 보잘 것 없는 소인배들이나 형식에 젖어 그를 과시하는 글을 쓴다고 생각했기 때문이다. 덕분에 그는 몇 번이나 사마시에서 고배를 마셨다. 그럼에도 그는 기성 문인들과 교류하면서 문인들의 시회에 나가기도 했다.

이규보는 1189년(명종 19) 사마시에 네 번째 응시한 끝에 수석 합격했고, 이듬해 예부시에서는 동진사로 급제했다. 하지만 관직 운은 없었던 것 같다. 특별히 할 일을 찾지 못한 그는 스물다섯 살이 되던 해 개경 천마산에 들어가 시를 지으며 세상을 관조했다. 1년 만에 개경으로 돌아갔지만 상황은 변하지 않았다. 오히려 남부에서 농민들이 폭동을 일으키는 등 정치적 상황이 더 복잡해졌을 뿐이다. 이규보는 몇 년째 관직에 나가지 못했고, 자연히 생활은 곤궁할 수밖에 없었다.

그는 이 시기에 고구려의 시조 동명왕의 탄생 설화를 기록한 《동명왕편》을 썼다. 금나라가 고려를 압박하는 상황에서 고구려 시조의 영웅담을 환기시킨 것은 고구려 계승 의식을 통해 우리 역사를 자주적으로 이해하기 위한 노력의 일환으로 해석된다. 또한 《동명왕편》은 《구삼국사舊三國史》의 내용을 주註로 달았기에 사료로서의 가치가 크다.

《동국이상국집》 (규장각 한국학연구원 소장)

서른 살이 다 되도록 벼슬길에 나가지 못한 이규보는 1197년 조영인趙
永仁과 최선崔詵 같은 최충헌 정권의 유력자들에게 서신을 썼다. 한마디
로 취직을 청탁하는 내용이었다. 구직의 기회는 2년 뒤에야 찾아왔다. 최
충헌이 주최한 초청시회에서 이규보는 최충헌을 위대한 공로자, 국가를
살린 공신으로 칭송하는 시를 읊었다. 이 대가로 이규보는 사록 겸장서
기司錄兼掌書記가 되어 전주 목에 부임했다. 그러나 막상 일자리를 얻고
보니 생각보다 봉록이 많지 않았다. 게다가 처리해야 할 행정 잡무는 번
거롭고, 상관은 태만하기 짝이 없었다. 결국 그는 제대로 일도 해 보지 못
하고 1년 4개월 만에 면직되었다.

일자리를 잃은 이규보는 1202년 동경(東京, 지금의 경주)과 청도 운문산
일대의 농민 반란을 진압하는 군대에 자원했다. 각종 격문檄文을 쓰며 때
를 노리던 이규보는 15개월 만에 귀경했지만 아무도 알아주지 않자 다시
금 좌절하게 된다. 그가 겨우 자존심을 회복한 것은 1207년(희종 3) 이인
로, 이공로, 이윤보 등과 글을 겨뤘는데 최충헌이 이규보의 작품을 굉장
히 마음에 들어 하면서부터이다. 최충헌은 이규보를 칭찬하며 권보직한
림으로 발탁했다. 이후 1215년 우정언(종8품) 지제고로서 참관이 되었고,
이때부터 동료 문사들과 비슷한 속도로 출세하기 시작했다. 2년 뒤 다시
우사간에 임명되어 관리로서 행복한 순간과 문인으로서 쾌적한 창작의
시간을 동시에 즐겼다.

1217년 이규보는 최충헌을 비판했다는 밀고로 정직되고 3개월 뒤에는
좌사간으로 좌천되었다. 이듬해에는 사소한 실수가 집무상 과오로 확대
되어 좌사간마저 면직되고 말았다. 그는 충격을 받았다. 유교적 윤리에
입각해 일을 하더라도 최고 권력자의 눈 밖에 나면 무의미한 일이 되고
만다는 사실을 깨달은 것이다. 그 권력자란 무신 정권의 독재자 최충헌

한국사를 움직인 100인

이었다. 이 일로 이규보는 '보신保身만이 살 길'이라고 마음에 새겼을 것이다.

1220년 최충헌이 세상을 떠나고 최이가 집권하면서 이규보는 다시 개경 정계의 한복판에 서기 시작했다. 이제 그는 개인적인 의견은 접었고, 모든 일을 최이가 원하는 대로 처리했다. 덕분에 이규보는 이후 10년 동안 문예가로 이름을 날리는 동시에 보문각 대제, 지제고, 태복소경, 장작감, 한림학사, 시강학사, 국자좨주 등 숱한 벼슬을 지냈다. 1228년에는 중산대부 판위위사로서 과거를 주관하기도 했다. 그럼에도 1230년 그는 또 한 번 유배되었다 복직되는 일을 겪었고, 스스로가 얼마나 부덕한 사람인지를 통감하는 시를 남겼다.

그는 출세 지향적이었고 보신주의로 한평생을 살았다고 비판받는다. 그러나 이는 독재 정권 아래에서 자신의 재능을 발휘하기 위해 택한 생존 방법 같은 것이었다.

민족 문화의 보고 《삼국유사》
일연

一然 (1206~1289년)

▌ 1268년 운해사에서 대덕(大德) 100여 명을 모아 대장경낙성회를 조직하고 맹주가 되었다.
▌ 한국 고대 신화와 설화 및 향가를 집대성하여 《삼국유사》를 저술했다.

고려의 승려이자 학자인 일연은 《삼국유사三國遺事》의 지은이로 이름이 높다. 단군왕검의 탄생을 비롯해 한반도 고대 왕조의 신화와 설화 들을 정리했고, 향가를 집대성했다. 또 운문사 주지로서 왕에게 법을 강론하는 스승이기도 했다.

일연의 본명은 견명見明이다. 장산군(章山郡, 지금의 경산) 출신으로 자는 회연晦然이었으나 나중에 일연이라고 고쳤다. 어머니가 집 안으로 둥근 해가 들어와 배를 비추는 태몽을 꾸고 그를 낳았다고 전해진다.

일연은 1214년(고종 1) 해양(海陽, 지금의 광주) 무량사로 들어갔다. 처음에는 그저 공부를 하기 위해서였던 것 같다. 그러나 5년 뒤 설악산 진전사

〈삼국유사〉 삼국과 가락국, 고조선 이하 여러 고대 국가들의 흥망과 신화, 전설 등이 기록되어 고대사 연구의 귀중한 자료이다. 국보 306호. 인각사 소장.

에서 출가해 고승 대웅大雄의 제자가 되었고 구족계具足戒를 받았다. 1227년에는 승과의 선불장選佛場에 응시해 장원 급제했다. 이후 비슬산의 보당암에서 참선했다.

일연의 인생에 전기가 된 것은 1236년 몽골의 침입이었다. 전쟁의 기운이 보당암까지 밀어닥치자 그는 이를 잊고자 문수(文殊, 석가모니여래의 왼쪽에 있는 보살)의 염을 외고 있었다. 그때 문득 문수가 사람의 모습으로 나타나 "무주無住로 가 있다가 올해 여름에 다시 이 산의 묘문암妙門庵에 머물라."라고 말하는 것이 아닌가. 일연은 이에 따라 보당암 북쪽 무주암으로 거처를 옮겼다. 그곳에서 일연은 "생계生界, 즉 현상적인 세계는 줄지 아니하고 불계佛界, 즉 본질적인 세계는 늘지 아니한다生界不減 佛界不增."라는 설법을 전파했다. 일연은 이듬해 삼중대사三重大師로 인정받았고, 1246년에는 선사禪師, 1259년에는 대선사大禪師가 되었다.

그동안 몽골은 계속 고려를 침입했다. 일연은 남해, 윤산 등지로 몸을 피했다가 1261년(원종 2) 왕명을 받고 강화도로 갔다. 강화도 선월사에서 그는 지눌의 법을 계승했다. 1264년부터는 경북 영일군 운제산에 있던 오어사로 옮겨 가 살았는데 비슬산 인홍사의 만회萬恢가 양보하는 바람에 그 절의 주지가 되어 후학을 지도했다. 일연이 주관하는 법회는 물 흐르듯 이어지는 강론으로 인기가 많았다. 1268년 선종과 교종의 고승 100명을 초청해 해운사에서 대장낙성회향법회大藏落成廻向法會를 열었는데, 당시 모인 이들이 크게 감동했다고 전해진다.

일연이 역작 《삼국유사》를 쓰기 시작한 것은 1277년(충렬왕 3)부터로 추정된다. 편찬 연대를 1281~1283년(충렬왕 7~9)으로 보는 것이 일반적

보각국사비명(인각사 소장)

이기 때문이다. 다만 고려 때의 각본은 현재 전하지 않는다. 《삼국유사》는 정사正史인 《삼국사기》보다는 덜 정제된 문장에다 일연이 혼자 쓴 야사로 평가받고 있지만 수많은 고대 사료를 수록하고 있어 가치가 높다. 특히 고조선의 건국 신화를 서술해 한반도 역사의 기원을 기린 공로가 크다. 또한 향찰로 표기된 《혜성가彗星歌》 등 신라 향가 14수가 실려 있어 국어국문학 연구에 결정적인 자료가 된다.

충렬왕은 이런 일연을 더할 나위 없이 높게 대했다. 1283년 국존國尊으로 추대했을 뿐 아니라 원경충조圓經沖照의 호도 내렸다. 게다가 충렬왕이 문무백관과 함

께 구의례(摳衣禮, 옷 뒷자락을 걷어올리고 절하는 예)로 일연을 대했다는 일화까지 있다. 왕실의 극진한 대접에도 일연은 고향으로 돌아갔다. 늙은 어머니를 봉양해야 한다는 이유에서였다. 1284년 어머니가 세상을 떠나자 충렬왕은 군위 화산의 인각사를 수리한 뒤 토지를 내려 일연이 그곳의 주지로 살도록 했다.

일연은 여생을 인각사에서 보냈다. 1289년 6월 그는 병에 걸렸음을 깨닫게 된다. 7월 7일 왕에게 보내는 글을 쓰고 8일 새벽 제자들과 선문답을 나눈 뒤 방으로 돌아가 입적했다. 제자들이 그

보각국사 정조지탑 일연의 사리만 안치된 탑으로 한일병합조약 이후 많은 수난을 겪었다. 인각사 소재.

해 10월 인각사 동쪽 언덕에 탑을 세워 그의 넋을 달랬다. 시호는 보각普覺, 탑호塔號는 정조靜照이다.

〈다정가〉를 지은 고려의 문장가

이조년

李兆年 (1269~1343년)

▌1306년 왕유소 등이 서흥후 전을 충렬왕의 후계로 삼으려 할 때 최진과 충렬왕을 보필했다.
▌심양왕 고의 왕위 찬탈 음모를 원나라에 상소했으며 충혜왕 복위 후 정당문학, 예문관 대제학 등에 올랐다.
▌시문에 뛰어났으며 시조 〈다정가〉 등을 남겼다. 공민왕 때 성산후(星山侯)에 추증되고, 충혜왕의 묘정에 배향되었다.

이조년은 고려 말의 혼란한 시기를 지켜내며 임금에게 직언을 서슴지 않았던 인물로, 우리에게 잘 알려진 〈다정가 多情歌〉를 지은 문장가이기도 하다. 퇴계 이황은 "이조년은 난세에 태어나서 수많은 변고와 험난함을 겪으면서도 혼미한 임금을 받들어 지조가 금석 같았고 충직한 깊이가 후세에 우뚝하여 고려 500년 역사의 제1인자"라고 평하기도 했다.

이조년은 성주부 용산리에서 경산부 이속인 이장경李長庚의 다섯 아들 중 막내로 태어났다. 이들 다섯 형제의 이름은 매우 독특한데, 큰형부터 아래로 백년百年, 천년千年, 만년萬年, 억년億年, 그리고 조년兆年이다. 5형제가 모두 문과에 급제했고 형제간의 우애는 매우 깊었다. 특히 바로 위

의 형 이억년과의 우애는 남달랐다. 《동국여지
승람》에는 고려 공민왕 때 형제간의 의리를 지
키기 위해 황금을 강물에 던진 형제 이야기兄弟
投金가 실려 있는데, 성주 이씨의 가승家乘에 의
하면 이것이 바로 이억년과 이조년 사이에 있
었던 일이라고 한다.

이조년

두 형제가 함께 길을 가다가 아우가 황금 두
덩이를 주워서 형에게 한 덩이를 주었다. 나루
터에 도착해 형과 함께 배를 타고 건너는데, 아
우가 갑자기 금덩이를 강물 속으로 던져 버렸
다. 형이 놀라서 까닭을 묻자 아우는 "제가 평소에 형님을 매우 사랑하였
는데, 금을 나누어 가진 다음에는 갑자기 형님을 꺼리는 마음이 생깁니
다. 이것은 이 물건이 상서롭지 못한 물건이기 때문이므로 강물에 던져서
잊어버리는 것이 낫습니다."라고 대답했다. 형은 고개를 끄덕이며 "네 말
이 참으로 옳구나."라며 자신의 금덩이도 강물에 던져 버렸다. 이 일화는
개성 유수를 지냈던 이억년이 벼슬을 버리고 함양으로 낙향할 때, 동생인
이조년이 한강 나루 건너까지 배웅해 주다가 생긴 일이라고 한다.

《고려사》에는 그에 대해 "나면서부터 키가 작았으나 날쌔고 치밀하며
정신과 풍채가 빼어났다. 자랄수록 기품이 있고 의지가 굳은 데에다 문
장에 뛰어났다."라고 기록하고 있다. 그는 1294년(충렬왕 20)에 급제한 후
안남 서기 예빈 내급사, 협주 지주사 등을 거쳐 비서랑이 되었다. 순탄하
게만 보였던 그의 관직 생활은 1306년 충렬왕을 따라 원나라에 들어가면
서부터 험난해지기 시작했다. 충렬왕이 아들 충선왕을 데리러 원나라로
갔을 때 왕유소王惟紹, 송방영宋邦英 등이 충선왕을 모함해, 부자를 이간시

키고 서홍후 전琠을 왕위에 앉히려고 했다. 이때 이조년은 어느 쪽에도 가담하지 않고 충렬왕만을 보필했다. 충선왕이 왕위에 오르자 왕유소를 비롯한 모함자들은 모두 처형되고 충렬왕을 수행했다는 이유로 이조년 역시 귀양을 가게 되었다.

서른아홉 살의 나이로 관직에서 쫓겨난 그는 권력에 회의를 느끼고 유배 후 13년간 고향에서 은거했다. 하지만 그러면서도 그는 단 한 번도 자신의 죄를 변명하지 않아 많은 사람들에게 '대범한 군자'라는 칭송을 받았다. 그는 고향에 매운당梅雲堂을 세우고 백 가지 화초를 심어 〈백화헌 시百花軒詩〉를 지으며 일그러진 세상을 노래하고 학문에 몰두했다.

충선왕은 원나라에 머무르며 이따금 전지를 보내는 식으로 나라를 다스렸다. 그러다가 1313년 고려 왕의 자리는 아들인 충숙왕에게 물려주고, 원나라에서 받은 심양왕의 지위는 조카인 고暠에게 물려주었다. 두 사람 사이에 권력 다툼이 일어났다. 아버지 충선왕의 간섭을 받고 있었던 충숙왕이 친정親政 의지를 밝히고 나서자 심양왕은 충숙왕의 친정은 충선왕을 부정하는 행위라고 주장하며 반발했다.

1321년 충숙왕이 원나라에 불려가 국왕인國王印을 빼앗기고 억류되자 고려에서는 충숙왕과 심양왕 사이의 대립이 심화되었다. 그러자 이조년은 한림원의 관원 16명의 서명을 받아 홀로 원나라에 가서 충숙왕의 정직함을 호소하는 글을 올렸다. 덕분에 그는 1325년 충숙왕이 고려로 돌아온 뒤 감찰 장령, 군부 판서 등을 역임했다. 하지만 심양왕의 모략은 계속되었고, 충숙왕은 왕위를 심양왕에게 선양하려 했다. 이조년은 한종유韓宗愈 등과 함께 이를 저지했다. 1330년 세자로 원나라에 갔던 충혜왕이 돌아와 왕위에 오르자 그는 장령이 되었고, 그 뒤에도 여러 번 충혜왕을 따라 원나라를 왕래하면서 고려 왕을 음해하는 세력들을 물리쳤다.

　　　　　　　　　　　　　　　　　　　한국사를 움직인 100인

이조년은 매사에 엄격해서 임금에게까지도 거리낌 없이 직간을 서슴지 않았다. 그가 궁에 임금을 만나러 들어갈 때마다 임금은 발자국 소리를 듣고 "아, 이조년이 오는구나."라고 하면서 측근을 물리치고 몸을 단정히 하며 그를 맞이할 정도였다. 그러나 그는 늘 충혜왕의 방탕함을 안타까워하며 충언을 아끼지 않았다. "전하가 천자를 섬기고 있으니 마땅히 하루하루 새로워야 하겠는데, 예를 버리고 정욕에 방종하여 스스로 누累를 초래하십니까. 좌우가 모두 간사하고 아첨하는 무리들이니 어디에서 바른말을 듣고 바른 일을 보겠습니까. 원하건대 행실을 고쳐 경계하고 단정한 선비를 친히 하소서." 하고 간하기도 했다.

또 충혜왕이 송강에서 탄자彈子로 참새 잡는 놀이에 빠졌을 때에는 임금 앞에 꿇어 앉아서 "전하께서는 벌써 참소를 받고 불우하던 때를 잊으셨습니까? 지금 악소년惡少年들이 전하의 위력을 빙자해 부녀자들을 노략하고 재물을 강탈해 백성들이 살 수가 없어서, 신은 그 화禍가 조석朝夕에 미치지 않을까 두렵습니다. 이러함을 걱정하지 않으시고 도리어 자질구레한 오락 따위에나 빠져 계십니까? 전하가 늙은 신의 말을 들어서 아첨하고 간사한 자를 버리고, 어질고 선량한 사람을 쓰며, 다시는 부질없이 노는 것을 멀리하신다면, 신은 비록 죽더라도 편안히 눈을 감을 수 있을 것입니다."라고 아뢰었다.

그 후에도 충혜왕은 또다시 오락과 음란에 빠져 국사를 게을리했고, 이조년은 여러 번 왕의 잘못을 충간했다. 충혜왕은 이러한 그의 태도에 버럭 화를 내다가도 그의 충성심을 생각해 바로 사과하곤 했다. 하지만 아무 소용이 없었다. 이조년은 간諫하다 못해, 집에 돌아와 "왕의 나이는 한창이요, 방자한데 내 나이는 이미 늙어 왕을 바로잡아 줄 수 없으니 벼슬을 떠나지 않으면 반드시 화가 미치리라." 하고 탄식했다. 그는 마침내 진현관 대제학의 벼슬을 버리고 1341년에 고향 성주로 돌아왔다. 그는 시문에 뛰어났으며 〈다정가〉로 시작되는 시조 1수를 남겼다.

> 이화梨花에 월백하고 은한銀漢이 삼경인제
>
> 일지춘심一枝春心을 자규子規야 아랴마는
>
> 다정多情도 병인양 하여 잠 못 들어 하노라.

벼슬을 버리고 낙향한 뒤의 심정을 읊은 이 시조는 고려 시대 시조 중에서 가장 문학성이 뛰어난 작품으로, 오늘날 전하는 고시조 가운데 자주 애송되는 작품이다.

그는 또한 매의 사육에도 관심이 많았다. 당시 매는 정보 통신의 유일한 수단이었기 때문이다. 그는 매를 사육해서 매사냥을 할 때까지의 순련법馴練法을 쓴《응골방鷹鶻方》이라는 책을 쓰기도 했다. 이 책에는 먹이 주는 법, 매의 관상을 보는 법, 매의 훈련법과 매의 관리법, 병의 종류 등에 대해 자세히 기록되어 있다. 독일의 프리드리히 2세가 쓴《매사냥의 기술》보다는 70여 년 뒤지기는 했으나 우리나라 최고最古의 매 사육서이자 축산 관계 저서로 평가받는다.

박학다식한 고려의 지성인
이제현

李齊賢 (1287~1367년)

▮ 명문장가로 정주학의 기초를 확립하고, 조맹부 서체를 도입했다.
▮ 1320년 충선왕이 모함으로 유배되자 원나라에 그 부당함을 밝혀 1323년 풀려나게 했다.
▮ 저서로 《효행록》, 《익재집》, 《역옹패설》 등이 있다.

이제현은 고려의 문신이자 학자로 당대의 명문장가로 평가된다. 정주학의 기초를 세운 학자로, 원나라와 동등한 외교 관계를 맺기 위해 적극 노력한 문신으로 유명하다.

이제현이 태어난 1287년(충렬왕 13) 고려에는 측근 정치가 득세하고 있었다. 개국공신 이금서李金書의 후손으로 그의 집안은 삼한공신을 배출하기는 했지만 대체로 경주 향리를 세습했을 뿐 명문가는 아니었던 것 같다. 그러나 이제현의 아버지 이진李瑱과 형제 두 사람이 모두 과거에 급제하면서부터 그의 집안은 주목받기 시작했다. 특히 이진은 훗날 재상의 반열에 올라 신흥 명문가로서의 초석을 다졌다. 이제현은 이진의 네 아

이제현 [국립중앙박물관 소장(중박201009-405)]

들 가운데 셋째 아들이었다. 열다섯 살에 성균관에 수석 합격했을 정도로 영민했다고 한다. 아내는 당대 대학자인 권부權溥의 딸이었다.

성균관 수석 합격에 이어 과거에도 연거푸 급제한 이제현은 권무봉선고 판관과 연경궁 녹사를 거쳐 1309년 사헌부 규정에 발탁되면서 본격적인 관리로서의 삶을 살게 되었다. 1314년은 그의 인생의 전환점이 된 시기라 할 수 있다. 그는 상왕인 충선왕의 명에 따라 원나라 수도 연경으로 가서 만권당에 머물렀다. 만권당은 왕위에서 물러난 충선왕이 지은 일종의 서재였다. 이곳에서 충선왕은 유명한 학자와 문인들과 교류하고 있었는데 고려의 학자로 이제현을 선택한 것이었다. 이제현은 요수姚燧, 염복閻復, 원명선元明善, 조맹부趙孟頫 같은 걸출한 문인들과 사귀면서 식견을 넓혔다. 또 충선왕의 요청으로 세 차례에 걸쳐 중국 대륙 안쪽으로 여행을 다녀오면서 시야를 크게 넓힐 수 있었다.

1320년 충선왕이 모함을 받아 갑작스럽게 유배되는 일이 일어났다. 당시 고려 내부에서 충선왕의 아들 충숙왕을 몰아내려 했던 반역파와 고려의 독립을 저지하려는 원의 이해관계가 맞아 떨어져 생긴 일로 추정된다. 이제현은 원나라 조정에 상소를 올려 충선왕의 유배를 풀어 줄 것을 주장했다. 충선왕이 풀려난 후 이제현은 1325년 첨의평리, 정당문학에 전임되어 재상의 지위를 확보했다.

이제현의 〈수렵도〉 이제현은 원나라에 머물면서 여러 곳을 유람하고 중국 화풍의 명적들을 모았다. 국립중앙박물관 소장(중박201009-405).

1339년 충숙왕이 승하하자 충혜왕과 심양왕 고가 왕위를 둘러싸고 경쟁하게 되었다. 당시 정승이던 조적曹頔은 심양왕 고를 왕으로 내정한 상태였다. 하지만 충혜왕이 자신이 왕위를 잇게 되었다는 소문을 거짓으로 냈고, 조적을 모함하는 방을 붙이며 기선을 제압했다. 이에 조적의 무리가 군사 천여 명을 이끌고 반란을 일으켰다. 충혜왕은 직접 조적의 군사를 물리쳤고, 조적은 충숙왕비인 경화공주의 처소에 숨어 있다가 잡혀 죽고 말았다. 이 난을 진압한 충혜왕은 왕위에 올랐지만 조적의 잔당들이 가만히 당하고만 있지는 않았다. 그들은 원나라에 충혜왕을 비난하는 글을 올렸고, 충혜왕은 원으로 잡혀가 형부刑部에 갇혔다. 이제현은 이때 원나라로 직접 가 사태를 수습하고 충혜왕을 복위시키는 데 큰 공을 세웠다. 그는 이후 몇 년 동안 두문불출하면서 대표작인 《역옹패설櫟翁稗說》을 저술한 것으로 전해진다.

한동안 칩거하며 저술 활동만 하던 이제현은 1344년 충목왕이 즉위한 후 판삼사사에 임명되면서 정계에 복귀했다. 그는 특히 문란해진 정치를 바로잡는 데 관심이 많았다. 1351년 공민왕이 즉위한 뒤로는 정승으로서 국정을 총괄했는데 네 번에 걸쳐 수상이 되는 기록도 남겼다. 하지만 1356년 반원운동이 일어나 기철奇轍 등이 죽자, 문하시중으로서 사태를 수습하고 이듬해 관직에서 완전히 물러났다. 그러나 국가적으로 중대한 일이 생길 때마다 왕에게 자문을 했다. 홍건적이 개경을 함락시켰을 때에는 남쪽으로 몸을 피한 왕을 배알해 왕의 수레를 호위하며 길을 따르기도 했다.

이제현의 묘비에는 "도덕의 으뜸이요, 문학의 종장이다道德之首 文章之宗."라는 글이 적혀 있다. 그는 원 간섭기라는 정치적 혼란기에 원과 고려를 넘나들며 활동했고, 최고의 자리까지 올랐지만 정치적으로 화를 당하거나 유배되지 않았다. 경주 구강서원과 금천 도산서원에 제향되었고, 훗날 공민왕 묘정에 배향되었다.

화약의 선구자
최무선

崔茂宣 (1325~1395년)

▌원나라에서 화약 제조법을 배워 화약을 만들었고 1377년(우왕 3) 화통도감을 설치하게 하여 각
종 화기를 제조했으며 한편 누선이라는 전함의 건조에도 힘썼다.
▌1380년 왜구가 침입하자 진포에서 화포와 화통 등을 처음으로 사용하여 왜선 500여 척을 전멸
시켰다.

고려 말 조선 초의 무기 발명가인 최무선은 왜구를 내쫓기 위해 원나라의
화약 제조법을 배웠다. 한반도에서 화약을 만든 것은 그가 처음이다. 최
무선은 화통도감火筒都監을 설치해 화포와 화통을 개발하고 왜선 500척을
한꺼번에 몰살시켜 한반
도에서 왜구를 몰아내는
데 기여했다.

최무선은 경북 영천에
서 광흥창사를 지낸 최동
순의 아들로 태어났다.

현자총통(육군박물관 소장)

그는 어린 시절부터 왜구의 침입을 보고 자라면서 왜구를 물리치려면 화약과 총이 필요하다고 생각했다. 당시 고려에도 화약이 있기는 했지만 모두 중국에서 들여온 것이었다. 명나라는 고려에 화약은 제공했지만 제조법은 전수하지 않았다.

최무선은 연구를 거듭한 끝에 화약을 만드는 데 필수적인 재료 가운데 초석을 만드는 일이 가장 중요하다는 사실을 깨달았다. 나머지 재료인 유황과 분탄은 쉽게 구할 수 있었다. 원나라에서는 이미 화약을 만들어 사용하고 있었다. 화약의 필수 재료인 초석을 만드는 일도 그들은 알고 있을 터였다. 최무선은 원나라 사람을 찾기 시작했다. 당시 무역항이던 벽란도에는 원나라 상인들이 자주 드나들었다. 최무선은 초석 제조법을 알고 있는 사람을 수소문한 끝에 원나라 출신인 이원李元이라는 인물을 소개받았다.

그렇다고 이원이 즉시 비법을 알려 줄 리 없었다. 최무선은 집요하게 매달렸다. 초석을 만드는 방법을 알아야 화약을 만들어 왜구로부터 나라를 지킬 수 있다고 생각했기 때문이다. 귀한 음식을 대접하고 몇 번이나 찾아가 사정하는 최무선에게 감복한 이원은 마침내 흙에서 초석을 추출하는 방법을 알려 주었다. 이를 토대로 최무선은 화살 끝에 화약을 바른 간단한 무기를 만들어 내는 데 성공했다.

최무선은 자신감을 얻었다. 그는 불화살을 기초로 실험을 거듭해 점차 복잡한 무기를 구상하기 시작했다. 그러나 화약

화약 중국에서 사용한 초기 포탄의 모습.

과 화기를 본격적으로 만들어 내기에는 인력과 자원이 턱없이 부족했다. 그는 조정에 지속적으로 상소를 올렸고, 그 결과 1377년(우왕 3) 화통도감이 설립되었다. 화통도감은 화약을 만들고 이를 적용한 각종 무기를 제조하고 관리하는 기관이었다.

왜구들의 약탈

화통도감에서 만든 화기는 모두 18가지였다. 총포 7종을 비롯해 오늘날 로켓의 원리가 일부 가미된 것도 있었다. 최무선이 새 무기를 선보일 때마다 사람들이 크게 놀라고 감탄했다는 기록이 전하는 것으로 보아 시험 발사는 성공적이었던 듯하다.

마침내 실전의 순간이 다가왔다. 화통도감이 설치된 지 3년 만인 1380년(우왕 6), 왜구가 선박 500척을 끌고 금강 유역을 침범했다. 왜의 주력 부대는 진포구에 배를 정박시키고 내륙으로 진출할 계획이었다. 왜구의 배 100척은 모두 정박해 서로 묶여 있는 상태였다. 최무선이 개발한 화포가 정박된 왜선들을 공격했고, 왜구는 채 육지에 닿지 못하고 전멸했다. 이 전투로 공을 인정받은 최무선은 지문하부사에 임명되었고, 사후에는 의정부 우정승, 영성부원군으로 추증되었다. 최무선은 임종할 때 부인에게 아들 해산海山에게 주라며 화약의 제조법이 담긴 책을 건네주었다고 하지만 오늘날 전하지는 않는다. 아들 해산과 손자 공손功孫도 그의 뒤를 이어 화약 연구를 했다고 한다.

의생활을 뒤바꾼
문익점

文益漸 (1329~1398년)

▋ 공민왕 때 좌정언으로 서장관이 되어 이공수를 따라 원나라에 갔다가 돌아오면서 붓대 속에 목화씨를 감추어 가져왔다고 한다.
▋ 공양왕 때 이성계 일파가 추진한 전제 개혁(田制改革)에 반대하다가 조준의 탄핵으로 밀려났다.

문익점은 고려의 문신이자 학자로 원나라에서 목화씨를 가져와 고려의 의복 발전에 획기적으로 기여한 인물이다.

문익점의 고향은 강성현(江城縣, 지금의 경상남도 산청)이다. 문숙선文淑宣의 아들로 1360년(공민왕 9) 문과에 급제해 김해부사록과 순유박사를 지냈다. 그는 1363년 사간원 좌정언으로 일하다가 일종의 기록관 자격으로 계품사 이공수李公遂를 따라 원나라로 갔다. 당시 고려와 원의 관계는 복잡했다. 원에서 벼슬을 하고 있던 고려인 최유崔濡가 공민왕을 몰아내고 충선왕의 셋째 아들 덕흥군德興君을 새 왕으로 옹립하려고 했다. 이때 원나라 조정은 원에 머무르던 덕흥군을 지지했던 것 같다. 실제로 원은 덕홍군을 고려 왕에 봉하고, 군사 1만 명을 보내 랴오둥까지 진출했을 정도로 의지가 높았다. 하지만 고려의 최영 장군이 원나라 군대를 물리쳐 이 계획은 수포로 돌아갔다.

문익점은 원나라에 서장관으로 다녀온 후 덕흥군을 지지했다는 빌미로 귀국하자마자 파직되었다. 관직에서 물러난 문익점은 원에서 돌아올 때 몰래 숨겨 온 목화씨를 재배하기로 마음먹었다. 그가 원나라에서 탐스러운 목화밭을 보고 나라 밖으로 반출이 금지되어 있던 목화씨를 붓대 속에 감추어 왔다는 일화가 있다. 그는 장인 정천익鄭天益과 함께 씨앗을 심었는데 처음에는 재배법을 몰라 한 그루만 겨우 살렸다고 한다. 하지만 두 사람은 3년의 노력 끝에 대량 재배에 성공했다.

그러나 목화를 재배할 수 있게 되었지만 실을 뽑는 방법이 또 난관이었다. 이는 정천익의 집에 머무르던 원나라 출신 승려 홍원弘願의 도움으로 해결되었다. 그는 마침 씨를 뽑는 물레 만드는 법을 알고 있었다. 이로써

베틀 베틀은 삼베나 명주, 무명 등을 짜는 틀이다. 이러한 베틀은 삼국 시대 이전부터 우리 조상들이 개발하여 사용했던 것으로 알려져 있다. 경기대학교박물관 소장.

문익점은 목화를 재배해 옷을 만드는 기술을 확보했다.

1375년(우왕 1) 문익점은 목화 재배에 성공한 공을 인정받아 다시 전의 주부에 임명되었고, 1389년에는 좌사의대부에 올랐다. 조선 시대 학자 조식曹植은 "백성에게 옷을 입힌 것이 농사를 시작한 옛 중국의 후직(后稷, 상고 시대 중국의 농사를 관장하던 신)과 같다."라고 그를 찬양했다.

목화는 재배에 성공한 지 10여 년 만에 온 나라에 퍼졌다. 목화의 전래는 우리나라의 의생활을 획기적으로 발전시켰다. 목화가 국내에서 재배됨에 따라 그때까지 수입에 의존했던 목면과 솜을 스스로 만들 수 있게 되었고, 이에 따라 귀족들만 입던 무명옷과 솜옷을 서민들까지 입을 수 있게 된 것이다. 또한 목화씨를 추출하여 솜을 트고, 면직물을 만들기 위해 물레와 가락, 날틀 같은 면직 기구를 제작하고 발달시킴에 따라 생산 도구들이 획기적으로 발전하게 되었다. 솜은 옷뿐 아니라 초나 화약의 심지로도 이용되었고, 튼튼한 무명실은 노끈, 낚싯줄, 그물 등 일상용품으로 다양하게 사용되었다. 무명은 훗날 조선 시대에 들어서는 물물교환 시 통화 수단으로 이용되어 세금을 걷는 기본 통화가 되기도 했다는 기록이 있으며, 일본이나 중국과의 무역에서 주요 수출품 중 하나가 되기도 했다.

문익점에게 관직 운은 별로 없었던 듯하다. 다시 조정에 복귀했지만 곧 공양왕 때 이성계 일파가 추진한 전제 개혁에 반대하다가 탄핵받았기 때문이다. 그의 공로는 1440년 조선 세종 때에 가서야 영의정에 추증되면서 다시 인정받았다. 문익점과 정천익이 처음 목화를 재배한 경남 산청군 단성면 사월리에는 '문익점 면화시배지文益漸棉花始培地'가 남아 있으며, 사적 제108호로 지정되었다.

목화씨는 문익점이 들여온 것일까?

원나라에 갔던 문익점이 붓대 속에 숨겨 온 목화씨는 고려인의 생활에 혁명을 불러 일으켰다고 해도 과언이 아니다. 당시 비단은 값이 매우 비쌌다. 그러니 일반 백성들은 한겨울에도 삼베나 모시로 옷을 지어 입을 수밖에 없었다. 하지만 문익점이 목화씨로 면화를 짜는 데 성공한 후에는 목면이 보급되어 혹한기를 나기가 한결 수월해졌다.

또 가난한 사람들은 결혼할 때 비단 이불을 마련하지 못해 혼기를 놓치는 경우도 적지 않았는데 이 비단이 면포로 대체되면서 혼인 풍습까지 변하게 되었다. 목면으로 면포를 만들고, 면포를 유통하는 과정에서 상업이 발달했다는 것도 문익점 덕분이라고 할 수 있다.

하지만 최근에는 문익점이 목화를 몰래 숨겨 왔다는 것은 허구에 불과하다는 주장이 제기되고 있다. 《태조실록》과 《고려사》에는 문익점이 "목화씨를 얻어 왔다."라고만 기록되어 있을 뿐 어디에도 그가 위험을 무릅쓰고 몰래 목화씨를 숨겨 왔다는 내용을 찾을 수 없다는 것이다. 무엇보다 당시 목화는 원나라 곳곳에서 재배되고 있었고, 반출 금지 대상도 아니었다고 한다.

이 주장은 2007년에 문익점의 목화씨 재배보다 800년이나 앞선 백제 시대의 면직물이 출토되면서 더 힘이 실리게 되었다. 국립부여박물관이 국보 제287호 백제 금동대향로가 출토된 부여 능산리 절터 유물을 정리하다가 백제 시대의 면직물을 발견한 것이다. 함께 출토된 창왕명석조사리감이 567년에 제작되었다는 기록이 남아 있는 것을 통해 이 면직물도 비슷한 연대로 추정된다. 다만 이 백제의 면직물은 목화의 원산지인 중앙아시아의 건조한 지역에서 들여온 토종 종자를 어렵게 소량 재배한 것으로 추정된다. 문익점이 들여온 종자는 남쪽의 기후에 맞게 개량되어 대량 재배가 가능했기에 서로 쓰임이 다르다는 것이다.

좌절된 개혁
공민왕

恭愍王 (1330~1374년)

▌ 고려 제31대 왕(재위 1351~1374년).
▌ 원나라 배척 정책을 통해 몽골풍, 몽골 연호, 관제, 쌍성총관부를 폐지하고 국토를 회복했다.
▌ 신돈을 등용하여 개혁 정치를 펼쳤다.
▌ 고려의 대표적 화가의 한 사람으로 〈천산대렵도〉, 〈노국대장공주진〉, 〈석가출산상〉, 〈현릉산수도〉, 〈동자보현육아백상도〉 등을 남겼다.

공민왕은 원나라 배척 정책을 통해 고려 말 자주적인 개혁 정치를 표방한 왕이다. 당시 고려는 원의 부마국으로서 왕은 원나라 공주와 결혼해야 했고, 원에 조공을 하고 있었다. 공민왕 역시 대군 시절 원나라 위왕魏王의 딸 노국대장공주魯國大長公主와 혼인했고, 원이 선왕을 폐위시킨 덕에 왕위에 올랐다. 그럼에도 그는 고려 조정에서 몽골풍을 없애기 위해 노력했다. 이는 14세기 후반 원나라가 쇠퇴하고 명나라의 세력이 커지던 원-명 교체기였기에 가능했다.

그는 충숙왕과 명덕태후 홍씨 사이의 둘째 아들로 태어나 1341년부터 원나라에서 생활했다. 몽골식 이름으로 빠이앤티무르伯顔帖木兒가 전해진다. 원의 노국공주와는 1349년 결혼했다. 사실 공민왕은 원래 왕이 될 운명이 아니었다. 둘째 아들인 데에다 어머니가 원나라 공주가 아닌 고려 공주였기 때문이다. 1344년 충혜왕이 죽었을 때 왕위에 오른 이도 원나라 덕녕공주의 소생인 충혜왕의 아들 충목왕이었다. 충목왕이 4년 만에 병사한 후에도 상황은 바뀌지 않았

공민왕과 노국공주(국립고궁박물관 소장)

다. 충목왕에게는 아들이 없었지만 배다른 동생 충정왕이 있었다. 공민왕은 왕위 경쟁에서 밀렸고, 대군으로 원에서 살게 될 운명이었다.

하지만 충정왕이 즉위하자마자 심각한 정치적 폐단이 나타났다. 나이가 어린 충정왕을 등에 업은 외척들이 엄청난 권세를 부리기 시작한 것이다. 심각한 부정부패로 인해 정사를 제대로 돌볼 수 없다는 구실로 원나라 조정은 충정왕을 폐위시키고 공민왕을 새 왕으로 임명했다. 1351년 공민왕은 노국공주와 함께 귀국했다.

공민왕은 왕위에 오르자마자 원나라를 배척하는 정책을 썼다. 1352년 변발, 호복胡服 같은 몽골 풍속을 금지하는 왕명을 발표했다. 인사상 근본적인 문제를 불러일으키던 정방을 폐지하고, 귀족들이 갈취한 토지를 원래 소유자에게 돌려주는 정책도 시행했다. 1356년에는 몽골의 연호와 관제를 문종 이전의 고려 고유 것으로 복귀시켰다.

원나라 황실과 인척 관계라는 점을 악용해 권세를 부리던 기철奇轍 일파를 숙청한 것도 배원排元 정책의 일환이었다. 공녀였던 누이가 원나라

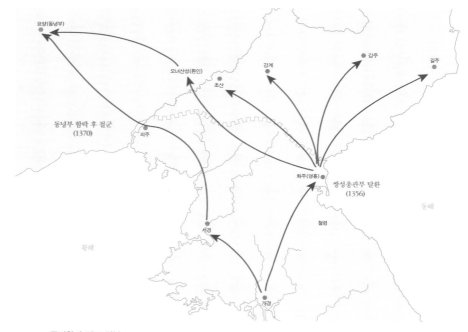

공민왕의 영토 회복

순제順帝의 눈에 들어 제2황후가 된 후부터 기철은 왕족처럼 행동하며 좌
중의 비난을 샀고, 특히 1353년(공민왕 2) 기황후가 낳은 아들이 원나라의
황태자에 책봉된 다음부터는 왕에게 신하의 예를 갖추지 않기도 했다.
공민왕은 원과의 관계가 악화될 것을 알면서도 기철 일파를 제거했다.
1356년 공민왕은 여세를 몰아 100년 넘게 존속된 쌍성총관부雙城摠管府를
폐지하고 원에게 빼앗긴 영토를 회복했다.

　1368년 명나라의 건국은 고려에서 원나라의 잔재를 완전히 뿌리 뽑을
좋은 기회였다. 공민왕은 명나라와 협력해 랴오둥 지역으로 축소되어 있
던 원나라 세력을 공격했고, 2년 뒤에는 장군 이성계에게 동녕부東寧府를
치도록 해 오녀산성을 점령했다.

그러나 공민왕의 치세가 평탄했던 것만은 아니었다. 홍건적과 왜구의 침입이 빈번했고, 내부의 반란이 숱하게 일어났다. 특히 1364년에는 충선왕의 셋째 아들인 덕흥군을 왕으로 세우려는 최유崔濡 일파가 반란을 일으킨 것은 국력에 큰 타격이 되었다.

1365년 노국대장공주가 숨지며 공민왕은 실의에 빠졌다. 그는 국사에서 손을 떼고 승려 신돈辛旽에게 모든 일을 맡긴 뒤 불사佛事에만 전념했다. 신돈은 어렸을 적 출가해 사사로운 욕심이 없어 보였을 뿐만 아니라 그의 권세를 등에 업고 정권을 쥐락펴락할 친척도 없었기 때문에 발탁한 것이었다. 하지만 신돈은 국정을 장악하자마자 실정을 거듭했고, 공민왕을 폐위시킬 계략까지 꾸미게 되었다. 이를 알게 된 공민왕은 신돈을 귀양 보낸 뒤 사약을 내렸다.

공민왕의 시련은 여기에서 끝나지 않았다. 명문가 자제들의 교류 모임인 자제위子弟衛가 갈수록 문란해진 것이다. 그러던 중 자제위의 홍륜洪倫이 공민왕의 익비 홍씨를 범해 임신까지 시키는 일이 일어났다. 공민왕은 사건 당사자인 홍륜과 밀고자인 환관 최만생崔萬生을 제거하고 익비의 입을 봉하여 사건을 은폐하고자 했다. 그

〈천산대렵도〉 고려 시대를 대표하는 수렵도로 사냥하는 모습이 생생한 필치로 그려져 있다. 국립중앙박물관 소장(중박201009-405).

러나 이를 알게 된 홍륜과 최만생 일파에게 시해되고 말았다. 마흔네 살의 젊은 나이였다. 그로 인해 공민왕이 추진하던 반원적인 정치 개혁도 막을 내리고 말았다.

공민왕은 원나라의 내정 간섭을 격파하고 정치 개혁을 실현한 군주인 동시에 그림과 글씨에 뛰어난 화가였다. 그중 〈천산대렵도天山大獵圖〉가 특히 유명하다. 〈천산대렵도〉는 고려 시대를 대표하는 그림으로 말을 타고 사냥하는 인물들을 생생한 필치로 그려낸 수작이다. 이 밖에도 공민왕은 〈노국대장공주진眞〉, 〈석가출산상釋迦出山像〉, 〈아방궁도阿房宮圖〉, 〈현릉산수도玄陵山水圖〉 등의 작품을 남겼다.

중국 대륙을 지배한 여인, 기황후

1225년(고려 고종 12) 고려에 왔던 몽골 사신 저고여著古與가 본국으로 돌아가던 중 피살되는 사건이 일어났다. 이를 빌미로 고려로 쳐들어온 몽골은 강화 조건으로 남녀 500명씩을 바치라고 요구했다. 이것이 공녀의 시작이었다. 몽골은 원을 세운 이후에도 계속 공녀를 요구했다. 당시 원의 왕실에는 여성이 절대적으로 부족했기 때문이었다. 고려는 원 왕실뿐 아니라 귀족들을 위한 여성도 공급해야만 했다. 고려 백성들의 저항이 거셌지만 고려는 별도 기관까지 설치해 공녀를 징발해 보냈다. 이렇게 원으로 건너간 공녀가 한 해에만 수십 명에 이르렀다.

공녀로 뽑히지 않으려면 혼인하는 수밖에 없었다. 원이 원하는 것은 오직 처녀였기 때문이다. 이 때문에 고려에서는 공녀가 되는 일을 피하기 위해 조혼 풍습이 생겨났다. 공녀들은 대부분 궁녀로 살았는데 황후가 된 경우도 있었다. 기자오奇子敖의 딸 기황후奇皇后가 대표적이다.

기황후는 조정을 교묘하게 움직여 반대파를 숙청하고 황후 직속 기관을 두어 실권을 휘둘렀다. 당시 고려 여자와 결혼하거나 첩을 두지 않는 한 원나라 조정에서 출세하기 어려웠을 정도로 그녀의 권세는 대단했다. 기황후는 특히 대신과 황실의 반발을 잠재우고 자신의 아들을 황제의 자리에 올리는 한편, 고려 출신의 환관 박불화를 추밀원 동지추밀원사로 임명해 원의 군사력까지 장악했다. 그녀는 심지어 정실 황후 바엔후두伯顔忽都가 죽은 뒤 전례를 깨고 정후에 책봉되기도 했다.

기황후가 이렇게 막강한 권력을 휘두르면서 폐단이 생겨났다. 기황후의 오빠인 기철이 마치 고려의 왕이라도 되는 듯 권세를 부린 것이다. 기철은 덕성부원군에 봉해진 뒤 타인의 토지를 빼앗는 등 30년 동안이나 고려 왕실을 좌우하며 악행을 일삼았다. 기철은 1356년 공민왕이 베푼 연회에서 주살될 때까지 세도가의 대명사로 살았다. 기황후의 마지막은 전하지 않는다. 주원장이 명을 세운 이후 몽골 내륙 지역으로 쫓겨났다는 사실만 전할 뿐 행적은 알 수 없다.

혼돈의 시대에 개혁을 꿈꾸다
신돈

辛旽 (?~1371년)

▌ 공민왕의 신임을 받아 정치계에 들어와 관작을 받았고, 부패한 사회 제도를 개혁하려 했던 승려 출신의 개혁 정치가이다.

▌ 1366년 전민변정도감을 설치해 토지 개혁을 시행하고, 1367년 성균관을 중건하여 신진 사대부를 육성해 권문세족을 억누르고자 했다.

▌ 1370년 공민왕의 친정 선포로 세력이 약해졌고, 이인의 역모 투서로 1371년에 처형되었다.

신돈은 공민왕 때의 승려로 절 노비의 아들로 태어난 천민 출신이라고 한다. 공민왕과 몇 번 만나 대화하는 과정에서 깨끗한 개혁가라는 인상을 주어 왕의 전폭적인 지지를 받으며 1365년 청한거사清閑居士라는 호를 받고 '사부師傅'로서 국정에 참여하기 시작했다. 한때 왕명을 대신할 정도로 공민왕의 절대적인 신임을 받으며 권문세족을 억압하고 일반 백성을 위한 개혁을 단행했다.

공민왕이 신돈을 등용한 것은 신진 세력인 그를 통해 권문세족의 횡포를 억압하기 위해서였다. 원의 세력이 쇠퇴하는 틈을 타 원을 등에 업은 기득권층을 정리하고자 한 것이다. 신돈이 가장 먼저 한 일도 권문세족

의 기득권을 빼앗는 정계 개편이었
다. 그는 신진 사대부를 등용해 권
문세족들이 자연스럽게 권력의 정
점에서 멀어지도록 손을 썼다. 1366
년(공민왕 15) 전민변정도감을 설치
하여 권세가들이 부당하게 빼앗은
토지를 원소유주에게 돌려주고, 억
울하게 노비로 전락한 사람들을 풀
어 주었다.

고려 시대의 노비 문서

백성의 삶은 좋아졌고, 권문세족들의 힘은 점차 약화되었다. 기득권을
위협받기 시작한 세도가들은 신돈을 강력하게 비난했고, 심지어 그를 제
거하려는 시도도 여러 번 있었다. 그러나 신돈은 아랑곳하지 않고 개혁
정치를 펴 나갔으며 권력의 정점에 서게 되었다. 그러나 이때부터 그는
점차 왕처럼 생활하기 시작했다. 인사권을 총괄했을 뿐 아니라 노국대장
공주의 서거 이후 시름에 빠져 국사는 전혀 돌보지 않는 공민왕을 대신해
백관들의 조하朝賀를 받았고, 왕이 행차할 때처럼 시종이 따라다니기도
했다. 사실상 왕을 대리한 것이다.

하지만 그에게는 강력한 세력 기반이 없었다. 아첨하는 사람은 많았지
만 충언하는 자는 없었다. 신돈은 권력의 단맛에 빠져 승려의 신분으로
처첩을 거느리고, 주색에 빠져 재물을 흥청망청 썼다. 권력욕에 눈이 멀
어 스스로 5도의 도사심관都事審官이 되려고 지방 향직을 관리하고 감독
하던 사심관을 부활시키려고까지 했다. 신돈의 변화에 정치 일선에서 물
러났던 공민왕은 다시 친정할 뜻을 밝혔고, 1371년 7월 신돈은 역모 혐의
로 처형당했다. 이로써 그의 6년 천하도 끝이 났다.

신돈은 정통 정치가는 아니었다. 지지 세력이 있던 것도, 정치적 식견이 뛰어난 것도 아니었다. 하지만 그는 권문세족의 발을 묶고, 백성을 위한 정책을 폈으며 이를 계기로 신진 세력이 성장할 수 있는 기반을 마련했다. 정몽주와 정도전鄭道傳 등의 인물들이 성장할 수 있었던 것도 그가 권문세족을 억눌렀기에 가능한 일이었다. 다만 훗날 공민왕의 뒤를 이은 우왕과 그의 아들 창왕이 신돈의 자손이라며 '우창비왕설禑昌非王說'의 명문 아래 창왕을 폐위하고 공양왕을 옹립한 정변에 영향을 미쳐 그의 집권 기간 6년은 끝까지 논란을 불러일으켰다.

고려 최후의 보루
최영

崔瑩 (1316~1388년)

▌ 1359년, 1361년에 홍건적이 창궐했을 당시 이를 격퇴한 무장이다.
▌ 흥왕사의 변, 제주 호목의 난을 진압했으며, 1376년에는 왜구가 삼남 지방을 휩쓸자 홍산에서 적을 대파했다.
▌ 1388년 명나라가 철령위를 설치하려 하자, 랴오둥 정벌을 계획하고 출정했으나 이성계의 위화도 회군으로 좌절되었다.

고려의 무신 최영은 청렴함과 충직함의 대명사로 꼽는다. "황금 보기를 돌 같이 하라."라는 말이나 동료 이성계가 위화도 회군을 단행하고 조선을 건국할 때에도 끝까지 가담하지 않고 참수를 당하면서도 꼿꼿함을 잃지 않았다는 일화로도 그렇다.

최영은 왜구를 토벌한 공을 인정받아 우달치于達赤에 임명되면서 관직에 나갔고, 공민왕 시절 왜구와 홍건적의 침입을 수차례 물리쳤다. 1352년(공민왕 1)에 조일신趙日新의 난을 진압했고, 1354년 대호군에 임명되었다. 1355년부터 시작된 배원 정책에 따라 원에 속했던 압록강 서쪽의 파사부(婆娑府, 구련성) 등 3참站을 격파했다. 1357년 왜구가 배 400척을 이끌

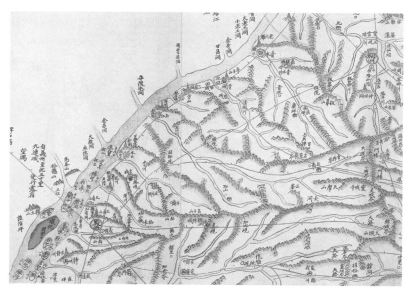

위화도 일대 《동여도》에 나타난 위화도 일대의 모습. 압록강에 있던 작은 섬 위화도는 고려와 조선이라는 왕조 교체의 분기점이라는 역사적 무대가 되었다.

고 전라도를 침범하자 복병전으로 물리쳤고, 2년 뒤에는 서경에 쳐들어온 홍건적 4만 명을 격퇴했다. 1361년 홍건적이 다시 개경을 점령하자 안우, 이방실李芳實과 함께 개경을 수복했고, 그 공으로 훈1등에 도형벽상공신, 전리판서가 되었다. 1363년 김용의 난을 제압하고, 이듬해 최유가 덕흥군 옹립을 내세우며 압록강을 건넜을 때 철퇴를 내린 이도 최영이었다. 그는 공민왕이 한때 국정을 넘기다시피 했던 신돈이 없는 죄를 들어 헐뜯는 바람에 귀양을 갔지만 신돈이 처형된 뒤 풀려나 관직을 회복했다.

명나라에서 요구한 말 2,000필에 대해 제주도의 호목이 300필만 보내는 반란이 일어났다. 최영이 이를 진압하러 간 사이 공민왕이 시해되었으나 그 뒤를 이은 우왕의 시대에도 최영은 야전 사령관으로 수많은 전투에 참

최영 장군의 묘

여했다. 그는 일흔 살이 다 되도록 전장에서 활발하게 뛰었다고 한다.

1380년 최영이 동서강에서 왜구와 전투를 벌이다 병에 걸리자 우왕은 그때까지의 공적을 새긴 철권(鐵券, 임금이 공신에게 하사하던 쇠로 만든 패)을 내려 위로했다. 이듬해 수시중에 올랐다. 그의 아버지에게도 높은 벼슬이 하사되었고, 어머니는 삼한국대부인으로 격상되었다. 최영은 1384년 문하시중을 거쳐 판문하부사에 올랐다. 그 뒤에는 조정의 부패한 무리들을 숙청했고, 1388년 딸을 우왕의 영비로 보내는 등 권력의 중심에 섰다.

최영의 생에서 빼놓을 수 없는 것이 랴오둥 정벌이다. 이즈음 명나라가 원을 멸망시키고 철령위鐵嶺衛를 설치해 철령 이북 일대를 랴오둥에 예속시키려 한 일이 일어났다. 최영은 고려의 영토를 빼앗길 수 없다며 랴오둥 정벌을 결심했다. 그는 팔도도통사로서 좌군도통사 조민수曺敏修,

우군도통사 이성계와 함께 군사 3만 8,000명을 이끌고 랴오둥 정벌에 나섰다. 하지만 이성계의 생각은 달랐다. 이성계가 조민수를 설득해 위화도에서 회군한 것이다. 두 장수가 발을 돌리니 랴오둥 정벌은 실패할 수밖에 없었다. 더구나 이성계는 도성까지 장악해 최영으로서도 더 이상 어쩔 도리가 없었다. 최영은 고향인 고봉현(高峯縣, 지금의 고양)으로 귀양을 갔고, 다시 마산, 충주 등지로 옮겨졌다가 랴오둥을 공격한 죄로 개경에 압송되어 참수되었다. 이 소식에 최영의 청렴함과 승전보를 칭송하던 백성들이 눈물을 흘렸다고 한다. 이성계는 조선을 세운 뒤 6년이 지나서야 최영에게 무민武愍이라는 시호를 내려 넋을 위로했다고 한다.

고려의 마지막 충신
정몽주

鄭夢周 (1337~1392년)

▌의창을 세워 빈민을 구제하고 유학을 보급했으며, 성리학에 밝았다.
▌《주자가례》에 따라 개경에 5부 학당과 지방에 향교를 세워 교육 진흥을 꾀했다.
▌이방원과 나눈 〈단심가〉를 통해 충절을 노래했고, 선죽교에서 방원의 부하 조영규 등에게 격살되었다.

정몽주를 가장 잘 대표하는 단어는 아마 〈단심가丹心歌〉일 것이다. 위화도 회군으로 새 왕조를 세운 이성계의 아들 이방원이 새 왕조에 참여할 것을 권하자 그에 대한 답을 한 시조이다. 그는 이 짧은 시조에서 고려에 멸망의 기운이 가득하다 해도 끝까지 배신하지 않겠다는 굳은 의지와 두 왕조를 모실 수 없다는 성리학자로서의 자존심을 담았다. 고려 말의 문신이자 학자로 성리학에 밝았던 정몽주는 《주자가례》를 따라 개경에 5부 학당과 지방에 향교를 세워 후학을 기르는 데 힘쓴 것으로도 유명하다.

그의 이름에 관해서는 흥미로운 일화가 전해진다. 어머니 이씨가 그를 임신했을 때 난초 화분을 안고 있다가 바닥으로 떨어뜨린 태몽을 꿨다고

정몽주 [국립중앙박물관 소장(중박201009-405)]

한다. 그래서 어렸을 적 그는 몽란夢蘭 혹은 몽룡夢龍으로 불렸고, 성인이 된 뒤 몽주로 바뀌었다. 1357년(공민왕 6) 감시監試에 합격하고, 1360년 문과에 장원 급제하면서 벼슬길에 올랐다. 이후 이성계와 함께 여진 토벌에 참여하기도 했다.

정몽주는 효성이 지극한 것으로 유명했다. 당시 사대부들은 부모의 상喪에도 한 해만 상복을 입었다. 하지만 정몽주는 부모의 무덤 옆에 여막을 짓고 3년간 애도했다. 이로 인해 1366년 조정에서 그의 효성을 기리며 상을 내리기도 했다. 그는 또한 주자학으로 이름이 높았다. 성균관의 으뜸인 이색李穡이 정몽주를 가리켜 '동방 이학理學의 시조'라고 일컬었을 정도이다.

1376년(우왕 2) 정몽주는 배명친원排明親元의 외교 방침을 반대했다는 이유로 언양에 유배되었다. 이듬해 풀려나서는 일본 규슈九州에 사신으로 가 왜구를 단속해 줄 것을 요청하고, 인질로 잡혀 있던 고려인 수백 명과 함께 귀국했다. 고려와 명의 국교가 악화됐던 1384년에는 모두가 꺼리는 데에도 명나라 사신을 자청하여 국교를 정상화하는 성과를 올렸다. 특히 이듬해에는 다시 명나라에 가서 명이 그동안 증액한 세공을 감액하고, 5년 동안 보내지 못한 세공은 면제받았다. 1389년에는 이성계와 함께 공양왕을 옹립했고, 1390년 수문하시중, 도평의사사 병조상서시판사, 우문관 대제학이 되었다.

그의 벼슬이 높아지는 것만큼 전장에서 공을 축적한 이성계의 이름도 날로 높아졌다. 정몽주는 조준趙浚, 남은南誾, 정도전鄭道傳 등이 이성계를 새 왕으로 추대하려는 움직임을 눈치채고 이들을 제거하고자 했다. 그러던 중 명에서 귀국하는 세자 석奭을 마중 나갔던 이성계가 낙마 사고를 당해 벽란도에 머무르며 치료를 받게 되자 정몽주는 이성계의 오른팔인 조준을 먼저 제거하려고 했다. 그러나 낌새를 알아차린 이방원이 아버지 이성계를 하루 먼저 개경으로 귀환시켰고, 정몽주는 이성계를 문병하고 돌아가는 길에 이방원이 보낸 자객에게 피살되었다. 이곳이 선죽교善竹橋이다. 원래는 선지교善地橋라고 불린 이 다리에서 정몽주가 피살되자 참대가 솟아나왔다고 하여 이름을 선죽교로 고쳐 불렀다는 일화가 전한다.

정몽주는 일을 처리할 때 항상 사리에 맞게 행동하는 것을 원칙으로 삼았다고 한다. 지방의 수령은 청렴한 이로 뽑았고, 기관마다 금전과 곡식의 출납을 기록하는 장부를 작성해 백성을 수탈하지 못하도록 했다. 곡식을 저장해 두었다가 흉년 때 풀어 백성을 구휼하는 의창을 세운 것도 그의 생각이었다.

정몽주는 조선 태종 시대인 1405년 '대광보국숭록대부 영의정부사 수문전대제학 감예문춘추관사 익양부원군大匡輔國崇祿大夫領議政府事修文殿大提學監藝文春秋館事益陽府院君'에 추증되었다. 하지만 훗날 태학생들이 문묘에 배향하고, 묘에 비석을 세울 때에도 고려의 벼슬만 적어 정몽주가 끝까지 두 왕조를 섬기지 않았음을 명확히 했다.

선죽교

14세기 말 이성계와 신진 사대부에 의해 건국된 조선은 재상 중심적 양반관료 사회로 지배 구조가 정비되면서 제도적으로 안정되었다. 이에 민생이 안정되고 적극적으로 권농 정책을 추진함에 따라 인구와 농지가 증가했다. 이런 정치적 안정과 사회·경제적 기반 위에 사상, 문화, 사회, 예술, 과학 등이 발전하면서 16세기에 들어 성리학과 사림 중심의 향촌 사회가 발전했다. 그러나 16세기 말 붕당 정치가 시작되고 임진왜란과 두 차례의 호란을 겪으면서 조선 사회는 큰 타격을 입게 된다. 그리고 그동안의 폐단을 시정하기 위해 일어난 실학을 수용하지 못하고, 일본과 서양 열강의 침략을 받으면서 조선 왕조는 건국 500년 만에 종말을 고했다.

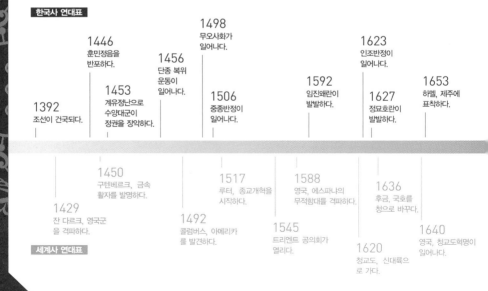

한국사 연대표

1498 무오사화가 일어나다.

1446 훈민정음을 반포하다.

1456 단종 복위 운동이 일어나다.

1623 인조반정이 일어나다.

1453 계유정난으로 수양대군이 정권을 장악하다.

1506 중종반정이 일어나다.

1592 임진왜란이 발발하다.

1653 하멜, 제주에 표착하다.

1392 조선이 건국되다.

1627 정묘호란이 발발하다.

1450 구텐베르크, 금속 활자를 발명하다.

1517 루터, 종교개혁을 시작하다.

1588 영국, 에스파냐의 무적함대를 격파하다.

1636 후금, 국호를 청으로 바꾸다.

1429 잔 다르크, 영국군 을 격파하다.

1492 콜럼버스, 아메리카 를 발견하다.

1545 트리엔트 공의회가 열리다.

1640 영국, 청교도혁명이 일어나다.

1620 청교도, 신대륙으 로 가다.

세계사 연대표

조선부터 대한민국까지

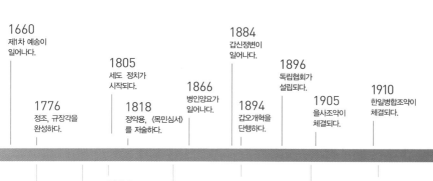

1660
제1차 예송이
일어나다.

1776
정조, 규장각을
완성하다.

1805
세도 정치가
시작되다.

1818
정약용, 《목민심서》
를 저술하다.

1866
병인양요가
일어나다.

1884
갑신정변이
일어나다.

1894
갑오개혁을
단행하다.

1896
독립협회가
설립되다.

1905
을사조약이
체결되다.

1910
한일병합조약이
체결되다.

1776
미국,
독립선언을
하다.

1789
프랑스, 대혁명이
일어나다.

1804
나폴레옹 1세가
즉위하다.

1840
아편전쟁이
일어나다.

1894
청일전쟁이
일어나다.

1904
러일전쟁이
일어나다.

1911
중국, 신해혁명이
일어나다.

변방의 무장에서 새 왕조의 주인으로

이성계

李成桂 (1335~1408년)

▌조선의 제1대 왕 태조(재위 1392~1398년).
▌고려의 무장으로 랴오둥 정벌을 위해 북진하다가 위화도에서 회군하여 우왕을 폐하고 조선을 창업했다.
▌사대주의, 배불숭유(排佛崇儒), 농본주의를 건국 이념으로 삼아 조선의 제도를 정비했다.

이성계는 고려 말의 혼란기에 정권을 장악하고 새 시대를 개척한 인물이다. 그는 홍건적과 왜구의 침입을 격퇴하여 국내의 혼란을 수습하였고, 개혁파 사류와 함께 고려왕조를 무너뜨리고 조선을 건국했다. 무장武將으로서는 드물게 온화하고 섬세한 성격이었으나 말년에 아들 간의 피비린내 나는 권력 다툼으로 고통받으며 불교에 심취했다.

이성계는 1168년(충숙왕 4), 화령和寧, 永興에서 이자춘李子春의 둘째 아들로 태어났다. 고조할아버지인 이안사李安社가 원나라의 지배 아래 여진족이 살고 있던 간도 지방으로 이주해 원나라의 지방관이 된 뒤부터 기반을 닦기 시작했다. 아버지 이자춘도 원나라 총관부가 있던 쌍성의 천호千戶

한국사를 움직인 100인

이성계의 호적 1300년 이성계의 고향 영흥에서 작성되었다. 국립중앙박물관 소장.

로 있었는데, 1356년(공민왕 5) 고려가 쌍성총관부를 공격하자 이를 도와 원나라의 세력을 축출하는 데 큰 공을 세웠다. 이때부터 이성계의 집안은 고려 중앙 정계에 발을 들여놓게 되었다. 이성계는 가문의 배경과 타고난 군사적 재능을 바탕으로 두각을 드러내기 시작했다.

이성계는 1361년 박의朴儀의 난을 진압하고, 이듬해에는 홍건적에게 함락된 개경을 탈환하고 원나라의 장수 나하추納哈出와의 전투에서 승리했다. 1364년에는 최유崔濡가 기황후를 통해 덕흥군을 고려 왕으로 내세우고 랴오양 성의 군사 1만 명을 이끌고 평안도 지방을 침입하자 최영과 함께 이들을 섬멸했다. 1370년에는 원정군을 이끌고 랴오둥까지 가서 원의 잔병을 모아 동녕부東寧府를 점령하고 고려를 위협하던 김백안金伯顔 등을 물리쳤다. 이성계는 자신의 탁월한 군사적 재능과 강력한 친병 조직을 바탕으로 눈부신 활약을 했다.

연이은 승리로 그는 1388년 수문하시중이 되어 최영과 함께 임견미林
堅味와 염흥방廉興邦을 주살하고, 그와 함께 최고 실권자가 되었다. 이때
명나라의 철령위鐵嶺衛 설치 문제로 랴오둥 정벌이 결정되자 이에 반대하
였으나 받아들여지지 않았다. 이 시기는 원나라와 명나라가 교체되는 시
기로 명은 원에 남아 있는 구세력들을 물리치고 동쪽으로 세력을 확장하
고 있었다. 그러던 중 명나라가 철령 이북과 동 · 서쪽은 원래 원나라의
땅이므로 앞으로도 랴오둥의 관할로 하겠다고 통보를 해 온 것이다. 최
영은 명나라에 맞서 싸워야 한다며 전쟁을 준비했다. 그러나 그동안 겪
은 고통으로 백성들 사이에서는 원성이 하늘을 찔렀다. 이성계는 작은
나라가 큰 나라를 공격한다는 것은 쉽지 않은데에다 농사철에 군사를 모
으는 것은 옳지 않다며 원정에 반대했다. 뿐만 아니라 원정을 틈타 왜구
가 침입할 위험도 존재했다. 그러나 조정에서는 그의 의견을 무시하고
정벌을 명했다.

 그는 우군도통사가 되어 좌군도통사 조민수曹敏修와 함께 5만 명의 군사
를 이끌고 위화도까지 나아갔으나 도중에 이탈하는 군사가 끊이지 않았
다. 또 때마침 장마철이 시작되어 강물이 불어나 고려의 랴오둥 정벌군은
위화도에서 꼼짝을 하지 못했다. 이성계는 우왕에게 상언上言을 올렸다.

 "신臣 등이 뗏목을 타고 압록강을 건넜으나 앞에는 큰 냇물이 있는데
비로 인해 물이 넘쳐, 제1여울에 빠진 사람이 수백 명이나 되고, 제2여울
은 더욱 깊어서 주중洲中에 머물러 둔치고 있으니 한갓 군량만 허비할 뿐
입니다. 작은 나라로서 큰 나라를 섬기는 것은 나라를 보전하는 도리입니
다. 하물며 지금은 장마철이므로 활은 아교가 풀어지고 갑옷은 무거우며,
군사와 말이 모두 피곤한데 이를 몰아 견고한 성 아래로 간다면 싸워도
승리를 기약할 수 없습니다. 이때를 당하여 군량이 공급되지 않으므로 나

한국사를 움직인 100인

아갈 수도 없고 물러갈 수도 없
으니 장차 어떻게 이를 처리하
겠습니까? 삼가 생각건대 전하
께서 특별히 군사를 돌이키도
록 명하시어 나라 사람의 기대
에 보답하소서."

그러나 우왕은 이성계의 청
을 들어주지 않았다. 이성계는
오랫동안 고뇌한 끝에 결단을
내렸다. 조민수와 의논해 회군
하기로 한 것이다. 이는 왕명에

석왕사 이성계가 왕이 될 것을 기도하기 위해 지은 절이다.

대한 항명抗命이었기 때문에 반란이었다. 이성계의 회군 소식을 들은 조
정은 다시 서둘러 군사를 모았지만 그를 막을 수는 없었다. 우왕은 도망
하고 최영은 항전했으나 체포되어 고봉현에 유배되었다. 이후 최영은 합
포와 충주로 유배지가 바뀌었다가 공료죄(攻遼罪, 라오둥을 공격한 죄)로 개
성으로 압송되어 그해 12월에 참수되었다. 이후 창왕과 공양왕이 왕위를
이었으나 이성계의 꼭두각시 노릇을 할 뿐이었다. 이성계는 우시중이 되
어 정치적, 군사적 실권을 공고히 했다. 1390년(공양왕 1)에는 영삼사사,
1391년에는 삼군도총제사가 되었으며, 이 시기에 조준 등의 상소에 따라
전제 개혁을 단행해 사전私田을 혁파하고 양전量田, 관찰사제 등을 단행하
면서 반대 세력들을 하나둘 제거해 나갔다.

그러던 중 명나라에서 귀국하는 태자를 마중 나갔던 이성계가 말에서
떨어져 크게 다치는 사고가 발생했다. 정몽주는 이것을 기회로 삼아 조
준, 정도전, 남은 등을 제거할 계획을 세웠다. 그러나 정몽주는 오히려 이

성계의 병문안을 다녀오다 귀가하던 중에 선죽교에서 이방원이 보낸 조영규에게 피살되었다. 이로써 고려의 마지막 중심은 허물어지고 말았다. 마침내 1392년 7월, 이성계는 공양왕을 폐하고 수창궁에서 왕위에 올랐다. 그의 나이 58세였다.

그는 주변 사람들을 적으로 만들기보다는 자신에게 융화시키는 성격의 소유자였다. 덕분에 신진 사대부들과의 교류를 통해 지지 세력을 넓혀 갔고, 조선을 창업할 수 있었다.

그는 국호를 '조선朝鮮'으로 정한 뒤, 왕씨의 본거지인 개경을 버리고 한양을 도읍으로 삼았다. 정도전과 조준을 내세워 궁궐과 도성을 건립하는 한편 국가 제도 전반을 개혁했다. 토지 제도, 재정 제도를 개혁하고 노비 변정 사업을 실시했다. 인사 제도를 정비해 서리 출신의 관료 등용을 제한하고 지방의 사족들에게 문호를 넓혔다. 성균관과 향교도 정비했으며 농민의 생활을 안정시키기 위해 의창제를 복구했다. 군현제도 정비하여 도제道制를 시행하고, 도별로 재상급의 관찰사가 지방의 행정을 총괄하게 했다. 군제에 있어서는 부병제와 무과를 시행하고, 전국의 군사 조직에 대한 관리를 강화했다. 이성계의 이런 조치로 중앙에 대한 국가의 통제력이 강해지고, 왜구의 침입도 잠잠해졌다.

이성계는 외교적으로는 명나라를 종주국으로 삼는 사대주의를 표방했다. 이로 인해 명나라에 국호와 왕위의 승인을 받는 풍속이 굳어졌다. 또한 고려가 멸망한 원인을 부패한 불교에 있다고 생각하여 숭유배불崇儒排佛 정책을 바탕으로 한 유교를 건국 이념으로 삼았다. 경제적으로는 농본민생주의農本民生主義로 농업을 장려하고 토지를 개척해 농본주의에 의한 신분 제도를 확립했다. 건국 초기 정권은 정도전, 조준, 남은南誾 등의 개국공신들이 중심에 있었고, 이색李穡, 우현보禹玄寶, 권근權近, 하륜河崙,

성석린成石璘 등의 신진 사류라고 해도 중도-온건파에 속하는 인물들은 유배되었다.

이렇게 정치적, 경제적, 문화적으로 안정되어 갔던 반면, 후계 왕권을 둘러싼 내분은 격렬하게 일어났다. 이성계가 두 번째 부인인 신덕왕후 강씨의 소생인 아들 방석芳碩을 사랑하여 그를 세자로 책봉한 것이 문제의 시작이었다. 이런 그의 행동은 첫 번째 부인인 신의왕후 한씨 소생의 방우, 방과, 방의, 방간, 방원, 방연 등 여섯 아들의 불만을 일으켰다. 특히 조선을 건국하는 데 가장 공이 컸던 방원의 불만은 대단했다.

그러나 강씨는 자신의 아들이 왕위에 오르는 것을 보지 못한 채 위병으로 세상을 떠났다. 강씨의 3년상을 마친 후 이성계는 자리에 눕고 말았다. 이 와중에 정도전 일파가 왕의 전처 소생을 모두 제거하여 어린 세자의 후일을 도모하려 한다는 소문이 돌았다. 이방원은 정도전, 남은, 심효생 등을 제거하고 이복동생인 방번과 방석, 누이의 남편인 이제까지 죽였다. 이것이 제1차 왕자의 난이다.

이 사실을 알게 된 이성계는 너무도 참담했으나 결국 어쩔 수 없이 둘째 아들인 방과(훗날의 정종)를 세자로 세웠다. 장남 방우는 고려를 멸망시킨 아버지를 못마땅하게 생각해 산으로 들어가 버렸기 때문이다. 이듬해 9월, 그는 방과에게 왕위를 물려주고 정치 일선에서 물러났다. 이후 제2차 왕자의 난까지 터지자 골육 간의 권력 쟁탈전에 환멸을 느끼고 고향인 동북면으로 들어갔다.

이성계는 태종으로 등극한 이방원이 평소 그가 신임하던 성석린을 보내자 마지못해 대궐로 돌아왔다. 그러나 얼마 지나지 않아 대궐을 떠나 다시 함흥에서 칩거했다. 그 후 이방원이 보내는 사신마다 모두 잡아 죽이거나 잡아 가두고 보내지 않았는데, 함흥차사咸興差使라는 말은 이 때문

함흥전도 조선왕조의 발상지인 함흥을 그린 지도로 19세기 후반 제작되었다. 규장각 한국학연구원 소장.

에 생겨났다.

그러다가 안변 부사 조사의가 난을 일으키자 이성계는 이방원이 보낸 무학대사를 따라 대궐로 돌아왔다. 새 왕조를 창업한 군주였으나 자식들 간의 불화로 인해 그의 말년은 고뇌와 고통의 시간이었다. 그는 불교에 심취해 궐 안에 절을 짓고 염불을 외우며 살다가 창덕궁 별전에서 74세를 일기로 눈을 감았다.

묘호의 종과 조는 어떤 경우에 구분하는가?

1392년부터 1910년까지 519년 동안 조선왕조에는 27명의 왕이 존재했다. 《예기》에 "공이 있는 자는 '조祖'가 되고 덕이 있는 자는 '종宗'이 된다."라고 한 것을 보면 왕의 명칭 중에서 '조'가 '종'보다 격이 높은 것으로 생각되지만 그것은 당시의 정치적 상황에 영향을 받아 이루어진 것이므로 공정하다고만은 할 수 없다.

태조, 태종, 세종, 세조, 성종과 같은 호칭은 사실 왕들의 이름이 아니라 묘호廟號이다. 이는 임금이 죽은 후 신료들이 왕의 일생을 평가해 신주를 모시는 종묘의 사당에 붙인 칭호를 일컫는다.

묘호는 유교 사관에 입각해 정리된 것으로, 나라를 창건한 사람을 '조'로 하고 그 계승자(왕위 계승자가 반드시 적장자일 필요는 없다)를 '종'으로 한다. 다시 '조'라는 묘호가 등장하면 또 다른 개국開國과 창건創建을 의미하는 것이다.

세조는 왕실의 위기를 넘기고 위엄을 확립했다는 의미에서, 인조는 반정에 의해서 광해군을 몰아내고 왕위를 차지했기 때문에, 영조와 정조는 처음에는 영종과 정종이었으나 고종 때 그들의 개혁 정치가 국가를 다시 세우는 것에 버금간다고 하여 조를 붙였다. 이처럼 따라서 조를 붙이느냐, 종을 붙이느냐는 사후의 평가에 따르게 된다. 그러나 공의 많고 적음은 주관적인 것이어서 묘호를 정할 때 이루어진 의논에 좌우되었다. 이로 인해 때로는 조정에서 공론이 분열되는 일도 있었다. 대개 종보다는 조가 더 명예로운 것으로 생각되었기 때문에 정치적 상황에 따라 신하들이 억지로 붙이는 경우도 있었다. 세조, 선조, 순조가 후대에 그런 비난을 받았다.

경우에 따라서는 이미 정해진 묘호를 바꾸는 경우도 있었다. 선조의 경우, 처음 묘호가 선종이었으나 국란(임진왜란) 극복 등 커다란 공이 있다고 하여 광해군 때에 선조로 바뀌었다. 또 오늘날 가장 훌륭한 왕으로 생각되는 세종의 경우, 종이 붙었지만 뛰어난 업적을 남긴 왕으로 평가받는다.

한편 연산군이나 광해군 같이 왕의 자리에서 쫓겨난 경우는 왕의 자손이라는 것만을 인정받아 '군君'이라는 이름이 붙여졌다. '군'이란 왕자를 가리키는 명칭이다. 비운의 왕인 단종의 경우는 왕에서 쫓겨난 뒤 '노산군'으로 낮추어지고 다시 서인이 되었다가, 200여 년이 지난 숙종 때 단종으로 그 지위가 회복되었다.

500년 조선왕조의 기반을 다지다
정도전

鄭道傳 (1342~1398년)

▍조준, 남은 등과 함께 조선 건국의 주역이다.
▍《조선경국전(朝鮮經國典)》을 찬진하여 법제의 기본을 만들었고, 한양을 건설했다.
▍유학의 대가로 개국 후 군사, 외교, 행정, 역사, 성리학 등 여러 방면에서 활약했고, 척불숭유(斥佛崇儒)를 국시로 삼았다.
▍제1차 왕자의 난 때 이방원에게 참수되었다.

정도전은 이성계와 함께 조선을 건국한 개국공신이다. 이성계를 도와 나라를 여는 데 기여했으므로 이성계가 왕위에 오르고 나자 큰 권력을 쥐었다. 재상의 역할을 중시한 그는 강력한 신권 정치를 꿈꾸며 모든 권력은 왕이 아니라 재상 중심의 신료들에게 있어야 한다고 생각했다. 그러나 이방원 일파에 의해 제거되면서 조선 시대 내내 신원되지 못했다. 1865년에야 흥선대원군이 경복궁을 중건하면서 그 설계자인 정도전의 공로를 인정해 그의 봉작封爵을 회복시켜 주었다.

정도전은 경북 영주에서 밀직제학 형부상서를 지낸 정운경鄭云敬의 장남으로 태어났다. 기록에 따르면 정도전은 "타고난 자질이 총명했고 어려서부터 독서를 좋아했다."라고 한다. 자라면서 학문에 뜻이 있음을 알게 된 아버지가 그를 이색의 문하에서 공부할 수 있도록 해 주었다. 당시 이색의 문하에는 정몽주, 박상충, 박의중, 이숭인, 이존오, 김구용, 김제안, 윤소종 등 훌륭한 학자들이 모여 있어 이들과 교류할 수 있었다.

그는 스무 살에 진사시에 합격해 이듬해 충주 사록이 되면서 관리 생활을 시작했다. 12년 동안 정계의 주변 자리를 맴돌 뿐 핵심 세력에는 들지 못했다. 게다가 반원운동을 주장하다가 당시 실권을 가진 친원 세력에게 탄핵을 받아 10여 년간 초야에 묻혀 지내야 했다. 1375년(우왕 1)에 원나라에서 명나라를 치는 데 필요한 원병을 요청하는 사신을 보내왔다. 친원파 대신들은 정도전을 영접사로 보내어 사신을 맞이하고자 했지만 그는 이 일을 거부했고 이로 인해 전라도 나주 근처인 회진현으로 9년간이나 유배살이를 하게 되었다.

귀양에서 풀려난 후 정도전은 옛집으로 돌아와 삼각산 아래에 초가를 짓고 제자들을 가르쳤다. 그러나 그를 미워하는 재상들에 의해 집이 헐리고 말았다. 결국 친구인 부평 부사 정의에게 의탁해 부평부 남쪽에서 살게 되었으나 그나마도 재상 왕모가 별장을 짓는다고 쫓아내자 할 수 없이 김포로 이사했다. 정도전은 꽤 오랫동안 어려운 세월을 보냈다. 이런 시련이 혁명에 대한 꿈을 꾸게 만들었을 것이다.

그러던 정도전은 1383년(우왕 9), 당시 동북면도지휘사로 있던 함흥의 이성계 막사를 찾아갔다. 답답한 세상을 개혁하기 위해서는 힘이 필요하다고 생각한 것이다. 그가 정몽주를 선택하지 않고 신흥 군벌인 이성계를 찾아간 것은 무관인 이성계는 관료들과는 달리 출신 성분보다 실력으로 인물을 뽑을 것이라 여겼기 때문이다. 정도전은 이성계의 군대를 보고 이렇게 말했다.

"참으로 훌륭합니다. 이런 군대라면 무엇인들 못하겠습니까?"

혁명을 위한 군사력으로는 충분하다는 의미였다. 이성계와 정도전은 의기투합했고 1388년, 정도전은 드디어 이성계의 추천을 받아 성균관 대사성으로 정계에 복귀했다.

이후 이성계는 위화도 회군으로 정권을 쥐게 되고 정도전이 내놓은 역성혁명의 명분인 폐가입진론(廢假立眞論, 우왕과 창왕은 공민왕의 혈통이 아니라 요승인 신돈의 자식이므로, 이제 가짜 왕을 폐위시키고 진짜 왕의 혈통인 공양왕을 내세운다)을 내세워 신종의 9대손인 요瑤를 공양왕으로 옹립했다. 정도전은 앞장서서 혁명에 걸림돌이 되는 것은 모조리 제거해 나갔다. 그 과정에서 스승인 이색과 결별하고 친구인 이숭인 등과도 등을 돌렸다. 개혁에 반대하는 세력을 과감하게 처단한 것이다. 정도전은 종종 술에 취해 이런 말을 했다고 한다.

"한고조가 장자방을 쓴 것이 아니라 장자방이 한고조를 쓴 것이다."

바로 자신이 이성계를 발탁하고 군주로 세웠다는 의미였다.

조선왕조가 세워지자 정도전은 왕조의 설계자로서 확고한 지위를 유지하게 되었다. 묵은 제도를 정비하고 개혁하는 일은 모두 그에게 맡겨졌다. 그는 먼저 국가 이념을 정립하고 통치 체제를 정비했다. 유교를 국가 이념으로 삼고 성리학을 내세웠고, 통치 체제로는 중앙집권제를, 통치 철학으로는 왕도 정치와 민본주의를 바탕으로 했다. 무엇보다 농사에 중심을 두었다.

정도전의 업적 가운데 단연 눈에 띄는 것은 《조선경국전朝鮮經國典》의 편찬이다. 이 책은 조선의 법전 편찬의 기초가 된 책이다. 내용은 크게 왕이 할 일과 신하가 할 일로 나뉘는데, 임금의 할 일을 정보위正寶位, 국호, 정국본定國本, 세계世系, 교서로 나누고, 신하의 할 일로 치治, 부賦, 예禮, 정政,

헌憲, 공工의 6전을 설치해 각 전典의 관할 사무를 규정하고 있다.

정도전에게 주어진 또 하나의 큰 임무는 새 도읍지의 건설이었다. 정도전은 태조의 신임 속에서 도읍지를 결정하는 것부터 한양 건설에 이르기까지 중심적인 역할을 했다. 한양은 태조의 의지와 정도전의 협력으로 만들어진 도읍이었다. 1395년 9월, 경복궁과 종묘가 완공되자 이사가 시작되었다. 태조는 정도전에게 궁궐의 모든 전각과 문루의 이름을 짓게 했다. 경복궁의 근정전, 사정전, 교태전, 강녕전, 연생전, 경성전, 융문루, 영추문, 건춘문, 신무문, 광화문 등의 이름을 그가 지었다. 이와 함께 도성의 자리와 출입문의 이름 역시 그가 지었는데 4대문은 숭례문(남대문), 소지문(북문), 흥인지문(동대문), 돈의문(서대문), 4소문은 소의문(서남문), 창의문(서북문), 혜화문(동북문), 광희문(남동문)이다. 광희문은 수구문이라고도 했으며 이 문으로는 사람의 주검을 실어 나갔다.

이렇듯 한양 건설에 여념이 없던 1396년(태조 5) 6월, 이른바 표전문表箋文 사건이 터졌다. 표전문은 조선이 명나라에 보내는 외교문서이다. 사건의 발단은 하정사賀正使 유순柳珣이 가지고 간 표전문의 내용이 명나라에 대해 모욕적이고 오만하다는 이유로 글을 쓴 책임자를 잡아들이라고 한 데에서 불거졌다. 명나라에서는 정도전과 정탁鄭擢을 배후로 지목하고 그들의 압송을 요구했다.

이 사건은 정도전이 겉으로는 존명사대를 표방하면서 실질적으로는 북방의 영토를 조선의 행정구역으로 편입시키는 행위를 괘씸하게 여긴 명나라가 그를 제거하려고 꾸민

진신도팔경시비 정도전이 새로 세워진 수도 서울의 아름다움과 위용을 그린 시조가 새겨져 있다.

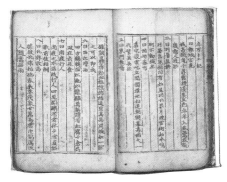

《삼봉집》 정도전의 문집으로 조선왕조의 건국 이념과 정도전의 사상을 연구하는 데 중요한 사료이다. 국립중앙박물관 소장.

것이었다. 조선은 이 문제를 해결하기 위해 사신을 여러 번 명나라에 보냈지만 명은 사신을 구속하거나 유배시키는 등 계속 횡포를 부렸다. 조정에서도 이 문제에 대해 의견이 대립했으나 정도전의 위세에 눌려 아무도 그를 보내야 한다고 말하지 못했다.

정도전은 명나라와의 갈등이 해결될 기미가 보이지 않자 과거에 자신이 반대했던 랴오둥 정벌을 태조에게 건의했다. 그러던 중 명나라가 선덕왕후 강씨의 상복을 입었다는 죄목으로 정총 등을 처형하는 일이 일어났다. 이로 인해 본격적으로 전쟁 준비가 시작되었다. 태조는 함경도의 성곽을 수리하게 하고 무기를 점검시켰다. 정도전은 자신이 쓴 병서인《오진도五陳圖》를 기본으로 중앙의 군사들에게 군사 훈련을 시키고 출병 준비를 했다. 그런데 귀족들이 소유하고 있던 사병을 관군에 편입시키려 하자 왕자와 공신들의 불만이 터져 나왔다. 이방원은 방석이 세자로 책봉된 데에다 사병마저 빼앗기면 대권의 꿈이 물거품이 될 것이라고 생각했다. 이방원은 이를 왕자들의 사병을 억제하고 방석의 세자 자리를 공고히 하려는 정도전의 음모로 생각했다. 이는 결국 제1차 왕자의 난이 발생하는 계기가 되었다.

그러나 정도전이 방석을 세자로 적극적으로 추대한 것은 아니었다. 다만 태조의 마음이 강씨와 그녀의 소생인 방석에게 있다는 것을 알았을 뿐이다. 정도전에게는 누가 왕이 되느냐는 그리 중요하지 않았다. 그는 왕의 힘으로 나라가 움직이는 것이 아니라 신료들이 움직인다고 생각했기 때문이다. "임금이 신하만 못하면 신하에게 전권을 맡기는 것이 좋다. 임금이 그르다고 해도 재상은 옳다고 말하고, 임금이 옳다고 해도 재상은 그르다고 할 수 있어야 한다."라는 것이었다.

결국 정도전의 이런 사상과 일련의 조치들은 이방원으로 하여금 그를 제거하게 만들었다. 왕권에 대한 조바심이 이방원으로 하여금 형제간의 피바람을 일으키게 한 것이다. 정도전을 없앤 이방원은 궁궐로 들어가 태조에게 사실을 보고했다. 충격을 받은 이성계는 마지못해 둘째인 방과를 세자로 삼았다.

그는 비명에 갔지만 그의 사상은 조선왕조의 기틀을 세우는 데 중심 사상이 되었다. 그를 제거한 태종 이방원조차 그의 계획에 따라 조선의 정치, 문화, 제도를 수립했다. 조선왕조를 태조가 창건했다면 500년간 이어지는 조선을 설계한 사람은 정도전, 바로 그였다.

태종의 치적 뒤에 자리한 장자방
하륜

河崙 (1347~1416년)

▌ 1400년(정종 2) 제2차 왕자의 난 당시 이방원을 도왔다.
▌ 이첨과 함께 《동국사략(東國史略)》을 편수하고, 《태조실록》 편찬을 지휘했다.
▌ 태종의 즉위로 좌명공신에 책록되고, 이듬해 관직에서 물러났다가 좌정승에 복관, 승추부판사를 겸했다.

태종은 제1, 2차 왕자의 난을 통해 왕위에 올랐으나 조선왕조의 기틀을 다진 왕으로 평가받는다. 태종 치세에 조선은 중앙집권제가 확고히 다져졌다. 그는 도평의사사를 철폐하고 의정부-6조 체제를 완성했고, 6조에 속아문제도屬衙門制度를 실시해 각종 관아를 모두 6조 휘하에 두었다. 재상권을 약화시키기 위해 6조직계제를 시행하고 사간원을 독립시켰으며, 지방에 대한 중앙의 관리를 강화하기 위해 8도 체제를 도입하여 지방을 정리했다. 고려 시대에는 지방이 주현과 속현으로 구분되어 지방관이 파견되지 않은 현이 많았는데 이를 정비하여 군현을 통·폐합하고 특수 촌락·임내任內를 혁파했으며, 경기좌우도를 경기도로 통합했다.

양계 지역의 장관도 도순문사都巡問使에서 도관찰사都觀察使로 바꾸어 도의 장관을 통일시켰다. 또한 행정 체제의 혼돈을 방지하기 위해 지명에 붙은 주州 자를 모두 유사한 글자로 바꾸었으며, 감무監務도 현감으로 바꾸어 수령의 명칭에 일관성을 기하는 한편 수령의 임무와 고과규정을 정비했다.

군사 제도로는 사병을 혁파하고, 군정 체제를 정비하여 왕을 발령자로 하고 병조를 군정기관으로 하는 조선 군제의 전통을 수립했다. 병선 건조와 개조에도 힘을 기울여 거북선을 만들어 실험하기도 했다. 양반, 유생, 노비 등을 망라하는 잡색군雜色軍을 조직해 총동원 체제를 이루었고 이렇게 정비된 군제를 바탕으로 1418년에는 왜구의 소굴인 쓰시마 섬對馬島 원정을 단행했다. 또 사전私田에 대한 국가의 지배를 강화하여 공신전에도 10분의 1의 세를 내게 했으며, 공신전의 전수를 제한하고 수신전, 휼양전의 액수를 감했다. 그밖에 사전의 3분의 1을 하삼도(下三道, 충청 · 전라 · 경상)로 이급하는 등 여러 가지 방법으로 사전을 군자전으로 이속시켜 사전 액수의 감소를 꾀했다. 한편 재정 절감을 위해 불필요한 관원을 도태시키고 검교직을 폐지했으며 저화楮貨 통용에 특별한 관심을 기울이는 등 여러 가지 진흥책을 시행했다. 서울의 시전 제도도 정비하고 상공세商工稅, 공랑세公廊稅 등 세제를 마련했다. 사회 정책으로는 호적과 군적을 정비하고 호패법과 인보법을 제정했다. 그러나 적서의 구분은 더욱 엄격히 하여 서얼차대와 한품서용限品敍用 규정을 마련했다.

태종이 이런 눈부신 업적을 이룩한 데에는 장자방張子房의 공이 컸다. 바로 하륜이다. 그는 조선을 개국하는 데에는 참여하지 않았지만 이방원이 태종으로 즉위하는 데 가장 공을 세웠고, 한양 천도에 많은 의견을 냈다.

태종은 정적政敵은 물론 측근들까지 철저히 숙청한 인물이었다. 덕분에 아무도 태종 옆에서는 오랜 영화榮華를 누리지 못했다. 그러나 하륜만은 예외였다. 태종은 그에게 아낌없는 신뢰를 주었고 정치적 고비 때마다 그를 비호했다. 그는 태종을 섬긴 16년 동안 무려 12년이라는 세월을 정승의 자리에 있었다. 그는 태종의 집권을 돕고 국왕의 통수권을 확장하는 데 진력했으며 개국공신들의 세력을 견제하는 데에도 힘을 기울였다. 그는 강한 국가를 만들기 위해 정부의 조직을 체계적으로 정비하고 국가의 권력을 중앙에 집중시키고자 했다.

하륜은 경상도 진주에서 순흥 부사 하윤린河允麟과 증찬성사 강승유姜承裕의 딸인 진주 강씨 사이에서 태어났다. 집안의 인물들이 주로 낮은 관직이었던 것으로 보아 그는 가문의 후광 없이 자수성가한 인물로 보인다.

하륜은 이인복李仁復과 이색의 제자로, 1360년(공민왕 9) 국자감시에 합격했고, 1365년 문과에 급제했다. 당시 시험관이던 이인복이 그의 사람됨을 보고 동생 이인미李仁美의 딸과 결혼시켰다. 이로써 그는 당시 거족이던 성주 이씨 가문과 교유할 수 있게 되었다.

이후 그는 자신의 능력과 처가의 후원으로 비교적 순탄하게 관직 생활을 할 수 있었고 마침내 재상의 반열에 올랐다. 1367년에는 춘추관 검열·공봉이 되었고, 1368년에는 감찰규정에 시보(試補, 어떤 관직에 정식으로 임명되기 전에 실제로 그 일에 종사하여 익히는 일)되었다. 이듬해 신돈에 의해 파직되었으나 신돈이 처형된 후 수령으로 나가 최고의 평가를 받았다. 그 후 고공좌랑을 거쳐 첨서밀직사사에 이르렀지만 최영의 랴오둥 정벌을 반대하다가 양주(襄州, 지금의 양양군)로 귀양을 갔고 위화도 회군 이후 복관되었다. 다음 해 창왕이 옹립되고 우왕이 여주로 유폐되자 김저金佇가 우왕의 명으로 이성계를 암살할 계획을 세우던 중 발각되었다. 이때 하륜은 이색, 이숭인, 권근 등과 우왕 옹호파로 분류되어 탄핵을 받았다.

그러나 윤이井彝·이초李初의 사건(1390년 이성계 일파가 실권을 장악하자, 파평군 윤이와 중랑장 이초가 이성계 일파를 제거하고자 이성계가 장차 명나라를 치려 한다고 밀고했다)에 연루되어 유배지를 전전하다가 청주에 홍수가 난 것을 계기로 이색 등과 함께 방면되어 고향 진주로 돌아갔다. 그 후 정몽주 일파가 정국의 주도권을 장악하면서 전라도 관찰사로 부임했다.

태조가 건국 반대 세력을 적극적으로 포용함에 따라 그도 경기좌도 관찰출척사로 임명되어 다시 정계에 복귀하게 되었다. 1393년 태조는 왕사 무학無學으로 하여금 계룡의 지세를 살피게 한 후 새 도읍지를 건설하는 역사役事를 시작했다. 이에 하륜은 "수도는 나라의 중앙에 두어야 할진대 계룡은 너무 남쪽에 편재하여……."라며 풍수지세가 좋지 않은 곳이니 다시 정할 것을 청했다. 관료들 역시 풍수 실태를 조사해 보고 하륜의 주장을 지지했다.

1394년에는 음양산정도감을 설치하여 한양의 무악毋嶽을 조사했으나 명당이 좁아서 적지가 아니라고 했다. 하륜은 무악은 명당이 좁기는 하지만 경주와 평양보다는 넓고, 전국의 중앙에 위치한 곳으로 적당하다고 주장했다. 그렇지 않다면 민심을 안정시키는 방법의 하나로 송악에 그대로 있는 것이 좋다고 했다. 그러나 태조는 신하들과 한양으로 결정했고, 하륜은 한양이 위치로는 무난하나 풍수상으로는 무악이 좋다고 끝까지 주장했다. 이 일로 그는 태조에게 능력을 인정받아 첨서중추원사로 임명되었다. 그러나 개국공신들이 정국을 주도한 상황에서 이렇다 할 권력을 가지지는 못했다.

1394년 그가 예문춘추관 학사로 있을 때 명나라와의 표전문 사건이 일어났다. 명나라는 표전문의 책임을 지고 정도전을 압송하라고 요구했다. 그 요구를 둘러싸고 조선 조정에서 설왕설래했으나 직접 작성한 사람이

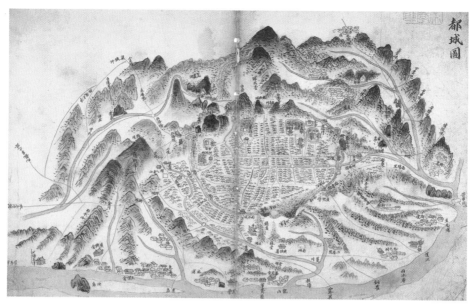

도성도 정조 연간에 제작된 지도 책인 《여지도》에 수록된 서울 지도이다. 규장각 한국학연구원 소장.

정도전이 아니었으므로 그를 보내지 않기로 결정했다. 하지만 하륜은 명나라의 요구대로 정도전을 명나라로 보낼 것을 주장하며 명나라에 가서 사건의 전말을 상세히 보고한 후 그들을 납득시키고 돌아왔다. 이 일로 그는 정도전의 미움을 받아 계림 부윤府尹으로 좌천되었다.

이즈음 정도전과 하륜은 입장을 달리한 것으로 보인다. 당시 세자 책봉에 있어 정비 한씨 소생의 왕자들이 아닌 계비 강씨 소생인 방석을 책봉했는데, 이것은 강씨가 고려 권문세족 출신이며 정도전 등 신하들의 지지를 받았기 때문인 것으로 보인다.

1398년 하륜은 충청도 관찰사로 발령을 받고, 전별연 자리에서 술에 취한 척 일부러 이방원에게 주안상을 엎었다. 화가 나 집으로 가는 이방원을 뒤따라 나간 그는 선수를 써서 정도전 일파를 제거하는 방법을 방원에

게 건의했다. 자신은 임지로 가야 하지만 자신을 대신해 안순 군수 이숙
번李叔蕃이 정릉貞陵 역사로 역군을 데리고 도착할 것이니, 그로 하여금 대
사를 도모하라고 말한 것이다. 이방원은 이숙번이 상경하자 정도전과 남
은을 죽이고 세자 방석을 폐하는 한편 방과芳果를 새 세자로 세웠다. 이것
이 제1차 왕자의 난이다. 이 성공으로 하륜은 1등공신에 올랐다.

1400년 1월 정종에게 후사가 없고, 제1차 왕자의 난에 대한 포상 문제
에 불만을 품은 박포朴苞가 방간芳幹을 책동하면서 제2차 왕자의 난이 벌
어졌다. 이 사건은 박포와 방간을 유배 보내는 것으로 마무리되었는데,
이 과정에서 하륜은 정종에게 간해 이방원을 세자로 책봉하게 했다. 그리
고 그해 11월, 정종은 방원에게 왕위를 선양했다.

태종이 즉위하자 그는 좌명공신 1등이 되었으나 병으로 사직했다가
1402년에 의정부 좌정승 판이조사로서 등극사가 되어 명나라 성제의 즉
위를 축하하고 조선의 고명인장誥命印章을 받아 가지고 돌아왔다. 그 뒤
영의정부사, 좌정승, 좌의정을 역임하고 1416년에 70세로 치사(致仕, 나이
가 많아 벼슬을 사양하고 물러나는 것)하고 진산부원군晉山府院君이 되었다.
관직에서 물러난 후 함길도에 있는 선왕의 능침陵寢을 순시하고 돌아오던
도중 병이 나서 함길도 정평의 관아에서 죽었다.

그는 내성적이었으나 강인한 성품의 소유자였다. 윤회가 쓴 그의 졸기
에는 "하륜은 타고난 기질이 중후하고 태도가 온화하며 말수가 적어 평생
에 빠른 말과 급한 빛이 없었으나 묘당廟堂에 올라 의심을 결단하고 책략
을 정할 때에는 헐뜯거나 칭송한다 하여 그 마음을 움직이지 않았다."라
고 기록되어 있다.

태종이 정도전을 꺾고 집권하게 된 데에는 하륜의 공이 컸다. 또한 치
적을 통해 자신의 정통성을 확립하고 싶어 했던 이방원에게는 충성을 다

하면서도 많은 개혁 방안을 제공할 수 있으며 추진력을 갖춘 인물이 필요했다. 정치적 포부는 있었으나 고려의 세력이었던 하륜에게도 태종은 자신을 지켜줄 수 있는 든든한 배경이었다. 이러한 양측의 이해관계가 맞아떨어져 조선 초기의 문물과 제도가 완성된 것이다.

조선 역사상 가장 위대한 왕

세종

世宗 (1397~1450년)

▌조선왕조 제4대 왕(재위 1418~1450년).
▌이상적 유교 정치를 구현했고, 훈민정음 창제, 측우기 등 과학 기구 제작 등을 통해 조선의 독자적인 문화를 꽃피우는 데 기여했다.
▌4군 6진을 개척하여 국토를 확장하고 쓰시마 섬을 정벌하는 등 국방을 안정시켰다.

우리나라의 역대 왕 중 가장 위대한 인물로 꼽히는 세종은 조선의 제4대 임금으로 유교 정치의 기틀을 확립하고, 각종 제도를 정비해 조선왕조의 기반을 다졌다. 한글 창제, 과학 기술 개발, 4군 6진 개척, 쓰시마 섬 정벌 등 32년의 재위 기간 동안 일일이 열거하기조차 힘들 정도의 많은 치적을 쌓았다. 뿐만 아니라 어질고 현명하며 백성들에게 모범이 되는 국왕으로 기억되는 인물이다.

세종은 태종과 원경왕후 민씨 사이에서 셋째 아들로 태어났다. 위로는 양녕대군과 효령대군이 있었다. 양녕대군은 그보다 세 살 위, 효령대군은 한 살 위였다. 세종이 네 살 되던 해에 아버지인 이방원이 제2차 왕자의 난을 일으켜 왕세자가 되었고, 훗날 태종으로 즉위했다.

　태종은 유난히 셋째 아들인 충녕대군(훗날의 세종)을 편애했다. 그는 어린 시절부터 유학의 경전뿐 아니라 역사, 법학, 천문, 음악 등 다양한 분야의 책을 두루 읽었는데, 이로 인해 훗날 모든 분야에서 전문가적인 실력을 갖추게 되었다고 한다. 스스로 경서經書는 모두 100번씩 읽고, 역사서와 그 밖의 책들은 30번씩 읽었다고 말할 정도였다. 태종이 지나치게 독서에 열중하는 충녕대군의 건강을 걱정하여 책을 모두 치워 버렸다는 일화도 있다.

　1418년 세자인 양녕대군이 행실의 문란함을 이유로 폐세자되고 스물두살의 충녕대군이 세자에 책봉되었다. 그리고 두 달 후 왕위에 오른 세종은 태종이 이룩한 강력한 왕권을 바탕으로 유교적 정치 이상을 실현하는 여러 정책을 시행했다. 의정부의 권한을 제한하고 왕권을 강화하기 위해 태종 때 실시된 6조직계제六曹直啓制를 이어받아 국정을 직접 관장했다. 그 후 왕권이 안정되자 6조직계제를 폐지하고 의정부서사제議政府署事制를 부활시켰다. 이는 집현전에서 배출된 많은 학자들이 의정부의 지나친 권력 행사를 견제할 수 있었기에 가능했다.

　1420년에 설치된 집현전은 젊고 유능한 학자들을 길러 내는 동시에 왕과 세자에 대한 학문적인 자문, 교육과 각종 서적 편찬을 담당하는 기구였다. 성삼문, 박팽년, 하위지, 신숙주, 정인지

훈민정음

등 집현전을 통해 배출된 학자들은 세종의 손발이 되어 유교 이념에 입각한 정치와 문화를 확립했다.

세종은 1443년 성삼문, 신숙주, 최항 등을 필두로 한글 창제를 진행했다. 이에 집현전 학자 최만리 등이

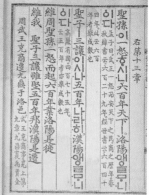

〈용비어천가〉

대대로 중국의 문물을 본받고 섬기며 사는 조선에서 한자와 다른 글자를 만드는 것은 중국에 대해 부끄러운 일이라는 이유로 한글 창제를 반대하고 나섰다. 그러나 세종은 설총이 백성의 글자 생활을 돕기 위해 이두를 만든 것처럼 한글도 백성을 편안하게 하기 위해 만드는 중대한 나랏일임을 밝혔다.

1446년, 훈민정음이 반포되었다. 세종은 3년 동안 《용비어천가龍飛御天歌》를 지어 훈민정음의 실용성을 시험해 보는 한편, 집현전 학사들로 하여금 훈민정음의 본문을 풀이한 《해례서解例書》를 편찬하게 했다. 훈민정음은 창제 당시 초성 17자, 중성 11자로 모두 28자였으나, 그중 ㆍ, ㅿ, ㆆ, ㆁ의 4자가 사라지고 오늘날에는 24자만 쓰인다.

"우리나라 말이 중국 말과 달라서, 한자와는 서로 통하지 아니하므로, 이런 까닭에 어진 백성들이 말하고 싶은 것이 있어도 그 뜻을 담아서 나타내지 못하는 사람이 많으니라. 내가 이것을 딱하게 여겨 새로 스물여덟 글자를 만들어 내놓으니, 모든 사람으로 하여금 쉽게 깨우쳐 날로 씀에

편하게 하고자 할 따름이니라."라는 훈민정음의 서두는 말과 글이 일치하지 않는 백성들의 불편한 생활을 개선하려 했던 세종의 의도를 살펴볼 수 있게 한다. 그 뒤에도 훈민정음에 관한 연구와 해설서, 한문 서적의 언해서를 간행하고 이천에게 명해 경인자, 갑인자, 병진자 등의 활자를 만들게 하였다.

세종이 특별히 신경을 쓴 분야는 과학 기술이었다. 1434년 천체 관측 시설인 간의대를 준공하고 혼천의, 혼상, 규표 등 천문 관측 기기를 설치했다. 장영실은 자동으로 시간을 알려 주는 자격루와 옥루 등 더욱 발전된 물시계를 만들었고, 1441년에는 과학적으로 강수량을 측정할 수 있는 측우기를 개발하는 데 성공했다. 세종은 잦은 홍수로 백성들의 피해가 늘어나자 역대 왕들처럼 하늘에 제사를 지내기보다는 기상 현상을 직접 관찰하고 측정해 대처하도록 명했다. 이에 호조에서 특정한 용기를 만들어 빗물을 받아 보는 방법을 제안했고, 서운관에서 이를 제작하여 최초의 측우기가 완성되었다. 이는 1639년 이탈리아의 베네데토 카스텔리Benedetto Castelli가 발명한 우량계보다 약 200년이나 앞선 것이다. 이 밖에도《칠정산내편七政算內篇》,《칠정산외편七政算外篇》이라는 역서曆書를 편찬하는 등 중국, 이슬람의 천문학과 역법의 계산 방법을 들여와 우리나라의 독자적인 역법 계산을 시작했다.

대외적으로는 명나라의 무리한 조공 요구를 거절하고 고려 말 이래 골칫거리였던 여진과 왜에 대해서는 정벌을 단행했다. 김종서와 최윤덕이 두만강과 압록강 유역의 여진을 몰아내고 6진六鎭, 4군四郡을 설치하자 이곳에 남쪽의 백성을 이주시켰다. 이때부터 국경선이 압록강으로부터 두만강까지 확보되었다. 또 이종무로 하여금 왜구의 소굴인 쓰시마 섬을 정벌하게 했다. 하지만 3포를 개항하면서 회유책도 함께 썼다.

지나치게 많은 일을 한 탓인지 세종은 말년을 온갖 병치레로 보냈다. 한쪽 다리는 풍을 앓았고 종기로 고통받았으며 백내장과 노안으로 어두운 곳에서는 걷기 힘들 지경이었다. 신하들은 장기 요양을 건의했지만 세종은 민폐가 심하다며 두 달 이상 같은 곳에서 머무르지 않았다. 게다가 요양 중에도 손에서 책을 멀리하지 않아 건강은 급속히 악화되었다. 1450년 세종은 평소 아끼던 막내아들 영응대군의 사가에 들렀다 기력을 회복하지 못하고 동별궁에서 승하했다.

청백리의 표상
황희

黃喜 (1363~1452년)

▌ 고려가 망하자 두문동에 은거했으나, 신왕조의 요청으로 1394년(태조 3) 성균관 학관으로 일하면서 다시 벼슬길에 나왔다.

▌ 영의정으로 18년간 재임했으며, 세종의 가장 큰 신임을 받은 재상으로 유명하다.

▌ 1418년에는 양녕대군의 세자 폐출을 극력 반대하여 태종의 노여움을 사서 유배되었다.

황희는 태조부터 세종에 이르기까지 네 임금 아래에서 일한 인물이다. 그의 강직한 성품은 역대 왕들에게서 모두 인정을 받았으나 그를 가장 인정해 준 사람은 세종이었다. 그는 세종 치세에서 18년간 영의정을 지내면서 왕과 대신들 사이의 균형을 잡아 조선왕조 최고의 번영을 누릴 수 있도록 했다.

황희는 개성 가조리에서 판강릉 대도호부사인 황군서黃君瑞의 아들로 태어났다. 그는 90년 생애 중 60여 년을 관직 생활을 하고, 그중 18년 동안 영의정을 지내면서 많은 치적과 일화를 남겼다. 세종이 재위한 32년의 절반을 넘는 기간이다. 또한 그는 청백리, 원만한 인격의 소유자의 대명사

로 알려져 있다. 《방촌선생실기彪村先生實記》에
는 85세가 된 그의 모습에 대해 "얼굴은 불그스
레하고 머리는 희며 바라봄에 신선과 같다."라
고 기록되어 있다.

그의 성품에 대해서는 매우 유명한 일화가
한 가지 전한다. 집에서 부리던 두 종이 다투던
중 한 종이 상대방의 잘못을 고하며 자신의 정
당성을 주장하자 그는 "그래, 그래. 네 말이 옳
다."라며 다독거렸다. 그러자 다른 종이 지지
않고 변명을 늘어놓았다. 황희는 그 말을 다 듣

황희 [국립중앙박물관 소장(중박201009
-405)]

고 "그렇다면 네 말도 맞구나."라며 둘을 타일러 보냈다. 그러자 지켜보
고 있던 그의 아내가 "이놈도 옳다, 저놈도 옳다 하시면 어쩝니까? 한 나
라의 정승이 그리 사리가 분명치 않으면 어떻게 합니까?"라고 나서자 황
희는 "맞소, 부인 말도 참으로 맞구려."라고 대꾸했다는 것이다. 아무리
집에서 부리는 종이라 할지라도 마음을 상하게 하지 않으려는 황희의 배
려를 엿볼 수 있는 일화이다. 그러나 생활에 있어서는 두 번의 좌천, 세 번
의 파직, 서인庶人으로 돌아가기를 한 번, 귀양살이 4년을 할 정도로 바른
것과 의로운 것이 아니면 행하지 않았던 성격이었다.

황희는 음서로 복안궁 녹사가 되었으나 그 후에도 학문에 정진하여 문
과에 급제한 후 성균관 학사로 관직 생활을 시작했다. 서른 살이 되던 해
고려가 멸망하자 그는 두 임금을 섬길 수 없다고 생각하여 70여 명의 고
려 유신들과 함께 두문동으로 들어갔다. 이들은 외부와 연락을 끊고 풀뿌
리와 나무껍질로 연명하며 고려왕조에 대한 지조를 지키려고 했다. 이성
계는 여러 방법으로 이들을 설득했으나 아무도 나오지 않았다고 한다.

'두문불출杜門不出'이라는 말이 여기에서 유래되었다. 이성계가 두문동을 포위하고 협박하자 결국 고려 유신들은 충절을 지키는 것도 중요하지만 세상을 등지고 백성을 외면하는 것도 도리가 아니라는 결론을 내리고 조정에 출사했다. 그중 가장 어린 이가 황희였다.

그러다 보니 관직 생활 초기에는 잘 적응하지 못하고 외직으로 겉돌았고, 태종이 즉위한 후부터 조금씩 인정을 받기 시작했다. 태종은 그를 신뢰하며 모든 정사를 그와 상의했다. 그러다 1418년 세자인 양녕대군을 폐위하고 셋째 아들인 충녕대군을 세자로 책봉하는 일에 반대하다 폐서인 廢庶人되어 파주로 유배되었다. 황희는 세자를 폐하는 것은 훗날 큰 화를 불러올 수 있다고 생각했던 것이다. 황희는 세종이 왕위에 오른 지 4년이 지난 후 비로소 유배에서 풀려나 의정부 참찬에 중용되었는데 그때 나이 예순 살이었다. 이후 황희는 세종과 함께 문물과 제도를 정비했다.

세종은 왕좌에 오르자마자 정치, 사회 제도를 개혁했다. 개혁의 근본은 인재 양성이었다. 세종은 고려 시대부터 존재하던 집현전을 대폭 개혁해 신진 관료들을 양성했다. 이에 집현전을 관리하고 감독할 인물로 황희가 뽑혔다. 노회한 대신들과 왕, 젊은 집현전 학자들 사이에서 균형을 맞추고 조율할 만한 인물로 온화하고 배려심 깊은 그가 적격이었기 때문이다.

세종이 불교를 가까이하여 궐 안에 불당을 짓자 대신들은 조선의 근간인 숭유억불 정책을 뒤로한다며 주청을 올렸다. 대신들은 백성들에게는 유교를 진작시키면서 임금 자신이 불교를 숭상하면 모순이니 거두어 달라고 청을 올렸다. 세종은 자식이 부모를 모시는 마음이라며 받아들일 수 없다고 거절했다. 그러자 그는 세종의 마음이 절대 바뀌지 않을 것을 알고 오히려 자신이 직접 대신들을 만나 마음을 풀도록 설득했다.

또 황희는 사람을 기용할 때 가문이나 출신 성분보다 실력을 중요시했다. 이는 세종의 생각과도 같았다. 덕분에 무인 집안 출신인 성삼문 같은 인물과 관노 출신인 장영실이 빛을 볼 수 있게 되었다. 특히 재주 많은 장영실에게 벼슬을 내리는 것에 대해서는 많은 조정 신료들이 불가하다며 앞다투어 거세게 반대를 했으나 장영실은 세종의 기대를 저버리지 않고 앙부일구와 자격루, 수표, 측우기 등을 만들어 냈다.

그는 50년 이상 주요 관직을 역임하면서도 청빈한 삶을 산 것으로 유명하다. 그가 영의정이던 시절 세종은 사전에 연락도 없이 그의 집을 찾았다. 마침 늦은 저녁을 먹고 있던 황희는 갑작스런 세종의 방문에 급히 상을 물렸다. 세종은 그의 초라한 집을 보고 놀랐다. 그런데 그의 방에 들어서니 바닥에는 장판 대신 멍석이 깔려 있었다. 게다가 먹다 만 밥상에는 보리밥에 된장과 풋고추가 놓여 있을 뿐이었다. 세종은 민망해하는 그를 보고 "경은 등이 가려우면 시원하게 긁기는 좋겠소. 자리에 누워 비비기만 해도 될 테니까."라고 농담을 하고 돌아갔다.

한 번은 그의 아들이 새 집을 크게 짓고 집들이를 하게 되었는데 집에 들렀던 황희가 온다간다는 말도 없이 돌아가 버렸다. 나중에 그 사실을 안 아들은 아버지가 자신을 나무라는 것으로 알고 용서를 구한 후 자신의 분수에 맞게 집을 다시 고쳤다고 한다.

1449년 그는 60여 년간의 관직 생활을 치사하기까지 18년 동안 영의정을 지냈다. 그리고 치사한 후에도 국가에 중대사가 있으면 세종의 자문에 응하

반구정 1449년 황희가 87세의 나이로 영의정을 사임하고 관직에서 물러난 후 여생을 보낸 곳이다.

는 등 정계에 영향력을 발휘했다. 그는 1452년(문종 2) 90세의 나이로 한양 석정동의 집에서 죽었다. 사후 세종의 문묘에 배향되었다.

황희는 사리가 깊고 청렴하며, 충효가 지극했다. 학문에 힘써 높은 학덕을 쌓은 그는 태종으로부터 "공신은 아니지만 나는 공신으로서 대우했고, 하루라도 접견하지 못하면 반드시 불러서 접견했으며, 하루라도 좌우를 떠나지 못하게 했다."라는 평가를 받을 정도로 두터운 신임을 받았다.

신분의 굴레를 뛰어넘은 최고의 과학자
장영실

蔣英實 (?~?)

▌동래현의 관노 출신으로 태종 때 발탁되어 궁중에서 기술자 업무에 종사했고, 1423년 세종의 특명으로 면천되었다.

▌한국 최초의 물시계인 보루각의 자격루 등 각종 과학 기구들을 제작하며 조선 전기의 과학 기술 수준을 비약적으로 끌어올렸다.

▌1442년 그가 제작한 세종의 수레가 부서져 그 책임으로 파직되었다.

세종 시대에 이루어진 놀라운 과학 발전의 한 기둥을 차지하고 있는 이가 바로 장영실이다. 비천한 신분에도 타고난 재능과 기술로 조선 전기의 과학 기술 수준을 비약적으로 끌어올리는 데 큰 역할을 했다. 한편으로는 당시의 엄격한 신분 제도의 벽을 넘어선 입지전적인 인물이기도 하다.

'농본'을 국가 이념으로 삼던 조선 시대에는 백성들의 생활을 안정시키기 위해 농업의 발달이 요구되었고 이를 위해서는 과학적인 지식과 기술 발전이 반드시 필요했다. 장영실은 조선 초기의 과학 기술을 비약적으로 발전시킴으로써 세종의 치적에 큰 방점을 찍었지만 단 한 번의 실수로 역사의 무대에서 쓸쓸히 사라지고 말았다.

장영실의 아버지는 귀화한 중국인이며 어머니는 기생이었다고 한다. 그 역시 동래현의 관노로 지냈다. 그는 어린 시절부터 기구를 만지는 것을 좋아해서 일을 마치고 나면 틈틈이 병기창고에 들어가 녹슬고 망가진 병장기와 공구들을 말끔히 정비하곤 했다. 마을 사람들이 종종 망가진 농기구 수리를 의뢰할 정도로 마을에서 유명한 소년이었다.

장영실에 관한 기록은 태종 때부터 등장한다. 이것으로 보아 태종 때부터 궁에서 기술자로 일했을 것으로 추정된다. 세종이 왕위에 오른 후 장영실은 천문 기구 제작법을 배우러 중국으로 떠났다. 천민 출신인 그가 중국까지 갈 수 있었다는 것은 그가 꽤 전문적인 실력을 가진 기술자였음을 말해 준다. 하지만 중국의 철저한 통제로 그는 설계도나 실제 제작에 필요한 것들을 얻어오는 데에는 실패했다. 하지만 세종은 그의 공로를 인정하고 상의원별좌에 임명하려 했으나 대신들의 반대로 뜻을 접어야만 했다. 그러나 얼마 지나지 않아 수동 물시계인 경점기更點器를 고친 공로로 노비 신분을 벗고 결국 상의원별좌에 임명되었다. 당시의 신분 제도에서는 매우 파격적인 인사였다.

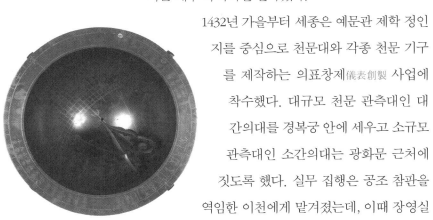

양부일구(국립고궁박물관 소장)

1432년 가을부터 세종은 예문관 제학 정인지를 중심으로 천문대와 각종 천문 기구를 제작하는 의표창제儀表創製 사업에 착수했다. 대규모 천문 관측대인 대간의대를 경복궁 안에 세우고 소규모 관측대인 소간의대는 광화문 근처에 짓도록 했다. 실무 집행은 공조 참판을 역임한 이천에게 맡겨졌는데, 이때 장영실은 이천을 도와 큰 역할을 했다. 작업을 시작한 지 거의 1년 만에 장영실은 천체의 위치와 운행을 측정하는 일종의 천문 시계인 혼천의를 만들었다. 여기에다 김빈과 함께 자동으로 시간을 알려 주는 물시계인 자격루를 만드는 데에도 성공했다. 세종은 그 공을 치하하면서 장영실을 정4품 무관 벼슬인 호군으로 임명했다.

세종은 경복궁 경회루 남쪽에 전각을 짓고 자격루를 설치해 조선의 표준 시계로 사용하도록 했다. 자격루에서 시간을 알려 주면 궁궐 밖 종루에서 낮 12시와

자격루(국립고궁박물관 소장)

밤 10시에 북이나 종을 쳐서 일반 백성에게 시각을 알렸다. 장영실이 만든 자격루는 임진왜란 때 소실되었고 현재 남아 있는 것은 중종 때 만들어진 것이다. 이 외에도 해시계인 현주일구와 앙부일구, 태양시와 항성시를 측정하여 주야 겸용 시계로 쓴 일성정시의, 태양의 고도와 출몰을 측정하는 규표 등을 완성했다.

장영실은 자격루를 만든 지 5년 후에 더욱 정교한 시계인 옥루를 만들었다. 옥루는 시간을 알려 주는 자격루와 천체의 운행을 관측하는 혼천의의 기능을 더한 것으로 시간은 물론 계절의 변화와 절기에 따라 해야 할 농사일까지 알려 주는 다목적 시계였다. 세종은 크게 기뻐하며 자신의 집무실 옆에 흠경각을 지어 옥루를 설치하게 하고 자주 드나들었다. 이 공으로 그는 경상도 채방별감이 되어 동鋼과 철鐵을 채광하고 제련하는 일을 감독했다.

장영실이 만든 것은 이런 관측 기구뿐만이 아니다. 1434년에는 김돈,

수표교 세종 2년에 만들어진 것으로 1958년 청계천 공사 이후 장충단 공원으로 옮겨졌다. 조선 시대 물길을 건너는 통로로서뿐만 아니라 홍수의 조절을 위해 수량을 측정하는 역할을 했던 다리이다.

김빈 등과 함께 금속활자인 갑인자를 만드는 데 참여했다. 태종 때 만들어진 계미자는 활자가 고르지 못하고 활자를 고정시키기 위해 밀랍을 사용해야 했기 때문에 많은 양을 인쇄할 수 없었다. 이를 개량한 것이 갑인자로 20여 만 자를 만드는 데 2개월이 걸렸으나 글자의 모양도 아름답고 선명했으며 전보다 2배는 빨리 인쇄할 수 있었다. 이 갑인자로 수많은 책들을 출판할 수 있게 되면서 세종 시대는 문화의 풍요로움을 누릴 수 있었다.

1441년에는 강우량 측정기인 측우기와 하천 수위 측정기인 수표水標 제작을 감독했다. 강우량 측정은 농업 국가인 조선에는 매우 중대한 문제였다. 수표는 청계천의 마전교 서쪽과 한강변에 설치되었는데 현재 세계 각국에서 사용하고 있는 양수표量水標와 같은 방식이다.

그는 과학 발전에 기여한 공로로 정3품인 상호군까지 올랐다. 그러나

1442년 그의 감독으로 제작된 왕의 가마가 부서지는 사고가 나는 바람에 불경죄로 투옥된 후 파면되었다. 그를 아꼈던 세종은 곤장 100대를 80대로 감해 주었을 뿐 더 이상 구제해 주지는 않았다. 왕에게 위해를 끼친 경우에는 대역죄로 처벌되는 것이 당시로서는 당연한 일이었기 때문이다. 이 사건 이후 역사 속에서 장영실의 흔적을 찾아볼 수는 없다.

왕위 찬탈자인가, 위대한 군주인가
세조

世祖 (1417~1468년)

▮ 조선 제7대 왕(재위 1455~1468년).
▮ 세종의 제2왕자로 1428년 수양대군에 봉해졌고, 1455년 단종을 선위(禪位)시키고 왕위에 올랐다.
▮ 의정부의 정책 결정권을 폐지하고 6조직계제를 부활시키는 등 왕권을 강화했고, 호적과 호패 제도를 강화하고 진관 체제 등을 실시하여 국방력을 신장시켰다.

어린 조카인 단종을 몰아내고 즉위한 세조에 대한 평은 좋지 않다. 사료는 그에 대해 "강력한 왕권을 행사하기 위하여 통치 체제를 다시 6조직계제로 고쳤으며, 자신의 활동을 견제하는 집현전을 없앴다. 경연經筵도 열지 않았으며, 태종 이후 정치 참여가 제한되었던 종친들을 등용하기도 했다."라고 적고 있다. 조선의 성리학을 보급하는 데 앞장섰던 세종이나 성종과는 반대였다. 그러나 그는 태종에 이어 조선의 정치, 군사 등을 정비하고 조선을 한 단계 발전시키는 데 이바지한 인물이다.

세조가 집권하는 직접적인 계기가 되는 계유정난癸酉靖難은 1453년 그가 단종의 보좌 세력이자 원로대신인 황보인皇甫仁, 김종서金宗瑞 등 수십 명을 제거하고 정권을 잡은 사건을 말한다. 문종이 왕위에 오른 지 2년 4개월 만에 세상을 뜨자 열두 살의 어린 단종이 즉위했다. 그러나 궐 안에는 수렴청정을 할 만한 사람이 없었다. 단종의 어머니인 현덕왕후 권씨는 단종을 낳은 후 한 달 만에 산욕열로 죽었고, 세종의 후궁 혜빈 양씨는 정치적 발언권이 없이 궐 안의 일을 관장할 뿐이었다. 또 단종의 누이 경혜공주는 아직 스무 살밖에 되지 않아 단종의 후원 세력이 되지 못했다. 때문에 모든 정치적 권력은 문종의 유지를 받든 황보인과 김종서 등의 대신뿐이었다.

당시 수양대군(훗날의 세조)과 안평대군은 정치적 야심을 가지고 많은 문객을 모으고 있었다. 수양대군은 주로 불교 서적을 번역하거나 병서를 편찬하는 일에 관여했고, 진법陣法을 지휘하는 일도 했다. 반면 안평대군은 문학과 예술을 좋아했다.

단종 집권 이후 황보인 등의 대신들로 인해 의정부가 지나치게 비대화되자 집현전 출신인 신숙주, 성삼문 등이 대간직으로 진출하면서 의정부 대신들의 권력을 축소할 것을 요구했다. 단종이 의정부를 옹호하자 황보인 등은 대간의 업무를 탄압하게 되었고 이에 상당수 집현전 출신들이 수양대군과 함께 정변에 참여하게 되었다. 수양대군은 집현전 학사, 내금위 무사, 내시부의 내시를 규합하고 계유정난을 일으켰다.

그는 즉위한 다음, 제2의 창업지주創業之主 혹은 조종지주祖宗之主임을 내세웠다. 그리고 왕이 죽은 제도라 하여 의정부서사제는 혁파하고 6조직계제를 선택했다. 정적을 숙청한 수양대군은 스스로 영의정부사, 영집현전사, 영경연사, 영춘추관사, 영서운관사, 판이병조, 내외병마도통사 등 중직을 겸하는 등 정권과 병권을 독차지했다. 그리고 정인지, 권람, 한명회, 양정 등 43명을 정난공신으로 책봉했다.

〈대사례도〉 대사례는 왕이 성균관에서 석전례를 지낸 뒤 신하들과 행하는 활쏘기 의식이다. 활쏘기는 육례의 하나로써 단순히 기예를 익히는 것이 아니라 몸과 마음을 바르게 하고 덕을 함양하는 것이었다. 고려대학교박물관 소장.

세조는 세종의 둘째 아들이며 문종의 동생이다. 어머니는 소헌왕후 심씨이다. 세종은 통념적인 종법대로 적자로서 왕위를 승계하겠다는 의지를 가지고 있었고, 형인 문종 역시 군주의 자질이 충분했기에 둘째 아들인 그가 왕위에 오르기는 불가능했다. 세조는 그저 왕실 종친 중 한 사람으로 남게 될 상황이었다. 그러나 불행인지 다행인지 문종의 건강 상태는 좋지 않았다. 세종은 자신의 건강도 좋지 않았기에 다소 이르지만 문종에게 섭정을 하게 하여 왕위 계승을 둘러싼 혼란을 미연에 방지하려고 했다.

당시 세조는 궁 밖에서 자라고 있었다. 궁 밖에서의 삶은 그에게 오히려 좋은 영향을 주었다. 궁에서 애지중지 귀하게 자라 세상 물정을 모르기보다는, 이런저런 일들을 겪으면서 활달한 아이로 자랄 수 있었던 것이다. 덕분에 그는 세상살이의 어려움과 부당함, 진실과 거짓을 일찍부터 알게 되었다. 그는 또한 다섯 살의 나이에 《효경孝經》을 외워 주위 사람들을 놀라게 했는데, 이러한 영특함은 형제들 중 단연 돋보여 세종과 형인 문종에게 인정을 받았다.

또한 세조는 무예에 대한 체득도 남달라 궁마술에 뛰어났고, 매사냥을 좋아하여 자신이 직접 매를 사육시켜 사냥을 다니곤 하였다. 그가 이렇듯 마음껏 무예를 닦을 수 있었던 것은 왕자로서 덕을 키우는 것을 우선해야 한다는 성리학적 윤리 규범이 강하게 적용되지 않았기 때문이었다.

그는 열두 살에 훗날 여장부로 명성을 떨치게 될 정희왕후 윤씨와 가례 嘉禮를 올렸다. 당시 윤씨의 나이는 세조보다 한 살 아래였다. 정희왕후는 세조를 내조하는 데 온 힘을 다하였다. 세조가 중대한 날에 판단을 주저할 때에는 그의 결단을 이끌어 냈다. 계유정난이 일어나던 순간에도 그녀는 갑옷 입기를 주저하는 세조에게 "지체할 시간도 없는데 아랫사람들에게 확신을 심어 주어야 할 사람이 이래서야 되겠습니까?"라고 질책하며 그를 움직이게 했다. 그녀는 세조가 붕어崩御한 뒤에도 왕실을 안정시키고 왕위 계승 문제를 분명하게 처리했으며, 조선 최초로 '수렴청정'을 행한 여장부였다.

그는 1428년에 진평대군, 1432년 함평대군에 책봉되었다가 이해 7월 진양대군으로, 다시 1445년 수양대군으로 책봉되었다. 그는 세종 시절 토지 개혁을 맡았으며,《치평요람治平要覽》,《역대병요歷代兵要》,《의주상정儀註詳定》 등의 책을 썼고, 중국의《운회韻會》를 한글로 번역하기도 했다.

그가 왕위에 머문 기간은 14년 정도지만 그동안 많은 제도를 개혁한 인물로 평가받는다. 그러나 아버지였던 세종이 하나의 제도를 몇 년 동안 고심한 것과는 정반대로 대부분의 제도 개혁을 독단으로 결정했다.

그는 왕권을 강화시키기 위해 많은 노력을 기울였다. 이로 인해 집현전의 공신들과는 집권 초기부터 사이가 벌어졌고 이는 단종 복위 사건으로 이어졌다. 이 사건으로 세조는 집현전의 유교적 이상주의가 왕권을 약화시킨다고 생각해 집현전을 혁파하고 대규모 숙청을 단행했다. 학자들을 배출하던 집현전을 폐지시키고, 정치 문제를 토론하고 대화하는 경연을 없앴으며, 서적들도 모두 예문관으로 옮겨 버렸다. 이 때문에 국정을 건

호패 조선 시대에는 16세 이상의 남자는 누구나 호패를 지니고 다녀야 했다. 앞면에는 이름과 출생년이, 뒷면에는 호패의 발급연도와 직책 등이 기재되어 있다. 국립중앙박물관 소장(중박201010-463).

의하고 규제하던 기관인 대간의 기능이 약화되고, 왕명을 출납하던 비서실인 승정원의 기능이 강화되었다.

이 밖에도 왕권 강화책으로 백성들의 동향을 파악하기 위해 태종 때 실시했던 호패법을 다시 복원했으며,《동국통감》을 편찬하고《경제육전》을 정비했으며, 왕조 일대의 총체적 법전인《경국대전》찬술을 시작했다.

또한 역모와 외세의 침략에 대비하기 위해 군정을 정비하는 데에도 각별한 노력을 아끼지 않아 각 고을에 명해 병기를 만들게 했고, 종래에 현직 · 휴직 · 정직 관원에게 나누어 주던 과전을 현직 관원에게만 주는 직전제를 실시해 국비를 줄였으며, 공물을 대납하는 행위를 엄격히 금하는 등 백성들의 살림살이도 살폈다.

그러나 그는 측근 중심의 정치를 펼치며 자신에게 비판적인 세력은 가차 없이 제거했지만 자신에게 복종하는 인물에게는 지나치게 관대하게 굴었다. 일례로 계유정난의 공신이자 국경을 안정시키는 데 공이 많았던 양정이 그에게 불손한 말을 했다는 이유로 참형에 처해진 반면, 또 다른 공신인 홍윤성은 자신의 세력을 믿고 수하로 하여금 사람을 죽였음에도 주의만 주고 사건을 마무리하기도 했다.

당시 권력의 핵심이었던 승정원과 6조는 모두 그의 심복들인 정난공신들이 장악하고 있었다. 외교통인 신숙주는 예조 판서, 군사통인 한명회는 병조 판서, 재무통인 조석문은 호조 판서를 지내는 동시에 왕명을 출납하는 승정원에도 봉직했다. 또 이들은 비록 현직에서 물러나도 부원군 자격으로 조정의 정무에 참여했다.

그렇게 많은 업무를 처리하다 보니 세조는 말년이 되면서 체력의 한계를 느끼게 되었다. 그래서 고안한 것이 일종의 원상제院相制로 왕이 지명한 삼중신(한명회, 신숙주, 구치관)이 승정원에 상시 출근해 왕자와 함께 국정을 상의해서 결정하는 제도였다. 그가 세 중신에게 이런 부탁을 한 것은 건강이 악화되었기 때문이다. 1468년 9월 세조가 세자에게 전위轉位한다는 뜻을 밝히자 대신들은 불가하다며 나섰다

"운運이 다한 영웅은 자유롭지 못한 것인데, 너희들이 나의 뜻을 어기고자 하느냐? 이는 나의 죽음을 재촉하는 것이다."

이렇게 말한 그는 왕세자에게 왕위를 넘겨 주고는 그다음 날 죽었다. 이것은 세조가 왕권의 안정에 얼마나 주의를 기울였는지 알 수 있게 해 주는 부분이다.

세조는 즉위 기간 내내 단종을 죽인 죄책감에 시달렸다고 한다. 특히 만년에는 단종의 어머니이자 자신의 형수인 현덕왕후의 혼백에 시달려 아들 의경세자懿敬世子가 죽었다고 생각해 그녀의 무덤을 파헤치기도 했다. 또한 현덕왕후가 자신에게 침을 뱉는 꿈을 꾸고 나서 피부병에 걸려 고생하기도 했다는 이야기나 그 피부병을 고치려고 상원사를 찾았다가 문수동자에 의해 쾌유되었다는 이야기도 있다.

이 때문인지 세조는 불교에 큰 관심을 두었다. 궁 안에 사찰을 두었고, 승려를 궁으로 불러들이기도 했다. 왕자 시절에 불경 언해 작업에 참여하기도 했던 그는 교학教學에도 밝은 편이었다. 하지만 세조가 불교 융성에 적극적이었던 것은 유교적 입지가 약한 그의 현실적인 선택이었다고 볼 수 있다. 형제들을 죽이고, 조카의 왕위를 찬탈하고 죽인 패륜적인 행동이 명분과 예를 중시하는 유교 사상 아래에서는 결코 받아들이기 힘든 일이었기 때문이다. 즉 그의 친불 정책은 유교 이념에 투철한 성리학자들을 견제하는 수단이 된 것이다.

모사가인가, 지략가인가
한명회

韓明澮 (1415~1487년)

▎계유정난으로 수양대군이 세조로 등극하는 데 공을 세웠다.
▎사육신(혹은 사칠신)의 단종 복위 시도를 좌절시키고, 그들을 살해하는 데 가담했다.
▎막내 사위인 성종이 즉위하자 어린 왕을 대신하여 정무를 맡아 보는 원상이 되어 정권을 장악했다.
▎갑자사화 때 윤비(尹妃) 사사 사건에 관련되었다 하여 부관참시되었다.

한명회는 세조를 도와 계유정난을 성공시키면서 조선 시대 최고의 영화
榮華를 누린 인물이다. 세조에게 "그대는 나의 자방子房"이라는 소리를 들
을 정도의 지략가였다. 세조부터 성종까지 4대에 걸쳐 임금을 모셨고 2대
에 걸쳐 국구(國舅, 국왕의 장인)가 되었으며 영의정에도 두 번이나 올랐다.
세조의 유언으로 3개월 동안 임금의 권한을 가지고 정무를 보는 원상이
되기도 했다. 사후에는 충성공의 시호를 받았다. 그러나 연산군의 생모
윤씨의 폐비 사건에 연루되었다는 이유로 무덤을 파헤쳐 관을 쪼개고 시
신의 목을 베는 부관참시部棺斬屍를 당했다.

　한명회의 아버지는 증영의정贈領議政 한기韓起, 어머니는 예문관 대제학

이적李逖의 딸이다. 할아버지는 예문관 제학을 지낸 한상질韓尙質, 작은 할아버지는 호조 참판을 지낸 한상덕으로 명문가에서 태어났으나 일찍 부모를 여읜 탓에 작은 아버지에게 의탁해 자랐다. 여러 번 과거를 보았으나 합격하지 못해 30대 후반이 될 때까지 벼슬길에 나가지 못하다가 1452년(문종 2) 음서蔭敍로 경덕궁의 궁직宮直이 되었다.

그의 인생은 단종의 즉위 후 친구인 권람의 주선으로 수양대군을 만나게 된 데에서 바뀌기 시작했다. 홍문관 교리였던 권람은 수양대군이 집필 중인 《역대병요歷代兵要》의 편찬에 참여하면서 수양대군이 대권에 야망이 있음을 알고 그와 의기투합했다. 한명회는 수양대군을 만난 자리에서 "국가에 어린 임금이 있으면 반드시 옳지 못한 사람이 정권을 잡고, 옳지 못한 사람이 정권을 잡으면 여러 사특한 무리가 그림자처럼 붙어서 불우의 화가 항상 이로 말미암아 일어났습니다. 그때 충의로운 신하가 일어나 반정反正을 한 뒤에야 그 어려움이 사라질 것입니다."라며 반정의 명분을 펼쳤다. 이후 한명회는 수양대군의 수족이 되어 안평대군과 황보인, 김종서 등을 염탐하거나 거사에 참여할 무사들을 모으는 등의 역할을 했다.

1453년 10월 계유정난이 일어나자 그는 무사들을 이끌고 대궐 문 앞에서 궁으로 들어오는 대신들을 살해했다. 피비린내 나는 숙청을 담당했던 한명회는 수양대군이 정권을 장악한 후에 정난공신이 되어 주요 관직을 역임하며 권력의 중심에 섰다.

세조는 집권 초기에는 신숙주 등을 비롯한 집현전 출신의 학자들을 우대했다. 그러나 제1차 단종 복위 시도에 많은 집현전 학자들이 연루되어 있다는 사실이 알려지자 한명회를 비롯한 반정공신들이 조정을 장악하게 되었다. 이들은 단종 복위 시도에 관련되어 처벌된 사람들의 가산家産과 식솔을 몰수해 받았고 어지간한 불법 행위를 저질러도 처벌받지 않으며 그야말로 무소불위의 권력을 누렸다. 이들의 중심에는 한명회가 있었다. 경덕궁 궁직이라는 말직에서 순식간에 공신의 자리에 오른 그는 아무것도 두려울 것이 없었다. 학문에는 조예가 없었지만 특유의 추진력으로 아무리 거칠고 힘든 일도 거뜬히 해내는 그에 대한 세조의 신임은 더욱 두터워져 갔다.

한명회는 성종이 집권한 1457년에는 이조 판서와 병조 판서를 지냈고, 1459년에는 황해도, 평안도, 함길도, 강원도 4도의 체찰사體察使가 되었으며, 1461년 상당부원군上黨府院君에 봉해졌다.

그는 권력을 유지하기 위해 혼인을 통해 왕실과 사돈을 맺었다. 네 딸 중 셋째 딸과 넷째 딸을 세조의 아들(예종)과 손자(성종)에게 시집을 보냈다. 그러나 안타깝게도 셋째 딸은 원손을 낳고 얼마 지나지 않아 세상을 떠났고, 그녀가 낳은 원손인 인성대군도 오래 살지 못했다. 예종이 1여 년 만에 세상을 떠나자 한명회는 넷째 딸을 세조의 장남인 덕종의 차남 자을산군에게 시집 보냈다. 자을산군은 예종이 후사를 정하지 않고 갑작스럽게 죽자 한명회의 힘으로 형인 월산군을 제치고 왕위에 올랐다. 세조의 왕비였던 정희왕후가 수렴청정을 하는 동안 한명회는 어린 왕을 대신해 조정을 이끌었다. 그는 왕실의 외척으로서 엄청난 영향력을 행사했다. 그러나 넷째 딸인 공혜왕후 역시 열아홉 살의 어린 나이로 일찍 세상을 뜨면서 그의 입지도 조금씩 좁아지기 시작했다.

그러던 중 1467년, 길주 출신의 호족 이시애가 아우인 이시합과 모의해 난을 일으켰다. 이때 세조에게 올라온 장계狀啓에 이시애가 한양의 신숙주, 한명회, 김국광 등과 내통하기로 했다고 적혀 있었던 것이 화를 불렀다. 신숙주와 한명회는 하옥되었다. 사흘 만에 모함임이 밝혀져 신숙주와 함께 석방되었지만, 한명회는 반역자와 연루설이 제기되었기에 사직서를

압구정지 비석 압구정동이라는 이름은 본래 압구정이란 정자가 있던 곳이라는 데에서 유래했다. 한명회가 그곳에 정자를 짓고 자연과 벗하며 살겠다는 뜻에서 압구라는 이름을 붙이고 잔치를 즐기곤 했다.

제출했다. 자신의 결백을 입증하기 위한 것이기도 했지만 다른 한편으로 세조가 감당해야 할 정치적 부담을 줄이기 위해서이기도 했다. 세조는 한명회의 요청을 받아들여 그를 삭탈관직시켰다가 곧 정계에 복귀시켰다.

그러나 끝이 보이지 않을 것 같던 한명회의 권력도 어느새 조금씩 흔들리기 시작했다. 그의 앞에서 입도 뻥긋하지 못하던 대신들이 하나둘 그를 탄핵하기 시작한 것이다. 먼저 정희왕후가 수렴청정을 거두려고 할 때 한명회가 반대한 일이 문제가 되었다. 대신들은 그가 성종을 왕으로 인정하지 않은 것이니 죄를 물어야 한다고 꼬투리를 잡았다. 게다가 그가 뇌물을 받았다는 상소도 끊이지 않았다.

그러던 중 결정적인 사건이 발생했다. 1482년 조선을 방문한 명나라 사신이 한명회의 개인 정자인 압구정鴨鷗亭에서 놀기를 청하자 성종은 압구정이 좁다며 거절했다. 그런데도 명나라 사신이 "좁아도 상관없다."라며 말을 듣지 않자 한명회는 "명나라 사신들의 간청에 못 이겨 압구정에서 접대하고자 하는데 정자가 너무 좁으니 공조工曹에 명해서 압구정 옆에 큰 장막을 치도록 해 달라." 하고 요청했다. 나라에 큰 가뭄이 들어 임금을 필두로 온 조정이 애를 태우는 판에 한명회는 임금을 상징하는 봉황 무늬 장막을 둘러치고 위세를 부리고자 한 것이다.

성종이 압구정이 좁으면 왕실 별장인 제천정濟川亭에서 잔치를 차리면 될 것이라고 하자, 한명회는 정자가 좁고 날씨가 더워 그런 것뿐이며 아내가 병이 있어 거기까지는 못 나간다고 핑계를 댔다. 압구정이 아닌 잔치에는 가지 않겠다는 항변이었다. 이 말을 들은 성종은 크게 분노했다. 기다렸다는 듯 대신들은 한명회의 무례함을 벌해야 한다고 탄핵하기 시작했다. 한명회는 해명하려고 했으나 성종은 들어주지 않았다. 이 일로 파면되지는 않았지만 조정에서 그의 영향력은 크게 줄어들었다.

한명회는 자신의 시대가 끝났음을 받아들이고 사재를 털어 성균관에 각閣을 세워 서적을 기증하고 73세의 나이로 조용히 숨을 거두었다.

단종을 향한 일편단심
성삼문

成三問(1418~1456년)

■ 세종 때 《예기대문언두》를 편찬하고 음운 연구를 통해 훈민정음을 창제하는 데 기여했다.
■ 세조가 단종을 몰아내고 왕위에 오르자 단종의 복위를 꾀하다 처형되었다.
■ 1691년(숙종 18)에 신원되어 관작이 복구되었고, 신위는 노량진 민절(愍節)서원에 모셔졌다.

성삼문은 세종 때의 촉망받는 관료이자 학자이다. 그는 수양대군이 조카인 단종의 왕위를 찬탈하자 단종의 복위를 꾀하다 목숨을 잃었다. 이후한 임금에 대한 충절은 충신의 표본으로 여겨졌고, 그는 스스로의 학문과신념을 실천하고자 하는 참된 지식인의 표상이 되었다.

성삼문은 1418년 도총관인 성승成勝의 맏아들로 태어났다. 그가 태어날때 하늘에서 "낳았느냐?" 하고 묻는 소리가 3번 들려서 삼문三問이라고이름 지었다는 일화가 전해진다.

그는 1435년 열여덟 살의 나이로 생원시에 합격하고, 1438년에 식년시에 응시하여 훗날 생사를 같이 한 하위지와 함께 급제했다. 이후 집현전

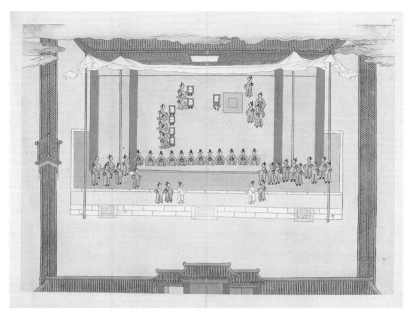

왕세자의 교육 왕세자는 서연을 통해 경서와 역사를 배우고 매월 두 차례 이를 평가하는 회강을 치렀다. 규장각 한국학연구원 소장.

학사로 뽑힌 뒤 스물다섯 살에 신숙주, 박팽년, 하위지, 이석형 등과 함께 삼각산 진관사에 들어가 사가독서賜暇讀書를 했다.

집현전은 고려 시대에 설치되어 조선 건국 초기까지만 해도 별다른 활동이 없었으나 세종이 즉위한 후부터 본격적인 학문 연구기관으로 자리 잡았다. 집현전의 가장 중요한 일은 임금에게 유교 경전과 역사를 강의하는 경연經筵과 세자를 교육하는 서연書筵이었다. 그 밖에 중요한 외교문서를 작성하거나 역사서를 편찬하는 일도 했다. 근무는 매우 엄격해서 다른 관청보다 일찍 출근하고 늦게 퇴근했으며 차례로 숙직을 했기 때문에 수시로 왕과 세자가 찾아와 자문을 구했다.

집현전의 가장 큰 업적은 훈민정음의 창제라 할 수 있다. 세종은 훈민정음을 만들기 위해 정음청正音廳을 설치하고 성삼문과 정인지, 신숙주, 최항 등에게 우리글을 연구하도록 명했다. 성삼문은 신숙주와 함께 여러 번 랴오둥을 방문하여 유배되어 있던 명나라 한림학사 황찬黃瓚을 만나 정확한 음운音韻을 배워 오고, 음운과 교장敎場의 제도를 연구해 와서 훈민정음을 창제하는 데 크게 기여했다. 1447년 문과 중시에 장원으로 급제한 뒤 음운과 교육 제도를 연구하기 위해 명나라에 파견되었다가 돌아와 음운에 관한 책인 《동국정운》을 편찬하는 데 동참하기도 했다.

2년 3개월의 짧은 치세 끝에 문종이 숨지자 열두 살의 어린 세자가 왕위에 올랐다. 왕실에는 수렴청정을 해 줄 직계 어른이 한 사람도 없었다. 문종은 세상을 떠나기 전 집현전 학자들과 황보인, 김종서 등을 불러 세자를 간곡히 부탁했다. 그러다 보니 권력은 황보인과 김종서에게 쏠리게 되었고 왕실 측근들은 이에 불만을 갖게 되었다. 수양대군은 단종의 즉위를 보고하러 가는 명나라의 사은사로 자신이 직접 가겠다고 나서면서 신숙주를 서장관으로 선발했고, 이때의 동행으로 신숙주와 집현전 학자들은 서로 다른 길을 걷게 되었다.

사은사의 임무를 마치고 돌아온 수양대군은 정권의 핵심인 김종서를 제거하고 왕명을 빙자해 대신들을 입궐하게 한 다음, 방해가 될 만한 인물을 모조리 죽였다. 대권의 경쟁자였던 안평대군을 강화로 유배시킨 다음 사사했고, 권력을 완전히 장악했다.

이후 수양대군은 영의정 부사, 이조·형조 판서와 내외병마도통사를 겸직해 인사권과 병권 등 나라의 전권을 장악했다. 그리고 거사를 정당화하기 위해 자신의 공을 찬양하는 글을 집현전에서 작성해 발표하고 정변에 참가한 이를 정난공신에 봉해 친위 세력으로 만들었다.

공신록에 오른 인물은 수양대군을 포함해 36명이었는데, 성삼문도 정

청령포 단종이 노산군으로 강등된 후 유배된 곳이다. 강원도 영월 소재.

변 당일 집현전에서 숙직하며 근무한 공이 있다 하여 3등공신에 올랐다. 성삼문은 자신의 이름을 공신록에서 삭제해 달라고 청했지만 받아들여지지 않았다.

가시방석 같은 보위에 앉아 있던 단종은 생명의 위협을 느끼고 수양대군에게 왕위를 내놓고 말았다. 그때 예방승지였던 성삼문은 직무상 수양대군에게 옥새를 갖다 바쳐야 했다. 옥새를 품에 안고 옮기던 성삼문은 그만 치밀어 오르는 분노를 삼키지 못하고 목 놓아 울고 말았다.

단종의 양위로 왕위에 오르기는 했으나 수양대군의 행동은 유교적 윤리관에 어긋나는 일이었다. 문종의 유언을 기억하고 있던 집현전의 학자들은 이를 두고 볼 수만은 없었다. 결국 학자들을 중심으로 단종의 복위가 시도되었다. 이들이 단종 복위에 나선 것은 단종에 대해 충절을 지킨다는 유교적 명분도 있었지만 관료 지배 체제의 구현을 이상으로 삼았기에 세조의 독주를 받아들일 수 없었던 것이기도 했다.

드디어 1456년 새 왕의 등극을 축하하기 위해 명나라로부터 사절이 도착했다. 창덕궁에서 환송연이 열리게 되었고, 성삼문의 아버지 성승과 유응부가 임금의 호위역인 별운검別雲劍으로 내정되었다. 이들은 환송연에서 거사를 실행하기로 결정했다. 그러나 거사 당일 한명회의 갑작스러운 제의로 별운검을 세우지 않게 되었다. 이에 거사가 탄로 날 것을 두려워한 김질이 세조에게 그 사실을 밀고하는 바람에 성삼문은 다른 모의자들과 함께 체포되었다.

다음 날 국문에서 성삼문은 김질의 배신을 통렬하게 꾸짖은 뒤 태연히 역모 사실을 인정했다. 그는 달군 쇠로 다리의 살이 뚫리고 팔이 잘리는 고문을 당하면서도 세조와 신숙주의 불충不忠을 꾸짖는 기개를 보였다. 세조는 더 이상 취조를 계속할 필요가 없다며 모두 능지처참할 것을 명했다. 박팽년은 형장에 가기도 전에 감옥에서 죽었고 성삼문, 이개, 하위지, 유응부, 박중림, 김문기, 박쟁朴嶋 등은 능지처참되었다. 체포되기 전에 가족과 함께 자결한 유성원을 포함해 성삼문, 박팽년, 하위지, 유응부, 이개를 사육신死六臣이라고 부른다(김문기를 포함하여 사칠신이라고도 한다). 이들 중 특히 성삼문은 아버지가 주모자 중 한 사람이었기에 삼족이 몰살되는 멸문滅門의 참화를 당했다. 처형된 사람들의 시신은 사지가 절단되어 형장에 그대로 버려졌고 잘린 목은 효수되었다. 그나마 그들의 의리에 감복한 사람들에 의해 신체의 일부가 거두어져 노량진 변에 묻혔다.

이런 숙청 끝에 세조는 단종 역시 복위 사건에 책임이 있다고 하여 그

육신묘 단종 복위 시도를 하다가 순절한 여섯 신하의 묘. 서울시 동작구 노량진동 소재.

를 노산군으로 낮춘 후 영월로 귀양을 보냈다. 어린 왕은 뒤이어 폐서인

되었다가 열일곱 살의 나이에 결국 사사되었다.

　이들 사육신에 대한 평가는 이후에도 논란이 거듭되다가 200년 후 숙종

대에 들어서 공식적으로 그 충절을 인정받았다. 성삼문은 1691년(숙종 18)

관작이 회복되었으며, 1758년(영조 34) 이조 판서에 추증되고 충문忠文이

라는 시호가 내려졌다.

국력을 신장시킨 외교와 국방의 달인
신숙주

申叔舟 (1417~1475년)

▎조선 초기 핵심 정치 지도자로서 삼정승의 요직을 모두 역임했고, 네 차례 공신의 반열에 올랐다.
▎서장관으로 일본은 물론 명나라를 수차례 다녀왔고, 일본의 풍물과 정치 등을 기록한 《해동제
국기》를 편찬하여 조선 초기 외교 관계에 큰 업적을 남겼다.
▎계유정난 당시 집현전 학사들 중 세조의 편에 선 인물로, 사육신으로 대변되는 정치 논리하에
서 종종 변절자로 불리곤 한다.

신숙주

조선 초기를 대표하는 학자인 신숙주는 조선왕
조의 제도와 문물을 정비한 인물이다. 명나라에
서 음운론을 배워와 훈민정음 창제와 음운서인
《동국정운》편찬에 참여했고, 《경국대전》과 《국
조오례의》, 《동국통감》의 편찬에도 참여했다.
1443년 일본에 서장관으로 다녀온 후 성종 대까
지 대일 외교 전문가로 활약했고, 1450년 명나라
에서 사신이 왔을 때 그들과 시문을 주고받을 정
도로 학식이 높았다. 한편으로는 두 차례에 걸쳐

야인野人 정벌에 나선 군사 전문가이기도 했다. 10여 년간 의정부 대신으로 국정을 총괄했으며, 정난공신으로 20여 년간 권력의 핵심에 있었으나 대간의 탄핵을 받지 않은 인물이다. 그러나 이런 많은 업적에도 신숙주는 후대 사람들에게 좋은 평가를 받지 못하고 있다.

신숙주는 공조 참판이던 신장申檣의 아들로 태어났다. 공부를 시작할 무렵부터 모든 경서와 역사책을 한번 읽으면 기억할 정도였으며 글재주가 뛰어났다고 전해진다.

1438년 세종은 유학자들이 훈고訓詁만 존중하고 폭넓게 공부하지 않는 것을 안타깝게 여겨, 시詩와 부賦로 시험을 치르는 진사 시험을 처음으로 실시했다. 신숙주는 이 시험에서 단번에 으뜸을 차지했으며, 같은 해에 생원시에도 합격을 했다. 또한 이듬해인 1439년에는 문과에 합격했으며 전시(殿試, 고려와 조선 시대 과거에서 왕이 친림하던 3단계의 최종 시험)에서도 급제했다. 1441년에는 집현전 부수찬에 올랐는데, 입직할 때마다 장서각에 파묻혀 서책들을 읽었으며, 동료들 대신 자청해 숙직을 도맡아 할 정도였다. 당시 세종이 숙직하던 신숙주에게 옷을 하사한 일화는 유명하다.

1443년에는 통신사 변효문卞孝文의 서장관으로 뽑혔다. 모두들 서장관으로 가는 것을 피할 때 그는 신하로써 사명을 피할 수 없다면서 아픈 몸을 이끌고 출발했다. 당시 시문을 숭상하던 일본에서 그는 우리의 학문과 문화를 한껏 과시했고, 일본 사람들은 그의 글씨와 문장에 탄복했다고 한다. 신숙주는 가는 곳마다 산천의 경계를 살펴 지도를 작성하고 그들의 제도와 풍속, 각지 영주들의 세력 등을 기록했다.

돌아오는 길에는 쓰시마 섬에 들러 세견선歲遣船을 50척, 세사미두歲賜米豆를 200섬으로 제한하는 내용의 계해조약癸亥條約을 체결했다. 당시 쓰시마 섬 상인들이 이에 반대했으나 그는 쓰시마 섬주를 설득하는 데 성공하여 조약을 맺을 수 있었다. 이후 그는 일본 전문가로 활약했으며, 훗날 야인 정벌의 경험과 유구 등에 대한 지식을 아울러 《해동제국기》를 집필하기도 했다.

그 후 세종의 명으로 성삼문과 함께 랴오둥에 귀양 와 있던 명나라의 음운학자 황찬을 10여 차례 찾아가 음운에 관해 논의했으며, 명의 사신이 우리나라에 왔을 때에도 태평관太平館에 왕래하면서 운서韻書에 대해 질문을 거듭해 그 음을 정확하게 하는 등 국내외를 다니며 음운을 연구했다. 그가 이두는 물론 중국어, 일본어, 몽골 어, 여진어에까지 능통했기에 가능한 일이었다.

1451년(문종 1) 명나라에서 처음으로 문신이 사신으로 왔다. 조선 초기에는 고려나 조선 출신의 환관이 사신으로 오는 경우가 대부분이었는데 이는 조선 사정을 잘 아는 사람을 보내어 조선의 사정을 염탐하기 위함이었다. 그러다 보니 요구하는 것이 많아졌고 조선은 문신으로 사신을 보내 줄 것을 청하게 되었다. 그래서 이때 처음으로 명나라 한림학사를 사신으로 맞이한 것이다. 집현전 학사인 신숙주, 성삼문 등은 사신을 접대하면서 자연스럽게 시문을 주고받았다. 사신은 "굴원(屈原, 중국 전국 시대의 시인으로 한나라 시대의 '부賦'에 큰 영향을 미쳤다)의 문단에 올랐다."라고 표현하며 이들의 실력을 칭찬했다. 이후 신숙주는 외교문서를 작성하는 승문원을 맡았고 수많은 외교문서가 그의 손을 거쳐 완성되었다.

세종 말년, 세종의 건강이 악화되고 세자(훗날의 문종)가 정치를 주도하자 그는 세자시강원 관원으로 정치에 참여했다. 이때부터 집현전 학사들이 정치 일선에 나아가는 분위기가 조성되었다. 이후 단종이 의정부의 기능을 강화하는 대신 종친과 내시부, 내금위內禁衛의 권한을 대폭 약화시키자 결국 집현전 출신의 대간들은 이들과 대립할 수밖에 없게 되었다. 집

과거 시험 답안 조선 시대 과거 시험 답안지로 오른쪽에 응시자의 이름, 나이, 본관, 신분, 거주지와 사조四祖의 신분, 성명, 본관 등이 기재되어 있다. 국립고궁박물관 소장.

현전의 많은 학사들은 계유정난과 단종 복위 사건, 금성대군 사사 과정에서 선택의 기로에 놓이게 되었는데, 이 과정에서 그는 단종이 아니라 수양대군을 택했다.

　그가 처음 수양대군과 인연을 맺은 것은 1452년(문종 2) 수양대군이 사은사로 명나라로 떠날 때 서장관으로 동행하면서부터이다. 당시 조선에서는 새로운 왕이 즉위하면 명나라 황제의 공인을 받기 위하여 사신을 파견했는데, 이를 사은사라고 했다. 수양대군은 사은사를 자청했고, 신숙주에게 동행을 권유했다. 이들은 약 5개월 동안 중국에 함께 머물렀다. 수양대군 일행은 공식적인 일정이 끝난 후 연경(燕京, 베이징의 옛 이름)에서 멀리 떨어져 있는 장릉長陵을 찾아갔다. 장릉은 명나라 황제 영락제永樂帝가 묻혀 있는 곳이다. 영락제는 명태조 주원장朱元璋의 넷째 아들로, 부왕이 죽고 조카인 혜제惠帝가 왕위에 오르자 그를 죽이고 스스로 황제의 자리에 오른 인물이다. 영락제는 평소 "나의 패륜은 세월이 흐르면 잊히겠지만, 나의 위업은 역사에 오래도록 기록될 것"이라고 말하며 명나라 300년 역사의 기틀을 마련했다.

영락제 정난의 변으로 스스로 황제가 된 영락제는 300년간 지속될 명나라의 국가 기틀을 다졌으며 여진족과 베트남의 진 왕조, 몽골 족과의 교전으로 영토를 확장했다.

수양대군은 영락제를 역할 모델로 삼고, 국정 운영의 동반자로 신숙주를 선택한 것이었다. 중국에서 돌아온 지 얼마 지나지 않아 수양대군은 계유정난을 일으켰고 황보인, 김종서 등과 친동생인 안평대군을 모두 죽이고 정권을 장악했다. 당시 신숙주는 승정원 우부승지 겸 지병조사라는 직책을 맡고 있었다. 지위는 높지 않았으나 수양대군에게는 매우 중요한 직책이었다. 지병조사라는 직책은 실권을 잡고 있던 수양대군의 눈과 귀가 되어 궁궐을 호위하는 군사들을 중간에서 지휘·감독하는 자리였기 때문이다.

그는 난에 직접 참여하지는 않았으나 계유정난 후 1등공신에 올랐다. 이후 승승장구하던 그는 단종 복위 사건을 거치면서 우의정에 오르고 1459년에는 좌의정에 이르렀다. 이 무렵 동북방면에 야인의 침입이 잦았다. 그는 강경 대응을 주장하며 1460년에 강원·함길도의 도체찰사로 야인의 소굴을 크게 소탕했다. 1462년에는 영의정 부사가 되었는데 1464년에는 지위가 너무 높아진 것을 염려해 사직할 정도였다.

이듬해 예종이 즉위한 후 유명(遺命, 유언)으로 승정원에 들어가 원상으로 서무를 보았고, 이듬해 겨울 예종이 승하하자 성종으로 이어지는 대통

大統 승계에 기여했다. 성종이 즉위하자 그는 다시 영의정에 임명되어 《세조실록》,《예종실록》의 편찬에 참여했다.

세조가 일찍이 "당태종에게는 위징이 있었고 내게는 신숙주가 있었다."라고 할 정도로 그는 조선 초기의 위대한 문신이자 정치가였다. 외교관으로, 문신으로, 때로는 군사 전문가로 국정의 요직을 모두 거치고 네 차례에 걸쳐 공신록에 오른 신숙주. 그가 세조 시대부터 성종 시대까지 끼친 정치적·학문적 영향력은 이루 말할 수 없을 정도로 크다. 강희맹姜希孟이 쓴 신숙주 행장에는 "공이 한어漢語, 왜어倭語, 몽골 어, 여진어 등에 모두 통하여 때로는 역관에 의지하지 않고서도 뜻을 통할 수 있었다. ……공이 손수 여러 나라의 언어를 번역해 나라에 바쳐, 역관들이 스승의 가르침이 없이도 이들 언어를 밝게 깨우칠 수 있었다."라고 기록되어 있을 정도로 그가 조선 외교사에 끼친 영향 역시 막대하다.

그럼에도 신숙주는 세조의 즉위 과정에 가담하고 이후 요직을 두루 거치는 등 사육신과 뚜렷이 구별되는 삶을 살았다는 점에서 종종 변절자로 비판받는다. 그러나 뛰어난 학식과 능력을 갖추어 조선 초기의 문물과 제도를 정비하는 데 크게 공헌한 정치가로서의 역량은 새롭게 평가되어야 할 것이다.

사림의 영수
김종직

金宗直 (1431 ~ 1492년)

▌ 문장과 경술(經術)에 뛰어나 이른바 영남학파의 종조(宗祖)가 되었다.
▌ 생전에 지은 〈조의제문〉이 사후인 1498년의 무오사화를 일으키는 원인이 되었다. 무오사화 당시 부관참시를 당했으며, 많은 제자가 죽임을 당했다.
▌ 중종 때 신원되고, 숙종 때 영의정에 추증되었다.

조선은 성리학을 국가 이념으로 표방했지만 그것이 제대로 뿌리를 내린 것은 100여 년이 지나 생활의 실천을 강조하는 사림土林들이 등장하기 시작하면서부터이다. 조선을 건국하는 데에는 정도전 등 관학파의 노력이 컸다. 이후 관학파들은 집현전에서 학문을 연구하며 《경국대전》 등 각종 서적을 편찬하면서 유교 윤리의 기틀을 닦고 조선의 제도를 만들어갔다. 그러나 조선이 조선다운 모습으로 변화하기 시작한 것은 성종 즉위 후 사림이 등장하면서부터이다.

사림은 15세기 중반 이후 영남과 기호 지방을 중심으로 중소 지주적인 배경을 가지고 성장한 세력들을 말한다. 이들은 투철한 성리학적 이념을 발판으로, 향촌 자치를 내세우며 도덕과 의리를 바탕으로 하는 왕도 정치를 강조했다.

일반적으로 조선 시대 성리학의 도통道通은 정몽주 – 길재 – 김숙자 – 김종직 – 조광조 – 이황으로 이어진다. 이 도통론은 처음부터 존재했다기보다는 훗날에 만들어진 것이다. 정몽주에게 길재가 배웠다고는 하지만 그다지 깊은 관계는 아니었고, 길재가 선산으로 낙향한 후에는 선산 출신인 김숙자가 그에게서 배웠다. 김숙자의 아들 김종직은 임지에서 《주자가례朱子家禮》에 따라 관혼상제를 시행하도록 하고 봄, 가을로 향음주례鄕飮酒禮와 양노례養老禮를 실시하는 등 성리학적 향촌 질서를 수립하는 데 주력했다. 김굉필, 정여창, 이승언, 홍유손, 김일손 등 여러 제자들을 기른 것도 이때의 일이다.

김종직은 외가인 경상남도 밀양에서 아버지 김숙자와 밀양 박씨 사이에서 태어났다. 아버지는 고려 말 정몽주와 길재의 학통을 이은 대학자로 문장과 역사에 두루 능했다. 조선이 세워진 이후 선산 교수, 성균관 사예 등 많은 관직을 제수받았으나 수양대군이 단종을 몰아내고 왕위를 빼앗자 낙향한 후 제자들을 양성했다. 아버지의 이러한 가르침은 1486년에 신종호申從濩 등과 함께 《동국여지승람東國輿地勝覽》을 편차編次할 때 유감없이 발휘되었다. 그러나 무오사화 때 그가 쓴 많은 책들이 사라져 그의 학문적 성향을 제대로 이해하는 데에는 어려움이 있다.

그가 성리학에 뜻을 두게 된 것은 열여덟 살 때이다. 그는 《주역周易》을 읽으며 성리학의 근원을 알게 되었고 성균관에 들어가 유생들과 교류하면서 학문은 더 깊어졌다. 과거를 보러 길을 떠난 후 아버지가 세상을 떠나자 그는 고향으로 돌아왔다. 그리고 묘소 옆에 움막을 짓고 3년간 상복을 벗지 않고 나무토막을 베고 잤으며 껍질을 벗긴 조밥으로 끼니를 이었

학사루 최치원이 함양 태수였을 때 자주 이 누각에 올라 시를 읊었다고 하여 학사루라 불렸다. 후일 김종직이 함양 군수로 재직할 때 이곳에 붙여진 유자광의 시를 적은 편액을 떼어내어 대신들의 불만을 초래하였다.

다. 그를 지켜본 사람들은 그의 효심에 혀를 내둘렀다.

1459년(세조 5) 식년문과에 정과로 급제한 그는 사가독서하고, 1462년 승문원 박사로 예문관 봉교를 겸했다. 성종이 즉위한 후 경연을 열어 학문이 뛰어난 선비들을 선발했을 때 선발된 19명의 선비들 중 가장 우수한 성적을 거두었다. 이를 계기로 성종의 총애를 받게 되었다. 성종은 그가 늙은 어머니의 봉양을 이유로 사직을 청하자 그 사정을 딱히 여겨 함양 군수와 선산 부사를 맡겨 귀향할 수 있도록 해 줄 정도였다. 그가 향리에 머무른다는 소문이 퍼지자 많은 인재들이 몰려들었다. 그는 이곳에서 제자들을 양성하며 일생 중 가장 평화로운 시절을 보냈다. 그가 이런 외직外

職을 원한 것은 조정에서의 복잡한 파벌 정치를 피하고 소외된 지방 백성들을 살피면서 후진 양성에 힘쓸 수 있었기 때문으로 여겨진다.

이후 김종직의 문하를 '영남학파'라고 일컫는 것은 그는 물론 그의 가르침을 받은 수많은 학자들이 이곳 출신이기 때문이다. 대표적으로 정여창과 김굉필은 그의 학문을 이어받아 도학道學을 일으켰고, 남효온은 생육신의 한 사람이며, 무오사화 때 화를 입은 김일손은 당대의 문장가로 이름을 떨쳤다.

사림들이 본격적으로 정계에 진출하기 시작한 것은 1485년(성종 16) 이후이다. 1478년 홍문관이 생기면서 삼사(三司, 사헌부·사간원·홍문관)의 기능이 갖추어졌고, 사림들이 삼사로 진출하면서 언로言路를 장악하기 시작했다. 이전에는 사림파와 관학파의 학문에 큰 차이는 없었다. 사림들이 경학을 중시한 것도 그들의 입지가 확고해진 후의 일이다. 과거를 통해 중앙에 진출한 사림 세력은 주로 전랑과 삼사의 언관직을 차지하고 훈구 세력의 비리를 비판함으로써 그들의 일방적인 독주를 견제했다. 사림으로 등장하는 첫 번째 인물이 바로 김종직이다. 성종은 훈구 세력을 견제하기 위해 사림 세력을 중용했으므로 훈구 세력과 사림 세력이 균형을 이룰 수 있었다.

얼마 후 성종은 그를 조정으로 불렀다. 성종은 그에게 홍문관 응교, 지제교 겸 경연 시강관, 춘추관 편수관 등의 요직을 맡겼다. 이듬해에는 승정원 부승지라는 초고속 승진에 이어 우부·좌부승지를 거쳐 이조 참판에 이르렀다.

그러자 훈구대신들의 불만이 커지기 시작했다. 젊은 신진 인사가 임금의 총애를 한 몸에 받는데에다 직위도 오르자 경계하기 시작한 것이다. 그런 와중에 성종이 《동국여지승람》의 편찬을 그에게 맡기자 훈구파들의 소외감은 극에 달했다. 그러자 오랫동안 대제학직을 차지하고 있던 서거정이 물러나면서 적임자인 김종직을 제외시키고 홍귀달에게 그 자리를 물려주었다. 전임자가 후임자를 천거할 수 있다는 당시의 전례를 이용하여 김종직을 따돌린 처사였다. 김종직으로서는 대제학의 꿈을 잃었지만 성종의 총애는 변함이 없었다. 그는 전라도 관찰사와 형조 판서 등을 거치면서 공정하게 일처리를 해 나갔다. 그러던 중 김종직은 병을 얻어 고향으로 돌아왔다. 1492년에 병으로 세상을 떠나자 그의 인품과 학문을 존경하던 전국의 유생들이 모여들어 그의 장례를 치렀다.

그러나 훈구파와 사림파의 갈등은 그가 세상을 떠난 후에도 계속되었다. 일찍이 훈구파의 거두인 이극돈이 전라도 감사로 있을 당시 정희왕후의 상중에 장흥의 한 기생집에 머물러 논 일이 있었다. 김종직의 문하인 김일손이 이 일을 사초史草에 기록했고, 이극돈은 삭제를 요구했으나 거부당했다. 이렇듯 첨예하게 대립하던 두 세력은 연산군이 등극하면서 마침내 폭발하게 되었다. 김종직이 쓴 〈조의제문弔義帝文〉을 문제 삼아 김종직을 비롯한 사림파의 대부분을 축출하는 사건이 일어났기 때문이다.

김종직은 1457년(세조 3) 10월 밀양에서 경산(京山, 지금의 성주)으로 가다가 답계역에서 숙박을 한 일이 있었다. 그날 밤 신선이 칠장복을 입고 나타난 꿈을 꾸고 나서 그는 서초패왕 항우項羽를 세조에, 의제義帝를 단종에 비유해 세조의 왕위 찬탈을 비난하는 내용의 글을 지었다. 이것이 〈조의제문〉이다. 이는 세조와 그 후손들의 정통성을 부정하는 것으로 여겨졌다.

사건은 당시 사관이던 김종직의 제자 김일손이 이 글을 사초에 기록해 스승을 칭찬하면서 비롯되었다. 1498년(연산군 4) 이극돈, 유자광, 노사신 등이 연산군에게 이것은 "선왕의 명예를 실추시킨 대역무도한 글"이라고 간언했기 때문이다. 이 사건으로 김종직은 부관참시되고 김일손은 능지처참되었으며 김굉필과 정여창 등 40여 명이 참해지거나 유배된 무오사화가 일어났다. 그러나 실제로는 기존의 집권 세력인 유자광, 정문형, 이극돈 등 훈구파가 성종 때부터 주로 삼사에 진출해 언론과 문필을 담당하면서 자신들의 정치 행태를 비판해 왔던 김종직 문하의 사림파를 견제하기 위하여 내세운 명분에 지나지 않았다.

김종직은 중종반정 이후 명예가 회복되었으며, 그의 도학 사상은 제자인 김굉필, 정여창, 김일손, 유호인, 남효온, 조위, 이맹전, 이종준 등에게 지대한 영향을 주었다. 특히 그의 도학을 정통으로 이어받은 김굉필은 조광조와 같은 걸출한 인물을 배출시켜 그 학통을 그대로 계승시켰다. 그는 세조와 성종 대에 걸쳐 벼슬을 하면서 항상 정의와 의리를 숭상하고 실천했는데, 그 정신이 제자들에게 전해졌고 실제로 이들은 절의를 높이며 의리를 중히 여기는 데 힘썼다. 이러한 연유로 사림 학자들로부터 존경받는 인물이 되었고, '사림의 영수'로 추앙받게 되었다.

비운의 폐왕
연산군

燕山君 (1476~1506년)

▌ 조선의 제10대 왕(재위 1494~1506년).
▌ 무오사화를 일으켜 많은 신진 사류들을 죽이고, 생모 윤씨의 폐비에 찬성했던 윤필상 등 수십 명을 살해하였다.
▌ 경연을 없애고 사간원을 폐지하는 등 비정(秕政)이 극에 달하여 중종반정으로 폐위되었다.

폭군의 대명사인 연산군. 그는 무오사화, 갑자사화 등 두 차례의 사화를 일으켜 사림파를 비롯한 문신들을 대거 처형하고 언론 활동을 억압했으며, 당시 사대부들의 윤리관에 어긋나는 행동을 거듭하다가 중종반정으로 폐위된 인물이다. 덕분에 그는 대표적인 폭군으로 꼽힌다.

조선의 제10대 왕인 연산군은 성종의 맏아들이며, 어머니는 관봉상시사 윤기견의 딸인 폐비 윤씨이다. 박종화의 소설 《금삼의 피》에는 그가 폭군이 된 이유를 모친 윤씨의 사사 때문이라고 밝히고 있다. 윤씨가 투기가 심했기 때문에 사사당했다고도 하지만 윤씨보다 출신 가문이 좋은 후궁들이 예종의 비 한씨와 결탁해 윤씨를 배척한 것이라는 견해도 있다.

어쨌든 아들인 연산군이 이 사실을 알게 되었고 이는 갑자사화라는 결과를 낳았다. 하지만 이것만으로 연산군의 폭정을 설명하기에는 부족하다.

성종이 훈구파를 견제하기 위해 사림파를 등용했다면, 연산군은 사림들의 주장보다는 자신의 왕권을 강화하기 위해 노력한 인물이었다. 성종에게는 정실 소생으로 훗날 11대 왕이 된 중종이 있다. 그러나 1483년(성종 14) 연산군이 세자로 책봉될 때 중종은 아직 태어나기 전이었고 폐비되었으나 윤씨는 정식 왕비였기에 연산군의 정통성에는 문제가 없었다. 1494년 12월 연산군은 성종의 승하와 동시에 왕위에 올랐다. 왕비의 몸에서 원자로 태어났고, 세자로서 제왕 수업을 받다가 관례와 혼례를 치른 뒤 부왕의 승하로 왕이 된 연산군의 즉위 과정은 그야말로 정석이라 할 수 있었다. 그러나 연산군은 성종이 새로 맞은 정현왕후 윤씨가 어머니인 것으로 알고 성장했다.

연산군이 왕위에 올랐을 때 백성들의 삶은 매우 궁핍했다. 조세 제도의 부조리로 양반의 조세 부담은 크게 줄어든 반면, 농민들의 부담은 극에 달한 상황이었다. 관청에서는 공물을 더 많이 걷고 군역을 지는 양인 장정에게 군포軍布까지 걷기 시작했다. 게다가 그 많던 왕실 토지도 왕자와 공주에게 모두 나누어 주어 왕실의 곳간은 텅 비어 있었다. 왕실 재정의 악화는 자연스레 왕권의 약화로 이어졌다.

훈구파와 사림파의 극심한 대립 또한 연산군을 힘들게 했다. 부왕인 성종은 훈구 세력을 억누르기 위하여 사림들을 등용했지만 두 세력 사이의 대립은 불가피했다. 또한 왕의 입장에서도 두 세력 모두 온당하게 받아들일 수 없었다. 훈구 세력은 왕실과 왕권의 절대성을 옹호했지만 이를 빌미로 기득권을 유지하고자 했고, 사림은 왕에게 명나라의 제후로 본분을 다해야 한다는 점을 강조하면서 왕권을 상대적인 위치로 보았기 때문이다. 그러나 연산군은 쿠데타로 집권한 세조의 훈구대신들을 더욱 못마땅하게 여겼다.

　이런 상황에서 연산군은 즉위 초부터 원로대신들과 대간인 사림 사이에서 갈등을 겪을 수밖에 없었다. 1498년 일어난 무오사화 역시 사림들이 당한 화이지만, 시작은 왕권을 강화하려는 연산군에 대해 사림들이 폭발한 것으로 볼 수 있다. 무오사화는 오랫동안 대립해 온 훈구파와 사림파가 김종직의 제자 김일손의 사초를 빌미삼아 맞붙은 사건이다. 사림이 〈조의제문〉을 옹호하며 세조의 등극 과정을 왕권 찬탈로 생각한 것은 연산군이 중요시하는 왕권과 왕실의 권위를 인정하지 않으려고 한 행위로 간주되었다.

　무오사화를 통해 사림들을 축출한 후 연산군은 왕권의 위력을 실감했고, 더욱 포악하게 권력을 행사하기 시작했다. 반대파를 제거한 훈구 세력들의 입지도 강화되었다. 연산군은 여기에서 다시 대신들과 대립했다. 이번에는 국가 재정 문제였다. 연산군은 사치스러운 생활을 하며 내수사內需司의 재정을 확대해 나갔는데, 이 과정에서 재정이 부족하자 정부 재정을 사용했다. 그러던 중 훈구 세력의 재산마저 거두어들이려고 한 것이 대신들의 반발을 불러일으켜 1504년, 갑자사화가 일어났다. 직접적인 배경은 폐비 윤씨의 사사 사건이지만, 갑자사화 전후로 연산군은 훈구 세력들이 사소한 잘못을 저질러도 재산을 몰수했다. 또한 자신의 정통성에 문제가 있다고 깨달은 순간부터 광적인 모습을 보였다. 이 과정에서 성종의 두 후궁과 그 소생 왕자를 때려죽이기도 했다.

　두 차례의 사화로 훈구파와 사림파의 많은 사람들이 죽었다. 이로 인해 연산군은 폭군이라는 별칭을 가지게 되었다. 그러나 여기에서 간과하는 부분이 있다. 신료들을 제거한 것보다 더욱 중요한 문제는 이 과정에서 연산군의 전횡을 막을 세력이 소멸되어 그 피해가 백성에게까지 미쳤다는 것이다. 연산군은 만 명이 넘는 기생을 뽑아 '흥청興淸'이라 칭하고 잔치에 동원했으며, 경회루 연못가에 만세산을 만들어 놓았다. 성균관을 흥청들과의 놀이터로 사용했고, 서울 동북쪽 100리를 금표로 지정해 사냥터로 만들기도 했다. 이런 연산군의 사치와 놀이에 수많은 비용이 들어가면서 국가의 재정은 더욱 악화되었고 그 부담은 모두 백성들의 몫이 되었다.

연산군은 이 과정에서 자신을 비난하는 자는 죽이거나 온갖 고문으로 잔혹하게 죽였다. 당시의 사료에 "포락(炮烙, 단근질하기), 착흉(斮胸, 가슴 빠개기), 촌참(寸斬, 토막토막 자르기), 쇄골표풍(碎骨飄風, 뼈를 갈아 바람에 날리기) 등의 형벌까지 있어서……."라고 기록되어 있을 만큼 그는 조선 시대의 대표적인 폭군이었다. 상황이 이러하자 조정에서는 바른말을 하는 대신들이 사라지고, 높은 자리를 얻기 위해 연산군의 가마를 메는 대신들이 많아졌다. 김처선金處善 같은 환관도 바른말을 하다가 죽임을 당했다.

연산군이 폭군으로 낙인찍힌 이유 중에는 신료들과의 소통 부족 문제도 있다. 대간들과의 소통 부족에 대한 기록은 즉위 초기부터 나타난다. 연산군이 여러 이유를 들어 경연에 나오지 않은 것, 연산군의 부도덕을 건의한 환관 김순손을 유배 보낸 후 사형에 처하려 한 사건, 성종의 상중에 기생과 동거한 외척 윤탕로尹湯老의 탄핵을 거부한 사건 등 연산군은 대간들과 여러 가지 문제로 대립했다.

《연산군일기》 2년 5월 6일의 기록에는 그의 생각이 드러나 있다. "내가 즉위한 지 겨우 1년, 매양 언로가 막힌다고 말하는데 나는 무슨 말인지 모르겠다. 대간 역시 신자臣子인데, 꼭 임금으로 하여금 그 말을 다 듣도록 하는 것이 옳은가? 그렇다면 권력이 위에 있지 않고 대각臺閣에 있는

연산군과 부인 폐비 신씨의 묘

것이다. 나라가 위태로울 장본張本은 권력이 아래로 옮겨지는 데 있다고 여긴다."

　이후 이러한 소통 부족과 대립이 사화로 이어졌다고 볼 수 있다. 두 차례의 사화 이후 연산군은 신하들과 대화를 단절했고, 오직 강력하게 처벌하는 것으로 모든 일을 해결하려고 했다. 이러한 상황 속에서 급기야 민심이 동요하기 시작했다.

　마침내 1506년 성희안成希顔, 박원종朴元宗 등이 이조 판서 유순정柳順汀, 군자감 부정 신윤무申允武 등과 규합하여 연산군의 폐위를 모의했다. 거사일은 연산군이 장단 석벽에 유람하는 날로 잡았다. 거사는 연산군의 유람이 중지되면서 차질을 빚을 뻔했으나 호남 지방에서 유배 중이던 유

　　　　　　　　　　　　　　　　　　　　　한국사를 움직인 100인

빈, 이과 등이 작성한 연산군 폐위에 대한 거사 격문이 한양에 나돌게 되자 당초 계획을 강행했다. 9월 1일, 박원종, 성희안, 신윤무를 비롯해 전수원 부사 장정張珽, 군기시 첨정 박영문朴永文, 사복시 첨정 홍경주洪景舟 등이 무사들을 훈련원에 규합시켰다. 그들은 먼저 권력을 쥐고 있던 임사홍, 신수근, 신수영, 임사영 등 연산군의 측근들을 죽인 다음 궁궐을 에워싸고 옥에 갇혀 있던 자들을 풀어 종군하게 하였다.

반정에 성공한 박원종 일파는 군사를 몰아 텅 빈 경복궁에 들어가 성종의 계비이자 진성대군의 어머니인 대비 윤씨의 허락을 받고 연산군을 폐하여 강화도에 안치했다. 그리고 다음 날, 진성대군이 근정전에서 왕위에 올랐다. 그가 중종이다.

연산군은 중종반정으로 폐위되어 강화도 교동에서 그해 11월 병사했다. 그의 묘는 양주군 해등촌(海等村, 서울시 도봉구 방학동)에 있다. 이곳에는 '연산군지묘燕山君之墓'라고 적힌 석물 외에 아무런 장식이 없다. 연산군은 15대 광해군과 함께 조선 시대 폐주廢主 가운데 한 사람이며,《선원계보璿源系譜》에도 묘호와 능호 없이 일개 왕자의 신분으로만 기록되어 있다. 그리고 그의 재위 기간의 실록도《연산군일기》로 통칭된다.

또 한 사람의 폐위 군주, 광해군

광해군(光海君, 1575~1641)은 조선의 제15대 임금으로 1592년 임진왜란 당시 세자로 책봉되어 전란 수습을 이끌었으나 전란 후 10여 년간 당쟁의 소용돌이 속에서 세자 지위를 위협받았다. 1608년 왕위에 올랐지만 북인 세력의 지지로 왕위에 오른 군주라는 점, 명과 후금 사이에서 중립 외교 정책과 그로 인한 서인 유림들의 반발, 영창대군 살해와 인목대비 폐위, 전란 수습을 위해 벌인 무리한 토목공사와 그로 인한 민심 이반 등의 원인이 겹쳐져 폐위되었다.

광해군의 폐위 이유와 인조반정의 명분은 표면적으로는 영창대군과 인목대비 사건으로 인한 '패륜적 행위'이다. 그러나 실질적으로 광해군이 축출된 것은 그의 중립 외교 정책 때문이라고 여겨지기도 한다. 당시 집권 세력인 서인들은 명분을 중시하고 사대 외교를 펼쳤는데, 이들의 대부분은 친명파였다. 그러나 광해군은 신흥 강국인 후금과 쇠퇴해 가는 명나라 사이에서 중립 정책을 펴는 실리 외교를 지향했다. 의리명분론에 입각하여 이를 못마땅하게 여긴 서인은 1618년(광해군 10) 광해군이 인목대비를 감금하고 폐서인으로 격하시키자, 이를 반정의 명분으로 삼았다.

1623년 이귀, 김류, 최명길, 김자점 등이 정원군의 장남 능양군 倧(종)을 받들어 인조반정을 단행하고 광해군을 폐서인했다. 인목대비는 광해군과 폐세자를 처형할 것을 주장했으나, 인조와 반정 세력은 이를 받아들이지 않았다. 광해군은 강화도를 거쳐 제주도로 유배되어 1647년, 67세를 일기로 승하했다.

당시 정치적 상황을 고려하여 광해군은 폐주 연산군과는 다른 입장에서 조명되곤 한다. 패악적 군주라는 낙인은 인조와 서인들의 입장에서 찍힌 것으로 그는 정치적 희생양이 된 군주라는 것이 더 적합하다는 것이다. 실제로 광해군은 세자의 몸으로 임진왜란 후의 전란을 수습하고, 즉위 초기부터 당쟁을 수습하고, 전란 후 소실된 왕궁을 짓고, 선혜청을 세워 대동법을 실시하는 등 각종 제도를 개혁하며 치적을 세웠다. 또한 임진왜란 때 소실된 서적 간행에도 힘써 《신증동국여지승람》, 《용비어천가》, 《동국신속삼강행실》 등을 다시 간행했고, 허준의 《동의보감》이 완성되는 데에도 기여했다.

도학 정치를 꿈꾼 급진적 이상주의자
조광조

趙光祖 (1482~1519년)

▌중종 때 사림의 지지를 바탕으로 도학 정치의 실현을 위해 적극적으로 활동했다.

▌훈구파를 억제하기 위해 현량과 실시, 위훈 삭제 등 급진적 개혁 정치를 단행했다.

▌사림파의 과격한 언행과 정책에 염증을 느낀 중종의 지지를 업은 훈구파가 대대적인 숙청을 단행하는 기묘사화를 일으킴에 따라 능주에 유배되었다가 사사되었다.

조광조는 유교 국가인 조선에서 성리학을 학문이 아니라 생활의 실천으로 이끈 인물이다. 조광조에 대한 후세 사람들의 평가는 후하다. 그는 경연을 강화하고, 언론을 활성화했으며, 훈구 세력들의 잘못된 공신 책봉에 대한 위훈을 삭제하는 등 신진 사림들의 정계 진출을 도왔다. 또한 당시 방납 제도의 폐단을 시정할 것을 요구하고 소격서를 폐지하는 등 민생 안정에도 관심을 기울였다. 무엇보다도 그는 유교적 정

조광조(적려유허지 소장)

치 이념을 현실 정치에 반영하고자 했다. 그는 "중종은 사림을 다시 등용하여 유교 정치를 일으키려 했다. 당시 명망이 높았던 조광조가 중용되면서 천거제의 일종인 현량과를 통해 사림이 대거 등용되었다. 이들은 삼사의 언관직을 차지하고 자신들의 의견을 공론이라 표방하면서 급진적 개혁을 추진해 나가고자 했다. 그러나 공신들의 반발로 말미암아 조광조를 비롯한 사림 세력은 대부분 제거되었다(기묘사화)."라는 평가를 받는다.

조광조는 한성부 동지제에서 사헌부 감찰을 지낸 조원강과 민씨 부인의 둘째 아들로 태어났다. 그의 고조 조온趙溫은 개국공신으로 제2차 왕자의 난에서 공을 세운 인물이다. 할아버지 조충손趙衷孫 역시 성균관 사예를 역임한 인물로 계유정난 당시 반대파로 몰려 10년간 유배 생활을 했다. 숙부는 무오사화 때 사관으로서 연산군에게 사료 제출을 거부해 유배된 적이 있었다. 이렇듯 조광조의 집안은 학문과 행실이 겸비된 기골 있는 문관 집안이었다.

조광조는 태어나면서부터 이목구비가 반듯하고 총기가 흘러넘쳐 사람들의 눈길을 끄는 아이였다. 형제는 모두 셋이었는데 그중에서도 특히 조광조의 영특함이 남달랐다. 그는 다섯 살이 되면서부터 예절에 관해 배우는 것을 좋아했고, 예절에 어긋나는 행동을 하는 것을 보면 설사 어른이라고 해도 그냥 지나치지 않았다고 한다. 그는 열여섯 살이 될 때까지 일정한 스승 없이 당시의 양반집 자제들처럼 《소학》과 《대학》, 사서와 삼경 등 유교 경전을 공부했다. 하지만 그는 이런 책들을 통해 단순히 글을 잘 짓는 것보다는 자신을 도덕적으로 완성시키고 세상을 바로잡을 방법에 대해 고민했다.

한양 출신인 그는 열일곱 살 때 어천 찰방으로 부임하는 아버지를 따라가 그곳에서 유배 중이던 김굉필을 만나 수학하게 되었다. 김굉필은 '소학 동자'라 불릴 만큼 평생 《소학》을 중시했다. 《소학》은 8세 전후에 배우는 수신서修身書로 일상생활의 범절과 수양을 위한 격언과 충신, 효자의 사적 등을 모아 편찬한 것이다. 전편全篇을 통해 유교의 효孝와 경敬을 중심으로 이상적인 인간상과 아울러 수기修己, 치인治人의 군자를 기르기 위한 계몽을 주요 내용으로 다루고 있다.

조광조는 김굉필에게 수학한 후 특히 《소학》과 《근사록近思錄》 등을 중시하면서 김종직의 학통을 이은 사림파의 영수가 되었다. 1510년 그는 사마시에 장원으로 합격한 뒤 성균관에 들어갔고, 성균관 유생들의 천거와 이조 판서 안당의 추천으로 1515년(중종 10), 조지서 사지에 초임되었다. 그해 가을 별시문과에 을과로 급제하여 전적, 감찰, 예조 좌랑을 역임했다. 그는 유교를 정치와 교화의 근본으로 삼아야 한다는 지치주의至治主義에 입각한 왕도 정치의 실현을 역설했다.

조광조의 글씨

당시 훈구파가 의정부와 6조를 중심으로 포진하고 있었다면 사림파는 이조에서 인사를 담당하는 전랑과 언로를 담당하는 삼사에 포진하면서 훈구파의 폐단을 지적했다. 1516년경 전랑의 권한 중 하나인 후임자를 추천하는 자대권自代權과 삼사의 당하관을 추천하는 통청권通淸權이 생겨난 것은 사림의 성장과 관련이 있다. 이후 선조 대에 전랑이 과거에 급제하지 않은 현사賢士를 추천하여 벼슬에 직통하게 하는 권리인 낭천권郎薦權이 시도되어 사림파의 성장에 크게 기여했다. 이것은 이후 폐지되기는 했지만 사림이 훈구 세력을 견제하는 중요한 수단이 되었다.

훈구파와 사림파의 대표적인 갈등 중 한 가지는 장경왕후(章敬王后, 중종의 제1계비)가 죽은 후 일어난 계비 책봉 논쟁이었다. 박상, 김정 등의 사림들은 중종의 정비(폐위된 신씨)를 복위시키고 과거 신씨의 폐위를 주장했던 박원종을 처벌할 것을 상소했다. 훈구 세력의 권위에 도전한 것이다. 그러나 대사간인 조광조는 상소자를 처벌하는 것은 언로를 막는 결과를 낳는다고 말하면서 귀양을 주청한 이행을 파직하도록 해 중종의 신임을 받게 되었다. 이 사건은 기묘사화의 발생 원인이 되었다.

1517년에는 지방에서 도학 정치를 확대하기 위해 교리로 경연 시독관, 춘추관 기주관을 겸임했으며, 향촌의 상호 부조를 위해 여씨향약呂氏鄕約을 8도에 실시하도록 했다. 향약을 보급하는 방법으로 기존 훈구 세력들이 장악한 지방에 향음주례나 향사례의 실천을 중시하고, 소학을 실천할 것을 주장했다. 성리학은 조선 초기 과거 위주의 사장학詞章學이 중시되면서 경전 위주의 경학經學이 소외되고 있었다. 이에 조광조는 경학을 중심으로 도학 정치를 실현하고자 향약을 보급하려 한 것이다. 그 결과 지방을 중심으로 학풍이 변하기 시작해 이후 이황이나 이이 같은 학자가 탄생할 수 있었다. 도학 정치는 정치만이 아닌 생활에서도 유교식 방법을 적용하는 것으로 주자의 《가례家禮》를 실천하도록 하는 것이다. 가례는 관례, 혼례, 상례, 제례 등 관혼상제의 예법에 관한 것이다.

1518년 조광조는 부제학이 되었다. 그리고 유학의 이상 정치를 구현하기 위해서는 왕의 마음을 바로잡는 것이 중요하다고 생각해 왕도 도학 정치의 실천을 역설했다. 이를 위하여 왕과 신하들이 토론하는 경연을 강화하고, 언론을 활성화했다. 당시 궁중에는 도교의 제천 행사인 삼청성진(三淸星辰, 상청·태청·옥청으로 신선들이 살고 있다는 곳)에게 지내는 초제

醮祭를 담당하는 소격서가 있었다. 제천의식과 기우제 등은 국가의 중요한 행사의 하나로 왕이 직접 참여했다. 그러나 사림들은 이를 미신으로 간주하고 소격서를 혁파할 것을 주장했다. 소격서 문제는 1479년(성종 15)에 처음 불거져 비용을 줄이고 청결하게 제사를 지내는 선에서 마무리되었다. 그리고 1496년(연산군 2) 국가에 도움이 되지 않는다는 이유로 안양군 항行의 집으로 옮겨 공식적으로는 혁파되었으나 중종반정으로 복원되었다. 사림들은 소격서를 노자를 숭상하는 이단이며 제후의 나라인 조선에서 직접 하늘에 제사를 지내는 것은 불가하다는 이유로 혁파할 것을 주장했다.

1518년(중종 13) 소격서는 유신들과 성균관 유생들의 요청으로 일시 혁파되었으나, 1522년 대왕대비의 병환을 구실로 다시 회복되었다. 소격서는 임진왜란 이후가 되어서야 완전히 폐지되었다. 그러나 소격서 혁파는 후일 궁중 세력이 조광조 일파를 몰아내는 데 동참한 원인이 되었다.

조광조는 또한 지방의 특산물을 나라에 바치는 방납의 폐단을 지적하고 그 시정을 요구했다. 지역의 특산물을 나라에 진상하는 공납 제도는 수송의 어려움 등 현실적인 문제로 인해 각 관청의 사주인들이 대신 납부하게 한 것이다. 그러나 그 과정에서 아전들이 부정부패를 저질렀고, 방납이 정착되자 중간 상인과 아전들의 농간이 심해져 납부해야 할 가격을 상회하는 곡식을 요구하게 되었다. 뿐만 아니라 백성들이 특산물을 직접 바치고자 하여도 이들의 이익 때문에 거절당하는 일이 비일비재하게 일어나면서 고통이 가중되었다.

대사헌이 된 조광조는 본격적으로 개혁 정치를 펴기 위해서는 사림 세력을 키워야 할 필요성을 절실하게 느꼈다. 이에 합격 후 약 20년이 지나야 6품직에 오를 수 있는 과거 시험이 아닌 실력 있는 사람들을 약식 시험

만으로 선발할 수 있는 현량과賢良科를 실시해 김식, 안처겸, 박훈 등 28명
의 선비들을 등용했다. 또 자신의 세력인 김정, 박상, 이자, 김구, 기준, 한
충 등 소장학자들을 선발하여 요직에 안배했다. 그 결과 사림들은 훈구
세력의 문제점을 개혁하면서 새로운 정치 질서를 수립하고자 했다.

훈구 세력에 대한 사림의 공격은 1519년(중종 14)에 반정공신의 위훈 삭
제를 주장하면서 본격화되었다. 공이 없음에도 공신으로 책봉된 사람이
있는데 이는 잘못임을 지적한 것이다. 사림은 반정공신 2, 3등 중 일부는
개정해야 하고, 4등 50여 명은 모두 공이 없으니 삭제함이 좋을 것이라고
강력히 청하고 나섰다. 그 결과 공신의 4분의 3에 해당되는 76명의 훈작
이 삭탈되었다.

중종은 조광조의 지나치게 급격한 개혁에 부담을 느끼게 되었고, 훈구
세력 중 홍경주, 남곤, 심정 등은 그를 처단할 계획을 세우게 되었다. 그들
은 희빈 홍씨를 움직여 대궐의 나뭇잎에 과일즙으로 '주초위왕走肖爲王'
이라는 글자를 써 벌레가 파먹게 한 다음 궁녀로 하여금 이를 따서 중종
에게 바쳤다. "조씨가 왕이 된다."라는 글귀는 조광조를 가리키는 것으로
중종의 의심을 불러일으키고자 함이었다. 홍경주 일파는 이에 더해 조광
조 일파가 당파를 조직해 조정을 문란하게 만든다는 이유로 탄핵했다. 조
광조의 도학 정치에 염증을 느끼던 중종은 훈구대신들의 주장을 받아들
였고, 조광조는 김정, 김구, 김식, 윤자임, 박세희, 박훈 등과 함께 투옥되
었다. 처음 사사賜死의 명을 받았으나, 영의정 정광필鄭光弼의 간곡한 비
호로 능주(화순)에 유배되었다. 이후 훈구파인 김전, 남곤, 이유청이 각각
영의정, 좌의정, 우의정에 오르자 그해 12월 유배지에서 사사되었다. 이
를 '기묘사화己卯士禍'라고 한다.

사림들은 무오사화, 갑자사화에 이어 다시 정계에서 축출되었다. 그들

은 너무 젊었고, 정치적 연륜도 짧은데에다, 지나치게 급진적이었으며, 과격했다. 이는 임금인 중종마저도 그들에게 회의를 느끼게 했고 결국 이들은 훈구 세력의 공격을 받아 실패했다. 많은 사림들이 삼사에서 쫓겨났고, 지방에서 향약의 실시와 《소학》의 보급이 중지되었다.

그러나 그의 노력은 헛되지 않았다. 물이 위에서 아래로 흐르듯 그의 도학 정치는 후세 사람들에게 이어졌다. 삼사의 언론은 꾸준히 사림들로 채워졌고, 그를 따르는 사람들은 늘어났다. 비록 을사

조광조 신도비 조광조는 선조 즉위 초에 신원되어 영의정에 추증되었다. 노수신이 글을 짓고 영의정 이산해가 글씨를 썼다.

사화라는 또 다른 화가 일어나기는 했지만 선조 대에 이르러 사림들은 정계에 완전히 자리 잡게 되었다.

조광조는 선조 대에 사림이 집권하면서 신원되어 영의정에 추증되고 문묘에 배향되었다. 그 뒤 그의 학문과 인격을 흠모하는 후학들에 의해 사당과 서원도 설립되었다. 김굉필, 정여창, 이언적 등과 함께 '동방사현 東方四賢'으로 불린다.

조선 최초의 자연철학자
서경덕

徐敬德 (1489~1546년)

▌'이(理)'보다는 '기(氣)'를 중시하는 주기론(主氣論)의 선구자.
▌황진이, 박연폭포와 함께 개성을 대표한 송도삼절로 지칭되며, 황진이의 유혹을 물리친 일화가
유명하다.

서경덕은 자연현상 자체에 대한 탐구를 통해 우주적 이치를 체득하고자
한 인물이다. 하지만 바로 이런 이유로 서경덕의 자연철학은 이후 조선의
성리학자들에게 큰 주목을 받지 못했다. 일반적으로 성리학자들은 자연
철학에 대한 탐구보다도 도덕철학과 사회적 윤리의 정립을 중요하게 생
각했기 때문이다.

"부채를 휘두르면 바람이 이는데, 바람은 어디로부터 나오는가? 만약
부채에서 나온다면, 부채 속에는 언제부터 바람이 있었단 말인가? 만약 부
채에서 바람이 나오지 않는다면, 도대체 바람은 어디에서 나오는 것일까?
허공은 어떻게 스스로 바람을 일으키는 것일까?" 친구로부터 부채를 선물
받고 감사의 뜻으로 시를 지어 보내면서 서문으로 붙인 이 글만 보아도 자

연현상의 원인을 밝히려는 서경덕의 과학적 탐구정신을 엿볼 수 있다.

서경덕은 부위副尉 서호번徐好蕃과 부인 한씨 사이에서 태어났다. 선조는 원래 남양 서씨이나 증조부 때 당성唐城 서씨로 분파되었다. 1502년 열네 살의 서경덕은 《서경書經》을 배우다가 태음력의 수학적 계산인 일日과 월月의 운행에 의문이 생기자 이를 스스로 깨우치게 되었다고 한다. 이처럼 그는 새의 지저귐이나 날씨의 변화 등 소소한 것들도 그냥 보아 넘기지 않으며 골똘히 생각하고 또 생각했다.

그는 열여덟 살 때 《대학》의 '격물치지格物致知'를 읽다가 크게 깨달은 바가 있어 그 원리에 의지해 학문을 연구했다. 격물치지는 격물格物, 치지致知, 성의誠意, 정심正心, 수신修身, 제가齊家, 치국治國, 평천하平天下의 8조목으로 된 내용 중 처음 두 조목인데, '격格을 이른다至'라는 뜻으로 '모든 사물의 이치理致를 끝까지 파고 들어가면 앎에 이른다致知'라는 의미이다.

이후 이것은 서경덕의 학문 방법이 되었다. 그는 자신의 방에 천지만물의 이름을 써 붙여 놓고 그것들을 하나하나 연구했다. 그렇게 3년을 연구한 끝에 그는 "나는 스무 살이 되어서야 한 번 저지른 실수를 두 번 다시 저지르지 않게 되었다."라고 말할 수 있게 되었다. 이처럼 서경덕이 이룬 학문의 대부분은 선인의 학설을 계승한 것이라기보다는 독학으로 이룩한 것이었다.

그는 후일 "나는 스승을 얻지 못하여 학문을 익히고 깨닫는 데 힘이 들었다."라고 밝힌 바 있는데 그가 독학을 한 것은 집안이 가난해 스승을 구하지 못했기 때문만은 아니었다. 열네 살 무렵 서당에서 책을 읽던 서경덕은 《서경》 첫머리의 '기삼백육십유육일朞三百六十有六日'로 시작되는 구절에 이르게 되었다. 그런데 이 구절에 대해 서당의 선생님은 "이 장의 글은 세상에 아는 사람이 없으니 읽지 않는 것이 좋다."라며 그냥 넘어가 버렸다. 그러자 서경덕은 보름 동안 골똘히 사색한 끝에 1년의 길이가 365와 4분의 1일이고, 윤년이 됐을 때 1년은 366일이 된다는 원리를 스스로 터득했다고 한다.

그는 서른한 살에 현량과에 응시하도록 수석으로 추천을 받기도 했으나 사양했다. 과거에는 뜻이 없었으나 어머니의 간곡한 요청으로 1531년 (중종 26) 생원시에 응시해 장원으로 급제했다. 그러나 벼슬을 단념하고 성리학의 연구와 후학 양성에 힘썼다. 명산을 찾아다니며 기행문과 시를 쓰기도 하고, 수도 생활을 하기도 했다. 그러다 보니 집안은 매우 궁핍했는데 그는 며칠 동안 굶주려도 태연자약했다고 한다. 송도에서 살 때 화담 서간정에 집을 짓고 살아 사람들은 그를 화담 선생이라고 불렀다. 그는 조용히 서재에 앉아 깊이 생각하면서 격물치지를 좇아 연구를 거듭했다. 그 태도가 너무도 진지해 보통 사람들은 혀를 내두를 정도였다고 한다. 그의 학문과 덕망이 세상에 널리 알려져 여러 곳에서 많은 유생들이 모여들었다.

서경덕과 관련된 일화로는 희대의 국색이자 여류시인으로 유명한 황진이에 관한 것이 있다. 황진이가 그를 사모해 자주 찾아왔으나 그는 도학자의 자세를 조금도 흐트러뜨리지 않았다. 이에 황진이는 "30년간 면벽하며 불도佛道를 닦던 지족선사도 나의 미색에 30년 공을 허사로 돌렸는데, 서경덕 선생만은 여러 해가 지나도록 온갖 유혹에도 도저히 움직이지 아니했다. 실로 화담 선생은 성인이다."라고 감탄했다고 한다.

중국의 성리학을 받아들인 조선 사회에는 '이기설'을 주종으로 하는 성리학이 구축되어 정주학 이외에는 학문으로 허용조차 하지 않는 분위기가 팽배했다. 이런 분위기 속에서 '기일원론氣一元論'을 제창한 그는 우리나라에서 가장 창조적인 철학자 중 한 사람이었다. 기일원론은 우주 만물이 존재할 수 있는 근원적 실체를 기氣, 한 가지로 보는 이론이다. 인간, 자연, 사물 등 모든 존재는 기로 이루어져 있다고 보는 이 이론은 '이일원론理一元論'과 '이기이원론理氣二元論'과는 구별된다.

그는 천지 만물이 생성·변화되기 이전의 우주 원형을 '태허太虛'라 칭하고, 태허는 만유萬有의 궁극적 실체인 기의 원형으로서 빈 것이지만 없는 것이 아니라 오히려 전 우주 공간을 빈틈없이 꽉 채우고 있는 것이라고 보았다. 따라서 태허는 허虛이면서도 허가 아니며, 소리도 없고 냄새도 없으

박연폭포 미(황진이), 지식(서경덕), 환경(박연폭포)의 3절연(絕緣) 혹은 3단절(斷絕)이라 하여 송도삼절이라 불렸다.

므로 없는 것 같지만 실은 실재하는 것으로 '허즉기虛卽氣'라고 했다. 그러므로 노자가 유有를 무無에서 생긴 것이라고 한 것은 허가 곧 기임을 몰랐기 때문이며, 허가 기를 낳을 수 있다고 한 것 또한 잘못이라고 비판했다. 태허에서 기氣가 생겨난다면 기가 생겨나기 전에는 기가 없는 것이니 태허는 죽은 것으로, 기는 시작과 끝이 있는 한정적인 것이 된다고 말했다. 또한 이 세계는 담일무형湛一無形의 기가 모였다 흩어졌다 하는 것에 불과한 것이므로 비록 한 조각 촛불의 기가 눈앞에서 꺼지는 것을 본다 해도 그 남은 기는 끝내 없어지지 않는 것이라고 주장했다.

그는 중종 말년인 56세 때 대제학 김안국金安國의 천거로 후릉 참봉厚

陵參奉에 임명되었으나 역시 부임하지 않았다. 그러다가 병을 앓으면서 58세의 나이로 세상을 떠났다. 생전에 황진이, 박연폭포와 함께 송도삼절松都三絶로 유명했다.

그가 끝까지 관직에 나아가지 않은 것은 여러 차례의 사화 때문인 것으로 여겨진다. 그가 살아 있을 동안 4번의 사화가 있었는데 10세 때(1498년) 무오사화, 16세 때(1504년) 갑자사화, 31세 때(1519년) 기묘사화, 57세 때(1545년) 을사사화가 일어났다. 더구나 무오사화와 갑자사화가 연이어 일어나자 정계에 진출할 의욕을 잃고 산중으로 돌아가는 학자들이 많아졌다. 세조 때부터 시작된 학자들 사이의 반목과 질시 중에서도 특히 훈구파와 사림파의 대립이 가장 심각했는데 이는 조정으로 나가기보다는 산간에 머물며 제자들과 도학을 문답하는 것에 뜻을 두게 했다. 그 역시 이러한 상황에서 제자들과 더불어 청렴과 빈한한 생활을 영위하며 성리학의 원리를 자각하고 체득하면서 일생을 보내게 된 것이었다.

조선 주리철학의 선구자
이언적

李彦迪 (1491~1553년)

▌주리적 성리설을 주장했고, 이 설은 이황에게 계승되어 영남학파의 중요한 성리설이 되었다.
▌손숙돈과 조한보 사이에 벌어진 '무극태극' 논쟁에 참여하여, 주리적 관점에서 양자의 견해를 모두 비판했다
▌김안로 등 훈신들의 잘못에 휘말린 중종을 비판하고 간언하는 10가지 조목인 〈일강십목소〉를 통해 자신의 정치 사상을 드러내고 있다.

조선의 성리학이 개화한 것은 조선 중기 무렵부터이다. 조선의 성리학은 크게 두 분파로 나뉘어 발전했는데, 영남 지방에서는 이황의 주리론主理論을, 기호 지방에서는 이이의 주기론主氣論을 중심으로 발전했다. 이황의 주리론 형성에 큰 영향을 미친 이가 바로 이언적이다. 그는 오랜 유배 기간 동안 전대의 학자들이 발견하지 못한 이론과 경학의 체계를 집대성하여 유학의 새 지평을 열었다.

이언적은 생원 이번李蕃과 계천군 소昭의 딸 경주 손씨 사이에서 맏아들로 태어났다. 그는 10세 때 아버지를 여의고 외숙인 손중돈孫仲暾의 도움으로 생활하며 학문을 배웠다. 그러나 대개 독학으로 학문을 익혔다.

"나의 도가 천성에 구비되어 있고 학설은 모두 책에 기록되어 있기 때문에 진실로 마음만 먹으면 도를 얻지 못할 리가 없다."라는 것이 그의 생각이었다. 그는 세상을 살아가는 데 필요한 학문보다는 스스로를 닦는 학문에 열중했고, 홀로 연구하고 실천하는 것에 힘썼다.

그는 스물세 살에 소과에 합격하고 그 이듬해 대과에 급제하였다. 당시 고시관인 모재慕齋 김안국은 "왕좌王佐의 재才를 지녔다."라며 그의 재능을 칭찬했다. 이언적은 경주 주학 교관을 시작으로 성균관 전적, 인동 현감, 사헌부 지평, 이조 정랑, 사헌부 장령 등을 두루 역임하면서 성실하게 공직 생활을 이어 갔다.

스물일곱 살 무렵 이미 동향 선배인 조한보에게 태극논변太極論辨을 제시할 정도로 그는 일찍이 유학의 본원을 꿰뚫고 있었다. 특히 조한보가 도불 이론과 혼동하고 있는 부분을 철저히 분석해 유학의 본래 모습을 확인시킨 점은 훗날 이황을 크게 감동시켰다. 이황은 그의 행장에서 "유학의 도를 천명하였고, 이단의 사설邪說을 물리쳤다."라며 극찬했다.

그는 서른 살 무렵 입잠(立箴, 입지의 잠언)을 지어 "참됨을 쌓고 힘쓰기를 오래하여 성인의 경지에 들기를 기약한다." 하고 굳게 맹세했다. 그는 불의를 보면 분연히 항거했으며 성현의 말씀과 진리를 백성들에게 펼쳐 태평성세를 이루고자 했다.

1530년에는 사간원 사간으로 임명되었다. 당시는 김안로가 아들을 효혜공주와 혼인시키면서 권력을 남용하고 있을 때였고, 이언적은 그의 등용을 반대하다가 파직되었다. 그는 "김안로의 씀씀이와 처사處事를 보았을 때 참으로 소인의 마음이었다. 만일 이 사람이 뜻을 얻으면 반드시 나랏일을 그르칠 것이다."라고 자신의 소신을 밝혔다. 김안로 일파에 의해 이언적은 파직당하고 김안로는 등용되었으나 이 일로 인해 김안로는 이

옥산서원 이언적을 배향하는 대표적인 서원으로 영남 사림의 중심지였다.

언적을 두려워하게 되었다.

그는 고향으로 돌아와서 자옥산 밑에 독락당獨樂堂을 짓고 성리학 연구에 힘썼다. 그렇게 7년 동안 갈고 닦은 학문은 훗날 김안로 일파가 몰락하고 그가 다시 조정으로 돌아왔을 때 큰 힘이 되었다. 〈영귀정에 올라 登詠歸亭〉라는 시는 그가 관직 생활 중 고향에 내려와 읊은 것이다. 그는 고향에 내려올 때면 영귀정에 들러 몸과 마음을 가다듬곤 했다.

반세 동안 세상사에 갇혀 병든 몸 피곤하였는데 半歲塵籠困病軀

오늘 기꺼이 한 단지 술 이끌고 영귀정에 오르노라 登程今日喜提壺.

강산은 모두가 예전의 평소 그대로이건만 江山渾是平生舊

가슴에 쌓인 회포는 왜 옛날과 다름인가 襟抱何曾昔日殊.

인종이 즉위하자 그는 우찬성에 제수되었다. 그는 두 번이나 사양했지만 결국 인종이 보낸 전지를 받아본 후 마음을 돌려 관직에 올랐다. 인종의 덕성과 학식이 왕도 정치를 실현할 만하다고 생각했기 때문이다. 그러나 인종이 갑자기 세상을 뜨고 말았다. 그는 뒤이어 임금의 자리에 오른 명종에 기대하며 문정대비와 척신들의 전횡 속에서도 왕도 정치의 실현을 꿈꿨다. 그러나 그의 열망은 을사사화를 맞아 무너지고 말았다.

을사사화는 중종의 첫 번째 계비 장경왕후의 외척 윤임 일파인 대윤大尹과 두 번째 계비 문정왕후의 외척 윤원형 일파인 소윤小尹 사이에 일어난 권력 다툼에서 사림들이 무고하게 화를 당한 사건이다. 명종이 왕이 되면서 윤원형 일파가 득세하게 되었고 이들은 문정대비를 등에 업고 대윤을 제거하려고 했다. 이 일로 대윤은 모두 반역 음모로 유배되었다가 사사되고 여러 사림들도 유배되거나 사형당했다.

의정부 좌찬성을 맡고 있던 이언적은 당시 취조관이 되어 억울하게 연루된 사람들을 구원하기 위해 노력했다. 소윤들은 그를 회유하기 위해 윤임을 정죄하는 데 공로가 있다는 명목으로 정난공신 여성군으로 봉했으나, 그는 "공로 없는 훈작을 받는 것은 국가의 기강을 무너뜨리는 것"이라면서 끝내 이를 받지 않았다. 윤원형 일파는 그를 제거할 명분을 찾았다. 그리고 양재역 벽서 사건이 일어났다. 양재역 벽서란 1547년 명종 2년 경기도 과천의 양재역에서 발견된 익명의 벽서를 말한다. 그 벽서에는 "위로는 여왕, 아래로는 권신 이기가 권력을 휘두르니 나라가 곧 망할 것"이라고 쓰여 있었다. 윤원형 일파는 이 사건이 윤임 일파에 대한 처벌이 부족해서 생긴 사건이라고 주장하면서 그 죄를 을사사화에 연루된 사류들에게 뒤집어 씌웠다. 섭정을 하던 문정대비는 명종에게 처벌을 요구했고, 이언적은 이 사건의 중심인물로 낙인찍혀 유배를 가게 된 것이다.

성균관 대성전 공자를 모시는 사당인 문묘에는 공자를 비롯해 중국의 4성, 10철, 송조의 6현을 비롯해 우리나라 성리학의 거두 18현이 봉안되어 있다.

그는 유배의 명령을 듣고도 평소와 다름없이 "어머니를 잘 모셔라. 하늘이 위에 계시는데 나는 오래지 않아 돌아올 것이다."라고 말하고 유배를 떠났다.

유배 생활은 힘들었으나 그에게는 더없이 중요한 시간이었다. 그는 7년간의 유배 생활 동안 《봉선잡의》, 《구인록》 등의 저작들을 남겼다.

그러나 그가 머물던 강계는 매우 추운 지역이어서 겨울이면 혹독한 추위에 시달려야 했다. 한번은 장세화가 베이징에 사절로 다녀오던 길에 그를 찾았는데, 그의 모습을 보고 "사람이 아무리 죄를 지었다고는 하지만 얼어 죽으라고야 하겠는가."라며 여우털 갖옷을 벗어 주었다는 일화도 있다.

하지만 그는 꿈에도 그리던 고향 땅을 밟지 못한 채 유배지에서 쓸쓸하게 운명했다. 그의 학문과 청빈한 공직 생활, 왕도 정치를 위한 노력은 당대에는 크게 주목받지 못했다. 그러나 그의 학문적 관점이 이황에 의해 집대성되면서, 그는 조선 주리철학의 선구자로 평가받으며 성리학의 학통을 잇는 정통 계보로 인정받기 시작했다. 그는 광해군이 즉위한 후 사림오현으로 문묘에 종사되었다. 문묘에 종사된다는 것은 유학자로서 누릴 수 있는 최대의 영광이었다. 사림오현은 김굉필, 정여창, 조광조, 이언적, 이황이다.

중세의 봉건적 질서에 반기를 들다
임꺽정

林巨正 (?~1562년)

- 조선 중기 양주의 백정 출신 도둑으로 일명 임거정 혹은 임거질정이라고도 한다.
- 명종 대의 정치적 혼란과 흉년으로 민심이 흉흉해지자 황해도와 경기도 일대에서 관아를 습격하고 창고를 털어 빈민에게 나누어 주는 등 의적 활동을 벌였다.
- 이익은 《성호사설》에서 홍길동과 임꺽정 그리고 장길산을 조선의 3대 도둑으로 꼽았다.

임꺽정은 명종 시대 황해도 지방의 백정 출신 도적으로 임거정林巨正, 임거질정林居叱正이라고도 한다. 홍길동, 장길산과 함께 조선의 3대 도적으로 불린다. 16세기 중반 몰락한 농민과 백정, 천인들을 모아 지배층의 수탈에 저항했다.

임꺽정은 경기도 양주에서 백정의 신분으로 태어났다. 황해도에서 살던 그는 뜻을 같이하는 농민 수십 명을 모아 황해도의 산악 지대를 중심으로 도적 활동을 벌였다. 1559년경에는 황해도뿐만 아니라 경기도와 평안도까지 활동 영역을 넓혀 관청이나 양반, 토호의 집을 습격하여 이들이 백성에게서 거두어들인 재물을 빼앗았다. 또 서울과 평양 사이의 주요 도로를 장악해 공물과 진상물 등을 탈취하기도 했다.

사태가 여기까지 이르자 조정에서는 황해도 일대의 관리를 대부분 무관으로 교체하는 등 수습책을 마련하고 선전관을 보냈다. 그러나 임꺽정 무리들이 대단한 지략으로 관군을 따돌리고 신출귀몰하게 움직이는 바람에 행방을 찾을 수가 없었다. 구월산에 소굴이 있다는 말을 들은 관군은 그곳에서 임꺽정군의 행방을 찾다가 오히려 그들에게 목숨을 잃기도 했다.

임꺽정은 빼앗은 재물을 그대로 착복하지 않고 가난한 사람들에게 나누어 주었고 억울하게 옥에 갇혀 있는 죄수들을 풀어 주어 의적義賊으로 이름을 높였다. 위기감을 느낀 조정에서는 여러 차례 관군을 동원해 진압하려 했으나, 그들에게 번번히 패했다. 임꺽정은 1559년에는 개성부 포도관 이억근李億根을 죽이기도 했다.

1560년 가을 임꺽정 무리는 봉산과 개성을 거점으로 한양까지 진출했다. 그러나 같은 해 11월 임꺽정의 아내가, 12월에는 참모인 서림徐林이 체포되면서 결정적인 타격을 받았다. 조정은 임꺽정의 아내를 형조 소속의 종으로 삼고, 서림에게서 임꺽정의 활동 계획과 비밀을 알아내어 선전관 정수익鄭受益과 봉산·평산의 관군으로 하여금 토벌하도록 했다. 이때 농민들과 이서吏胥의 도움, 그리고 뛰어난 전투력으로 위기를 모면하고 세력을 보존할 수 있었다. 5도의 군졸들이 임꺽정을 잡으려 눈에 불을 켜는 동안 민심은 점점 흉흉해졌다. 관군의 물자를 대느라 백성들의 원성이 드높아졌고, 무고한 사람들이 잡혀가 죽임을 당하는 경우도 생겨났다.

그 후 임꺽정은 황해도, 경기도 북부, 평안도, 강원도 지역에서 활동했고, 관군의 대대적인 토벌이 이어졌다. 그러던 중 황해도에 순경사로 파견된 이사증으로부터 임꺽정을 잡았다는 보고가 올라왔다. 잡힌 사람은 임꺽정의 형인 가도치加都致로 밝혀졌으나 이후 임꺽정의 세력은 점차 위축되었다. 임꺽정은 토포사 남치근南致勤이 이끄는 관군의 끈질긴 추격에서 도망하던 중 마침내 1562년 1월, 서흥에서 부상을 입고 체포되었으며, 약 15일 후에 처형되었다. 《명종실록》 편찬에 참여한 한 사관은 임꺽정의 반란에 대해 다음과 같이 평가했다. "나라에 선정이 없으면 교화教化가 밝지 못하다. 재상이 멋대로 욕심을 채우고 수령이 백성을 학대하며 살을 깎고 뼈를 발리면 고혈이 다 말라 버린다. 수족을 둘 데가 없어도 하소연할 곳이 없다. 기한이 절박해도 끼닛거리가 없어 잠시라도 목숨을 잇고자 도둑이 되었다. 그들이 도둑이 된 것은 왕정의 잘못이지 그들의 죄가 아니다."

임꺽정의 반란은 1559년에 시작되어 1562년 1월까지 무려 3년간이나 지속되었다. 여타 민란에 비해 한 인물이 이끈 난이 이렇게 오래 지속된 경우는 매우 드물다. 그는 관군과 전면전을 벌이기보다는 무장 게릴라 활동을 통해 평소 농민들의 지탄의 대상이었던 권문세가나 관리들의 재산을 털어 양민들에게 나누어 주는 의적 행위를 했는데 이것이 난을 오래 지속할 수 있었던 요인일 수도 있다. 또 한 가지로는 그의 난에는 현실 변혁을 요구하는 민중들의 의지가 반영되었다는 점을 들 수 있다. 민중들이 임꺽정의 무장단에 대거 참여하였다는 것은 중세 봉건적 질서에 반기를 들었다는 것을 의미한다.

무엇보다도 임꺽정의 반란은 윤원형을 중심으로 한 외척 세력을 축출하는 계기가 되었다는 데에서 큰 의미가 있다. 반란을 진압하는 과정에서 명종은 외척에게 넘어간 왕권을 회복할 기회를 잡을 수 있었다. 백성들이 도탄에 빠진 이유가 바로 외척들의 불법적인 횡행에 있다는 인식을 갖게 되었기 때문이다. 이후 사림이 대거 중앙 정계에 진출하는 바탕이 되기도 했다.

고석정 임꺽정이 은거했다는 곳으로 훗날 임꺽정을 기리는 이들이 정자를 짓고 고석정이라 이름하였다.

임꺽정의 반란이 일어난 배경을 살피는 데 있어 중요한 것은 왜 많은 농민들이 토지를 잃고 빈농이나 빈민, 유랑민, 또는 도적으로 변해 갔는가 하는 것이다. 가장 큰 원인은 역시 당시 정치를 맡고 있던 관료와 외척 들에게 있다. 당시는 왕권이 약화되어 중앙의 정치가 구심점을 잃은 상태였다. 정계가 시국에 따라 흔들리고 국가 기강이 문란해지자 중앙의 지방에 대한 통제가 적절하게 이루어지지 못했고, 지방 관리들이 부패를 일삼고 날뛰게 되는 상황을 초래한 것이다. 뿐만 아니라 세조 대에 실시한 직전법이 명종 대에 폐지되면서 관리들은 녹봉에만 의지해 살아야만 했다. 그러다 보니 관료들은 사리사욕을 충족시키기 위해 토지의 개간, 매입, 약탈 등 모든 방법을 동원해 자신들의 토지를 넓혀 나갔다. 토지를 잃은 농민들은 소작농으로 전락했고, 심각한 경우에는 무전 농민이 되어 도적이 되거나 유랑민으로 떠돌기도 했다.

이와 더불어 16세기 농민들을 괴롭힌 것은 공납이었다. 왕실과 관료들의 사치가 날로 더해가자 부과되는 공물의 양은 끝도 없이 늘어만 갔다. 그런데 수납 과정에서 폐단이 생겼다. 농민들에게 그 전에는 현물로 바치던 것을 상인들이나 지방 관리들을 통해 대납하게 하였는데, 그 대가로 착취를 일삼아 관리와 중간 상인들이 중간 이익을 챙기게 되었다. 게다가 농민들은 각종 부역에도 시달려야 했다. 심지어는 사족士族들의 개간에

한국사를 움직인 100인

강제 동원되어 노동력을 착취당하기 일쑤였고 군역에 시달리던 장정들이 고향을 버리고 도망치는 사례가 속출했다.

이렇게 16세기 중엽의 조선은 사회 전반에 걸쳐 붕괴의 조짐을 보이기 시작했으며 제도의 부패로 가장 많은 피해를 입은 농민들의 불만은 고조되었다. 임꺽정의 반란이 있기 전부터 이미 도적떼들이 성행했는데, 이것은 위와 같은 사회적 모순이 낳은 결과였다. 임꺽정이 아니더라도 누군가가 반란을 일으키지 않을 수 없을 정도로 16세기 중엽의 조선은 부패해 있었다.

비록 실패로 끝났으나 임꺽정 집단의 치열한 활동은 지배층에게는 불안과 위기 의식을 심어 주었으며 피지배층에게는 희망을 안겨 주었다. 이에 따라 그에 대한 평가도 상반된다. 지배층은 그를 흉악무도한 도적이라 일컫고 민중들은 의적으로 영웅시했다. 그 뒤 그에 관한 많은 설화가 민간에 유포되었고, 그의 행적이 소설로 쓰여지기도 했다.

동방의 주자
이황

李滉 (1501~1570년)

▌이기호발설을 중심으로 영남학파를 형성했고, 이이의 제자들로 이루어진 기호학파와 대립하며 동서 붕당과도 연관되었다.

▌사단칠정(四端七情)을 주제로 기대승과 8년에 걸친 논쟁을 벌이며 조선의 성리학을 집대성했다.

▌그의 학설은 임진왜란 후 일본에 소개되어 큰 영향을 끼쳤다.

이황은 다산 정약용과 더불어 우리나라 역사상 가장 많은 저술을 남긴 학자이다. 그는 주자 사상의 체계를 세우고 독창적으로 정리해 집대성하여 조선 성리학으로 발전시켰다. 그는 '글을 배우는 것은 마음을 바로 하기 위한 것'이라고 믿고 학문의 도리를 인간 본성의 회복에 두었다. 칠십 평생을 '지행합일知行合一'의 자세로 일관하며 자신의 학문을 실생활에서 실천하는 것을 중요하게 여겼다. 이황은 일본에서도 학문의 스승으로 추앙받을 정도로 대유학자였지만 평생 자신을 드러내지 않고 다른 사람의 생각과 의견 속에서 진리를 구하고 수용하려는 자세를 가진 학자였다.

이황은 연산군 시절 경상도 예안군에서 진사 이식李埴과 춘천 박씨 사이에서 7남 1녀 중 막내로 태어났다. 그가 태어난 지 7달 만에 아버지가 세상을 떠나 어머니 박씨가 생계를 책임지게 되었다. 맏이인 잠潛만 장가를 갔을 뿐 나머지 자식들은 혼인 전이어서 박씨의 책임은 무거웠다. 하지만 박씨는 농사를 짓고 누에를 쳐 생계를 이어나가면서도 자식들을 교육시키는 데 남다른 열정을 쏟았다.

"세상 사람들이 모두 과부의 자식은 배운 게 없다고 비웃곤 한다. 만약 너희들이 글공부에 남들보다 백 배는 더 힘쓰지 않는다면 어찌 이런 비웃음을 면할 수 있겠느냐?"

이황은 열두 살 때부터 숙부 이우李堣에게 《논어》 등을 배웠다. 숙부는 영특한 조카를 매우 아꼈다. 어렸을 때부터 글 읽기를 좋아할 뿐 아니라 사색을 즐겼던 그는 사람이 많이 모인 자리에서도 벽을 보고 앉아 골똘히 생각하기를 좋아했다. 특히 도연명陶淵明의 시를 좋아하여 자연을 사랑하고 은둔하며 학문에만 열중하는 생활 태도를 지니게 되었다고 한다. 열일곱 살 되던 해에 숙부가 세상을 뜬 후부터는 거의 독학으로 공부했다. 그가 주자학을 처음 접한 것은 열아홉 살 때였다. 《성리대전性理大全》을 읽은 그는 유학을 공부하기 위해서는 《주역》의 연구가 필수라고 여기고 주역 공부에 몰두했다.

이황은 과거에는 연거푸 네 번이나 낙방하고, 스물일곱 살이 되어서야 경상도 향시에 수석으로 합격했다. 그리고 30대 초반 문과에 합격할 때까지 이렇다 할 관직 없이 백면서생으로 학문에만 몰두했다. 그의 학문적 깊이를 생각하면 매우 늦게 벼슬길에 들어선 셈이다. 그러나 외교문서를 취급하는 승문원으로 조정에 첫발을 디딘 후부터 승진에 승진을 거듭하며 두루 요직을 거쳤다. 성균관 대사성에 올랐고, 경연관으로 활약했으며 단양 군수, 풍기 군수 등 지방관을 역임하면서 백성들의 고통과 농촌의 현실을 보고 겪기도 했다. 이때 그는 임지에 있던 백운동서원을 운영하기 위해 특별히 경상 감사에게 부탁해 조정으로부터 원조를 받기도 했다. 이 서원은 지방의 교육기관으로 훌륭히 자리 잡았고, 그 후 각 지방에 서원 이 만들어지는 계기가 되었다.

그는 긴 관직 생활을 하는 동안 이따금씩 벼슬을 그만두고 고향으로 내려가기도 했으나 조정에서는 그런 그를 가만두지 않았다. 그가 사직상소를 올리기라도 하면 중종은 휴가를 주어 이를 무마하려고 했다. 여기에는 조정의 요청에 단호하게 거절하지 못하는 그의 성격도 한몫했을 것이다. 그래서 그는 종종 훌륭한 스승과 친구를 얻지 못한 채 벼슬을 하게 되어 공부에 전념할 수 없다고 안타까움을 토로하기도 했다.

이황은 타고난 학자로 벼슬에 있을 때나 재야에 있을 때나 손에서 책을 놓는 경우가 없었다. 이로 인해 건강을 해쳐 소화불량과 안질, 현기증에 시달렸으며, 나이가 들어가면서 점점 쇠약해져 갔다. 하지만 사직한 후 고향에 내려가 있어도 번번이 임금의 부름이 이어졌다. 명종은 고향으로 내려간 그가 거듭 불러도 오지 않자 독서당 관원들에게 '현자賢者를 불러도 오지 않는 것을 탄식한다招賢不至歎'라는 제목으로 시를 한 수씩 지어 올리라고까지 했다. 뿐만 아니라 그가 살고 있는 도산을 그림으로 그려

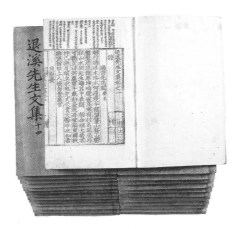

퇴계 문집 이황 사후 40여 년이 지나 도산서원에서 발간되었다. 조선 시대의 문집은 오늘날처럼 학자들의 이론을 체계적으로 도열한 것이 아니라 생전에 지은이가 쓴 시, 소, 계, 차, 서간, 잡저의 형식이다. 서울역사박물관 소장.

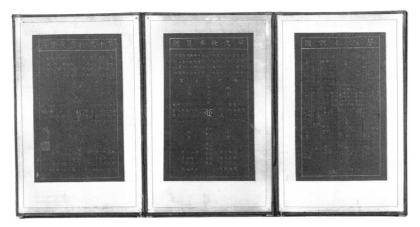

〈성학십도〉 성학의 개요를 그림으로 설명한 〈성학십도〉. 경기대학교박물관 소장.

올리게 하고, 그가 쓴 《도산기》와 《도산잡영》을 필사해 병풍으로 만들게 하여 침전에 둘 정도였다. 가히 이황에 대한 애정이 어떠했는지를 알 수 있는 대목이다. 덕분에 그는 자신이 벼슬보다는 자연과 학문을 그리워한다는 것을 알면서도 40여 년간 관직에 머무르면서 네 임금을 섬겼다.

명종 때 쓰시마 섬주가 왜구가 조선에 침입한 죄를 사죄하며 화평 조약을 맺고 싶다는 의사를 표명한 데 대해 조선 조정에서 거절하는 일이 있었다. 그는 즉시 임금에게 상소문을 올려, 남방의 왜를 공연히 자극해 그들이 침입해 온다면 커다란 혼란이 일어날 것이므로 선처해야 한다고 주장했다. 그리고 그들을 단속해 함부로 조선에 도전하지 못하도록 해야 한다고 말했다. 이러한 선견지명은 훗날에는 높이 평가되었지만 당시 조정에서는 왕위 계승을 둘러싼 권력 투쟁으로 을사사화를 겪은 직후여서 그의 의견에 귀를 기울이는 이들이 없었다. 오히려 있지도 않은 사실을 유포해 불안을 키운다고 하여 관직을 박탈당했다.

그러나 무고함이 밝혀져 곧 복직한 이황은 성균관 대사성을 거쳐 66세의 나이로 공조 판서에 임명되었고 예조 판서를 거쳐 의정부 우찬성, 예문관 대제학까지 거친 후에야 관직 생활을 완전히 청산하고 고향으로 돌아갔다. 물론 당시 왕위에 오른 선조는 나이가 어렸기 때문에 이황과 같은 대신들이 조정에 남아 주기를 바랐지만 그는 그때가 물러날 시기임을 알았다. 그럼에도 선조는 그가 관직에 나오지 않더라도 한성에 머물면서 자문이라도 해 줄 것을 요청했으나 이황은 이것마저 사양하고 낙향했다.

이황의 묘비 가운데 '퇴도'는 이황의 아호이며, '만은'은 뒤늦게 향촌에 은거했다는 의미로 이황을 뜻한다. 명예를 드러내기 싫어하는 마음에 따라 관직명은 기록되어 있지 않다. 국립중앙박물관 소장.

그래도 걱정은 되었는지 장문長文의 상소문을 제출했다.

"지금은 평화롭지만 남쪽과 북쪽에서는 항상 우리를 넘보는 세력이 있다는 것을 잊지 마소서. 또한 권력자의 수탈로 나라의 재정이 문란해져 국고가 비어 가고 있는 실정입니다. 이렇게 되면 머지않아 큰 위기가 닥칠 수 있사옵니다."

그리고 자신이 일생 동안 연구한 학문을 10개의 그림으로 요약한 〈성학십도聖學十圖〉를 지어 올렸다. 여기에서 그는 수신修身이 정치의 근본이 됨을 강조하고, 군주의 도덕적 수양을 촉구하면서 수신의 방법과 그 철학적 근거를 밝혔다. 은퇴한 후에는 《주자서절요》 등 저술 작업과 학문 연구, 그리고 제자

양성에 전력했다.

이황의 성품은 차분하고 겸손했으며 합리적이었다. 사람을 대할 때에는 아무리 어리다 해도 예를 다했으며 음식이나 놀이에 있어서도 정도를 넘지 않았고 평생을 겸허한 자세로 스스로를 경계했다. 또한 매우 검소해 대궐을 출입할 때에도 수레를 타지 않고 말을 타고 다녔으며 부유한 처가의 도움을 한사코 사양했다. 제자들에 대한 사랑도 지극하여 제자에 관한 언짢은 꿈을 꾸면 그의 안부를 염려하는 편지를 보내고 곤궁한 제자가 있으면 곡물을 보내 주었다.

그가 확립한 이기이원론理氣二元論을 간단히 설명하면 인간은 본래 착한 바탕이나 태어나 살면서 선善이 되기도 하고 악惡이 되기도 한다는 것이다. 그러므로 '이理'를 바탕으로 끊임없이 자기 수양이나 교육을 통해 연마해야 한다고 보았다. 이 때문에 그를 주리론자主理論子라고 한다.

낙향한 다음 해 종가 제사에 참석한 그는 감기에 걸려 고생하다가 일어나 앉은 자세로 숨을 거두었다. 마치 자신의 죽음을 예언한 것처럼 죽기 며칠 전에는 자신의 비문 내용을 손수 지어 남겼으며 죽던 날 아침에는 서재에 있는 매화나무에 물을 주라는 말을 남겼다고 한다.

조선의 주자학을 일구다

조식

曺植 (1501~1572년)

▌ 두 차례의 사화를 경험하면서 훈척 정치의 폐해를 직접 목격하고 평생을 산림처사로 자처하며 오로지 학문 연구와 제자 양성에 매진했다.

▌ 수기치인(修己治人)의 성리학적 토대 위에서 실천궁행을 중요시 여겨 '경'과 '의'를 강조했고, 경상우도 학문의 특징을 이루었다.

▌ 1568년 상소문 〈무진봉사〉에서 '서리망국론(胥吏亡國論)'을 통해 당대 서리들의 폐단을 극렬히 지적했다.

조식

조식이 살았던 시기는 왕실의 외가에 의한 훈척 정치의 폐해가 가장 극심한 때였다. 조식은 두 차례의 사화를 지켜보면서 훈척 정치의 폐해를 직접 체험했다. 기묘사화 때에는 숙부가 죽고 아버지는 좌천되었으며, 을사사화 때는 많은 친구들이 희생당했다. 이런 정치적 상황에서 그는 한두 차례 과거에 응시했지만 곧 벼슬길에 나아가는 것을 포기하고 평생을 산림처사로 자처하면서 오로지 학문과 제자 양성에만 힘썼다.

이황과 더불어 영남 사림의 지도자적인 역할을 한 인물로, 흔히 두 사람이 비교되곤 한다. 이황은 37년간이나 벼슬살이를 했고 최고의 품계까지 올라갔으나, 조식은 벼슬을 단념했고 13차례나 벼슬이 내려졌으나 모두 거절했다. 이황은 기묘사화의 교훈을 거울삼아 기득권 세력인 훈구파를 거스르지 않으면서 사림의 세력을 키우고 국왕을 성학으로 인도하기 위해 출사할 만하다고 여겼다. 반면 그는 문정왕후나 윤원형이 집권하고 있는 세상에 나가 봐야 뜻을 펼 수 없다고 여겨 끝까지 나가지 않았다.

조식은 1501년 경상도 삼가현 토동의 외가에서 승문원 판교 조언형曹彦亨과 인주 이씨 사이에서 태어났다. 조식의 집안은 아버지 대에 와서야 문과에 급제해 승문원 판교에 올랐고, 작은아버지 조언경曹彦卿 역시 문과에 급제해 이조 좌랑에 올랐으나 기묘사화 때 죽임을 당했다. 아버지도 좌천되어 벼슬길이 순탄치 않았다.

그는 특별한 스승을 두지 않고 일곱 살 때부터 아버지에게 시詩와 서書를 배웠는데 나름대로 독특한 방법을 터득하여 체계적으로 학업에 매진했다. 그는 고문古文을 즐겨 읽는 한편, 사서와 삼경 등 유학의 기초 경전의 의미를 깊이 탐구했다.

그가 열아홉 살 되던 해 그의 작은아버지도 기묘사화에 연루되어 목숨을 잃었다. 그는 아직 조정에 출사할 시기가 아니라고 생각했지만 어머니의 강력한 권유로 과거 시험을 보았고 진사시와 문과의 초시에는 합격했으나 다음 해 있던 생원·진사시 회시에는 응시하지 않았고 문과 회시에는 떨어졌다.

스물두 살에 남평 조씨 가문의 사위가 된 그는 처가를 따라 김해에서 살았다. 그가 평생 일정한 생업이나 녹봉 수입 없이 처사의 신분으로 공부만 할 수 있었던 것은 자산가였던 처가의 덕이 컸다. 스물다섯 살 되던 해에 《성리대전》을 읽은 후 그는 크게 깨달음을 얻고 성리학 공부에 전념했다. 그가 특히 마음에 둔 글귀는 "뜻은 이윤(伊尹의 뜻을 가지고, 학문은 안자顔子의 학문을 배운다. 나가면 하는 것이 있어야 하고 물러나면 지키는 것이 있어야 한다."라는 대목이었다. 나가서도 하는 일이 없고 물러나서도 지키는 바가 없으면 뜻을 둔 바나 배우는 바가 장차 무슨 소용이 있느냐는 것이었다.

그러나 자식이 입신하기를 바라는 어머니의 성화에 조식은 서른세 살이던 1533년(중종 28) 문과 향시에 1등으로 합격했다. 그러나 어머니의 바람과는 달리 최종 시험에 합격하지 못해 과거를 통한 출사는 이루어지지 않았다. 그는 이후 어머니를 설득해 과거 시험을 포기하고 학문에만 전념했다. 그 후 이언적과 이림의 추천으로 참봉에 임명되었으나 나가지 않았고, 제자들과 산 속에서 공부에만 몰두했다. 게다가 을사사화가 일어나 친했던 이림과 곽순, 송인수 등이 차례로 화를 입자 벼슬의 뜻을 완전히 접었다.

무오사화, 기묘사화 이후 그의 가르침을 받으려는 제자들이 몰려들자 우선 《소학》을 가르쳐 기본을 세우게 하고 《대학》으로 시야를 넓히도록 했다. 명종이 즉위하면서 여러 번 관직에 제수되었으나 그는 나가지 않았다. 1555년(명종 10)에 쓴 사직소를 보면 그의 생각을 잘 알 수 있다.

"임금의 정치가 이미 그릇되었고, 나라의 근본이 이미 망했으며, 하늘의 뜻이 이미 떠났고, 인심이 이미 이산되었다. 문정대비는 생각이 깊지만 궁중의 한낱 과부에 지나지 않고 명종은 유충해서 다만 선왕의 일개 고단한 후계자일 뿐이니 천재의 빈발과 인심의 여러 갈래를 어찌 감당할 수 있겠는가. ……아래로 소관이 주색으로 희희낙락하고 있고 위로는 대관이 뇌물을 받아 챙기고 있어 백성들을 착취하느라 여념이 없는데, 나와

덕천서원 1576년 조식의 학덕을 추모하기 위해 사림들이 그가 강학하던 자리에 건립한 서원이다. 경상남
도 유형문화재 제89호.

같은 하잘 것 없는 신하가 무엇을 어찌 하겠는가. 지금이라도 전하께서
마음을 바로잡고 서정을 쇄신한다면 그때 가서 도울 수 있으면 돕겠다."

　조정의 신하들에 대한 준엄한 비판과 함께 왕과 대비에 대한 직선적인
표현이었다. 이 상소는 조정에 큰 파문을 일으켰다. 조식은 큰 벌이 내려
질 것으로 생각하고 몇 달 동안 벌을 기다렸으나 신료들이 나라를 걱정하
는 말일 뿐이라고 명종을 만류하여 무사히 넘어갈 수 있었다. 그는 관직
에 나가지 않았으나 제자들이 벼슬하는 것을 만류하지는 않았다. 그래서
선조 때에는 그의 제자들이 정계에 많이 진출해 광해군 대에 이르러 북인
정권을 세우기까지 했다.

그는 또 "정주 이후에는 책을 쓸 필요가 없다."라고 하면서 시도 잘 짓지 않고 책도 많이 남기지 않았다. 성리학에 대한 연구는 이미 정주에 의해 어느 정도 정리되었고 후학들은 이를 실천하기만 하면 된다는 것이 그의 생각이었다.

1565년(명종 20), 문정대비가 세상을 떠나고 윤원형이 실각하면서 드디어 사림의 시대가 시작되었다. 이와 더불어 그가 출사를 거부할 명분도 줄어들었다. 윤원형을 몰아낸 명종은 재야의 인사들을 조정으로 불러들이려 했다. 66세의 조식은 경상도 관찰사 강사상의 추천으로 서울로 올라왔지만 11일 만에 사퇴했다. 명종에게 개혁의 뜻이 없음을 간파했기 때문이었다.

오래지 않아 명종이 세상을 뜨고 선조가 즉위했다. 선조가 왕권을 강화하기 위해 사림을 기용할 뜻이 있어 널리 인재를 구했다. 다시 조식이 천거되었다. 그러나 그는 이번에도 벼슬길에 나아가지 않고 "경상도 진주에 살고 있는 백성 조식은 진실로 황송한 마음으로 절하고 머리 조아리며……."라고 시작하는 〈무진봉사戊辰封事〉를 올렸다. 이 상소를 통해 조식은 정치 개혁을 강력하게 주장했다. 특히 지방 아전들이 저지르는 공납의 폐해를 단호하게 지적했다. 조선 시대에 문관은 시와 문장으로 시험을 치렀고, 무관은 활쏘기와 말 타기로 선발했기 때문에, 과거에 급제해서 벼슬하는 관리들은 실무를 전혀 몰랐다. 게다가 인사이동이 심해서 관리들은 실무를 제대로 파악할 수 없었고, 파악할 능력도 없었다. 따라서 모든 행정이 아전들 손 안에서 이루어질 수밖에 없었다. 나라에서 필요한 지방 특산물과 수공업 제품을 농민을 대신해서 공인貢人에게 맡겨 바치게 하는 공납제는 공인들이 아전들과 서로 짜고 공납을 가혹하게 거두어들이면서 백성들에게 엄청난 부담을 주었다.

결국 남명은 평생 13번이나 나라의 부름을 받고도 한 번도 나아가지 않았다. 그가 1572년 72세로 세상을 떠나자 조정에서는 대사간에 추증하고 예관을 보내 치제致祭했다.

그는 어려운 시대에는 처사 處士로 일관하여 학문과 수양에 전념하고, 반궁체험反躬體驗을 중시하여 실천 없는 공허한

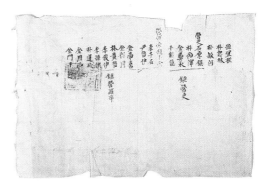

잡문서 방납을 한 영리(營吏)의 이름과 방납 품목이 적혀 있는 조선 시대 문서. 공납의 어려움 때문에 공물을 대납하게 한 방납 제도는 중간 상인들과 관리들의 부정부패가 극심했다. 삼척시립박물관 소장.

지식을 배격했다. 투철한 의리와 비리를 용납하지 않았던 그의 사상은 경상우도의 학풍으로 이어졌다. 훗날 이들은 지리산을 중심으로 진주, 합천 등지에 우거하면서 유학을 진흥시키고 임진왜란 때에는 의병 활동에 적극적으로 참여하는 등 국가의 위기 앞에서 투철한 선비 의식을 보여주었다.

정인홍

鄭仁弘 (1535~1623년)

▌ 임진왜란 때 제용감정으로 합천에서 의병을 모아 성주에서 왜병을 격퇴하여 영남 의병장의 호를 받았다.

▌ 임진왜란 후 유성룡을 탄핵하여 사직하게 하고, 홍여순 등 북인과 함께 정권을 잡았다.

▌ 1613년 계축옥사에서 영창대군을 지원하는 세력을 제거하고자 했고, 인목대비를 폐위하여 서궁에 유폐시켰다.

정인홍은 산림山林 출신으로 드물게 영의정의 자리까지 오른 정치가였으나 끝내 역적으로 몰려 죽은 인물이다. 선조 대와 광해군 대에 북인·조식학파를 이끌며 정국을 주도했고 임진왜란 때에는 의병을 일으켜 큰 공을세웠다. 이를 바탕으로 중앙 정계에서 활약할 수 있었다. 낙향한 뒤에도그는 조정에 중대사가 있을 때마다 왕이나 다른 정승들에게 자문함으로써 영향력을 행사하여 '산림정승'이라는 별명으로 불리기도 했다. 그러나 타협을 모르는 직선적인 성격과 지나친 강직함으로 인해 역적으로 몰려 죽음을 맞았고, 그의 죽음과 더불어 남명학 역시 힘을 잃고 말았다.

정인홍은 1535년 합천군 가야면 사촌리에서 정윤鄭倫의 아들로 태어났다. 그는 대여섯 살 무렵부터 시를 짓는 영특함을 보였다. 하루는 참새 새끼를 가지고 놀다가 새가 죽자 "새가 죽었는데 사람이 이를 곡한다는 것은 의義에 어긋나는 일이다. 그러나 네가 나 때문에 죽었기에 나는 너를 곡하노라."라는 글을 지어 주위 사람들을 놀라게 하기도 했다.

그는 이웃 마을 소학당과 해인사 등에서 글공부를 했다. 당시 그의 집에서는 해인사가 멀지 않았다. 어느 날 그가 해인사에서

조선 시대 서당의 모습 김홍도 작품. 조선 시대에는 7, 8세 무렵이 되면 사립 교육기관인 서당에 들어가 글을 깨우치고 학문을 익혔다. 국립중앙박물관 소장.

글공부를 하고 있는데 판결사 양희梁喜가 고을을 순시하던 중 해인사에 들렀다. 양희는 정인홍의 공부하는 모습을 기특하게 여기고 운자韻字를 내어 글을 지어 보라고 했다.

작고 작은 외로운 소나무가 탑 서쪽에 서 있으니

탑은 높고 소나무는 낮아서 서로 가지런하지 않네.

오늘날 외로운 소나무가 작다고 말하지 마오.

소나무가 자란 뒤에는 탑이 도리어 작으리.

이것이 바로 〈영송詠松〉이다. 소나무는 정인홍 자신을, 탑은 판결사인 양희를 비유해 지은 한시였다. 이 글을 본 양희는 그 영특함에 반해 그를

사위로 삼았다.

그는 열다섯 살 때 조식을 찾아가 학문을 닦았고 그의 수제자로서 학통을 이어받았다. 그리고 스물세 살에 생원시에 합격했으나 관직에 뜻을 두지 않고 산림에 묻혀 학문 연구에 전념했다. 후일 조식은 그를 높이 평가하고 깊이 신뢰하여 "정인홍이 있으니 나는 죽지 않을 것이다."라고 하면서 자신이 아끼던 칼을 물려주어 전심傳心의 증거로 삼았다.

스물여덟 살에는 정구鄭逑와 함께 도산서원으로 이황을 찾아갔다. 제자들과 함께 강의를 듣던 정인홍은 한 번 질문하면 끝까지 따져 물어 이황을 곤란하게 만들었다. 당시 정인홍은 날카로운 눈빛과 논리정연한 언변, 나이에 비해 폭넓은 학식을 갖춘 인물이었다고 평가받았다. 서너 달이 지난 후, 정인홍은 이황의 제자가 되고자 청하였다. 이황은 "어려서부터 몸에 병이 많았고, 중년에는 벼슬하느라 다니다 보니 공부를 하지 못하여 학문이 보잘 것 없으니 남의 스승 노릇하기에 부족한 사람이오."라며 사양했다. 정인홍은 거듭 제자가 되기를 간청했지만 이황이 끝내 거절하는 바람에 몹시 서운한 마음을 품고 돌아왔다고 한다.

그 후 1573년에 김우옹의 천거로 처음 관직에 나가 황간 현감이 되었고 이후 사헌부 지평에 임명되었다. 산림 출신의 도학자로 언관의 책임을 맡은 것이다. 이이가 자신의 문집에 "정인홍은 맑은 이름으로 세상에 중망을 얻었는데 이 직책이 내려질 적에 사람들이 모두 그 풍채를 우러러 바라보았다."라고 밝힌 것을 보면 당시 대단히 촉망받았던 것으로 보인다. 실록에 "정인홍은 잘못을 탄핵함에 지위 고하를 가리지 않고, 나라의 법령을 엄히 지켜 한때나마 나라의 기강이 자못 숙연했다."라고 이르니 성품의 강인함을 짐작할 수 있다. 그러나 이러한 모습이 비교적 온건하고 유연한 입장이었던 율곡 이이에는 좀 위험하게 여겨진 듯하다. 이이는 정인홍에 대해 이렇게 말했다. "정인홍은 강직하나 생각하는 계책이 두루 소상하지 못하고, 학식이 밝지 못하니 용병에 비하면 돌격장이 될 것이오."

정인홍은 1581년에는 장령이 되었으나 정철, 윤두수를 축으로 한 서인에게 밀려 3년 만에 고향으로 낙향했다. 그의 나이 쉰다섯 살 때에는 기축옥사가 일어났다. 전주에 사는 동인 정여립이 모반을 꾀한 사건이다. 이 사건을 계기로 정철, 성혼을 중심으로 한 서인들은 사건을 확대하여 평소 눈엣가시처럼 여기던 동인들을 수없이 연루시켰다. 이 사건으로 그와 동문수학하던 최영경, 이발李潑 등 조식학파의 인물들이 탄압을 받자 그는 이황학파와 결별하고 북인을 형성했다.

1592년 임진왜란이 일어나자 그는 경상도 일대의 동문과 문하생들을 모아 성주, 고령, 합천에서 의병을 일으켜 왜적을 격퇴하고 경상우도를 방어했다. 당시 영남 3대 의병장으로 이름난 이들이 모두 그의 문하생이었다. 전란이 끝난 후 명나라는 그를 최고 수훈자로 천거했다. 무엇보다 일본이 그렇게 탐내고 약탈하려던 해인사와 팔만대장경판을 전란 속에서 지킬 수 있었던 것은 그와 의병들의 공로가 컸다.

이를 계기로 조식학파는 경상우도에서의 정치적 기반을 확고히 구축하고 중앙 정계로 복귀하게 되었다. 1602년 대사헌을 제수받았으나 기축옥사를 일으켰던 서인과 이를 방관했던 남인을 배제하고자 이들과 치열히 다투다가 수개월 후 낙향했다. 이후 동지중추부사, 대사헌 등에 임명되었으나 관직에 나가지 않고 산림으로서 영향력을 행사했다.

1608년 영창대군과 광해군을 둘러싼 후사 문제로 북인이 대북·소북으로 대립하자, 영창대군을 지지하던 소북의 영수 유영경柳永慶을 탄핵했다. 이 때문에 선조의 노여움을 사서 영변으로 귀양 가던 도중 선조의 급

해인사 장경각 해인사에 보관된 팔만대장경판.

서로 풀려났다. 이후 이이첨, 이산해 등 대북이 정권의 주도권을 잡을 수 있도록 지원하고 한성부 판윤, 사헌부 대사헌 등에 임명되었으나 모두 사직하고 합천으로 돌아갔다. 이후 좌의정에 임명되었지만 곧 차자를 올려 사직하고 이후 조식과 조식학파의 학문적 위상을 높이는 데 주력하여 조식의 문묘 종사를 추진했다. 그리고 이언적과 이황의 학문을 비판하고 이들의 문묘 종사를 저지했다. 그러나 이 일로 인해 8도의 유생들에게 탄핵을 받고 청금록(靑衿錄, 성균관·향교·서원에 있는 유생의 명부)에서 삭제되는 등 큰 파문을 일으켰다.

1613년 대북파는 영창대군과 반대파 세력을 제거하기 위해 계축옥사를 일으켜 소북파를 제거했으나 그는 영창대군의 축출에는 반대하여 세 차례에 걸쳐 〈영창대군신구소 永昌大君 伸救疏〉를 올렸다.

이후 77세의 나이로 우의정, 79세에는 좌의정에 제수되었으나 모두 부임하지 않았다. 그는 계속 관직을 제수받았으나 모두 거부하고 죽을 때까지 도성에 발을 들여 놓지 않았다.

1623년 인조반정이 성공하고 서인이 정권을 잡자 그는 폐모론을 주도했다는 죄명으로 합천에서 서울로 압송된 지 5일 만에 처형되었다. 죽기 전 그는 폐모론을 주장한 적이 없다고 강변했으나 모두 허사였다. 사직한 상태였으나 명목상 영의정이었고, 또 이이첨이 직권을 도용해 광해군 시절의 어지러운 정치를 부채질했기 때문에 그 역시 죄에서 벗어날 수 없었다. 정인홍은 세상을 뜬 지 280여 년이 지난 1908년(순종 2)에야 반역죄가 벗겨지고 관직이 회복되었다.

어린 천재에서 희대의 정치가로
이이

李珥 (1536~1584년)

▌서인의 영수였으나 동인과 서인 간의 대립이 격화되었을 당시 정치적 중립을 유지하고 대립을 해소하기 위해 노력했다.
▌《동호문답》, 《만언봉사》, 《성학집요》 등을 지어 국정 전반에 관한 개혁안을 제시했다.
▌선조에게 〈시무육조〉를 올려 십만양병설 등의 개혁안을 주장했다.

이이는 조선 시대의 대표적인 유학자로, 동서 분당 과정에서 서인의 영수였던 인물이다. 붕당 정치 과정에서 동인東人과 서인西人이 구분된 것은 1575년(선조 8), 이조 전랑 자리를 두고 서인의 심의겸沈義謙과 동인의 김효원 사이에 분쟁이 생기면서부터이다. 기성 사림과 신진 사림은 이전부터 정계 진출과 척신 정치의 청산 여부에 따라 입장을 달리했는데 이것이 폭발하게 된 사건이 이조 전랑 싸움이다.

1569년 신진 사림들은 유능한 인재를 선발하기 위해 취재를 통하지 않고 이조 전랑의 천거를 통해 사류를 등용하는 제도인 낭천권을 주장했다. 이조 전랑 구봉령과 좌랑 정철에 의해 제기된 이 제도는 구신들의 청탁

인사를 배제하고 사림계 인물을 정계에 진출시키고자 하는 의도가 담겨 있었다. 당연히 구신들은 이를 부정하고 이조 판서가 인사를 주도해야 한다고 주장했다.

선후배 사림은 이 문제로 인해 본격적으로 대립하기 시작했다. 이조 전랑은 5품의 정랑과 6품인 좌랑으로 말단 관직이었지만 후임을 추천할 수 있는 권한, 홍문관의 당하관을 추천할 수 있는 통청권을 가지고 있어 당파의 향방과 정치 생명을 결정할 수 있는 중요한 자리였기 때문이다. 전랑 오건의 후임에 동인 계열인 김효원이 추천되자 서인 심의겸은 후배 사림들의 언관권을 차단하기 위해 김효원이 젊은 시절 윤원형의 식객을 지냈다는 이유로 반대했지만 실패했다. 다시 김효원의 후임으로 심의겸의 동생 심충겸을 추천했으나 김효원은 이발을 후임으로 추천했다. 이에 심의겸은 김효원이 원한을 품고 보복한 것이라 주장하면서 동서 분당이 이

문성사 율곡 이이가 태어난 오죽헌 내 이이의 위패를 모신 사당.

루어지게 되었다. 선배인 심의겸은 정릉 쪽에 집이 있어 서인으로, 후배 김효원은 건천동에 집이 있어 동인으로 불렸다. 동인 계열에는 이황과 조식의 문인들이 많았고, 서인에는 이이와 성혼이 참여하면서 학문의 연계성을 높여 갔다.

이이는 좌찬성 이원수와 사임당 신씨의 4형제 중 셋째 아들로 외가인 강릉에서 태어났다. 맏형은 선璿, 둘째 형은 번璠, 동생은 우瑀였다. 어린 시절 그는 어머니인 사임당이 꿈에서 용을 보고 그를 낳았다고 하여 현룡見龍이라고 불렸다.

이이에게 가장 큰 영향을 끼친 인물은 어머니인 사임당이었다. 그녀는 글과 그림에 뛰어난 데에다 학문에도 탁월한 실력을 지니고 있었다. 어린 시절부터 신동으로 소문났던 율곡의 뒤에는 어머니의 보이지 않는 교육이 있었다. 그는 서울로 올라와 열세 살에 진사 초시에 장원으로 합격했다. 그러나 얼마 후 어머니가 세상을 떠나고 3년간 시묘살이를 하며 삶과 죽음에 대해 고민하다 금강산으로 들어가 불교 공부를 하게 되었다. 그리고 그는 유교와 불교가 비슷한 면이 있다는 것을 깨닫고 외가에 머물면서 성리학 공부를 시작했다.

1558년 이이는 성주 목사 노경린의 딸과 혼인했다. 그리고 그해에 이황을 만났다. 당시 장인이 살고 있던 성주와 이황이 머물던 안동은 그다지 멀지 않았다. 이황과 이이는 평생 동안 이때 단 한 번 만났는데, 이황은 서른다섯 살이나 어린 이이를 맞아 기꺼이 성리학에 대해 깊은 토론을 했고, 성리학으로 세상을 바로잡아 보자는 데 의기투합했다. 두 사람은 짧은 만남을 아쉬워하면서 서로를 잊지 못하여 가끔 편지를 주고받았다.

그 후 각종 과거에서 아홉 번이나 장원을 해 '구도장원공九度壯元公'이라고 불리던 그가 벼슬길에 나간 것은 스물아홉 살 때인 1564년(명종 19)이다. 나라의 살림살이를 맡아 보는 호조 좌랑으로 시작한 그는 사헌부 지평, 홍문관 부교리 등 삼사의 언관직을 두루 거치면서 서서히 신진 사림의 중심인물로 두각을 나타내기 시작했다.

1567년 명종이 후사 없이 세상을 뜨자 중종의 후궁인 창빈 안씨의 손자 하성군河城君이 왕위에 올라 선조가 되었다. 선조의 스승은 한윤명이라는 성리학자였는데 그는 이를 계기로 기묘사화 때 숙청된 사림의 죄를 풀어 정계에 복귀시키고 조광조를 신원해 영의정으로 추증했다. 조정이 사림 중심으로 재편된 것이다.

사림이 중앙 정계에 진출하기 시작한 것은 성종 대부터로 주로 영남 쪽 인물들이 많았다. 그런데 선조 대에 이르면서 기호 지방 출신의 사림도 조정에 진출하게 되었다. 그러자 영남 사림은 영남 학파, 기호 사림은 기호학파 그리고 다시 영남학파는 동인 정파, 기호학파는 서인 정파를 형성하게 되었다. 율곡과 신진 사림들은 종장인 퇴계 이황을 정신적 지주로 하여 혁신을 이루고자 했다. 당시 이이는 이황에게 조정에 머물면서 사림들의 구심점이 되어 줄 것을 권유했고, 새 재상에 이황이 기용될 것을 기대했다. 그러나 이황이 재상에 기용되지 않고 고향으로 돌아감으로써 사림은 구심점을 잃게 되었다.

이에 선배와 동료, 후배 모두에게 촉망받던 이이가 사림의 중심인물로 떠올랐다. 선조의 신임도 두터웠다. 선조와 이이는 잘 맞는 파트너였다. 그러나 언제나 잘 맞았던 것은 아니었다. 이이는 을사사화를 일으킨 윤원형을 비롯한 간신들의 훈작을 빼앗자고 주장했으나 선조는 번번이 거절했다. 을사사화는 인종이 9개월 만에 세상을 뜨자 아우인 열두 살의 명종이 왕위에 올랐는데, 명종의 어머니인 문정왕후 윤씨가 수렴청정을 하면서 사림들을 대거 귀양 보내거나 사형시킨 사건이다. 그때 이이는 외할머

호당 조선 시대에 국가의 중요한 인재를 길러 내기 위해 건립한 전문 독서 연구 기구로 독서당이라고 불린다.

니의 병수발을 위해 사직을 고했으나 선조가 사직을 받아 주지 않자 사직서만 올린 채 강릉으로 내려가 있던 상황이었다. 선조는 그가 아쉬웠지만 할 수 없이 호당湖堂을 명했다. 호당은 집현전의 학자들이 과중한 업무에 지치면 얼마 동안 가까이에 있는 절에 보내어 공부를 할 수 있도록 한 제도이다. 선조는 이 제도를 약간 바꾸어 그를 절이 아닌 집에서 공부를 할 수 있게 해 준 것이었다.

이이는 선조의 배려에 감사하며 할머니의 간호와 함께 학문에 힘썼다. 이때 지은 책이 《동호문답東胡問答》이다. 이 책은 왕도 정치의 구현을 위한 철인 정치 사상과 당대의 현실 문제를 왕과 신하가 서로 묻고 답하는 형식으로 구성된 것이다. 이이는 여기에서 백성들이 고통받는 몇 가지 문제를 이야기하면서 임금이 이를 해결해 주기를 기대했다. 그 내용을 간단히 정리하면 다음과 같다.

지금 백성들이 고통스러워하는 것은 세금이다. 첫째, 백성이 도망가면 이웃이 대신 세금을 내야 하고 친척이나 이웃이 내지 못하면 동네 사람들이 내야 한다. 그 피해가 옆 동네로 퍼지다 보니 너도 나도 도망을 가 버려 동네에 남아나는 사람이 없다. 그러므로 백성들이 낼 수 있는 세금만 거두도록 하고 세금을 낼 수 없는 백성들 때문에 다른 사람들이 고통을 겪지 않도록 해야 한다.

둘째, 백성들이 내는 진상품을 줄여야 한다. 지방 관리들은 백성들로부

한국사를 움직인 100인

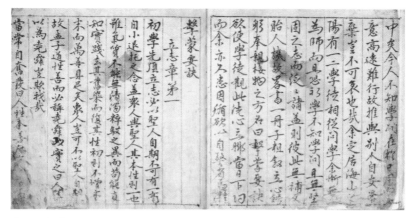

〈격몽요결〉 '몽매한 것을 물리치는 중요한 방법을 담은 책'이라는 뜻으로 이이가 학문을 시작하는 제자들에게 학문의 목표와 학문을 이룩하기 위한 방법, 태도, 독서 방법 등을 가르치기 위해 쓴 책이다. 강릉시오죽헌박물관 소장.

터 필요 이상의 진상품을 거두어들여 백성들을 못살게 굴고 있다. 궁중에서 필요하지 않은 것까지 마구 거두므로 백성들의 고통이 크다. 필요한 특산품만 계절에 맞게 거두는 것이 필요하다.

셋째, 특산품의 경우 관리들이 시도 때도 없이 요구하므로 백성들은 특산물을 대신 내주는 방납을 이용한다. 그러나 방납을 담당한 상인들은 지방 관리들과 짜고 많은 비용을 부담시켜 자신들의 배만 불리는 실정이다.

넷째, 부역과 군역의 폐단이다. 양반들은 돈을 써서 군역과 부역을 면제받고 백성들은 군인으로 근무도 하고 옷감도 내야 하는 이중의 고통을 당하고 있다.

그가 꿈꾼 세상은 더불어 잘사는 대동大同의 사회였다. 또한 유교적 이상 사회였다. 정치나 법보다는 명분으로 백성을 설득하고 위정자가 먼저 의리를 지키는 도덕국가였다. 즉 통치자가 모범을 보이면 백성들이 따라서 실천하는 왕도 정치가 궁극의 목표였다. 그러나 당시 조정은 당파싸움으로 엉망이었다. 선조는 그를 아끼며 온갖 나랏일을 의지했다. 홍문관 책임자로, 호조 판서로, 다시 이조 판서로 부지런히 자리를 옮겨 가며 나랏일을 처리하던 이이는 일본의 움직임이 심상치 않다는 것을 느꼈다. 그는 〈시무육조時務六條〉를 올려 외적의 침입에 대비해 10만 명의 병사를 양성할 것을 주청했다. 이것은 어진 이를 등용하고 군대와 백성을 육성하며 군량미를 마련하고 국경을 견고히 할 것과 군마軍馬를 양성하라는 등의 내용이었다. 그러나 유성룡 등 대신들의 반대로 뜻을 이루지 못하고 2년 후 49세의 나이로 생을 마감했다.

그는 세상을 뜨기 직전까지도 당파싸움에 허덕이는 조정을 걱정했고, 친구인 송강 정철에게도 당파싸움을 막아 줄 것을 부탁했다. 선조 초기는 가히 이이의 시대라 부를 수 있을 만큼 이이는 정치 전면에 나서 선조와 함께 국정을 주도했다. 율곡이 세상을 떠났다는 소식을 들은 후 선조는 사흘 동안 나랏일에서 손을 놓고 슬픔에 잠겼다고 한다.

전란 속에서 나라를 구한 재상
유성룡

柳成龍 (1542~1607년)

▌ 임진왜란 때 도체찰사로 군무를 총괄하고 이순신, 권율 등 명장을 등용하여 전란의 위기에서 나라를 구하는 데 큰 공을 세웠다.

▌ 화기 제조, 성곽 수축 등 군비 확충에 노력했으며 군대 양성을 역설했다.

▌ 저서로는 《서애집》, 《징비록(懲毖錄)》 등이 있다.

"집안이 가난하면 어진 아내가 생각나고, 나라에 난리가 나면 훌륭한 재상이 생각난다."라는 말처럼 유성룡은 나라가 어지럽고 난리가 날 때 생각나는 대표적인 인물이다. 유성룡은 뛰어난 학식과 지혜로 임진왜란과 정유재란이라는 혼란의 시대에 병조 판서, 영의정을 두루 거치고 도체찰사로 전쟁의 최전면에 나서 위기의 조선을 지켜 냈다. 자신과 다른 의견을 지닌 이들에게도 너그럽고 온화한 성격, 인재를 발탁하는 눈 그리고 치열한 논쟁 속에서도 화합과 조정을 이끌어 낼 수 있는 리더십 등으로 당시 많은 백성들의 우러름을 받았다.

그럼에도 그는 노년에 자신이 가진 세 가지 한恨을 기록했는데, 첫째는

임금과 어버이의 은혜를 보답하지 못한 것, 둘째는 벼슬 자리에서 일찍 물러나지 못한 것, 셋째 도道를 배우겠다는 뜻을 두었으나 이룩한 것이 없다는 것이었다고 하니 겸허하고 공손한 삶의 자세를 짐작할 수 있다.

유성룡은 황해도 관찰사를 지낸 유중영柳仲郢과 김광수金光粹의 딸 김씨 사이에서 태어났다. 여섯 살부터 《대학》을 읽을 정도로 영특했고, 스물한 살부터는 김성일金誠一과 함께 이황에게서

유성룡

수학했다. 책을 들고 뒤따라 다니며 궁금한 것에 대해 꼬치꼬치 묻는 유성룡을 보며 이황은 그가 장차 나라를 위해 크게 쓰일 것이라고 여겼다고 한다.

그는 1564년(명종 19) 생원·진사에 올랐고, 1566년 별시문과에 급제해 출사했다. 문서를 맡아 보는 권지부정자 등을 거쳐 1569년(선조 2) 공조 좌랑을 지내면서 서장관으로 명나라에 갔다. 명나라에서 그는 태학太學 유생들의 학문적 오류를 바로잡아 주어 유생들의 우러름을 받을 만큼 학식이 깊었다.

부제학을 지내던 1581년, 그는 〈변방방위책 5개조〉를 올렸다. 첫째 화禍의 근원을 막을 것, 둘째 싸우고 지키는 규정을 정할 것, 셋째 오랑캐의 정세를 살필 것, 넷째 군량을 충분히 보급할 것, 다섯째 황정荒政을 닦을 것 등이었다. 유성룡이 이 방위책을 만든 것은 이이의 십만양병설에 반대하기 위해서였다는 의견도 있지만, 최근에 와서는 과연 이이가 실제로 십만양병설을 주장했는지에 대해서는 논란의 여지가 있다. 십만양병설을 주장했다는 율곡의 《율곡전서》에도, 반대했다는 유성룡의 《서애집》에도

그런 기록을 찾아볼 수 없기 때문이다.

　유성룡의 이런 의견은 반대파의 거부로 받아들여지지 않았다. 그는 나라의 앞일보다 당파싸움에 열을 올리는 당쟁을 피해 노모의 봉양을 이유로 사직하고 고향으로 돌아왔다. 선조는 대사성, 경상도 관찰사, 예조 판서 등을 거듭 제수하며 그를 조정으로 불렀으나 모두 사양했다. 그러나 선조의 강력한 권유에 못 이겨 결국 조정으로 돌아와 1584년에 예조 판서, 1950년에 우의정에 올랐다. 이 무렵 일본은 전쟁 준비가 한창이었다. 일본은 조선에 사신을 보내 은근히 조선을 압박해 왔으나 조정은 계속되는 당파싸움으로 이런 사태를 제대로 파악하지 못하는 실정이었다. 그는 동인에 속해 있었지만 상대 당파에 대해 너그러운 태도를 가지고 있었다. 동인이 강경파인 북인과 온건파인 남인으로 나뉠 때도 그는 온건파인 남인에 속했다.

　위기감을 느낀 유성룡은 일본에 통신사를 보내 일본의 상황을 확인해 볼 것을 청했다. 조정에서는 논의 끝에 첨지 황윤길黃允吉과 사성 김성일金誠一을 정사正使와 부사副使로 선발하고 전적 허성許筬을 서장관으로 삼아 사절단을 구성했다. 이들은 1590년 쓰시마 섬주 소 요시토시宗義智의 안내를 받아 일본으로 건너갔다. 그러나 도요토미 히데요시가 사절단을 만나 주지 않아 몇 달을 기다린 끝에야 간신히 만날 수 있었고, 매우 불손한 대접을 받았다. 당시 황윤길은 서인이었고 부사 김성일은 동인이었는데, 당파가 다른 만큼 조선으로 돌아와 보고한 내용도 정반대였다.

　동인은 공연히 민심만 소란해질 수 있다며 전쟁 준비를 반대했고 서인은 하루라도 빨리 전란에 대비할 것을 주장했다. 신료들은 팽팽히 갈라져 연일 치열하게 서로의 입장만을 주장했다. 유성룡은 비록 동인이기는 했으나 조만간 전쟁이 일어날 것이라고 확신했다. 통신사가 가져온 일본의

행주산성 토성 권율 장군이 대승을 거둔 곳으로 삼국 시대에 축성되었다.

국서에 "군사를 거느리고 명나라로 쳐들어가겠다.", "명나라를 정벌할 터이니 길을 빌려 달라." 등의 구절이 있었기 때문이다. 그럼에도 조선 조정은 일본의 침략 의도를 반신반의했다. 유성룡은 조정의 반대를 무릅쓰고 명나라에 이 사실을 알려야 한다고 주장했다. 그의 주장 덕분에 조선은 임진왜란 때 명나라의 군대를 지원받을 수 있었다.

이러한 상황 속에서 유성룡은 왜구의 침입에 대비해 권율을 의주 목사에, 이순신을 전라 좌수사에 추천했다. 특히 정읍 현감이라는 낮은 자리에 있던 이순신을 무려 7품계나 올려 기용하자 조정의 반대가 엄청났다. 벼슬을 물리라는 상소가 빗발쳤다. 그러나 유성룡을 믿었던 선조의 결단에 대신들은 더 이상 반대할 수가 없었다. 그는 또한 당시 방위 체제인 제승

한국사를 움직인 100인

방략制勝方略 체제를 진관鎭管 제도로 바꿀 것을 주장했다. 진관 제도는 전국 요지에 주진主鎭을 설치하고 아래에는 거진巨鎭을 두며 그 아래 다시 여러 진을 소속시키는 형태의 방위 체제였다. 이것은 전쟁 같은 비상 시국에 큰 효력을 발휘할 수 있었다. 삼남 각 도에 성을 수축하고 성벽을 견고히 할 것도 지시했으나 관료들이 간과하는 바람에 흐지부지되고 말았다. 결국 유성룡은 혼자 동분서주했으나 이렇다 할 성과는 거두지 못했다.

그러던 1592년 4월 13일, 고니시 유키나가小西行長가 이끄는 일본군이 배 700척에 나누어 타고 부산포에 도착했다. 다음 날부터 대대적인 공격이 시작되었다. 조총을 앞세운 일본군은 부산진성으로 몰려들었다. 다급해진 선조는 유성룡에게 병조 판서와 군무를 총괄하는 도체찰사까지 맡겼다. 그러나 파죽지세로 밀고 올라오는 일본군의 기세를 막을 수 없어 서둘러 광해군을 세자로 세우고 피란을 떠났다. 유성룡은 영의정에 임명되어 왕의 피란길에 따라갔으나, 평양에 도착한 후 나랏일을 그르쳤다는 반대파의 탄핵을 받고 파직되었다.

1592년 이순신이 한산도에서 일본의 주력 함대를 대파했고, 명나라가 4만 3,000여 명의 대군을 출병시켜 평양을 수복했다. 이 공로로 유성룡은 영의정으로 복귀해 다시 전란을 지휘했다. 그러나 일본의 술수로 이순신이 파직되면서 전세는 다시 밀리기 시작했다. 원균의 군대가 참패했고 일본군은 다시 공주와 진천까지 이르렀다. 유성룡의 간청으로 이순신이 복직되고 명량 해전에서 승리하면서 일본은 남하하기 시작했다. 강화 협정이 전개되고 전쟁은 소강 상태로 접어들었다.

1598년 8월, 도요토미 히데요시가 조선에서 철병할 것을 유언하고 숨을 거두었다. 일본군은 후퇴를 결정했으나 퇴로를 찾지 못하던 중 이순신이 명나라의 진린陳璘과 연합해 이들을 궤멸시켰고 7년간의 전쟁도 막을 내렸다. 전란이 지나가자 조정에서는 책임 공방이 이어졌다. 유성룡은 일본과 화의를 주장했다는 이유로 관직을 삭탈당했다.

고향인 하회로 돌아온 그는 독서와 저술로 말년을 보냈다. 이때 쓴 책이 《징비록懲毖錄》이다. '징비'는 중국 고전인 《서경》의 '징전비후懲前毖後'에서 따온 말로 '미리 잘못을 뉘우치고 경계하여 훗날의 환란을 대비한다.'라는 뜻이다. 그는 여기에 임진왜란이 처음 일어났을 때부터 끝날 때까지 7년간의 사실을 기록했다. 더 이상 임진왜란과 같은 참담한 전쟁이 일어나지 않도록 미리 대비해야 한다는 의지를 드러낸 것이다. 그가 《징비록》을 저술할 당시 조정에서 벼슬이 내려졌지만 거절했다.

그가 65세로 세상을 떠나자 백성들은 비어 있는 그의 서울 집으로 달려가 목 놓아 울었다. 또 가난한 그의 살림을 안타까워하는 백성들은 쌀이며 삼베를 모아 장례를 치러 주었다.

한국 해전의 역사를 새로 쓰다
이순신

李舜臣 (1545~1598년)

▌조선 시대의 명장으로 임진왜란 당시 왜군을 물리치는 데 큰 공을 세웠다.

▌옥포 대첩, 사천포 해전, 당포 해전, 제1차 당항포 해전, 안골포 해전, 부산포 해전, 명량 대첩, 노량 해전 등에서 승리했다.

▌무인으로서뿐만 아니라 시문(詩文)에도 능하여 《난중일기》와 시조, 한시 등 여러 편의 뛰어난 작품을 남겼다.

이순신은 임진왜란 때 삼도수군통제사로 바다를 제패함으로써 전란의 역사에 결정적인 전기를 이룩한 명장이다. 당시 조선은 제대로 된 싸움 한 번 해 보지 못한 채 20여 일 만에 수도가 함락되는 위기에 처했다. 그러나 바다에서만은 이순신의 활약으로 일본군들을 제압했고 이는 전쟁의 양상을 결정적으로 바꾸는 계기가 되었다. 불굴의 용기와 뛰어난 리더십, 전술가로서의 능력, 《난중일기》에서 보이는 인간적인 면

이순신(현충사 소장)

모, 온갖 모함과 박해 속에서도 흔들리지 않았던 충성심은 그를 우리나라 사람들이 가장 존경하는 인물로 손꼽는 데 주저하지 않게 한다.

이순신은 1545년 이정李貞과 초계 변씨 사이에서 셋째 아들로 태어났다. 이순신의 가문은 대대로 문관 벼슬을 이어 온 양반 가문이었으나, 할아버지인 이백록李百祿이 기묘사화의 참변을 겪은 뒤 아버지가 관직의 뜻을 버리고 평민으로 지내 가세가 기울어 있었다. 그는 어려서부터 무인의 길에 뜻이 있어 스물두 살의 늦은 나이에 무예를 배우기 시작했다. 스물여덟 살에는 훈련원 별과에 응시했으나 시험 도중 낙마하여 왼쪽 다리가 부러지는 바람에 등과에 실패했다.

그는 서른두 살이 되어서야 비로소 무과에 급제했는데 첫 부임지는 주로 귀양지로 여겨지던 함경도의 열악한 곳이었다. 그는 늦은 나이에 관직에 나갔으면서도 남의 힘을 빌려 출세하려 하지 않고 묵묵히 직분을 수행했다. 생활도 매우 청렴했는데 당시 이조 판서로 있던 이율곡이 그를 만나고자 했으나 "이 판서는 동성동본의 웃어른이기는 하나 그분이 최고 인사권자로 있는 지금 군이 만나는 것은 서로에게 누가 될 뿐이다."라며 거절했다고 한다.

하지만 그의 이런 강직함은 그를 이해하는 상관을 만나지 못했을 경우 오히려 불행과 고통을 가져왔다. 그의 강직함과 무인으로서의 능력을 알아주는 몇 명이 그를 보호했을 뿐, 그는 주로 변방을 떠돌며 근무했고 때로는 파면되기도 했다.

1589년 이순신은 오랜 고향 선배인 유성룡의 추천으로 정읍 현감으로 부임했다. 무과에 급제한 지 13년, 45세가 되어서야 작은 고을의 수령 자리에 오른 것이다. 그러나 이순신은 이때부터 관리로서 명성을 높이기 시작해 2년 만에 수군으로서는 최고위직인 전라좌도 수군절도사에 임명되

〈임진전란도〉 임진왜란 당시 부산진과 다대포진의 전투 장면을 묘사했다. 규장각 한국학연구원 소장.

었다. 임진왜란이 일어나기 14개월 전이었다.

그는 일본의 움직임이 심상치 않음을 염려하여 바로 영내 각 진의 군비를 점검하는 한편, 거북선 건조에 착수했다. 거북선을 완성하고 지자포와 현자포를 쏘는 것을 시험하고 있을 무렵, 일본에서 30만 대군이 함대 700척에 나누어 타고 부산포에 들이닥쳤다. 임진왜란이 일어난 것이다.

첫 번째 전투는 옥포 앞바다에서였다. 옥포만에서 노략질을 하던 일본군은 조선 수군이 도착한 것을 보고 서둘러 배에 올라탔지만 이순신의 공격을 막아 내지 못하고 26척의 함선이 침몰하고 말았다. 대규모 해전은 아니었으나 거침없이 증진增進하던 일본군에게는 큰 충격을 준 전투였다. 이순신은 두 번째 전투인 사천 해전에서는 적탄에 맞아 왼쪽 어깨에 중상을 입기도 했다.

일본군이 바다에서 이순신에게 연패를 당하자 도요토미 히데요시는 무슨 수를 쓰더라도 조선 수군을 격파해야 한다는 명을 내렸다. 명령을 받은 일본군은 부산에 총집결했다. 이순신은 원균, 이억기와 합세하여 일본군을 먼 바다로 유인해 섬멸하는 작전을 세웠다.

여기에서 사용된 전법이 바로 학익진鶴翼陣이다. 학익진은 적선을 유인해 포위한 뒤 집중 공격하는 전법이다. 회전 반경이 큰 일본 함선은 운신의 폭이 좁아 꼼짝없이 갇혔고, 높은 갑판 위에서 집중적으로 공격하자 일본군은 속수무책으로 당할 수밖에 없었다. 더구나 철갑선인 거북선은 일본 함선에 그대로 돌진해 충돌하더라도 견딜 수 있는 반면 충격에 약한 일본 함선은 파손되었다. 이것은 바다의 형태를 연구하고 적의 단점을 활용했기 때문에 가능한 작전이었다. 한산도 대첩에서는 적군이 사정거리 안에 들어오자마자 전 함대가 뱃머리를 급히 돌려 일본군을 포위하고 집중 공격을 퍼부었다. 그 결과 73척 중 42척을 격침시키고 17척을 나포했다. 한산도 대첩은 세계 해전사에 길이 남을 만한 승리였다.

이렇게 조선 수군이 잇달아 승리를 거두자 일본은 전의를 상실해 바다에서는 싸우려 하지 않았다. 조선 수군이 남해를 완전히 장악한 것이다.

거북선(현충사 소장)

조정에서도 이순신 외에 일본군과 대적할 수군이 없다는 것을 인정하며 그를 삼도수군통제사로 임명했다.

그때 명군과 일본군 사이에서는 강화회담이 진행되고 있었다. 조선으로서는 전쟁을 수행할 능력이 없었기 때문에 침략군과 참전군 사이에 진행되는 강화회담을 그저 지켜볼 수밖에 없었다. 회담은 이렇다 할 결론을 내지 못하고 지루하게 계속되었다.

한편 원균은 이순신이 삼도수군통제사가 된 것에 불만을 갖고 그를 인정하지 않으려 했다. 조정에 많은 후원자를 가지고 있던 원균으로서는 자존심 상하는 일이었기 때문이다. 지지부진하게 이어지는 강화회담으로 양쪽이 팽팽하게 대치된 상태였으므로 이순신은 먼저 움직이는 것이 유리하지 않다고 판단했다. 그러면서 이순신과 원균 사이에 갈등의 골이 깊어졌다.

　결국 1595년 조정에서는 이순신과 원균 사이의 불화를 염려해 원균을 충청 병사로 전직시켰다. 그러나 지나치게 소극적인 이순신의 전략을 의심하는 세력이 점점 늘어나기 시작했다. 이러한 조정과 이순신의 갈등에 대해 알게 된 일본군은 이순신을 제거할 계책을 세웠다. 고니시 유키나가가 경상우병사 김응서金應瑞를 통해 또 다른 지휘관인 가토와의 불화설을 은근히 흘린 후, 가토가 일시적으로 본국으로 돌아갔다가 귀환하는 일정을 알려 줄 테니 그를 제거해 달라고 은밀히 요청한 것이다. 이 정보가 조정에 보고되자, 조정에서는 이순신에게 고니시의 계책에 따를 것을 명했다. 그러나 이순신은 그것이 일본군의 간계奸計임을 확신했기 때문에 출동하지 않았다. 조정에서는 "적장을 놓아 주어 나라를 저버렸다."라는 이유로 그를 문책하기로 결정했다. 파직된 이순신은 신임 통제사인 원균에게 업무를 인계한 후, 서울로 압송되어 투옥되었다. 하지만 곧 그의 결백이 증명되고 사면을 받아 권율의 휘하에서 백의종군白衣從軍하라는 명령을 받게 되었다.

　한편 원균이 이끄는 조선 함대가 칠천량에서 일본 수군의 기습을 받아 참패하고 원균은 전사하였다. 조정은 어쩔 수 없이 이순신을 다시 수군통제사로 임명했다. 임지에 도착해 살펴보니 남아 있는 전선은 12척에 불과했다. 그는 안타까운 마음을 추스르며 전열을 재정비한 후 명량해협으로 출전했다. 그리고 각 전선의 장령들을 소집해 "병

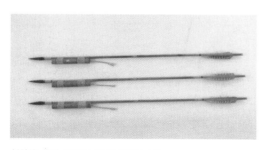

불화살 조선 시대의 불화살. 현충사 소장.

법에 이르기를 죽고자 하면 오히려 살고 살고자 하면 도리어 죽는다고 했거니와, 한 사람이 길목을 지킴에 넉넉히 1,000명도 두렵게 할 수 있다."라며 독려했다. 명량해협은 물살이 빠른데에다 지형이 좁았기 때문에 적선의 행동이 부자연스러울 수밖에 없는 곳이었다. 이순신은 이곳에서 적선 200여 척과 사력을 다하여 싸워 크게 이겼다. 이 싸움으로 조선의 전쟁에서 승기를 잡을 수 있었다.

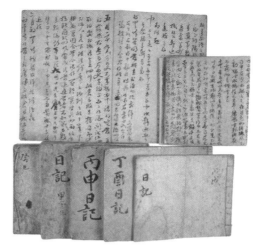

《난중일기》 이순신이 7년간의 전란 동안 써 내려간 일기로 그 내용이 지니는 사료적 가치는 물론 일기문학으로도 손꼽히는 작품이다. 현충사 소장.

　그러나 1598년 8월 도요토미 히데요시가 병사하면서 일본군은 후퇴를 시작했다. 순천에 머물던 고니시는 진린과 이순신에게 뇌물을 보내며 퇴각로를 보장해 달라고 애걸했으나, 이순신은 "조각배라도 돌려보내지 않겠다."라며 도망치는 일본군을 노량해역에서 기습했다. 임진왜란의 마지막 해전인 노량대전에서 이순신은 일본군의 총탄에 맞고 숨을 거두었다. 그는 숨을 거두면서도 "싸움이 바야흐로 급하니, 내가 죽은 것을 알리지 말라." 하고 당부하며 세상을 떠났다고 한다. 이 싸움을 끝으로 7년 동안 전쟁에 시달리던 조선은 평화를 찾게 되었다.

세계 3대 해전

'세계 3대 해전'은 살라미스Salamis, 칼레Calais, 트라팔가르Trafalgar 해전을 말하는데 여기에 이순신의 한산도 대첩을 포함해 '세계 4대 해전'이라고도 한다. 이 해전들은 세계 해전사에 가장 위대한 승리로 평가된다.

살라미스 해전은 기원전 492년에서 448년까지 일어난 그리스-페르시아 전쟁의 주요 전투 중 하나이다. 기원전 480년, 살라미스 섬과 아테네의 항구 도시 피레에프스 사이에 위치한 살라미스 해협에서 그리스 함대가 페르시아의 대함대와 격돌해 눈부신 승리를 거둔 해전이다.

당시 약 800척의 페르시아 해군은 370여 척의 소형 그리스 함대를 사로니코스 만에 가두어 놓고 있었는데 그리스의 사령관 테미스토클레스가 페르시아 함대를 유인해 살라미스 섬 근처에 있는 좁은 해협으로 끌어들였다. 협소한 공간으로 인해 페르시아 전함들이 움직이기가 어려워지자 그리스의 함선들은 앞부분을 뾰족하게 만들어 상대의 함선을 들이받거나 침몰시키고, 상대의 배 위로 건너가 육탄전을 벌였다.

이 전투에서 그리스 군은 약 40척의 배를 잃은 반면 페르시아 군선은 약 300여 척이 침몰되었다. 간신히 해협을 빠져나간 페르시아 전함들은 뿔뿔이 흩어졌으며, 크세르크세스는 계획했던 상륙작전을 1년 동안 미룰 수밖에 없었다. 그리스 도시국가들은 페르시아에 대항해 단결할 시간 여유를 가질 수 있었다.

이 해전에서 그리스 군이 승리함으로써 페르시아의 서방 진출이 가로막혀 결과적으로 역사상 최초의 민주주의가 살아남게 되었다. 이후 아테네는 그리스의 지배 도시로 도약했고 아테네 제국이 탄생하게 되었다. 살라미스 해전은 역사에 기록된 최초의 대규모 해전이었다.

칼레 해전은 1588년 스페인 함대가 영국을 침략하려고 벌인 전쟁이다. 당시 스페인은 신대륙 발견으로 막대한 양의 은을 들여오면서 큰 부를 축적했다. 강력한 함대를 통해 신대륙을 개척하고 통상로를 확보할 수 있게 된 것이다. 또한 라이벌이던 포르투갈을 병합함으로써 유럽에는 더 이상 스페인에 대적할 나라가 없게 됐다. 영국은 스페인의 부흥이 탐탁지 않았지만 스페인의 무적함대를 상대할 수가 없었다. 결국 영국은 해적 활동으로 많은 은을 강탈했고, 스페인은 이에 선전포고를 했다. 두 나라 함대는 영국 해협 주변인 칼레 지방에 있는 앞바다에서 해전을 치렀다.

영국 함대는 사정거리를 이용해 장거리 포격 방법을 취했고, 스페인 함대가 포격하기 위해 다가오면 거리를 벌려 싸웠다. 두 나라 함대는 닷새 동안 포격전을 계속했다. 마침내 스페인 함대의 포탄이 고갈되자 영국 함대는 대공세에 나서 스페인 함선 11척을 침몰시켰다. 스페인 함대는 후퇴를 시작했으나 도중에 태풍을 만나 참변을 당하고 말았다. 이 해전 이후에 스페인은 유럽 세계에서 점점 해상권을 잃게 되었고, 영국은 새로운 해양강국으로 발전할 수 있는 기회를 잡았다.

트라팔가르 해전은 1805년 제국을 넓히고자 영국을 침략하려 했던 나폴레옹이 벌인 것이었다. 영국은 프랑스의 침략에 대해 만반의 준비를 갖추고 있었다. 스페인과 프랑스 연합군이 10월 21일, 카디스와 지브롤터 해협 사이에 있는 스페인의 트라팔가르 곶 서쪽에서 빌뇌브가 이끄는 33척의 함대(프랑스 함대 18척과 스페인 함대 15척)와 넬슨 제독의 영국 함대 27척이 맞닥뜨리게 되었다. 빌뇌브는 함대를 일렬로 늘여 세워 공격했으나 넬슨은 함대를 두 부분으로 나누어 일단의 함대는 서쪽 우측에서, 나머지 함대는 남쪽 배후를 공격하게 했다. 혼전을 거듭한 끝에 영국 함대는 빌뇌브의 전열을 뚫고 들어가 완전히 흐트러뜨렸다.

이 전투에서 프랑스–스페인 연합함대는 많은 해군을 잃었으며 21척의 전함이 영국 함대에 포획되었다. 사상자는 프랑스 군과 스페인 군을 합해 3,000여 명이 죽고 2,500여 명이 부상을 당했다. 게다가 7,000명 정도의 해군이 포로로 잡혔다. 반면 영국 함대는 단 한 척의 함선도 잃지 않았으며, 넬슨 제독을 비롯한 449명의 해군이 죽었을 뿐이었다. 이 해전으로 영국을 정복하고자 했던 나폴레옹의 꿈은 물거품이 되고 말았다. 그리고 승리한 영국은 수년 동안 바다의 지배자로 남게 되었다.

트라팔가르 해전

조선 의학의 집대성《동의보감》
허준

許浚 (1537~1615년)

▌ 선조와 광해군의 어의를 지냈으며, 1610년에 《동의보감》을 완성하여 조선 한방의학의 발전에 기여했다.
▌《구급방》,《창진집(瘡疹集)》,《태산요록》 등을 언해하여 조선 의학 발전에 기여했다.

조선 중기까지 질병에 대한 치료는 하늘에 맡기는 수밖에 없었다. 약재가 있기는 했지만 대부분 중국에서 수입해 온 비싼 약재들이라 일반인들이 사용하기에는 현실적으로 불가능했다. 한 마을에 전염병이 돌 경우 이에 대한 처방은 격리 수용뿐이었다. 이것은 인구 감소로 이어졌다. 조선 중기 인구가 급격히 감소한 것은 두 번의 전란 탓이기도 했지만 질병으로 인한 사망도 무시할 수 없었다. 특히 유아사망률은 매우 높았다. 의학 서적은 《향약집성방鄕藥集成方》과 《의방유취醫方類聚》가 대표적인데, 의학상의 처방이 다양하게 집대성되어 있었으나 임상에 적용하기에 불편한 점이 많았다. 임상과 이론이 적절한 분량으로 결합된 의학 서적이 필요한 상황이었다.

　허준은 양천 허씨의 시조인 허선문許宣文의 20세손이다. 할아버지 허곤許琨은 무과 출신으로 경상도 우수사를 지냈고, 아버지 허윤도 무관으로 용천 부사를 지냈다. 허준은 어린 시절부터 총명했으나 서자로 태어났기 때문에 문과에 지원하지 않고 한의학을 공부했다. 양반 집안이었기 때문에 학문적 기초를 닦을 수 있는 환경이 마련되어 있었던 것이다. 이러한 학문적 토양은 훗날 의술을 철학의 경지로 끌어올려 집대성하는 자양분이 되었다. 그는 뛰어난 의술로 20대에 이미 명의로 이름을 날리기 시작했다.

　허준은 부제학 유희춘柳希春의 부인을 치료한 일을 계기로 내의원에 들어갔다. 유희춘이 이조 판서 홍담洪曇에게 그를 내의원직에 천거해 줄 것을 부탁한 것이다. 당시 내의원에서 최고의 의관은 어의 양예수楊禮壽였다. 당시 양예수의 나이는 40대 후반에서 50대 초반으로 추정된다. 20대의 젊은이 허준에게는 아버지뻘 되는 선배이자 스승이었다. 양예수는 허준에게 자신의 의학론과 의술을 전수했고, 신분적 제약을 극복해 출세할 수 있는 길을 제시해 준 인물이기도 하다. 양예수의 《의림촬요醫林撮要》는 훗날 《동의보감》의 기초가 되었다.

　이후 허준은 여러 벼슬을 거쳐

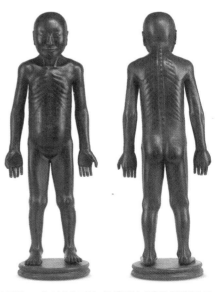

인체상 조선 시대에 궁중 내의원에서 사용된 인체상으로 전신의 경혈과 기혈의 흐름을 새겨 두었다. 국립고궁박물관 소장.

종4품 내의원 첨정에 올랐다. 왕실의 갖가지 병을 고쳐 내의(內醫)로서의 명성을 높였으며 1573년에는 정3품 통훈대부 내의원정에 올랐다. 1575년에는 선조의 중병을 고쳐 신망을 얻게 되어 정3품 당상관으로 승진, 어의에 임명되었다.

그는 어의로서 안면신경마비인 구안와사에 걸려 입이 돌아간 공빈 김씨의 남동생을 진료하여 완쾌시켰고, 1590년에는 인빈 김씨 소생의 왕자 신성군을 살린 공으로 당상관(정3품 통정대부 이상을 말함)으로 승진했다. 그러자 사헌부, 사간원, 홍문관의 삼사와 의금부는 벼슬을 거둘 것을 상소했다. 왕자를 치료한 것은 의관으로서 당연히 해야 할 일이고 비록 공이 있다 해도 의관에게 당상의 가자(加資, 조선 시대에 관원들의 임기가 찼거나 근무 성적이 좋은 경우 품계를 올려 주던 일)를 내린다는 것은 있을 수 없다는 것이었다. 그러나 선조는 듣지 않았다.

1592년 임진왜란이 일어나 선조가 의주로 피신했을 때 허준은 나이 든 양예수를 대신해 선조의 건강을 돌보았다. 이후 그는 실질적으로 내의원을 주도해 나갔고, 이 공로로 뒷날 호종공신의 대열에 끼게 되었다. 1596년에는 왕세자였던 광해군의 천연두를 맡아 치료한 공로로 정2품으로 가자되었다. 그러던 중 1596년에 선조의 명을 받들어 유의(儒醫, 선비 출신의 의원) 정작(鄭碏), 어의 양예수, 김응탁(金應鐸), 이명원(李命源), 정예남(鄭禮男) 등과 함께 내의원에 편집국을 설치하고 《동의보감》을 편집하기 시작했다. 그러나 이듬해 다시 정유재란이 터지면서 이 일은 중단되었다. 그 뒤 선조는 다시 허준에게 명하여 단독으로 의서 편집을 맡기고 내장방서(內藏方書) 500여 권을 마음대로 이용할 수 있도록 전권을 주었다. 파격적인 대우였다. 허준은 어의로서 내의원에서 의무에 종사하면서 조금도 쉬지 않고 전심하여 10여 년 만인 1610년(광해군 2), 그의 나이 65세 때 《동의보감》을 완성했다.

1600년 내의원의 책임자 양예수가 죽고 나서 허준은 내의원 최선임자가 되어 의관으로서는 처음으로 정1품 양평부원군에 올랐으나, 대간들의 반대로 인해 종1품 양평군이 되었다. 군君은 왕

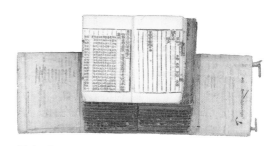

《동의보감》 허준이 선조의 명으로 집필한 책으로 총 25권 25책이다. 우리나라 고전 의학서와 한·당 이래의 중국 의학서들을 인용하여 고금의 질병과 그 처방을 기록했다. 서울역사박물관 소장.

의 서자나 당상堂上의 위계에게 주어지는 부군府君의 관작을 말한다. 1606년에는 왕실의 병을 다스린 공로로 정1품 보국숭록대부로 가자加資되었으나, 대간들의 반대로 백지화되었다.

1607년에는 임금의 병이 위중하고 잘 낫지 않았는데 이것은 허준이 약을 잘못 썼기 때문이라며 그를 벌해야 한다는 여론이 강하게 일어났다. 이 일은 선조의 반대로 무마되었다. 하지만 선조가 세상을 뜨고 광해군이 즉위하자 사간원과 대사헌의 관리들은 허준의 죄를 묻는 상소를 계속 올렸고 결국 그는 파직되어 의주로 문외출송되었다. 문외출송門外黜送이란 유배의 일종으로, 죄를 지은 사람을 한성부의 사대문 밖, 곧 지방으로 추방하는 형벌이었다.

광해군은 허준을 빠른 시일 내에 복귀시키려 했으나 삼사의 반발로 무산되었다. 그는 2년여 동안 귀양살이와 복귀를 되풀이하면서 의서 편찬에만 몰두했다. 이즈음 완성된 《동의보감》은 그 당시의 의학 지식을 거의 망라한 임상의학의 백과전서로 내경內景, 외형外形, 잡병雜病, 탕액湯液, 침구鍼灸 등의 5편으로 구성되어 있다.

그의 의술이 높게 평가되는 것은 치료보다도 정신 수양과 섭생에 의술

의 본뜻을 두고 있다는 점이다. 그는 치료의학보다는 예방의학을 우선시했다. 이것은 《동의보감》을 비롯한 그의 모든 저술에 일관되게 흐르는 관점으로 오늘날의 기준에서도 선각자적인 자세이다. 허준은 질병이 생기는 원인이 외부에 있는 것이 아니라 자신의 몸을 '잘 관리하지 않은不善調攝' 데 있다고 보고 '수양(修養, 몸을 닦고 마음을 기름)'을 우선으로 하고 '약'과 '침' 치료는 그 뒤로 보았다. 그런 의미에서 의술을 기술이 아닌 인술로 파악한 인본주의자라 할 수 있다.

항상 힘없는 백성들에게 깊은 애정을 가지고 있던 그는 일반 백성들이 의원들의 직접적인 도움 없이도 기본적인 치료가 가능하도록 해 주는 대중을 위한 의학 서적 편찬에 주력했다. 각종 의서들을 개정하고 증보하여 우리말로 번역한 언해들도 이러한 그의 생각을 반영한 것이다.

《동의보감》은 조선 한방의학의 발전에 큰 영향을 미쳤을 뿐만 아니라, 18세기에는 일본과 청나라에서도 간행될 만큼 높이 평가되었으며, 지금도 여러 나라에서 번역 출판되고 있다. 우리나라 사람이 쓴 책 중에서 《동의보감》처럼 중국인이나 일본인들에게 널리 읽힌 책은 없을 것이다. 허준은 《동의보감》을 광해군에게 바친 후 그해 귀양이 풀리고 신원되어 내의원에 복직했다. 그 뒤 허준은 후진 양성과 의서 편찬 및 의서 수리 등을 맡다가 1615년 77세를 일기로 세상을 떠났다.

천하는 일정한 주인이 따로 없다
정여립

鄭汝立 (1546~1589년)

▍ '천하는 일정한 주인이 따로 없다'는 천하공물설과 '누구라도 임금으로 섬길 수 있다'는 하사비
군론 등 왕권 체제하에서 용납될 수 없는 혁신적인 사상을 품었다.
▍ 서인 출신이나 이이 사후 이이를 비롯하여 서인의 영수인 박순, 성혼을 비판하여 관직에서 물
러났다. 낙향하여 대동계를 조직하고 무력을 길렀다.
▍ 1589년(선조 22) 반란 고변으로 관군에 포위되자 자살했고, 그와 가까운 동인들의 세력이 위축
되었다.

조선 시대 사림의 정계 진출은 성종 대부터이지만 4대 사화를 거쳐 선조
대는 정계를 완전히 장악했다. 그러나 동서 분당 이후 동인은 다시 남인
과 북인으로 구별되는데 그 기점이 되는 사건이 기축옥사이다. 이 한가운
데 있는 사람이 정여립이다.

정여립은 조선 중기의 문신이자 개혁가로 전북 전주에서 태어났다. 그
의 집안은 전라북도에 이주한 후 8대째 내려오는 명문 가문으로 토호인
김제 조씨, 전주 최씨나 신흥 명문가인 전의 이씨, 전주 소씨 집안 등과 통
혼通婚하면서 지역적 기반을 토대로 중앙 정계에 진출했다.

정여립의 어린 시절 일화 중에 이런 것이 있다. 정여립의 아버지 희증

希曾은 대대로 전주 남문 밖에서 살아왔다. 처음 그를 잉태했을 때 꿈에 고려의 무신정변을 일으킨 정중부가 나타났고, 태어날 때에도 또 같은 꿈을 꾸었다. 친구들이 와서 축하했으나 그는 기뻐할 수가 없었다.

정여립이 여덟 살이 되었을 무렵 아이들과 놀면서 까치새끼를 잡아 주둥이에서부터 발까지 뼈를 부러뜨리고 살을 찢은 일이 있다. 희증이 그것을 보고 놀라 "누가 이렇게 못된 짓을 했느냐?"라고 묻자, 한 여종이 사실대로 대답했다. 희증이 노하여 정여립을 크게 꾸짖었다. 그날 밤 정여립은 여종 아이의 부모가 방아를 찧으러 나가 아이 혼자 자고 있는 방으로 들어가 칼로 배를 갈라 죽였다. 그 부모가 돌아와서 보니 자리에 피가 가득하고 아이는 죽어 있었다. 발을 구르면서 통곡하자 이웃 사람들이 모여들었다. 그때 정여립은 어두운 구석에 숨어 있다가 나오면서 "내가 한 짓이니 괴이하게 여기지 말라." 하고 말했다. 이것을 본 사람들은 해괴하게 여기고 "악장군惡將軍이 났다."라고 수군거렸다.

이 같은 성격은 성장한 후에도 그리 달라지지 않았다. 정여립이 열다섯살 무렵 아버지 희증이 현감이 되었는데 그는 아버지를 따라가서 고을 일을 전부 제 마음대로 처리해 버렸는 일화도 있다. 그러나 이런 이야기는 후대에 만들어진 것일 가능성이 높다.

1567년(명종 22)에 그는 진사가 되었고, 1570년(선조 2)에는 문과에 급제할 정도로 두뇌가 명석했다. 통솔력도 뛰어났고 경서에도 밝았다고 한다. 그는 급제 이후 성균관 학유, 사간원 정언, 예조 좌랑을 거쳐 홍문관 수찬에 오르는 등 10여 년간 요직을 거쳤다. 이긍익의《연려실기술練藜室記述》에 따르면 "기백이 굉장하고, 말솜씨가 좋아서 입을 열기만 하면 그 말이 옳고 그른 것은 불문하고 좌석에 있는 이들이 칭찬하고 탄복했다."라고 한다. 그는 처음에는 서인으로서 이이와 성혼의 후원을 받았으나, 이이가 죽은 뒤 이이, 성혼, 박순을 비판했다. 이에 따라 서인의 집중적인 비판의 표적이 되었고 선조의 눈 밖에 나게 되자 벼슬을 버리고 낙향했다. 의주 목사 서익(율곡과 성혼의 친구)은 그를 보고 이이가 살아 있을 때에는 성인이라 칭송하더니, 죽은 후 가장 먼저 배반했다며 그를 비판했다.

정여립은 대과에 합격한 후 존경하는 이이를 찾아갔다. 그는 동서 분당이 생기기 전에는 동서인 모두와 친하게 지냈다. 그러나 선조 8년, 심의겸과 김효원 간의 이조 전랑 추천권 문제로 선배 사림과 후배 사림 간의 대립이 표면으로 불거졌고, 사림은 결국 동인과 서인으로 분당되었다. 그러나 분당 이후에도 얼마간 동인은 김성일, 김효원, 서인은 박순, 윤두수, 윤근수, 정철, 심의겸 정도였다.

이 둘을 조정하는 세력으로는 이이, 노수신, 유성룡, 성혼 등이 있었다. 당시 이이와 성혼은 서인과, 유성룡 등은 동인과 가까웠다. 그러나 이이는 양시양비兩是兩非론을 주장하면서 양쪽 다 잘못이라 비판하고, 심의겸을 개성 유수로, 김효원을 경흥 부사로 보냈다. 이후 이이는 이조 판서로 재직하면서 이조 전랑의 권한을 약화시키고 판서직을 강화하는 정책을 통해 무분별한 언론 활동을 통제하는 정책을 폈다. 이에 이이는 동인들의 비난을 받으며 서인으로 차정되었다. 아마 당시에는 정여립 역시 동서인과 관계없이 활동했을 것으로 보인다. 정여립이 이이 사후에 그를 비판한 것은 분당 차원에서가 아니라 후배 사림으로서 강직하면서 직선적인 성격 탓에 이이가 주장한 서인 중심의 조제보합론(각 붕당의 군자들만 뽑아 쓰면 된다는 이론)을 비판한 것으로 보인다.

고향으로 내려온 그는 진안 죽도에 서실書室을 짓고 글 읽기에 힘써서 '죽도 선생'이라고 불렸다. 그는 사회射會를 열어 강론을 펴는 등의 활동을 하면서 인근의 사람들을 모아 대동계를 조직했다. 대동계는 전주, 금구, 태인 등 이웃 고을의 여러 무사들과 공·사公私의 노비 등 신분에 제약을 두지 않고 가입을 허가했으며, 보름마다 한 번씩 모두 그의 집에 모여 무술 훈련을 하는 등 호남 지역을 중심으로 세력을 확장해 갔다.

1587년에는 전주 부윤 남언경南彦經의 요청으로 대동계원을 이끌고 손죽도에 침범한 왜구를 물리치기도 했다. 그 뒤 황해도 안악의 변숭복邊崇福, 박연령朴延齡, 해주의 지함두池涵斗, 운봉의 승려 의연義衍 등과 왕래하면서 대동계 조직을 전국적으로 확대했다.

1589년 안악 군수 이축李軸, 재령 군수 박충간朴忠侃 등은 정여립이 한강이 얼 때를 틈타 한양으로 진격해 반란을 일으키려 한다며 고변했다. 동인들이 거듭 나서서 사실이 아닐 것이며, 정여립을 조정에 불러들여 사실을 확인해 보자고 선조에게 고했다. 의금부 도사가 정여립을 압송하기 위해 전주로 내려가는 도중 이 정보가 새어 나가 정여립은 아들 옥남과 함께 진안 죽도로 도주했다. 그러나 포위된 정여립은 결국 몸종과 아들 옥남의 목을 직접 쳐서 그 숨통을 끊고 자결했다. 그의 사망 후 그의 집은 허물어지고 파헤쳐져 연못으로 만들어졌다.

그러나 그가 진짜 반역을 도모했는지는 다시 한 번 생각해 볼 문제이다. 《선조수정실록》에는 그의 반란에 대한 근거로 다음을 들고 있다. 첫째, 그는 평소에 제자들에게 "사마온공의 《통감》은 위魏로 기년을 삼았으니 이것이 직필直筆인데 주자가 그것을 그르게 여겼다. 대현의 소견이 각기 이렇게 다르니 나는 이해할 수 없다."라고 말했다고 한다. 즉 주자학을 비판하는 그의 논조는 성리학 사회에서 있을 수 없는 일이므로 반역의 근거로 본 것이다.

둘째, 그가 "천하는 공물인데 어찌 정해진 임금이 없겠는가. 요, 순, 우임금은 서로 전수하였으니 성인이 아닌가."라고 말했다는 기록과 "두 임금을 섬기지 않는다는 것은 왕촉이 한때 죽음에 임하여 한 말이지 성현의 통론은 아니다. 유하혜는 '누구를 섬긴들 임금이 아니겠는가' 하였고, 맹자는 제나라 선왕과 양나라 혜왕에게 왕도를 행하도록 권했는데, 유하혜와 맹자는 성인이 아닌가."라고 말했다는 기록이 있다. 이 내용들은 왕조의 정통성을 전면적으로 부정하는 발언이다. 부자세습으로 이어지는 왕조가 옳지 않음을 역설할 뿐만 아니라 천하가 공물이라는 주장은 천자는 하늘이 내린 것이라는 의견을 깨고 민본주의를 지향하며, 나아가 맹자의 역성혁명을 간접적으로 지지하는 것이었다.

그러나 이런 내용은 정여립만이 생각하던 것은 아니었다. 기대승과 이이도 임금인 태감을 물러나게 한 이유를 거론하면서 선조에게 군주로서의 자세와 왕도 정치를 강조했다.

하지만 정여립이 자살을 하면서 동인과 정여립은 모반죄로 몰렸고 동인 1천여 명이 숙청을 당했다. 이를 기축옥사라고 한다. 이 사건으로 동인의 세력은 크게 약화되었으며 서인이 정국을 주도하게 되었다. 그러나 서인의 지나친 세력 확대는 선조의 반발을 불러일으켰고, 결국 정철이 후계자 문제를 거론하다가 밀려나면서 다시 동인이 정국을 주도하게 되었다.

이후 동인들은 기축옥사를 일으킨 송강 정철의 처벌을 두고 다시 분열한다. 정철을 사사하고 서인을 제거해야 한다는 강경한 입장을 제시한 이산해 일파와 정철을 유배시키는 것으로 마무리하자는 유성룡 일파 간의 반목은 결국 동인이 남인과 북인으로 갈라지는 배경이 되었다. 결국 선조는 유성룡이 이끄는 남인의 주장을 받아들여 정철을 유배형에 처함으로써 이 사건은 일단락되었다.

홍길동의 아버지
허균

許筠(1569~1618년)

▌ 조선 중기의 문신으로 사회 모순을 비판한 조선 시대의 대표적 소설 《홍길동전》의 저자이다.
▌ 《홍길동전》 외에도 《한년참기(旱年讖記)》, 《한정록(閑情錄)》 등의 작품을 집필했다.
▌ 1606년 원접사 종사관으로 명나라 사신 주지번을 영접하여 명문장으로 명성을 떨쳤다.
▌ 1610년 진주 부사로 명나라에 가서 한국 최초의 천주교 신도가 되었고, 천주교 12단(端)을 가져
  왔다.

《홍길동전》의 저자인 허균은 당대에도 명문장가로 이름이 높았으나 그에
앞서 부패한 정치와 잘못된 제도의 개혁을 통해 자신이 바라던 이상 사회
를 이루고자 노력했던 개혁 사상가였다. 명문가에서 태어났음에도 소외
받는 이들에게 애정을 지니고 있었고, 서자나 기생들과도 교류했으며, 당
시 배척받던 불교를 받들었다. 성리학이 지배 이념이었던 왕조 사회에서
"천하에 가장 두려운 것은 백성이다."라는 쓴소리를 주저하지 않았으며,
민초들의 힘을 모아 패도한 왕을 권좌에서 끌어내리고 새 질서를 창출하
려는 방벌론放伐論의 기치를 들기도 했다. 그의 이런 행동들은 당시로서
는 가히 혁명적이었다. 하지만 개혁은 실패로 끝났고 그는 반역자로 남아

비극적인 생애를 마쳐
야만 했다.

허균은 1569년(선조
3) 경상도 관찰사인 아
버지 허엽과 둘째 부인
인 강릉 김씨 사이에서
태어났다. 허균의 가문
은 대대로 관료를 배출
한 명문가로 아버지 역
시 뛰어난 학자였다. 허
엽은 첫 번째 부인이 1

《홍길동전》 우리나라 최초의 한글 소설로 조선 중기의 사회 모순을 폭로
했다. 현대에 이르기까지 각종 다양한 의적 소설과 드라마, 만화영화, 영화
등으로 끊임없이 재생산되고 있는 우리나라의 대표적인 소설이다. 국립중
앙박물관 소장.

남 1녀를 낳고 요절하자 두 번째 부인을 들여 2남 1녀를 낳았는데 그 막내
가 허균이었다.

허균이 열두 살에 아버지 허엽이 세상을 떠나고 큰 형인 허성이 집안을
책임지게 되었다. 형제자매들은 모두 문학적인 재주가 뛰어났다. 특히 허
균은 아홉 살 때부터 시를 지었고, 허난설헌으로 알려진 누나 허초희도
시 짓는 실력이 뛰어났다. 그는 특히 누나와 사이가 좋았는데 누나가 시
집을 가자 매우 적적해하며 더욱 시 짓기에 매달렸다.

허균은 처음에는 유성룡에게 배우다가, 나중에는 둘째 형의 친구인 손
곡 이달에게서 배웠다. 이달은 비록 서자 출신이기는 했으나 이름난 시인
이었다. 그러나 첩의 자식은 과거를 치를 자격이 주어지지 않는다는 서얼
금고법庶孽禁錮法 때문에 과거를 볼 수가 없었다. 이달은 가끔씩 자신의 처
지를 비관하며 술에 취해 울분을 터뜨리고는 했다. 그런 스승을 보면서
허균은 조선 사회의 불합리함에 대해 느낀 바가 컸을 것이다. 이러한 생

각은 훗날 그가 《홍길동전》을 쓰는 데 많은 영향을 미친 것으로 보인다.

　허균에게도 과거는 의미가 컸다. 그런데 열일곱 살에 초시에 급제하고 생원시를 앞두었을 무렵, 둘째 형 허봉이 세상을 떠났다. 허봉은 재능이 뛰어난 인물로 열여덟 살에 생원시에 수석으로 합격해 이미 출세 가도를 달리고 있었다. 그런데 모든 백성들의 존경을 받던 이이의 행적을 비난했다는 일로 서인들에게 맹렬한 공격을 받게 되었다. 그는 종성終城으로 유배를 갔고 유배지에서 풀려난 후 방랑 생활을 하다가 서른여덟 살의 나이로 금강산에서 병으로 세상을 떠났다. 유난히 자신과 닮았던 형의 죽음으로 그는 큰 고통을 겪었다. 이듬해에는 누이 허난설헌까지 불행한 결혼 생활 끝에 세상을 떠났다. 그는 슬픔을 공부로 이겨 내면서 1589년 생원시에 급제했다. 그러나 곧 임진왜란이 터졌고 부인 김씨가 피란 중에 첫 아들을 낳고 세상을 떠나고 말았다. 계속되는 비극은 그를 사회의 아웃사이더로 만들었다. 결국 1597년 문과 중시에 장원 급제를 하고 황해도 도사까지 되었으나 서울에서 기생을 데리고 와 노는 등 방탕한 행동으로 탄핵을 받아 파면되고 말았다.

　하지만 그는 별로 부끄러워하지 않고 당당하게 행동했다. 그의 눈에는 오히려 위선에 찬 조정이 더 썩어 보였기 때문이다. 서울로 돌아온 그의 집에는 자연스럽게 서얼 출신 문인들이나 승려, 무사들이 드나들었다. 허균은 이런 젊은이들과 어울려 술을 마시거나 사회의 부조리를 한탄했고, 급기야 서출인 서양갑徐羊甲 등과 함께 서출에게도 임관의 기회를 달라는 청원서까지 제출했다. 그러다 보니 벼슬아치들은 그를 곱게 보지 않았고 양갓집 자제들은 허균을 '막된 인간'이라 보며 멀리했다. 그는 관직에서 멀어진 채 강원도 금강산에 머물면서 병서를 읽고 거사를 꿈꾸며 자금을 모았다. 《홍길동전》은 이 무렵 집필된 것으로 보인다.

그런 그를 안타깝게 여기던 맏형 허성은 그를 설득해 다시 관직에 나가게 했다. 1604년 그는 성균관 전적이 되었고 이듬해 명나라에서 특사가 방문하자 그 접대를 맡게 되었다. 명나라 사신들이 우리나라의 대표적인 시를 원하자 그는 4권의 시집을 건네주었고, 그중에는 허난설헌의 시집도 있었다. 이 시집들은 모두 명나라에서 출판되어 우리 문학을 중국에 소개하는 계기가 되었다.

그러나 허균은 유교를 숭상하고 불교를 배척하던 당시의 분위기와 어긋나게 관청 안에서 불경을 외우고 염불을 암송하는 행동을 하여 다시 관직에서 쫓겨났다. 게다가 시험에서 친구와 친척들을 합격시키는 부정행위까지 저지름으로써 유배를 가게 되었다. 그때는 허성을 아끼던 선조가 세상을 떠나고 광해군이 즉위한 때라 그에게 도움을 줄 인물이 아무도 없었다.

그렇게 몇 번의 유배 생활을 거친 후 형조 판서, 좌참찬에 올랐지만 계속되는 권력싸움의 소용돌이 속에서 불안한 삶을 살았다. 그가 좌참찬이던 1617년, 인목대비의 폐비 논의가 일어났다. 인목대비는 광해군의 아버지인 선조의 계비로 광해군의 어머니뻘이었다. 나이는 광해군보다 열 살 아래였는데 인목대비의 아버지와 자식이 모두 죽임을 당했기 때문에 광해군에게 원한을 가지고 있었다.

허균은 인목대비의 폐비에 찬성했다. 그러던 중 인목대비를 모략하는 글이 그녀가 거처하는 경운궁에 던져졌다. 이 일을 주동한 사람으로 허균의 일파인 김윤황이 지목되었다. 인목대비의 폐비를 반대하는 세력들은 이 일이 허균과 관련이 있다며 물고 늘어졌다. 이 공방은 허균 쪽의 승리로 일단락되었고, 폐비를 반대하던 영의정 기자헌奇自獻은 유배를 떠났다. 그런데 그해 말 기자헌의 아들 기준격奇俊格이 광해군에게 비밀 상소를 올렸다. 허균이 역모를 꾀하려 한다는 것이었다. 허균이 반대 상소를 올려 일이 마무리될 무렵인 1618년 8월 10일 새벽, 남대문에 격문이 붙었다. 불쌍한 백성을 위해 광해군을 제거할 것이니 모두 도성에서 피하라는 내용이었다. 이 격문이 허균의 심복 현응민玄應旻의 소행으로 밝혀지자 사건의 배후자로 다시 허균이 지목되었다. 조정에서는 허균을 처형하라는 대신들의 요구가 빗발쳤다. 특히 당시 권력자인 이이첨은 허균을 처형하라고 광해군을 압박했다.

허균을 탈옥시키려는 움직임도 일었는데 주로 하급 아전들과 노비, 무사 등 소외받던 사람들이었다. 이런 낌새를 눈치챈 이이첨은 허균의 주변 인물들을 잡아들여 모진 고문 끝에 허균이 역모를 꾸몄다는 자백을 받아냈다. 조정 대신들은 허균을 당장 처형해야 한다고 목소리를 높였다. 광해군이 정확한 진상 조사를 명했지만 역적 허균을 하루빨리 죽여야 한다는 대신들의 상소만 쌓일 뿐이었다. 허균에게는 변론의 기회조차 없었다. 일은 자백도 판결문도 없이 일사천리로 진행되었다. 조선 시대에는 인명을 소중히 여겨 삼복계(사형은 세 번 반복해 심리를 한 뒤 결정해야 한다는 형사 절차상의 제도)를 시행하고 있었고, 사형을 집행하기 위해서는 죄인의 자백을 받아야만 했다. 하지만 허균에게는 이 과정이 생략되었다.

그는 이렇게 자신의 무고함을 밝히지 못한 채 1618년, 쉰 살의 나이로 능지처참을 당해 생을 마감했다. 허균의 몸은 여섯 토막으로 찢겨 각지로 보내져 경계警戒로 삼았으며, 재산은 몰수되었고, 직계가족 중 남자들은 모두 사형당했다.

허균은 비록 대역 죄인으로 죽었지만 그를 따르던 백성들도 많았다. 잘린 허균의 머리를 수습하려다 잡혀간 사람도 있었다. 그가 처형된 뒤로도 몇 달 동안 그를 따르던 이들이 계속 잡혀 들어갔고 귀양을 가거나 고문 끝에 죽었다. 인조반정이 일어난 후 인조는 광해군 시절 역모 죄로 처형 되었던 사람들을 모두 복권시켰으나 허균은 조선왕조가 무너질 때까지 복권되지 못했다. 모두가 천시하던 한글로 쓰인 《홍길동전》을 통해 그가 꿈꾸던 이상 사회의 정신이 전해 내려왔을 뿐이다.

서얼금고법이란 무엇인가?

　서자란 아버지가 같더라도 어머니의 신분이 낮거나 정식 혼인 관계가 아닌 사이에서 태어난 자녀들을 말한다. 더 자세히 구분을 하면 양반 아버지와 양민 어머니 사이에 태어난 이를 서자庶子라고 하고, 양반 아버지와 천민 어머니 사이에 태어난 이를 얼자孽子라고 하는데 이 둘을 아울러 서얼庶孽이라고 한다. 당시 양반들은 주로 자신의 노비를 첩으로 삼는 경우가 많았기 때문에 서자보다는 얼자가 압도적으로 많았고, 이것이 서얼층을 멸시하는 근본적인 원인이 되었다.

　'서얼 금고법'은 태종 때 만들어진 것으로 서얼들의 과거 응시를 제한해 관직 등용을 차단하는 제도였다. 이는 첫째, 신분적 귀천 의식으로 유교의 적서嫡庶에 대한 명분론에서 나왔다. 둘째, 지배 계층인 양반의 권위를 세우고, 양반의 정치 · 사회 · 경제적 특권을 유지하기 위해 양반층의 수적 증가를 억제하고자 함이었다. 셋째, 고려 말 이후 다처 풍조로 많은 이들이 천인을 첩으로 맞아들이자 가장의 사랑을 차지한 첩과 서자가 재산을 물려받는 경우가 많아져서 처와 적자가 재산을 물려받지 못하는 일이 자주 발생했기 때문이었다. 조선은 혼인 관계로 맺어진 정처와 그 적자에 대한 재산 상속권을 보장해 주고, 과거 응시 자격을 주는 것으로 신분제를 안정시키려고 했던 것이다.

　《경국대전》에는 "서얼 자손이 문과의 생원 · 진사시에 응시하지 못한다."라는 규정이 있다. 이 때문에 관직 진출이 제한된 서얼들의 불만은 점점 고조되어 사회문제화되었고, 급기야 조정에서 서얼의 관계 진출에 대한 제재를 풀어야 한다는 논의가 일어나기 시작했다. 인재 등용을 위해 서얼도 관직에 기용해야 한다는 조광조나 이이 같은 사대부도 나타났다. 영조 대인 1724년에는 무려 5,000명이나 되는 서얼들이 집단 상소를 올리기도 했다. 이때 서얼이 인구의 절반 가까이 되었기 때문에 이 같은 집단 상소는 일견 당연했다. 이 결과 영조 대에는 서얼의 과거 응시를 허용했고 정조 대에는 서얼 출신을 검서관으로 기용하는 등 서얼 허통을 본격적으로 추진했지만, 그럼에도 차별은 쉽게 가시지 않았다. 조선 시대 내내 대과에 급제한 서얼은 10명 남짓했고, 벼슬도 6품 정도에서 머물러, 더 이상의 고위직에 진출하기란 하늘의 별 따기였다.

　서자 출신으로 출세한 인물로는 세조에게 발탁된 간신의 대명사 유자광, 장원급제를 했음에도 서출이라는 소문에 시달려 제대로 관직에 나아가지도 못했던 성종 대의 최서, 서녀의 몸으로 정경부인까지 오른 정난정, 정조 때 검서관으로 기용됐던 이덕무 등이 있다.

김육

金堉 (1580~1658년)

▎ 17세기 후반의 개혁 정치가로 당시 국내외의 상황을 엄청난 위기로 파악하고, 그 본질을 위정자들의 과오에서 비롯한 민심 이반에서 찾았다.

▎ 대동법 실시, 수차 사용, 화폐 통용, 역법의 개선 등 구체적인 방법으로 어그러진 민심을 극복하려 했다.

김육은 대동법을 확대 실시하는 데 큰 공을 세운 인물이다. 조선 시대 백성이 국가에 내는 세금은 기본적으로 전세田稅, 공물貢物, 역역(力役, 군역과 요역)이었다. 전세는 인종 때 영정법永定法으로 정해졌고, 공물은 지방의 특산물을 바치는 제도로 국가가 필요한 물건을 매년 배정하는 상공과 각 지방의 특산물을 수시로 배정하는 별공이 있어 백성들의 부담이 컸다. 게다가 산간 지방에 바닷가의 생물을 진상하게 하거나, 산

김육(실학박물관 소장)

것으로 진상해야 하는 공물도 있다 보니 구하기 힘든 물품에 대하여는 중간 상인들이 대신 납부하는 방납이 유행했다. 백성들이 이런 세금의 무게를 견디지 못하고 도망을 치자 농지는 황폐화되고 국가 재정도 궁핍해졌다. 이 방납의 폐단을 시정하고자 한 것이 대동법으로 공물 대신 쌀로 통일해 납부하게 한 세금 제도이다. 대동법은 일찍이 조광조가 처음 제기한 이후 이이 등 여러 사람이 시행을 주장했지만 받아들여지지 않은 채 100년 이상 논쟁의 대상이 되어 온 제도였다. 대토지 소유자들인 고위 관리들의 조직적인 방해 때문이었다.

김육은 일평생 오로지 백성을 잘살게 하고 나라를 부강하게 만드는 데 매진하면서 헛된 이론에 몰두하기보다 실생활에 유용한 학문을 추구해야 한다는 실용주의적 자세를 지니고 있었던 인물이다.

김육은 조광조와 함께 개혁 정치를 추진하다가 죽음을 맞은 '기묘명현' 중 한 사람인 김식金湜의 4대손이다. 아버지 김흥우金興宇는 벼슬에 나아가지 않았으나 성혼과 이이에게서 수학하고, 김상용, 김상헌 등과 교류한 인물로 서인의 정통을 이었다고 볼 수 있다. 김육은 다섯 살에《천자문》을 익혔으며, 열두 살에《소학》을 통달했다. 이듬해 임진왜란이 일어나자 피란을 떠났으나 아버지가 세상을 떠나면서 어머니와 할머니, 세 동생을 책임지는 가장이 되었다. 그러나 그는 전쟁 중에도 책을 외우면서 다녔으며, 가문을 일으키고 술을 입에 대지 말라는 아버지의 당부를 평생토록 지켰다.

김육은 1605년(선조 38)에 사마 회시에 합격하고 성균관에 들어갔다. 1609년(광해군 1)에 동료 태학생들과 함께 〈청종사오현소(請從祀五賢疏, 김굉필, 정여창, 조광조, 이언적, 이황을 문묘에 향사할 것을 건의하는 상소)〉를 올렸다. 1611년 당시 집권 세력의 영수인 정인홍이 이언적과 이황을 문묘에서

세검정 인조반정의 공신들이 거사를 모의하며 칼을 씻고 결의를 다졌다 하여 세검정이라고 한다.

출향시켜야 한다고 주장하자, 김육은 성균관 재임으로 정인홍을 유적儒籍에서 삭제할 것을 주장하는 글을 올렸다. 광해군은 노하며 김육을 비롯한 성균관 학생들을 모두 그 자리에서 쫓아냈다. 성균관에서 쫓겨난다는 것은 대과에 응시할 자격을 박탈당해 관직에 나갈 수 없게 되는 것을 뜻한다. 김육은 이덕형과 이항복의 비호로 무사할 수 있었지만 광해군의 조정에 나갈 뜻을 접고, 1613년 가평의 잠곡 청덕동에서 10여 년간 은거했다. 이곳에서 그는 화전을 일구고 숯을 구워 팔아 생계를 이어 갔다. 호를 잠곡이라 한 것은 이때부터였다.

그 후 1623년 인조반정으로 광해군이 물러나자 인조는 광해군 시절 박해받던 인물들을 조정으로 불러들였다. 이때 김육도 부름을 받고 올라와

의금부 도사에 임명되었다. 마흔네 살의 나이에 처음으로 벼슬길에 나간 것이다. 그러나 죄인 압송 과정에서 문제가 생겨 관직에 나간 지 얼마 되지 않아 파직되고 말았다. 그런데 그가 파직된 다음 해에 논공행상論功行賞에 불만을 품은 이괄이 반란을 일으켰다. 한성이 반란군에게 점령되자 인조는 공주까지 피란을 가게 되었고, 이때 김육도 왕의 피란길을 따라갔다. 난이 평정되자 피란 시절의 공으로 그는 음성 현감에 제수되었고, 그해 9월 증광 별시에 장원으로 급제해 고위직 진출을 위한 자격을 얻기도 했다.

그는 비록 작은 고을이기는 하지만 음성 현감으로 일하면서 피폐할 대로 피폐해진 백성들의 현실을 목격하게 되었다. 특히 각종 세금 중에서 공물의 폐단이 제일 컸다. 그는 민생고의 원인과 타개책을 고민한 뒤 인조에게 상소를 올렸다. 현실과 동떨어진 세금과 요역 징발이 민폐의 원인이므로 이를 감해 줄 것과 이웃 충주가 관할하기 어려운 죽산과 진천의 행정구역을 음성현 소속으로 바꾸어 달라는 등의 내용이었다. 그러나 그의 요구는 받아들여지지 않았다. 1년여의 임기를 마치고 조정으로 돌아온 그는 사간원 정언, 병조 좌랑, 사헌부 지평 등을 역임했다.

병자호란이 일어난 후 충청 감사에 제수된 그는 다시 한 번 목민관이 되었다. 충청도에 부임한 그가 현지의 사정을 살펴보자 전쟁을 겪고 난 터라 음성 현감 시절보다 백성들의 생활은 더욱 어려워져 있었다. 그런데도 각종 세금으로 인한 수탈은 한층 극심해져 견디기 힘든 형편이었다. 특히 공물의 폐단이 제일 컸다. 그는 시급히 대동법을 시행해야 한다고 생각했다.

대동법은 광해군 때 이미 경기 일원에서 시범적으로 실시되고 있었고, 인조 때에는 강원도에까지 확대 실시되고 있었다. 그는 대동법의 유용성이 이미 확인되었으므로 충청도에서도 실시할 것을 주장했고, 나아가서 충청도뿐만 아니라 전국적으로 확대 해야 한다고 강조했다. 그러나 이러한 그의 주장은 기득권을 빼앗길 것을 우려하는 권문세가들의 반대로 받아들여지지 않았다. 그렇지만 기회가 있을 때마다 대동법을 실시할 것을 지속적으로 건의했다.

십전통보 1651년 김육의 건의로 만들어진 십전통보는 일반인의 화폐에 대한 인식 부족에 주전 원료의 부족으로 인해 결국 5년 후 유통이 중단되었다. 국립민속박물관 소장.

그러던 1651년, 마침내 조정에서 그의 주장을 받아들여 충청도에서 대동법이 실시되었다. 또한 두 번이나 전라도 지역에서도 대동법을 실시하자는 상소를 올린 덕분인지 전라도 일부 지역에서도 대동법이 실시되었다. 그러나 그는 평생의 숙원이던 대동법의 전국적 시행을 끝내 보지 못한 채 다시 조정으로 올라왔다.

당시 조정에서는 대동법을 찬성하는 김육 등을 '한당'이라 하고, 반대하는 김집 등을 '산당'이라 했다. 김집은 송시열, 송준길 등 당대의 문재들을 거느린 서인의 영수격인 인물이었다. 그러나 대동법 실시는 막을 수 없는 시대의 흐름이었고, 효종이 즉위하면서 충청도와 전라도에 실시된 이후 함경도(1666년), 경상도(1677년), 황해도(1708년)까지 확대되었다. 1608년 광해군이 대동법을 경기도에서 처음 실시한 이후 전국으로 확대 정착되기까지 꼬박 100년의 세월이 흐른 것이다.

대동법의 실시로 가난한 백성들의 부담이 줄어들고 국가의 재정 수입은 증가되어 사회는 안정되었다. 또한 대동법은 수공업과 산업 발달을 촉진시켰고, 초기 형태의 산업 자본가들이 등장하면서 이후 신분 제도의 변화와 사회 발전을 주도할 수 있었다.

　김육은 대동법 실시 외에도 후기 조선 사회에 많은 영향을 끼친 인물이다. 1643년과 1645년에 중국에 다녀오면서 화폐를 만들고 유통시키는 방법과 수레를 만들고 보급하는 방법, 그리고 청나라의 역법에도 관심을 가졌다. 당시 조선은 300년에 걸쳐 만들어진《칠정산내외편》을 사용하고 있었는데 절기가 맞지 않는 등 많은 문제점이 있었다. 때문에 농업 활동에 실질적인 도움을 줄 수 있는 정확한 역법이 필요한 실정이었다. 1645년 관상감 제조로 일하던 김육은 중국의 신역법에 관한 책을 연구해 조선의 실정에 맞는 달력을 만들기로 하고 중국에 사람을 보내 그 방법을 배워 오게 했다. 그리고 마침내 1653년, 조선의 달력인 시헌력을 만들 수 있었다. 조정에서는 이 시헌력을 공식 책력冊曆으로 채택했다. 이때 만들어진 시헌력은 1896년(고종 33)에 태양력이 사용될 때까지 조선의 공식 달력으로 사용되었다.

　그는 또한 우리나라의 학문적 역량을 키우기 위해 편찬된 최초의 백과사전《유원총보類苑叢寶》, 일종의 견문록인《잠곡필담潛谷筆談》등의 책을 저술하기도 했다. 뿐만 아니라 이와 같은 책을 널리 보급하기 위하여 직접 활자를 제작하고 인쇄하는 데에도 많은 노력을 기울였다. 이러한 사업은 하나의 가업으로 자손에게 계승되어 우리나라 주자鑄字와 인쇄 사업에 크게 기여했다.

조선의 화폐경제

　조선은 건국 초기부터 중앙집권적 통치 체제 확립을 위해 화폐 제도를 정착시키고자 노력했다. 그러나 농업 중심의 경제 사회였던 탓에 화폐의 역할을 쌀이나 포布가 대신하면서 크게 활성화되지는 못했다. 태종 때에는 지폐 형태인 저화楮貨가 발행되어 포화布貨와 함께 사용되었고, 세종 때(1423년)에는 조선 시대 최초의 동전인 조선통보朝鮮通寶가 발행되어 1425년부터는 저화 유통을 중지하고 조선통보만 사용하도록 했다. 그 후 세조 때(1464년)에는 국가 비상시에 무기(화살촉)로 사용될 수 있는 전폐箭幣가 제조되기도 했다. 그러나 조선 초기에는 교환경제가 발달하지 않은 데에다 화폐 발행량이 충분치 않아 이들 화폐가 일반적인 거래 수단으로 정착되지는 못했다.

　본격적인 화폐경제는 임진왜란을 거치면서 발달하기 시작했다. 국토가 황폐화되자 농업에 의존하던 국가 경제 기반의 취약성을 깨닫고, 그를 보완하기 위해 상공업 진흥의 필요성을 느끼기 시작한 것이다. 또한 왜란 이후에는 인구가 급증하면서 생산력이 증대되고 대동법 시행의 확대로 조세 체계가 정비되면서 상품 생산력과 교환경제 발달도 촉진되었다. 화폐 유통은 전란과 재난의 위기를 극복하고 국부를 증대하기 위한 방안의 하나였을 뿐만 아니라, 농업경제의 한계에서 벗어나 중상적인 방법으로 국부와 민생 문제를 해결하는 방안이 될 수 있었다. 아울러 화폐경제가 이미 발달되어 있는 중국과의 교역이 활발히 전개되면서 화폐 유통의 필요성을 더욱 실감하게 되었다.

　이러한 배경에서 숙종 때(1678년)에는 우리나라 화폐 발전에 획기적인 계기가 되는 상평통보常平通寶가 발행되었다. 상평통보는 우리나라의 화폐 사상 전국적으로 유통된 최초의 화폐로 고종 때까지 주전소, 서예체, 천자문순, 수자순, 오행순 등으로 나누어져 약 3,000여 종류가 발행됨으로써 우리나라에서 최장기간 통용된 화폐가 되었다.

　상평통보의 전국적인 유통은 상공업의 발달을 촉진시키고 광업 개발과 수공업 발달 등을 가져와 근대적 경제 방식을 촉진시키는 역할을 했다. 그러나 고리대금업이 성행하면서 농민의 몰락과 농촌 사회의 분화가 초래되었고, 지방 관리의 농민 착취 등 사회문제를 심화시키기도 했다.

　조선 말기인 1866년, 대원군은 경복궁을 새로 짓고 군비를 조달하기 위하여 당백전當百錢을 발행했다. 그러나 당백전의 가치가 상평통보의 100배나 되면서 급격한 물가 상승을 가져왔다. 결국 당백전은 발행된 지 1년여 만에 통용이 중지되었다. 이러한 실패에도 재정 수입을 충당하기 위해 1883년에는 당오전當五錢을 발행했지만 역시 국민들의 공감을 얻지 못했다.

명분인가 실리인가
최명길

崔鳴吉 (1586~1647년)

▌인조반정에 참여한 반정공신이다.
▌병자호란 때 강화를 주관하여 인조의 신임을 얻었다. 이후 대명·대청 외교를 맡고 개혁을 추진하면서 국정을 주도했다.
▌명과의 비공식적 외교 관계가 발각되어 1643년 청나라에 끌려가 수감되었다.

정묘호란과 병자호란으로 나라가 위기에 처했을 때 조선 조정은 명분과 지조를 칭송하며 오랑캐에게 복속服屬되는 것이 죽음보다 큰 치욕이라고 부르짖었다. 그리고 임진왜란 때 명나라가 군사를 파병한 데 대한 은혜를 잊지 말고 명나라와 혈맹血盟의 의리를 지켜야 한다고 여겼다. 신료들은 중화 사상에 빠져 명나라에 의존했기 때문에 세계가 변화한다는 것을 들으려고도, 찾아보려고도 하지 않았다. 그들의 이런 생각은 결국 삼전도의 치욕을 겪게 했다. 그렇다면 과연 최명길은 왜 이런 척화斥和의 분위기 속에서 주화主和를 주장했던 것일까?

최명길은 영흥 부사를 지낸 최기남崔起南과 함경 감사를 지낸 류영립의 딸인 류씨 사이에서 태어났다. 어려서부터 그는 키가 작고 병약했다. 하지만 영특하기는 다른 아이들과 견줄 수 없을 정도였다. 여덟 살부터 글을 배우기 시작했고 열 살 즈음에는 문장과 한시를 잘 지었다. 열네 살에는 주자서와 성리서를 배웠다. 그러다 보니 성균관에 입학한 후에는 또래들이 그를 한번 만나는 것만으로도 영광으로 여길 정도였다. 이러한 기대에 부응하듯 그는 1605년(선조 38) 생원시에 장원, 진사시에 8등을 했으며 그해 가을 문과 병과에 급제해 승문원 관원으로 뽑혀 사관에 추천되었으나 나가지 않았다. 그러다가 열일곱 살이 되면서 이항복, 신흠, 김장생 문하에서 공부했다.

우찬성 장만張晩의 딸과 혼인한 후 아들을 보지 못한 그는 자신의 몸이 약한 탓이라고 여겨 조카 후량後亮을 양자로 삼았다. 뒤에 둘째 부인 허씨가 아들 후상後尙을 낳았지만 이미 부자父子의 의리를 정했으니 다시 바꿀 수 없다고 생각해 조정에서 허락을 얻은 후 양자에게 제사를 맡겼다.

그러던 1623년 3월 12일, 인조반정이 일어났다. 반정은 능양군綾陽君의 인척인 신경진 등 평산 신씨와 무인 세력이 주도하고 최명길 외에 김류, 이귀, 김자점 등 문신 세력이 가담했다. 반정군은 3월 12일 밤, 창덕궁으로 밀고 들어가 반정을 성공시켰다. 사다리를 타고 궁성을 빠져나간 광해군은 의관 안국신의 집에 숨어 있다가 잡혀왔다. 능양군은 다음 날 인목대비를 복위시키고 경운궁에서 즉위했다. 그리고 광해군을 폐위해 강화로 유배시키고 이이첨 등을 처형했다. 반정이 성공하자 최명길도 승승장구했다. 1등공신의 자리에 올랐고 그의 형 최내길도 3등공신에 책봉되었다.

그러던 중 1627년(인조 5) 1월, 후금의 군대가 압록강을 건너 평양에 도착해 화의를 청했다. 최명길과 이귀는 적의 기세가 강성하니 부드러운 말

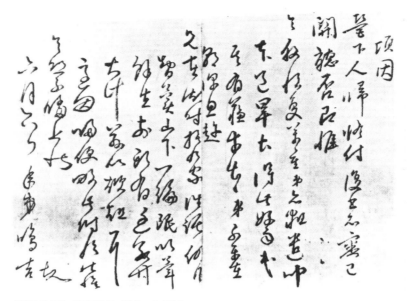

최명길의 글씨 최명길은 동기창체로 유명했다.

로 대립을 피하고 화의를 맺자고 주장했다. 그러나 인조는 강화도로 피란을 갔다. 후금은 사신을 보내 다시 화의를 청했다. 조선 조정에서는 아무도 화의를 찬성하지 않았다. 후금의 사신을 만나는 것마저도 꺼려할 정도였다. 이때 최명길은 이귀의 찬성을 얻어 강화 협상에 들어갔는데, 신료들은 화의를 주도하는 그에게 역적이라고 손가락질을 했다. 그러나 후금군은 조선이 후금과 형제의 맹약을 맺고 나서야 본국으로 물러났다. 1636년(인조 14) 봄, 후금은 청으로 국호를 바꾸고 황제를 칭하며 다시 사신을 보내왔다. "국호를 청이라 하고 칸으로 높여 황제라 하며 연호도 천총에서 숭덕崇德으로 고쳤으니 조선은 군신의 예를 다하라."

조정은 발칵 뒤집혔고 다시 척화파와 주화파가 대립했다. 특히 '군신의 예'라는 대목은 조선의 관료들에게 청천벽력과 같은 문구였다. 인조는 두 세력 사이에서 결단을 내리지 못했다. 최명길은 화의를 주장하는 신료들 중 대표적인 인물이었다. 대부분의 대신들은 사신을 죽여 버리는 것으로 조선의 뜻을 알려야 한다고 흥분했다. 그러나 자국을 위한 척화가 아니라 부모의 나라로 여긴 명나라의 복수가 목표였다. 더구나 척화를 소리 높여 외치기만 했지 군비를 정비하거나 냉정하게 그 후의 일을 도모하는 자는 없었다. 이렇게 설왕설래하는 와중에 청에서는 다시 사신을 파견해 최후통첩을 해 왔고, 조정 신료들은 이렇다 할 대책을 세우지 못하며 기한을 넘기고 말았다. 조선이 거만하다고 여긴 청태종은 12월 13일, 10만 대군을 몰고 압록강을 건너 쳐들어왔다.

병자호란丙子胡亂이 터진 것이다. 조정은 강화도로 피란을 준비했으나 시간이 촉박했다. 모두가 우왕좌왕하는 중에 최명길이 청군을 만나 시간을 벌었고, 인조 일행은 남한산성으로 피란할 수 있었다. 성을 지키는 병사들은 겨우 1만여 명이었고 성 안에는 한 달도 버티기 어려운 식량이 있을 뿐이었다. 그럼에도 죽었으면 죽었지 오랑캐국인 청나라에게는 항복할 수 없다는 여론이 대세를 이루었다. 성 밖에서는 무고한 백성들이 죽어 나가는 상황이었음에도 성 안에서는 척화와 주화의 논쟁만 벌이고 있었다.

청나라에서 사절을 보내 화친을 요구했으나 인조는 이를 거절했다. 추운 날씨와 부족한 물자 때문에 성 안에서는 화의를 하자는 의견이 점점 늘어갔다. 인조는 하는 수 없이 최명길에게 국서國書를 쓰도록 했다. 조선은 정묘화약 이후 10년 동안 우의를 지켜 왔다는 것과 명과는 부자 관계라 도와주기는 했으나 청에 화살을 겨눈 적이 없다는 것, 작년에 저지른 몇 가지의 잘못은 교감이 잘못된 것이니 용서해 주면 화친하겠다는 내용이었다. 말이 국서였지 결국은 항복의 글이었다.

삼전도비 1639년 병자호란으로 청나라 태종이 인조의 항복을 받고 그 승전을 자랑하기 위해 세운 전승비이다.

그러나 척화파의 대표 인물인 김상헌은 이 국서를 찢어 버리면서 통곡했다. 최명길은 "어쩔 수 없는 일이오. 찢은 사람이 있으면 붙이는 사람도 있는 법이오. 내가 다시 붙이겠소."라면서 흩어진 국서를 주워 붙인 후 청 태종에게 전하러 갔다.

1월 27일 인조는 세자와 신료 등 500여 명을 거느리고 45일 만에 남한산성을 나가 삼전도三田渡에서 세 번 절하고 아홉 번 머리를 조아리는 예를 행했다. 소현세자와 봉림대군은 청나라에 볼모로 끌려가야 했다.

인조가 항복한 후 신료들은 잇달아 휴가를 청하면서 벼슬을 하려 하지 않았다. 무슨 일을 당할지 몰랐기 때문이다. 이 와중에 최명길은 우의정이 되어 전후의 나라를 바로 세우는 데 혼신을 다했다. 그런데 신하들이 명나라와 밀통을 하고 있다는 밀고가 청나라에 들어갔다. 최명길은 이조판서 이현영, 예조 참판 이식 등과 함께 청나라에 끌려가 투옥되었다.

한국사를 움직인 100인

1644년(인조 22) 청나라는 베이징을 함락시키고 이듬해 세자와 봉림대군을 조선으로 돌려보내고 최명길을 풀어 주었다. 그가 돌아오자 인조는 즉시 직첩을 돌려주고 완성부원군에 임명했다. 그러나 오래지 않아 최명길은 심한 병을 얻었다. 원래 병약했던 탓도 있었지만 타국에서의 고생도 한몫했을 것이다. 세상을 떠날 당시 그의 나이는 62세였다. 그와 함께 오랜 고락을 해 온 인조는 그의 죽음을 슬퍼하며 5일 동안 고기를 먹지 않고 3일 동안 정사를 돌보지 않았다.

최명길은 왜 주화를 주장했던 것일까. 그는 '나아가 싸워 이길 수도 없고, 물러나 지킬 수도 없으면' 타협하는 수밖에 없다고 보았다. 우선 나라를 보존한 다음에 명의 은혜를 갚든지 해야지 아무리 은혜를 입었지만 나라를 망치면서까지 보은할 수는 없다는 생각이었다. 존명尊明하지 말자는 것이 아니라 국가의 존재가 우선순위가 되어야 한다는 것이다. 그런 의미에서 최명길은 병자호란 때 빗발치는 척화의 한가운데에서 목숨을 걸고 청과 화의를 주장해 나라를 구하고 백성이 어육魚肉이 되는 것을 막았다. 물론 그가 반정공신의 한 사람으로서 정권을 잃지 않고자 한 이유도 있었겠지만 그 상황에서 주화론을 고수한 것은 정치생명을 건 결단이었다.

후세 사람들 가운데에는 김상헌이 주장한 척화론이 더 주체적이라고 생각하는 사람이 많다. 그러나 당시의 척화는 조선을 위한 주체적인 척화가 아니라 명나라의 원수를 갚기 위한 척화였다. 오히려 나라를 구하는 것이 먼저라는 주화론이 더 주체적이라 할 수 있다. 척화론이 중국 중심의 세계관에 바탕을 둔 지나친 명분주의인 것과 달리, 주화론은 국익을 우선하는 주체적 현실론이었다. 그는 자신을 공격한 척화주의자들도 그 나름의 공론을 펼친 이들이니 미워해서는 안 된다고 생각했으며, 자손들에게도 그들과 잘 지내라고 당부했다.

척화론의 명분주의가 주자학에 바탕을 두고 있었던 것과 달리 주화론의 실리주의는 현실과 자아를 중시하는 양명학에 바탕을 두고 있었다. 주자학이 지배하던 당시 사회에서 최명길이 양명학을 신봉한 것도 그 때문이었다. 그는 어려움에 처했을 때 현실적으로 위기를 극복하고자 양명학의 현실주의에 주화론의 이론적 바탕을 두고자 했다.

그러나 사림의 명분론이 우세해지면서 후대 사람들은 최명길을 제대로 평가하지 못했다. 북벌론北伐論이 그 대표적인 예이다. 게다가 송시열의 주자학 지상주의가 노론의 집권 명분이 된 후 최명길의 가문은 쇠락의 길을 걸었다. 반대로 그와 반대의 길을 갔던 김상헌의 안동 김씨 집안은 19세기 외척 세도가문으로 성장했다.

우리말의 가락을 살려 우리 글자로 쓰다
윤선도

尹善道 (1587~1671년)

▌1636년 병자호란 때 의병을 이끌고 강화도로 갔으나 화의를 맺었다는 소식을 듣고 제주도로 향하다 보길도에서 은거했다.

▌1659년 남인의 거두로서 효종의 장지 문제와 자의대비의 복상 문제로 서인의 세력을 꺾으려다 가 실패했다.

▌시조에 뛰어나 한국어의 새로운 뜻을 창조했으며, 정철과 더불어 조선 시가의 양대 산맥이라 불린다.

윤선도는 정철, 박인로와 더불어 조선 3대 시가인詩歌人의 한 사람으로 일찍부터 우리말의 아름다움을 깨닫고 〈어부사시사〉를 비롯한 주옥같은 시조를 남겼다. 그러나 정치 생활은 순탄치 않아 당파싸움에 휩쓸려 17년을 유배지에서 보냈고, 19년 동안 세상을 떠나 자연 속에서 살았다. 자신이 뜻한 바를 이루기 위해 물러서지 않는 고집과 칼날 같은 성품을 지녔지만 백성을 아끼는 따뜻한 인정을 가진 사람이기도 했다.

윤선도는 서울에서 윤유심尹唯深의 둘째 아들로 태어났다. 그의 집안은 대대로 고관을 배출한 명문가였고 고조부인 윤효정은 전라도 해남에 넓은 땅을 가진 대부호이기도 했다. 그럼에도 가난한 백성을 보살피기에 앞장섰는데, 생활이 어려워 세금을 내지 못하고 옥에 갇힌 사람을 대신해 여러 번 세금을 내 줄 정도였다고 한다.

윤선도는 여덟 살 때 숙부인 관찰공 윤유기尹唯幾의 양자로 들어갔다. 그를 어여삐한 숙부는 그에게 직접 글을 가르쳤고, 임진왜란으로 나라가 어지러워지자 깊은 산속의 절에 머물게 하며 학문을 닦을 수 있게 했다. 외로운 산속에서 오래 지내다 보니 그는 자연을 살피고 아끼는 마음을 갖게 되었다. 그는 이곳에서 독학으로 학문 연구에 몰두해 26세 때 진사에 수석으로 급제했다.

그러나 당시 조정 상황은 어지러웠다. 이이첨 일파가 광해군을 에워싸고 권력을 휘두르고 있었기 때문이다. 윤선도는 그들에게 고개를 숙일 수 없다고 생각하고 벼슬을 단념했다. 그가 이렇게 단칼에 벼슬을 버릴 수 있었던 것은 그의 강직한 성품 때문이기도 했지만 부호 가문에서 태어나 풍요로운 삶을 살았기 때문일 수도 있다. 더 나아가 윤선도는 1616년(광해군 8) 대담한 상소문을 올렸다. 이이첨의 횡포와 영의정 박승종, 왕비의 오빠인 유희분이 국정을 그르치고 있다는 내용이었다. 이 상소문을 미리 본 이이첨 일파는 임금에게 상소를 올리지 않았을 뿐 아니라 윤선도를 죄인으로 몰아 변경 지역인 경원, 기장 등으로 유배를 보내고, 그의 양아버지 윤유기도 관직에서 추방했다.

그는 유배지에서 농사를 짓고 시를 짓는 등 조용한 생활을 했다. 그러던 중 1623년 인조반정이 일어나 이이첨 일파가 처형되자 윤선도도 귀양에서 풀려났다. 인조는 윤선도를 의금부 도사에 임명했지만 그는 병을 핑계로 사양하고 고향인 해남에서 지냈다. 1628년(인조 6) 봉림대군과 인평대군의 사부로 추천을 받은 그는 왕자들의 교육에 전력을 쏟아 인조의 신임을 얻었다. 호조 좌랑에서부터 세자시강원 문학에 이르기까지

남한산성 수어장대 장수들이 전쟁을 지휘하던 곳으로 병자호란의 통한이 서려 있는 곳이다.

주요 요직을 거쳤지만 그의 지나치게 솔직한 태도가 눈엣가시였던 우의정 강석기의 시샘을 받아 경상도 성산 현감으로 좌천되었다. 이듬해에는 현감직마저 박탈당했지만 그는 해남으로 돌아와 유유자적한 생활을 누렸다.

1636년 병자호란이 일어나자 그는 해남의 젊은이와 가복家僕 수백 명을 배에 태워 왕자와 왕족들이 피란해 있는 강화도를 향해 떠났다. 그러나 강화도에 도착했을 때는 이미 청나라에 함락된 뒤였다. 그는 돌아가는 길에 임금이 남한산성에서 청군에 항복하고 서울로 돌아갔다는 소식을 듣고, 세상을 등질 결심을 하고 뱃머리를 돌려 제주도로 향했다.

〈산중신곡〉 윤선도가 유배에서 풀려난 후 보길도에서 풍류를 즐기며 불우한 자신의 생활을 풍자투로 지은 단가 20여 편이 수록되어 있다. 《고산유고》의 일부.

그러나 항해 도중 들렀던 보길도의 경치를 보고 반해 부용동芙蓉洞이라 이름 짓고 낙서재落書齋라는 정자를 세워 이곳을 여생을 마칠 곳으로 삼았다. 그러나 조정 대신들은 그가 병자호란으로 고초를 겪은 임금에게 문안도 드리지 않는다고 비난하며 그를 다시 영덕으로 유배 보냈다. 1년 정도의 유배 생활을 마친 그는 보길도로 돌아와 시와 음악을 즐기며 살았다.

그 후 그가 가르쳤던 효종이 왕위에 오르자 여러 차례 조정에서 부름이 있었으나, 그는 벼슬길에 나가지 않고 보길도에서 시를 지으며 유유자적한 생활을 즐기면서 제자들을 가르쳤다.

이즈음 그는 〈어부사시사 漁父四時詞〉를 썼다. 당시 어민들 사이에서는 고려 시대부터 내려온 어부가가 불리고 있었는데 한문투가 많아 실제로 부르기에는 어려웠다. 그는 이 노래를 어부들의 살아 있는 언어를 이용해 봄, 여름, 가을, 겨울의 사계절의 노래로 새롭게 탄생시켰다. 그는 이렇게 어민들과 어울리며 지냈다.

효종은 거듭 윤선도를 조정으로 불렀다. 1652년 예순여섯 살의 그는 정

한국사를 움직인 100인

4품 성균관 사예가 되어 관직에 다시 나아갔다. 효종은 곧 그를 동부승지로 승진시키고 곁에 머물게 했으나, 반대파의 견제가 심해지자 그는 건강을 핑계로 사직을 요청했다. 그러나 관직에서 물러난 후에도 정승들의 횡포를 보게 되면 반드시 그 잘못을 짚었다. 그러다 보니 조정 관료들의 비방을 면할 수 없었고, 결국 그는 다시 보길도로 돌아갔다. 그곳에는 자신을 기다려 주는 훌륭한 정원과 서가, 그리고 제자들이 있었다. 비록 조정에서 배척받은 입장이었지만 문화적으로는 풍요로운 생활이었다.

1659년 효종이 세상을 뜨자 윤선도는 왕릉을 모실 장소를 심의하는 위원이 되었다. 그러나 그가 고른 장소는 반대파의 반대에 부딪혀 선택되지 않았다. 게다가 효종의 계모(자의대비)가 상복을 몇 년이나 입어야 하는가에 대한 문제가 대두되었다. 남인인 윤선도는 송시열, 송준길 등 노론에 맞서 3년을 주장하며 상소로 항쟁했으나 과격하다고 하여 함경도 삼수로 유배되었다.

삼수는 혹독하게 추운 곳이었다. 73세의 노인을 그렇게 험한 지방으로 유배 보내는 것에 대한 반대 의견도 있었으나 워낙 반대파의 주장이 강력하여 그는 이곳에서 6년이나 보내야 했다. 그는 귀양지로 떠나면서 아들인 인미仁美에게 편지를 남겼다. 주로 《소학》의 실천윤리를 강조하면서 '적선'과 '근검'이 집안의 융성을 위한 최고의 덕목이므로 이를 꼭 지켜나가기를 당부하는 편지였다.

그 후 전라도 광양으로 옮겨졌다가 2년 후인 1667년(현종 9) 81세에 겨우 석방되었다. 그는 일생의 대부분을 유배지에서 힘들게 보냈으면서도 여전히 정정했으며 자신이 하고 싶은 말을 참지 않았다.

그가 남긴 시조 75수는 국문학사상 시조의 최고봉이라 일컬어진다. 그의 시문집으로는 정조 15년에 왕의 특명으로 발간된 《고산유고》가 있

다. 이 시문집에는 〈어부사시사〉 외에도 〈오우가 五友歌〉 등이 수록되어
있다.

그의 시조는 시조의 일반적 주제인 자연과의 화합을 주제로 삼았으며
우리말의 아름다움을 살려 한국어의 예술적 가치를 발현시켰다는 평가를
받는다.

유림 위에 군림한 정치 사상계의 거장
송시열

宋時烈 (1607~1689년)

- 주자학의 대가로 이이의 학통을 계승하여 기호학파의 주류를 이루었고 노론의 영수를 지냈다.
- 이황의 이원론적인 이기호발설을 배격하고 이이의 기발이승일도설을 지지했다.
- 동양의 주자라는 의미에서 '송자'라고 불리웠고, 《송자대전》 등을 집필했다.

송시열은 17세기를 대표하는 사상계의 거장이
자 한 시대를 풍미한 정치가이다. 《조선왕조실
록》에 가장 많이 등장하는 인물이기도 하다.
"아침에 도를 깨우치면 저녁에 죽어도 좋다."라
는 공자의 말은 그의 삶의 일관된 지표였고, 주
자의 말과 행동은 일생의 어길 수 없는 준칙이
었다. 송시열은 끊임없는 논쟁 속에 파란만장
한 삶을 살며 정쟁의 와중에 목숨을 잃었지만
후학들에게 '송자宋子'라는 극존의 칭호를 받

송시열[국립중앙박물관 소장(중박201
009-405]

았다.

송시열은 충청도 옥천군 구룡촌에서 사옹원 봉사인 송갑조宋甲祚와 선산 곽씨 사이에서 태어났다. 그가 태어나는 날 곽씨는 공자가 여러 제자를 거느리고 구룡촌을 찾아오는 꿈을 꾸었다고 한다.

그는 여덟 살이 되던 해 송준길의 집에서 숙식을 하면서 송준길의 아버지인 송이창宋爾昌으로부터 학문을 익혔다. 한 살 터울인 송시열과 송준길은 일생의 지기이며 학문적인 동반자로 훗날 '양송兩宋'이라고 불렸다.

송시열의 강인한 기질은 아버지로부터 물려받은 부분이 많다. 1617년(광해군 9), 송갑조는 생원 진사시에 합격하고 곧바로 서궁에 유폐된 인목대비를 참배했다. 송갑조는 금지령을 무시한 독단적인 행동으로 금고형을 받았고, 이로 인해 출세길은 막혔지만 절의파라는 칭송을 듣게 되었다. 그는 '공자를 배우기 위해서는 먼저 율곡을 배워야 한다.'라는 취지에서 아들에게《격몽요결》부터 가르쳤다. 그리고 공자에서 주자, 이이로 이어지는 학통을 강조해 일찍부터 아들에게 기호학파의 학풍을 주입시켰다.

송시열의 뛰어난 자질은 사계 김장생을 만남으로써 완성되었고, 사계의 도학은 송시열을 얻음으로써 빛을 발하게 되었다고 해도 과언이 아니다. 송시열은 불과 스물네 살에 김장생의 문하에 입문한 이래 약 10년 동안 학업에 정진해《근사록》,《심경》,《가례》등 수많은 서적을 섭렵했으며 이를 통해 유학자로서의 자질을 함양했다. 당시 여든이 넘었던 늙은 스승은 말년에 자신을 뛰어넘을 후계자를 만나게 된 셈이다. 송시열은 1년 남짓 배웠으나 스승의 죽음 이후 그의 아들 김집에게 사사받고 기호학파의 학문을 완벽하게 체득했다. 김장생과 김집 문하에는 송준길, 윤선거, 이유태, 유계, 윤선거 등 뛰어난 인재들이 즐비했지만 송시열은 그중

한국사를 움직인 100인

에서도 단연 독보적이었다. 그는 이이, 김장생, 김집으로 이어지는 기호학파의 정통이 되었고, 당대 최고의 학자로 인정받았다.

송시열이 실제 조정에 머문 기간은 그리 길지 않다. 그는 문과를 통하지 않고 봉림대군의 사부로 임명되면서 조정에 출사했다. 그러나 1636년 병자호란이 일어나 인조가 삼전도에서 치욕적인 항복을 하자 낙향하고 학문에 몰두했다. 구차하게 목숨을 보존했다는 자책과 더불어 자신이 가르쳤던 대군이 심양에 인질로 끌려갔다는 데에서 오는 좌절감 때문이었다.

효종은 즉위 후 배청 세력과 재야학자인 산림을 대거 등용했다. 송시열에게도 벼슬이 내려졌다. 이때 벼슬에 나가면서 송시열이 올린 장문의 상소가 〈기축봉사〉이다. 그의 정치적 소신이 담긴 〈기축봉사〉는 존주대의尊周大義와 복수설치復讎雪恥를 주장한 것이었다. 효종은 명나라에 대한 의리를 끝까지 지키겠다는 대명의리론과 예로써 무너진 사회질서를 회복하겠다는 예치주의를 표방하고 있었다. 이에 자신의 정치 이념을 상징할 인물로 송시열을 낙점했던 것이다. 그러나 효종의 갑작스러운 승하는 북벌 계획을 좌절시켰고, 명나라마저 멸망하자 그는 조선이 유교의 명맥을 이어야 한다는 책임을 느끼며 유교적 질서를 세우는 일에 매달렸다. 그것의 중심은 주자학과 예치의 실현이었다. 그러나 지나친 예치주의는 몇 차례의 예송禮訟을 불러일으켰다. 1659년(현종 원년)의 기해예송己亥禮訟과 1674년(현종 15)의 갑인예송甲寅禮訟이 그것이다.

기해예송은 현종이 즉위한 후 효종의 장례를 치르면서 인조의 계비인 자의대비가 몇 년간의 복제를 해야 하는지에 대한 논쟁에서 촉발되었다. 인조는 정비였던 인열왕후가 세상을 떠나자 새로 계비를 맞아들였다. 바로 자의대비 조씨이다. 아들 효종이 먼저 세상을 떠나자 젊은 과부였던 그녀의 입장이 애매했다. 과연 효종은 인조의 둘째 아들인가 아니면 왕위를 계승했으니 큰아들인가. 전자라면 자의대비는 1년 동안 상복을 입어야 했고, 후자라면 3년을 입어야 했다.

예법을 중시한 당시 이것은 큰 문제였다. 올바른 예법을 시행하는 것은 국가의 자존심 문제이기도 했다. 하지만 선례를 찾을 수 없었던 탓에 현종은 예학의 대가들에게 의견을 내라고 일렀다. 송시열은 왕위를 계승했어도 장남이 아닌 경우에는 기년복碁年服이라고 했으므로 1년복을 입어야 한다고 주장했다. 그러나 3년복을 입어야 한다는 남인들의 주장은 수그러들지 않았다. 송시열의 주장은 자칫 왕실의 특수성을 인정할 수 없다는 논리로까지 비약될 수 있다는 약점이 있었다. 그럼에도 그가 자신의 주장을 굽히지 않았던 것은 나라와 집안에 공통으로 적용되는 예법에는 보편성이 있어야 한다는 신념 때문이었다.

기해예송 이후 서인 정권은 득세를 거듭했다. 그 중심에는 송시열이 있었다. 그러나 그의 일신이 편안했던 것은 아니다. 그의 원칙론적인 성격 탓에 조정은 싸움과 논쟁의 연속이었다. 그러다 보니 현종에게 송시열은 존경스럽지만 한편으로 부담스러운 존재였다. 당시 조정에서는 송시열의 말이 곧 법이요 진리가 되었고, 대신들도 이렇다 할 토를 달지 못했다. 시간이 흐를수록 그의 융통성 없는 행동은 그를 따랐던 많은 이들을 적으로 돌리고 말았다. 현종의 처가와는 원수 사이가 되었고, 자신의 뜻으로 나랏일을 해 보고 싶던 현종에게도 피곤한 인물이 되고 말았다.

그러던 1674년(현종 15), 와병 중이던 인선왕후(효종의 비) 장씨가 세상을 떠났다. 그런데 문제는 이때까지도 자의대비가 살아 있었다는 것이다. 《경국대전》에는 부모가 죽은 자식을 위해 상복을 입을 때는 큰아들, 작은아들과 상관없이 자식을 위한 상복을 1년으로 규정하고 있다. 그래서 기해예송 때도 넘어갈 수 있었다. 그런데 죽은 며느리를 위한 상복은 이와 달랐다. 예조에서는 자의대비가 입을 상복을 1년복으로 정했다. 이는 인선왕후를 큰며느리로 인정한 것이 된다. 하지만 예조는 하루 만에 둘째 며느리로 정정하며 9개월로 깎아 내렸다. 그러다 보니 《경국대전》에 큰아들과 큰며느리를 위한 상복은 1년이라고 했는데 이것과 어긋났다는 것이 문제가 되었다. 이것이 제2차 예송, 즉 갑인예송이다.

갑인예송에서 서인이 패하고 남인이 정권을 잡자 현종은 지난날 기해예송까지 거슬러 올라가 송시열 등이 효종에게 잘못된 예를 시행하게 했다고 비판했다. 송시열은 경상도 장기로 귀양을 떠났고, 유배지에서 주자학 연구에 몰두했다.

그런데 현종이 갑자기 세상을 떠나면서 숙종이 즉위했다. 1680년 경신

만동묘 임진왜란 때 조선을 도와준 보답으로 명나라 신종을 제사 지내기 위해 1704년에 건립된 사당이다. 송시열의 유지를 받아 세워진 것으로 조선 후기 중화 사상을 대표하는 유적이다.

환국으로 서인 정권이 성립되고 정국은 다시 한 번 반전되었다. 송시열은 적극적으로 출사에 나서 영중추부사에 임명되었으나 스승 김장생의 손자인 김익훈을 옹호한 일로 젊은 서인들의 불만을 샀다. 또 자신의 수제자인 윤증과 여러 가지 문제가 얽혀 장기간 논쟁했는데, 이 두 사건을 계기로 서인은 노론과 소론으로 분당되고 말았다.

1689년 다시 환국이 발생했다. 숙종이 후궁 장희빈이 낳은 아들을 서둘러 원자로 삼으면서 이를 반대하는 서인들을 내치고 남인을 등용했기 때문이다. 송시열이 원자 책봉을 반대하자 남인들은 이때를 기회로 그를 처벌해야 한다고 들고 일어났다. 그동안 송시열에게 칼을 갈고 있었던 남인의 정치 보복이기도 했다.

그는 제주도로 유배되었고 국문을 받기 위해 다시 서울로 압송되던 도중 정읍에서 사약을 받았다. 당시 83세의 고령이던 그는 의연히 유언을 남기고 사약을 마셨다.

"학문은 마땅히 주자를 주로 할 것이며, 사업은 마땅히 효종이 하고자 했던 뜻을 위주로 해야 할 것이다."

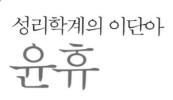

성리학계의 이단아
윤휴

尹鑴 (1617~1680년)

▌ 오가작통법, 지패법을 실시하고, 세법의 개혁을 시도했으나 실패하고, 문란한 군정을 바로잡기
위해 상평창, 호포법을 실시하도록 했다.
▌ 비변사를 폐지하고 체부를 신설하여 북벌에 대비하게 했으나 후에 폐지되었다.
▌ 1680년 경신환국으로 남인이 실각되자 유배지에서 사사되었다.

조선 후기에 들어 조선과 중국, 일본 3국 사이에 평화가 지속되자 조선은
성리학적 이상국가 건설에 몰두할 수 있게 되었다. 이 시기의 대표적 학
자인 윤휴는 주자학이 지배하던 시대에 주자의 학설과 사상을 비판하고
반성하며 독자적인 학문 체계를 세운 인물이다.

　"천하의 허다한 의리를 어찌 주자만 알고 나는 모른단 말인가. 애초 주
자에 개의하지 말고 오직 의리만을 논할 따름이다. 주자가 다시 온다면
나의 학설이 인정받지 못할 것이나 모름지기 공자나 맹자가 다시 태어난
다면 나의 학설이 승리할 것이다."

　바로 윤휴의 이 말 속에 그의 사상이 요약되어 있다.

윤휴는 대사헌을 지낸 윤효전尹孝全과 경주 김씨 사이에서 태어났다. 고조할아버지 윤관尹寬은 조광조의 문인으로 기묘사화의 피해를 입은 인물이고 증조할아버지 윤호尹虎는 이조 참판을 지낸 고명한 집안이었다. 아버지는 대사헌을 역임했으나 1617년(광해군 9), 인목대비의 유폐를 반대하다 경주 부윤으로 좌천되었고, 이 무렵 윤휴가 태어났다. 두 살 때 아버지를 여읜 윤휴는 어머니와 할머니 슬하에서 자라며 외가와 서형庶兄인 영鍈의 집을 오가며 자랐다. 이런 상황에서도 정력적으로 독서를 하고 의욕적으로 저술 활동을 했다. 스물두 살에는《사단칠정인심도심설四端七情人心道心說》을 지어 송시열의 간담을 서늘하게 할 정도로 학문적 성취를 이뤘다. 스물네 살에 지은《경진일록庚辰日錄》에는 1만 권의 책을 독파하는 윤휴의 모습이 담겨 있다.

윤휴의 명성은 날이 갈수록 더해 어느새 호서 지방에까지 퍼졌다. 그가 어머니를 모시고 공주의 유천으로 이사를 가자 송시열, 송준길, 이유태, 윤선거, 윤문거, 권시 등의 인사들이 교제를 청해 왔다. 당시 서른 살이던 송시열은 스무 살의 그를 찾아와 윤휴의 어머니에게 큰 절을 올리며 자제로서의 예를 갖추었다. 두 사람은 사흘 동안 토론했고 송시열은 돌아가는 길에 "30년간의 독서가 참으로 가소롭구나."라는 말로 윤휴가 지닌 학문의 깊이를 칭찬했다.

그러나 학문과 정계의 위상이 높아져 갈수록 윤휴와 송시열의 학문 성향은 달라졌다. 학문적인 자유주의자였던 윤휴는 주자를 존경했지만 맹신하지는 않았다. 주자의 학설에 의문이 생기면 솔직하고 용감하게 표현했다. 그리고 이런 행동이 주자에 반기를 드는 것이 아니라 오히려 주자의 교훈을 따르는 것으로 여겼다. 그의 경전 해석은 20대부터 시작되어 만년까지 이어져《효경》,《중용》,《대학》등 대부분의 주요 경전을 망라했

한국사를 움직인 100인

다. 이런 윤휴의 태도가 마음에 들지 않았던 송시열은 급기야 그를 '사문난적斯文亂賊'이라고 표현했다.

그러던 중 두 사람의 갈등이 더욱 깊어지는 사건이 일어났다. 현종 때 벌어진 기해예송(1659년)과 갑인예송(1674년)이다. 서인과 남인의 대표 주자였던 이들은 이때 정치적, 사상적으로 치열하게 맞섰다.

기해예송은 현종이 즉위한 후, 효종의 장례를 진행하면서 인조의 계비였던 자의대비가 효종을 위해 입을 복제 문제에서 시작되었다. 인조가 정비 인

《효종대왕국휼등록》 효종의 국상 처리 전반을 정리한 책으로 1차 예송, 즉 기해예송의 논점과 진행 과정이 상세히 기록되어 있다.

열왕후가 세상을 떠나고 새로 맞아들인 계비가 자의대비 조씨이다. 아들 효종이 먼저 세상을 떠나자 젊은 과부였던 그녀의 입장이 애매했다. 과연 효종은 인조의 둘째 아들인가, 아니면 왕위를 계승했으니 큰아들인가.

상복에는 다섯 종류가 있었다. 3년복인 참최斬衰와 1년복인 자최齊衰, 9개월복인 대공大功, 5개월복인 소공小功 그리고 3개월복인 시마緦麻이다. 부모가 세상을 뜨면 자식은 모두 3년복인 참최를 입고 자식이 먼저 세상을 떠났을 때 부모도 상복을 입었는데, 장자상長子喪에는 3년, 둘째 아들次子부터는 1년복을 입어야 했다. 효종은 왕통王統을 잇기는 했으나 둘째 아들이었다. 바로 이 복제 문제는 효종을 어떻게 바라볼 것인가와 같은 질문이었다. 송시열 등의 주장에 따라 조정은 1년복으로 결정하려 했다. 그러나 윤휴는 "왕의 예는 사대부와 서인과는 다르다. 자의대비 역시 효

종의 신하였으므로 마땅히 3년복을 입어야 한다." 라고 주장했다. 그러나 자의대비의 상복은 1년복으로 결정되었다. 기해예송은 서인의 승리로 끝 났지만 이 과정에서 윤휴는 명성을 얻게 되었다.

15년 후, 와병 중이던 인선왕후(효종의 비) 장씨가 세상을 떠났다. 그런 데 문제는 이때까지도 자의대비가 살아 있었다는 것이다. 또다시 서인과 남인 사이에 논쟁이 벌어졌다. 남인은 자의대비의 복상을 서인의 주장대 로 1년복으로 정해 놓았는데, 이제 와서 서인의 주장대로 9개월복으로 고 친다는 것은 이치에 맞지 않는 일이라면서 이전에 정한 대로 1년복으로 해야 한다고 주장했다. 이번에는 남인이 주장하는 1년복이 채용되었다. 결국 현종은 자신의 독단으로 자의대비의 복제는 1년복으로, 그리고 어머 니 인선왕후는 맏며느리로 결정했다. 자의대비의 상복을 대공복으로 바 꾸었던 예조의 사람들은 모두 귀양 가거나 벌을 받았다. 이것이 갑인예송 이다.

갑인예송의 결과로 남인이 집권하고, 윤휴는 성균관 사업으로 처음 조정 에 나아갔다. 58세의 윤휴는 자신의 오랜 구상을 의욕적으로 실천하려 했 다. 평소의 소신이던 북벌을 외치며 체찰부를 설치할 것을 강력히 주장했 고, 외척들의 폐단을 경계하는 한편 대비의 정치적인 간섭을 노골적으로 차단했다. 또 차일피일 미뤄진 호포제와 오가작통법五家作統法 등을 바로 실시했다.

그러나 그에게 주어진 시간은 길지 않았다. 다시 정쟁의 회오리바람이 불어닥쳤기 때문이다. 이른바 1680년(숙종 6)의 경신환국이다. 예송 이후 지나치게 커진 남인의 권력을 견제하고자 숙종은 서인에게 군권軍權을 주 는 등 남인을 멀리했다. 이에 서인은 당시 영의정이던 남인 허적許積의 서 자 허견許堅과 인평대군(麟坪大君, 인조의 셋째 아들이자 효종의 동생)의 세 아들 복창군, 복선군, 복평군 등이 반역을 꾀한다고 모함했다. 숙종은 복창군 등 삼형제와 허견, 허적, 윤휴를 사사하고 나머지 남인들은 파직, 유배, 옥사시켰다. 《당의통략》에 따르면 윤휴는 사약을 마시며 "어찌하여 조정에서 유학자를 죽이는가!"라고 항의했다고 한다. 이후 정권은 서인에게 넘어갔고 남인 세력은 크게 약화되었다.

사실 윤휴가 주장한 개혁은 비현실적인 부분이 많았다. 정사政事의 경험이 적은 그의 정책은 남인들 사이에서조차 크게 지지받지 못했다. 그가 추진하는 개혁들이 쉽게 이루어지지 않을수록 그는 숙종에게 매달렸고, 사대부는 물론 관료와 척신과도 멀어졌다.

결국 윤휴는 정치 투쟁에서 밀려 목숨을 잃었다. 게다가 학자들 사이에서는 유학을 어지럽히는 사문난적이라는 멸시까지 받았기 때문에 그의 사상은 20세기 초까지도 금기시되었다. 윤휴가 세상을 떠난 후 조선 사회는 그를 제거한 서인 노론들이 주도하는 주자성리학이 대세가 되고 의리론과 명분론이 지배하는 방향으로 나아갔다. 그는 시대를 거스른 위험한 인물로 낙인찍혀 그의 문집인 《백호문집》이 1927년이 되어서야 비로소 간행될 정도였다. 윤휴의 죽음 이후 주자학에 대한 비판의 분위기는 전면적으로 차단되었고, 주자학의 교조성은 더욱 기승을 부리게 되었다.

붓으로 살려낸 만물의 조화
정선

鄭敾 (1676~1759년)

▌조선 산수화의 독자적 특징을 살린 진경화를 즐겨 그렸으며 심사정, 조영석과 함께 삼재(三齋)로 불렸다.
▌강한 농담의 대조 위에 청색을 주조로 하여 암벽의 면과 질감을 나타낸 새로운 경지를 개척했다.
▌대표작으로는 〈입암도〉, 〈여산초당도〉, 〈여산폭포도〉, 〈노송영지〉 등이 있다.

진경산수화眞景山水怜는 조선 후기에 유행한 우리나라 산천을 실제 경치 그대로 그린 산수화를 말한다. 흔히 진경眞境 또는 동국진경東國眞景이라고도 하며, 일본에서는 신조선산수화新朝鮮山水怜라고도 한다. 화단에서 하나의 조류를 형성하며 성행했을 뿐만 아니라 높은 회화성과 함께 한국적인 화풍을 뚜렷하게 창출했다. 이 진경산수화라는 양식을 창안한 선구자가 바로 겸재 정선이다. 진경산수화가 유행할 수 있었던 데에는 우리의 산천을 주자학적 자연관과 접목시키고자 했던 문인 사대부들의 자연친화적 풍류 의식과 주자학의 조선화朝鮮化에 따른 문화적 고유함에 대한 인식, 자주의식의 팽배 등이 컸다. 즉 실사구시의 실학적 분위기 속에에서 그전까지 지속된 화본畵本에 의한 관념산수화의 틀에서 벗어나 직접 눈으로 보고 발로 밟은 우리의 산천을 그리고자 하는 욕구가 커진 것이다. 이러한 조류는 당시 집권층이었던 노론 문인 사대부들과 남인 실학파들에 의해 주도되었으며 특히 금강산과 관동 지방, 서울 근교 일대의 경관이 가장 많이 다루어졌다.

정선은 한성부 북부 순화방 유란동에서 정시익鄭時翊과 밀양 박씨 사이의 2남 1녀 중 맏이로 태어났다. 그의 집안은 선대가 관직 생활을 하기는 했으나 뛰어난 정치가나 학자

〈여산폭포도〉 중국 장시 성의 여산은 주나라 때 광속이 숨어 살던 곳으로 조정에서 사람을 보내 찾았더니, 이미 신선이 되어 날아가고 빈집만 남았으므로 '여산'이라고 하였다 한다. 국립중앙박물관 소장(중박201010-463).

는 없었으며, 더구나 예술가는 찾아볼 수 없었다. 게다가 집안은 매우 가난해 글공부에 전념하기는 힘들었다. 정선이 선비 집안에서 자라면서 화가가 되었던 것은 이 때문인 것으로 보인다.

강세황은 〈겸재화첩〉의 발문에서 그에 대해 "동국진경을 가장 잘 그렸다."라고 평가하고 있다. 그는 특히 금강산과 서울 근교를 많이 그렸고 그 외에도 인물산수, 고목古木, 노송老松 등을 잘 그렸다.

정선은 열세 살 때 아버지를 여의고 늙은 어머니를 모셨다. 그는 어려

서부터 그림을 잘 그렸는데 김창집金昌集의 도움으로 관직 생활을 시작했다. 김조순의 문집에는 "겸재는 우리 선조의 이웃에 살았다. 어려서부터 그림을 잘 그렸으며, 집안 살림이 어렵고 부모가 늙어 나의 고조부인 충헌공(김창집)에게 벼슬자리를 부탁했다. 도화서에 들어갈 것을 권하자 벼슬길에 올랐으며, 관은 현감에 이르렀다. 여든 살까지 장수를 누리면서 교우하던 사람들은 모두 당시 명사名士들이었다."라고 기록되어 있다.

세자를 보위하는 위수를 비롯해 1729년 한성부 주부를 지냈으며, 1734년 청하 현감을 지냈다. 청하 현감 시절 〈교남명승첩嶠南名勝帖〉을 그렸는데 이 화첩에는 안동 등 영남의 명승고적 58곳이 담겨 있다. 이때 그린 작품 중에는 〈금강전도金剛全圖〉도 있다. 〈금강전도〉는 전체적으로 원형 구도를 이루며 위에서 아래로 내려다본 모습으로 그려졌는데, 관념 산수의 틀을 벗고 우리나라의 산천을 소재로 하여 독창적이고 개성적인 표현 기법으로 그렸다는 점에서 한국 산수화의 신기원新紀元을 이룬 걸작이라 할 수 있다.

이러한 그림들을 보면 그가 고을 수령으로서의 책무보다는 그림을 그리는 데 더욱 몰두했음을 알 수 있다. 그는 하양 현감을 거쳐 1740년경 훈련도감 낭청, 1740년부터 5년간 양천 현령을 지냈다. 이때 그는 시인 이병연李秉淵과 함께 양천과 한강의 명승고적을 담은 〈경외명승첩京外名勝帖〉 등을 제작했다. 정선이 진경산수를 그렸다면, 이병연은 진경시를 지었다. 두 사람은 10대부터 대문장가 삼연三淵 김창흡金昌翕 아래에서 동문수학한 죽마고우였다. 두 친구는 함께 금강산을 여행하면서 시를 짓고 그림을 그렸다. 둘은 서로의 작품을 평하며 자극하고 격려했다. 금강산을 유람하면서 쓴 시와 그림을 함께 엮은 산수화첩은 당대에도 유명했다.

그 뒤 약 10년간의 활동은 잘 알려지지 않았다. 70대에 들어선 후에는 남성적인 필치가 두드러지는 그림을 많이 그렸는데, 대표작은 1751년 그린 〈인왕제색도仁旺霽色圖〉이다. 〈인왕제색도〉는 여름 소나기가 지나간 뒤 비에 젖은 인왕산 바위를 그린 작품으로 생략과 함축 그리고 절제가 돋보이는 걸작으로, 적묵법積墨法을 이용한 것이다. 적묵법은 옅은 색의 먹으로 먼저 그리고 나서 완전히 마르고 난 다음 좀 더 짙은 먹으로 덧칠하는 방법이다.

〈호방〉 당나라 시인 사공도가 쓴 〈시품〉을 소재로 정선이 그리고 이광사가 원문을 필사한 서화첩 〈사공도시품첩〉에 수록되어 있다. 국립중앙박물관 소장(중박201010-463).

널찍한 붓으로 여러 번 짙은 먹을 칠해 바위를 그려 무게감을 잘 드러내고 있다. 수많은 작품들 중 최고 걸작이라는 평가를 받는 이 작품은 당시 병상에 있던 이병연의 쾌유를 기원하면서 그렸다고 한다. 이 때문에 그림 속 기와집은 이병연의 집으로 여겨진다. 이때부터 그의 그림에는 번잡함이 사라지고 담묵淡墨의 구사가 맑고 부드러워졌으며, 화면 구성은 광활해지고 중량감은 전보다 더 강해졌다.

1754년에 궁중의 쌀과 장을 공급하는 사도시 첨정, 1755년에 첨지중추부사, 1756년에는 화가로서는 파격적인 가선대부 지중추부사라는 종2품직에 제수되기까지 했다. 화가로서 높은 벼슬을 얻자 주변에서는 따가운 눈총을 보냈다. 그러나 영조는 그를 매우 아꼈고, 한강을 오르내리며 강 주변의 승경勝景을 그리도록 배려하기도 했다. 그는 여든 살 무렵에도 "붓

〈산수도〉 정선이 중년에 그린 것으로 전통 화풍에 그의 개인 적인 필치가 더해져 있다. 국립중앙박물관 소장.

놀림이 신기에 가깝다."라는 말을 들을 만큼 정력적으로 그림을 그렸다.

정선은 조선 시대의 어느 화가보다 많은 작품을 남겼다. 뿐만 아니라 선비나 직업 화가를 막론하고 크게 영향을 주어 19세기 초까지 겸재파 화법이라 할 수 있는 한국 진경산수화의 흐름을 이어 가게 했다. 진경산수화풍을 이어받은 이들로는 강희언, 김윤겸, 최북, 김응환, 김홍도, 정수영, 김석신 등을 꼽을 수 있다. 그러나 그의 두 아들 만교萬僑와 만수萬邃는 아버지를 잇지 못하고 손자인 황槐만이 할아버지의 화법을 이어받았다.

그러나 진경산수화는 19세기 초부터 급속하게 쇠락했다. 진경산수화의 쇠락에 대해 강세황은 이렇게 지적했다. "정선은 평생 익힌 능숙한 필법으로 마음먹은 바를 유려하게 그려 냈는데 바위의 형태와 봉우리를 막론하고 거친 열마裂麻 준법으로 일관해 난사亂寫하였다. 그래서 사진寫眞의 부족함이 드러난다. 심사정의 것은 정선보다 나은 편이나 역시 폭넓고 고랑高朗한 시각이 결핍되어 있다."

한국사를 움직인 100인

이후 산수화는 김홍도풍으로 바뀌는데 정선의 산수화가 서양의 인상파적 성향이 강했다면, 김홍도의 산수화는 정형산수로 치밀한 사생이 특징이다. 이러한 김홍도의 화풍은 겸재의 화풍을 압도하고 새로운 시대의 화풍이 되었다. 그러나 19세기 이후부터는 정선의 진경산수화나 김홍도의 풍속화도 쇠퇴하면서 청나라의 남종화풍이 본격적으로 유행하게 된다.

경세치용의 학문을 열다
이익

李瀷 (1681~1763년)

▎조선 후기의 실학자로 실용적인 학문을 주장하며 평생을 학문 연구에만 몰두했다.
▎《성호사설(星湖僿說)》과 《곽우록(藿憂錄)》 등 수많은 책을 저술했고 그의 혁신적인 사고는 정약용 등에게 이어져 더욱 계승·발전되었다.

이익은 조선 후기의 대표적인 실학자로 평생 학문에만 몰두하면서 성리학뿐 아니라 실생활에 도움이 되는 모든 학문을 두루 섭렵한 인물이다. 유형원의 학문을 계승한 그는 당시 학자들에게 많은 존경을 받았으며, 그의 사상은 문인과 제자 들에게 계승되어 성호학파라는 실학자 그룹을 형성할 만큼 조선 후기의 실학자들에게 큰 영향을 끼쳤다. 그가 살았던 시기는 정파 간의 대립이 치열할 뿐 아니라, 청나라를 통해 서양의 문물과 사상이 물밀듯 밀려들어와 지식인들이 세계관의 혼란을 겪을 때였다.

이익은 누구보다 독창성 있는 학문 연구로 실용 학문에 주력했으며 토지 제도의 개혁을 통해 자급자족적인 농업 사회를 꿈꾸었다. 그의 개혁

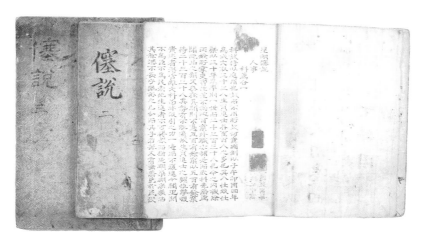

〈성호사설〉 이익이 20년 동안의 연구 성과를 천문문, 지리문, 인문문, 논학문, 논례문, 친속문, 군시문, 치도문, 복식문, 기용문, 기예문, 경서문, 경사문, 논사문, 성현문, 금수문, 초목문 등으로 나누어 기술한 백과사전적 저술로 이익 연구의 집대성이라 할 수 있다. 성호기념관 소장.

방안들은 획기적인 변혁을 도모하기보다는 점진적인 개혁을 추구한 것으로 현실에서 실제로 시행될 수 있도록 힘을 기울인 것이 대부분이다. 그는 마음속 깊이 평등 사상을 가지고 있었으며 관직이 아닌 학문적 가치를 추구했다. 그의 실학 사상은 정약용丁若鏞을 비롯한 후대 실학자들의 사상을 형성하는 데 커다란 영향을 미쳤다.

이익은 아버지 이하진李夏鎭의 귀양지인 평안도 운산에서 태어났다. 그의 가문은 남인 계열로 많은 학자와 고관을 배출한 명문가였다. 증조할아버지 이상의李尙毅는 의정부 좌찬성을, 할아버지 이지안李志安은 사헌부 지평을, 아버지는 사헌부 대사헌을 지냈다. 그러나 그가 태어나기 바로 전 해인 1680년, 남인 정권이 무너지고 서인이 재집권하는 경신대출척庚申大黜陟이 일어나자 남인이던 아버지는 진주 목사로 좌천되었다가 다시 평안도로 유배되었다.

1682년 아버지가 유배지에서 세상을 떠난 뒤 어머니 권씨는 고향인 광주 첨성촌으로 이사해 전처가 남긴 3남 2녀와 자신의 2남 2녀를 모두 길렀다. 이익은 둘째 형 잠潛에게 글을 배웠는데 출세가도를 달리던 잠이 권력싸움에 휘말려 장살(杖殺, 때려죽이는 벌)되자 큰 충격을 받았다. 그는 과거 공부를 그만두고 삼각산에서 두문불출하며 독서에 전념했다. 이는 남인의 권력자였던 조상이 남겨준 토지와 재산이 있었기에 가능했다. 게다가 집에는 아버지가 사신으로 청나라에 다녀오면서 구입한 서적도 많아 공부하기에는 부족함이 없었다. 이에 대해 그는 "세상의 백성들이 1년 내내 오로지 일만 하고도 좀처럼 먹고 살기 힘든데, 나는 조용히 앉아 편하게 살 수 있었다. 관직에도 나가지 못한 서생인 내가 일도 하지 않으면서 하인을 거느리고 양반답게 생활할 수 있었던 것은 선조들이 물려준 재산 덕분이었다."라고 쓰기도 했다.

또 한 가지 그의 인생에 큰 전환점이 된 것은 어머니의 죽음이었다. 어머니가 세상을 떠나자 그는 재산을 형들에게 전부 넘겨주고는 스스로 농사를 지으며 소박하게 살았다. 이러한 경험을 통해 그는 몰락 농민들의 입장을 이해할 수 있었다. 《성호문집》 권20에는 "우리의 가난이 날로 심하여 송곳을 꽂을 땅도 없는 지경에 이르렀다."라는 글귀가 있는데 이는 당시 농민들의 처지를 잘 나타내고 있다.

그가 살았던 18세기 초 조선은 임진왜란과 병자호란으로 인한 피해가 아직 완전히 회복되지 않은 상태였다. 그러나 조정은 동서 분당이 남인, 북인, 노론, 소론의 사색당쟁으로 분열되고, 다시 노론의 일당 독재가 굳어지는 추세 속에서 정치 기강이 극도로 문란해져 있었다. 국가 재정은 궁핍했고, 농민들은 광범위하게 몰락해 있었다.

그의 높은 학식에 대한 소문은 전국에 퍼져 결국 국가에서 종9품의 선공감 가감역에 제수했지만, 그는 이를 사양하고 일생 농민들과 똑같이 일

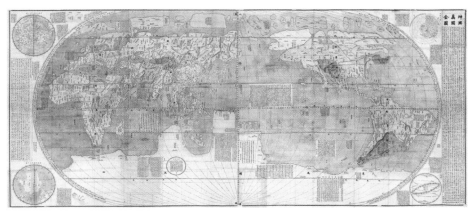

〈곤여만국전도〉 1602년 예수회 이탈리아 인 신부 마테오 리치와 명나라 학자 이지조가 함께 만든 지도이다. 이 지도는 조선 사회의 지리적 중화관을 해체하고 중국 바깥에 있는 더 넓은 세계를 일깨워 주었다.

하면서 살았다. 그리고 배움을 원하는 이들을 가르치며 틈틈이 정치, 경제, 음악, 지리 등 다양한 분야의 글을 썼다.

이익은 중국을 통해 들어온 서양의 여러 지식을 접했다. 서양의 과학 기술뿐만 아니라 세계지도와 지리에 관한 것, 천주교 교리에 이르기까지 매우 광범위하게 공부했다. 에마누엘로 디아스Emmanuelo Diaz의 《천문략》을 통해 천문 지식을 습득했으며, 마테오 리치Matteo Ricci의 〈곤여만국전도〉, 페르디난트 페르비스트Ferdinand Verbiest의 《곤여도설》, P. S. 우르시스의 《간평의설》 등을 보고 식견을 넓혔다. 이를 통하여 그는 중국 중심의 세계관과 문화관에서 탈피할 수 있게 되었으며, 주체적 역사의식이 결여된 사관의 잘못을 지적하며 '삼한정통론三韓正統論'을 정립하게 되었다. 삼한정통론은 우리나라 역사가 단군에서부터 시작되며 기자조선이 이를 계승했고, 이것이 다시 마한으로 이어졌다고 보는 내용이다.

그는 또 과학 서적을 통해 실증적이며 합리적인 사고를 갖게 되었다. 그러나 서양 과학 기술의 우수성은 인정했지만 천주교 교리에 관해서는 비판했다.《천주실의발》에서 그는 "천주교를 받드는 것은 마치 유가에서 상제上帝를 받드는 것과 같고, 불교에서 석가를 섬기고 믿는 것과 같을 뿐이다."라고 밝혔다. 성호는 서양 문화를 과학 기술과 천주교 신앙으로 구분해 인식하고 평가했으며 이에 대해 학문적 관점에서 논평하며 받아들인 것이었다.

이익은 당시 조선의 피폐한 상황을 극복하기 위해서는 국가의 모든 제도를 개편해야 한다고 여겼다. 정치 기구를 간소화하여 제기능을 하도록 해야 하며, 무엇보다 과거 제도를 뜯어고쳐야 한다고 생각했다. 또 과거 시험 외에도 추천에 의해 인재를 등용하는 공거제貢擧制를 병행해 파벌에 좌우되지 않고 공정하게 인재를 선발해야 한다고 주장했다. 그리고 유명무실해진 관청이나 관리직을 대폭 축소하고 대신 관원들의 녹봉을 높여줌으로써 생활을 보장해 주어야 한다고 주장했다. 그래야 지방 관리들의 부정부패가 사라진다고 본 것이다. 또한 환관과 궁녀의 수를 줄여 임금이 앞서 절약하는 태도를 보여야 한다고 주장하는 등 국가의 재정이 낭비되는 요소도 줄여야 한다고 보았다.

이와 함께 토지 제도의 전면 개편을 주장했다. 소수의 사람에게 토지가 집중되면서 발생하는 문제를 막기 위해서는 소규모 토지를 경작하는 농민들의 몰락을 막아야 하는데 이는 가구당 필요한 최소 토지의 기준을 정해 그 이하의 토지를 매매하는 것을 막는 제도를 만들어야 가능하다고 주장했다. 또 사노비私奴婢의 수를 제한하고 그 수가 넘는 인원은 해방해 양민으로 만들어야 한다고 말했다.

"글만 읽고 성인의 도리만을 말하면서, 나라를 다스리고 천하를 평정하는 방책에 대하여 연구하지 않는다면, 그 학문은 개인 생활에 대해서는 물론이거니와 국가적 관계에서도 무용한 것"이라는 그의 말은 이익의 학문적 성격을 단적으로 나타낸다.

　이익은 83세가 되던 1763년, 연장자를 우대하는 우로예전優老例典 정책에 따라 첨지중추부사로 임명되었으나 그해 12월 세상을 떠나고 말았다. 그의 사상과 이념은 그 당시에는 전혀 실천되지 않았다. 그가 정치 현장에 나오지 않고 평생을 칩거했기 때문이다. 그는 자신의 이론을 한 번도 실현시켜 보지 못하고 뜻만 간직한 채 세상을 떠났지만 그의 사상은 제자들에 의해 면면히 계승되었다. 《성호사설》은 그가 40여 년간 배우고 연구한 것을 집대성한 연구서로 후손들이 정리한 것을 안정복이 펴낸 것이다.

당쟁 속에서 탕평을 실천한 재상
채제공

蔡濟恭 (1720~1799년)

▌ 조선 후기의 문신. 청남(淸南) 계열의 지도자로 사도세자의 신원 등을 상소했고, 정조의 탕평책을 추진한 핵심 인물이다.
▌ 사족 우위 및 적서의 구별을 엄격히 함으로써 사회 안정을 꾀하고자 했다.
▌ 대상인의 특권을 폐지하고 소상인의 활동 자유를 늘리는 조치인 신해통공을 주도하는 등 제도의 운영을 통해 사회적 갈등을 해소하고자 했다.

채제공(수원역사박물관 소장)

채제공은 영조와 정조 시대에 실시된 탕평 정치를 상징하는 핵심 인물이다. 그는 소수파인 남인 정파에 속한 관료였고 서울의 명문가 출신이 아니었음에도 두 임금에게 신뢰를 받았고, 실권을 장악한 신하들에 대항해 의리를 주장하는 강경 정파의 지도자로서 명분과 절의를 지킨 정치가였다.

채제공은 충청도 홍주에서 지중추부사인 채응일蔡膺一의 아들로 태어났다. 그의 아버지는

탕평비각 1742년 영조가 탕평책을 중외에 표방하여 경계시키기 위해 세운 비이다. 영조의 친서로 새겨져 성균관의 반수교 위에 세워졌다.

매우 청렴해서 두 고을의 현감을 지냈으면서도 재산이라고는 집 한 칸뿐 이었다. 어려운 가정 형편 속에서도 그는 열다섯 살에 향시에 급제했고, 8년 뒤에는 문과 정시에 병과로 급제해 승문원 권지부정자에 임명되어 관직 생활을 시작했다. 그는 정승의 반열에 올랐을 때 어린 시절 겪은 가 난을 잊지 않고 백성들의 어려움을 해결하기 위한 여러 가지 정책을 고안 했다. 또한 56년간 관직에 머물면서 전국 곳곳을 두루 돌아다니며 지방 행정과 민심을 살폈기 때문에 가장 먼저 백성들의 고단함을 대변하는 정 책을 마련할 수 있었다.

　당시에는 역사 기록을 담당하는 예문관 한림을 선발하는 한림회권翰林 會圈이 있었는데 조정에서 소수파인 남인을 추천하는 관료는 아무도 없었 다. 그러나 탕평 정치를 표방한 영조의 특명으로 소시召試를 볼 수 있는 최종 후보 자격을 얻었고, 소시를 통과함으로써 사관으로 선발될 수 있었다. 이것은 영조의 정통성을 부정하는 소론과 남인 급진파의 반란인 무신의 난 평정에 공을 세운 채제공의 스승 오광운吳光運의 정치적 기반을 유지하고 계승하려는 영조의 배려였다.

채제공은 1753년 충청도 암행어사가 되어 균역법의 시행 실태를 조사하고 이로 인한 폐단과 시정안을 진언했다. 1758년 승정원 도승지에 임명되었을 때에는 영조가 내린 세자 폐위의 비망기를 죽음을 무릅쓰고 철회시키기도 했다. 훗날 영조는 이 일을 두고 왕세손인 정조에게 "채제공은 진실로 나의 사심 없는 신하이고 너의 충신이다."라고 말했다고 한다. 이후 대사헌 등을 역임한 그는 1762년 모친상으로 관직에서 물러나 있었는데, 이해 윤5월 사도세자가 폐위되어 사사되었다.

이후 세손우빈객이 되어 세손의 교육과 보호를 담당했다. 세손의 교육을 맡는다는 것은 곧 다음 세대에는 정계의 중심에 설 수 있다는 것을 의미했다. 그러나 세손(훗날의 정조)과의 관계는 깊어졌지만, 홍봉한을 중심으로 하는 외척당인 북당과 김귀주를 중심으로 하는 외척당인 남당 양측에서는 기피 인물로 지목될 정도로 대립 관계에 있었다. 이것은 그가 독자적으로 남인 청론 계열의 정치 의리를 실현하려고 노력했기 때문이다.

1776년 정조는 왕위에 오른 후 사도세자를 모해했던 자들을 처단했다. 이때 채제공은 병조 판서 겸 판의금부도사로서 옥사를 처결했다. 또 홍계희洪啓禧 등이 호위군관과 공모해 정조를 살해하려는 사건이 일어난 후에는 궁성을 지키는 수궁대장에 임명되었다. 그에 대한 정조의 신뢰가 어느 정도인지를 짐작할 수 있는 대목이다.

그는 정조가 즉위한 후부터 정조의 개혁 정치를 충실히 보좌했다. 규장

한국사를 움직인 100인

각이 설치되자 김종수와 함께 규장각 제학에 임명되어 규장각직제를 완성했다. 1778년에는 사은사 겸 진주 정사로 중국 연경에 다녀왔는데, 이때 여행하면서 느낀 132일간의 감상을 읊은 시집이 바로 《함인록》이다. 박제가, 이덕무 등과 함께한 이 여행을 통해 그는 새로운 문물을 접하고 경제에 눈을 뜨게 되었다. 채제공이 평소 생각하던 '이용후생利用厚生'의 경제관을 다시 한 번 확인하는 계기가 되었던 것이다.

그러나 당시의 권세가였던 홍국영과의 마찰로 벼슬을 버리고 수락산 아래의 명덕동에 자리 잡았다. 그리고 '연명헌戀明軒'이라는 현판을 걸었는데, 여기에는 "빈궁하든지 영달하든지 간에 밝은 군주를 사모하여 멀리 가지 못하고 근교에서 농사짓고 누에친다."라는 뜻으로 차마 임금을 멀리 떠나지 못하며 노심초사하는 그의 마음이 담겨 있다.

이듬해 홍국영이 실각하자 조정으로 돌아온 그는 예조 판서에 등용되었으며 1788년에는 우의정, 1790년에는 좌의정에 올랐다. 그러나 영의정과 우의정의 자리가 비어 있어 3년간이나 나홀로 정사를 주관해야 했다. 그는 이때 그동안 고민해 왔던 것들을 정리해 〈6조 진언〉을 만들어 올렸다. 조선이 부강해지고 청나라에 대적할 만한 힘을 키우려면 먼저 바른 치국治國의 도리를 세우고, 탐관오리를 징벌하고, 당론을 없애야 하며, 의리를 밝히고, 백성들의 어려움을 돌봐야 하며, 권력 기강을 바로잡아야 한다고 밝힌 것이다.

정조는 그의 의견을 전폭적으로 받아들였다. 정조 후기의 경제 정책은 대부분 그에게서 나왔다고 해도 과언이 아닐 정도였다. 또한 정조는 체제공의 적극적인 지원으로 정계에서 소외되어 왔던 남인과 북학파를 대거 기용했는데 이는 본격적인 탕평책을 실시한 것이다. 이때 빛을 본 인물들이 정약용, 이가환, 박제가, 유득공, 이덕무 등이다. 그는 백성의 일에 마음을 다하는 것과 탐관오리의 처벌과 같은 문제는 탕평이 이루어지면 자연스럽게 실현된다고 보았으며, 붕당이 발생하는 이유는 부귀를 독점하려는 권신이 이익을 제대로 나누지 않기 때문이라고 생각했다. 이는 남인 계열의 오랜 생각이기도 했다. 정조는 의리를 중심으로 하는 탕평 정책을 추진하여 남인들도 탕평 정치의 한 기둥을 이루게 하였다.

1793년 채제공은 드디어 영의정에 올랐다. 숙종 이후 남인이 공식적으로 영의정에 오른 것은 처음이었다. 당시 선비들의 소망이 정1품 영의정을 나타내는 무소뿔로 만든 허리띠를 가져 보는 것이었을 정도로 영의정 자리에 오르는 것은 대단한 일이었다. 그러나 채제공은 영의정에 오른 지 며칠 지나지 않아 사도세자 문제를 거론하며 이에 대한 책임을 가리자는 상소를 올렸다.

사도세자 문제는 정조 시대의 대신들에게 뜨거운 감자였다. 아무도 이야기를 꺼내지 않았는데 그가 영의정에 오르자마자 이 문제를 꺼낸 것이다. 누구보다 정조의 속내를 잘 알고 있는 그가 정조의 아픈 곳을 치유하기 위해 상소를 올린 것이다. 노론 쪽에서는 채제공을 탄핵했다. 그러자 정조의 지지 세력들도 정치생명을 건 싸움을 시작했다. 그러나 정조는 양쪽의 책임을 물어 노론의 영수인 김종수와 영의정 채제공을 파직시켰다. 영의정에 오른 지 10일 만의 일이었다. 대신 얼마 지나지 않아 정조는 영조가 남긴 금등문서를 보여 주며 채제공이 상소를 올린 이유를 옹호했다.

여론이 잦아들기를 기다린 정조는 채제공을 불러 다시 화성 축성 책임자로 복직시켰다. 이 일을 무사히 완료한 후 그는 고령을 이유로 은퇴했다. 노론들은 계속해서 그를 탄핵했지만 정조의 굳은 신임으로 말년은 비교적 조용하게 보내다가 80세의 나이로 세상을 떴다.

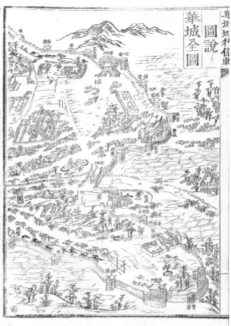

화성 정조가 아버지 장헌세자의 묘를 수원으로 옮기면서 수원성을 화성이라 개칭하고, 1794년 영중추부사 채제공의 주관하에 성역하게 했다. 《화성성역의궤》의 일부분. 고려대학교도서관 소장.

채제공이 세상을 뜨자 정조는 그를 세상에 좀처럼 나기 어려운 뛰어난 인물이라는 뜻의 '간기인물間氣人物'이라 칭송하며 "나와 이 대신 사이에는 다른 사람이 알지 못하지만 홀로 아는 깊은 일치함이 있었다."라며 한탄했다.

채제공이 죽은 지 3년 후인 1801년, 정권을 잡은 벽파가 그의 후계자들 가운데 서학의 신봉자가 많다는 것과 청과 서양의 힘을 빌려 조선을 압박하려 기도한 황사영 백서 사건을 이유로 그의 관직을 박탈했다. 생전 채제공은 서학을 이단 사상이라고 판단했으나 서학을 다스리는 데 있어서는 교화를 우선시했다. 그는 가정이나 국가를 다스리는 데 좋은 영향을 줄 수 있는 사상이라면 이단이라 할지라도 잘 사용하기만 하면 된다는 입장이었다. 때문에 그가 재상으로 있는 동안에는 천주교도에 대한 박해가 확대되지 않았다. 그의 관직은 1823년 〈영남만인소〉가 받아들여지면서 다시 회복되었다.

못다 한 개혁의 꿈
정조

正祖 (1752~1800년)

▌ 조선의 제22대 왕(재위 1776~1800년).
▌ 대과는 규장각을 통해 국왕이 직접 관장하는 등 과거 제도를 개선하여 많은 과폐를 없앴다.
▌ 전제 개혁에도 뜻을 두어 조선 초기의 직전법에 큰 관심을 가졌고, 규장각 제도를 일신하여 왕정 수행의 중심 기구로 삼았다.

조선 시대 위대한 업적을 남긴 임금으로는 세종과 정조를 꼽는다. 특히 정조는 할아버지인 영조가 다진 정치적 안정을 발판으로 왕도 정치를 구현하기 위해 온 힘을 기울였던 왕이다. 그러나 그 뜻을 완전히 펴지 못한 채 마흔아홉 살의 젊은 나이에 세상을 떴고, 이후 조선은 쇠락의 길을 걷기 시작했다.

정조는 사도세자와 혜경궁 홍씨 사이에서 태어났다. 영조는 그를 유난히 아꼈는데 이것은 아들인 사도세자의 행동이 마땅치 않았기 때문일 수도 있다. 결국 영조는 1762년 아들을 뒤주에 가두는 벌을 내렸고 사도세자는 한여름에 뒤주 속에서 굶어 죽고 말았다. 당시 정조는 열 살이었다.

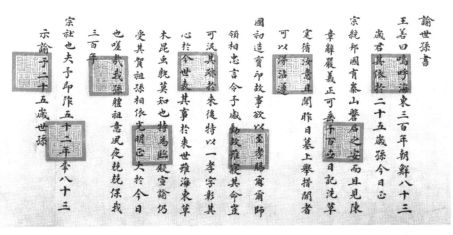

영조의 유세손서 1776년 영조가 왕세손이던 정조에게 내린 글로 후계자에 대한 믿음이 적혀 있다. 국립고궁박물관 소장.

아버지 사도세자가 죽자 세손이던 정조는 세상을 뜬 영조의 맏아들 효장세자의 양자로 입적되어 제왕 수업을 시작했다. 그와 함께 조정도 둘로 나뉘었다. 사도세자의 편은 시파였고, 반대편은 벽파였다. 조정의 권력을 쥐고 있던 벽파에게는 세손인 정조가 눈엣가시였고 이런 정치판 속에서 어린 세손은 숨을 죽인 채 계속되는 목숨의 위협을 느껴야만 했다. 그는 이 기간 동안 홍국영 등의 도움을 받으며 가까스로 목숨을 보전했고, 철저히 내면을 숨기며 정치적 발언을 삼가한 채 살았다.

1776년 영조가 여든세 살에 세상을 떠나고 정조가 즉위했다. 정조가 왕위에 올라 가장 먼저 한 일은 아버지 사도세자를 장헌세자로 추존한 것이었다. 그리고 아버지의 죽음을 사주한 숙의 문씨의 작호를 삭탈하고, 화완옹주는 사가로 내보냈으며, 숙의 문씨의 동생 문성국은 노비로 만들고, 그의 즉위를 방해했던 정후겸과 홍인한을 죽였다.

그는 문화 정치를 표방하며 규장각을 설치해 역대 왕들의 문적과 중국에서 보내온 서적들을 보관하고, 재주 있는 젊은 학자들이 이곳에서 연구할 수 있도록 했다. 정조 자신도 종종 그곳에서 학자들과 밤늦도록 대화를 나누며 학문을 논하곤 했다. 규장각에는 '초계문신抄啓文臣'이라는 제도가 있었는데, 문신을 가려 뽑아 규장각에서 공부시킨 후 시험을 보고 성적이 좋으면 벼슬자리를 주는 것이었다. 초계문신은 신진 정치 엘리트로 당파에 휩쓸리지 않는 정조의 친위 세력이 되었다. 여기에서 배출된 이가 이가환과 정약용이다. 정조는 특히 정약용을 아껴 중국에서 들여온 책을 선물하기도 하고, 시골 수령으로 보내 지방 실정을 알아 오게도 했다. 또 서자 출신이라 해도 재능이 있다면 등용했는데 대표적인 인물이 이덕무, 박제가, 유득공, 서이수 등이다.

정조는 영조의 뜻을 이어 탕평책을 실시했다. 그는 아버지 장헌세자가 당쟁으로 희생되고 자신도 당쟁의 직접적인 피해를 입었기에 누구보다도 그 폐해를 절감하고 있었다. 따라서 당파에 구애받지 않고 능력을 중심으로 관리를 선발하고자 노력했다.

1788년에는 남인인 채제공을 정승으로 등용해 노론과의 세력 균형을 이루게 했고, 정조를 측근에서 보호해 왔던 홍국영이 세도를 부리며 권력을 남용하자 가차 없이 그를 제거했다. 홍국영은 정조의 신임을 한 몸에 받았던 인물로 정조가 왕위에 오른 후 백관들은 물론 8도 감사나 수령들까지도 그에게 머리를 숙일 정도로 정권을 장악하고 있었다. 특히 누이동생이 정조의 후궁이 되면서 모든 관리들이 그의 명령에 따라 움직여 이른바 '세도'라는 말이 생겨났다. 하지만 후궁이었던 누이동생이 입궁한 지 얼마 되지 않아 죽고, 정조 또한 홍국영에게 권력이 지나치게 집중되는 것을 우려해 그를 경계하기 시작했다. 정조는 그에게 스스로 조정에서 물러날 것을 권고하기도 했다. 그러나 홍국영은 오히려 정권을 독점하기 위

규장각 학술 · 정책 연구기관이자 왕실 도서관으로 정조 3년에 설치되었다.

해 왕비 효의왕후를 독살하려는 계획까지 세웠다가 결국 제거되었다.

정조는 학문적으로 남인 학파와 친숙하였고, 예론에서도 왕권의 우위를 주장하던 남인들과 밀착될 소지를 충분히 지니고 있었다. 그리고 신권을 주장했던 노론 인사 중에서도 박제가, 유득공 등 북학 사상을 표방하던 젊은 선비들과도 친밀했다. 정조가 남인에 기반을 둔 실학파와 노론에 기반을 둔 북학파 등 모든 학파의 장점을 수용해 정국을 이끌어 가자 조정은 당연히 정조의 통치 이념에 찬성하던 시파 중심으로 운영되었다. 이에 위기의식을 느낀 벽파는 종전보다 훨씬 더 내부적으로 결속되었다.

벽파는 1791년에 일어난 신해박해를 기점으로 서서히 힘을 회복하기 시작했다. 벽파는 서양 문화가 침입해 조선의 미풍양속을 해치고 있다며 천주교인들을 모두 잡아들일 것을 강력하게 요구했다. 그러나 남인 계열의 학자들은 천주교에 대해 호의적이었다.

한국사를 움직인 100인

그러던 중 사건이 터졌다. 전라도 진산의 양반으로 천주교를 신봉하던 윤지충이 모친상을 당하자 천주교 의식에 따라 상을 치른 것이다. 이 일로 그는 맹렬한 비난을 받았지만 물러서지 않았다. 그리고 그의 인척이자 같은 천주교인이던 권상연이 그를 비호하고 나서면서 이 문제는 정치 쟁점이 되었다. 조정은 벽파와 시파로 갈라져 정면충돌했다.

정조는 조선이 유학에 뿌리를 두고 있는 나라인 만큼 더 이상 천주교도들을 두둔할 수 없다는 것을 인식하고 권상연과 윤지충을 사형시키고 천주교도들을 대거 잡아들였다. 이것이 신해박해이다.

그러자 대세는 벽파 쪽으로 기울기 시작했다. 남인의 실학자로 정조의 총애를 받던 정약용은 정치적으로 수세에 몰려 외직으로 나가게 되었고, 채제공 등 중신들의 입지도 크게 약화되었다. 1799년 채제공이 세상을 떠나자 시파 중에서도 남인 세력은 완전히 위축되었고, 이듬해 정조마저 세상을 떠나자 남인들은 정계에서 거의 축출되고 말았다. 정조의 친위 세력이던 시파들 역시 일부 노론 출신의 외척 세력을 제외하고 대부분 정계에서 밀려났다.

정조는 늘 백성을 잊지 않고 살핀 임금이었다. 백성들의 고통이 적힌 암행어사나 수령들의 보고서를 읽을 때면 안타까운 마음에 눈물을 흘리기도 했다고 한다. 능행길에서 백성들을 만나면 어가를 세우고 그들의 형편을 묻기도 했다. 서자나 노비 등 소외받는 이들에게 관심을 기울였고, 죄수들에게 형틀을 씌우지 못하게 하고, 고문으로 억울하게 목숨을 잃는 사태가 생기지 않도록 배려하는 등 이전 임금과는 다른 행보를 보인 까닭에 백성들 사이에서는 성군聖君이라는 칭송이 자자했다.

1789년 정조는 경기도 양주에 있던 장헌세자의 묘를 당시 최고의 명당으로 알려져 있던 수원 화산 아래로 이장하고 현륭원顯隆園이라 이름 지었

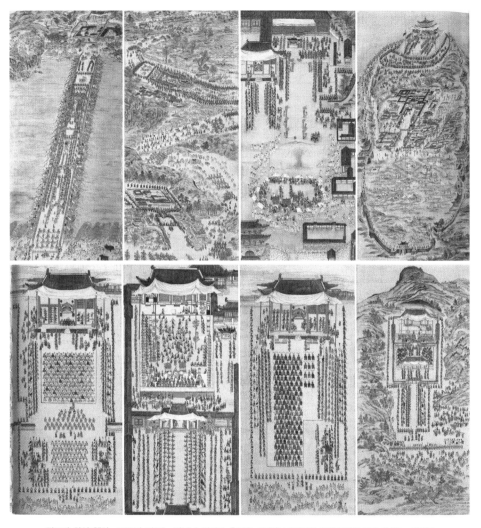

정조의 화성 행차 1795년 정조는 어머니 혜경궁 홍씨의 회갑을 기념하여 장헌세자의 묘소가 있는 경기도 화성에 참배한 후 회갑연을 개최했다. 국립고궁박물관 소장.

다. 그리고 1793년 화성 축조 계획을 발표했다. 이것은 그가 오랫동안 꿈 꿔 온 계획이었다. 이에 정약용은 중국의 책들을 참고해 무거운 돌을 들어울릴 수 있는 거중기를 발명했다. 화성 축성은 다른 국가 공사와 달리 인부들에게 임금을 지불했고, 정약용이 개발한 거중기 덕분에 2년 7개월 만에 완성할 수 있었다.

정조가 화성을 쌓은 것은 수도를 이전하려고 했기 때문이다. 당쟁의 뿌리가 깊은 한양에서는 개혁 정치를 실행하는 데 한계가 있었기에 수도를 옮겨 기득권 세력으로부터 새로운 조선의 부흥을 계획했던 것이다. 그러나 그의 이런 개혁 정치는 번번히 반대 세력들의 견제로 제대로 성과를 내기 힘들었다. 게다가 지병인 종기가 도져 자리에 눕게 되면서 정조의 꿈은 미완으로 남았다.

천주교는 우리나라에 언제 도입되었나?

천주교가 우리나라에 직접 들어온 때는 지금부터 200여 년 전이다. 그러나 책으로 소개된 것은 그보다 오래전, 임진왜란을 전후해 명나라에 사신으로 다녀온 이수광이 《지봉유설》에서 마테오 리치의 《천주실의》, 《중우론重友論》 등을 소개한 데에서 시작된다.

클로드 샤를 달레Claude Charles Dallet의 《한국 천주교회사》에는 이승훈이 북경에서 프랑스 인 그라몽Grammont 신부에게 세례를 받고 돌아왔을 때부터 본격적으로 신자들의 모임이 만들어졌다고 기록되어 있다.

이승훈은 동지사의 서장관인 아버지를 따라 청나라에 가서 베이징 천주교당 북당北堂에서 교리 공부를 한 뒤, 1784년에 세례를 받았다. 그러나 이전에도 국내에는 서학을 연구하던 학자들을 중심으로 예수를 믿는 이들의 공동체가 자생적으로 형성되어 있었다. 이승훈은 교리 서적과 십자고상, 성화, 묵주 등을 가지고 귀국했다. 귀국하자마자 서학을 공부하던 사람들에게 세례를 주었고, 스스로 영세를 집전했다. 그리고 지금의 명동성당 부근의 명례방에서 정기적으로 신앙 집회를 가졌다. 이와 같이 우리나라의 천주교 도입은 외국인 선교사를 통해서가 아니라 우리 민족 스스로 받아들인 것으로 세계 교회사에서 유일한 일이다.

그러나 한국 천주교회의 성장은 결코 쉽지 않았다. 유교 사상에 젖어 있던 당시 지배층은 천주교 신자들을 동양 윤리의 이단자이자 모든 악의 전형으로 몰아 온갖 박해를 가했다. 신앙의 자유를 얻기까지 100여 년 동안 네 차례에 걸친 커다란 박해가 있었고 수많은 순교자들이 생겨났다. 이런 와중에도 조선 천주교회는 선교사 영입과 성직자 배출을 위해 힘썼으며, 1845년 김대건(안드레아)이 중국 상하이 금가항金家港 성당에서 페레올Ferreol 주교에게 사제 서품을 받음으로써 최초의 조선인 사제가 탄생했다. 김대건은 귀국한 지 1년도 지나지 않아 체포되어 순교하고 말았다.

정조의 남자
홍국영

洪國榮 (1748~1781년)

■ 사도세자를 죽이는 데 주동 역할을 한 벽파들이 세손(훗날의 정조)까지 해하려고 음모를 꾀하자
이를 막아 세손에게 깊은 신임을 얻었다.
■ 정조를 즉위시키는 데 진력하여 세도정권을 이루고 갖은 전횡을 일삼았다.

홍국영은 정조의 신임을 바탕으로 최초의 세도정권을 이룬 인물이다. 그
는 정조를 임금의 자리에 올린 1등공신이나 다름없었으며, 자신의 시대를
열고자 했던 야심가이기도 했다. 그가 모든 권력을 휘어잡았을 때의 나이
는 불과 스물여덟 살이었다. 너무 젊었던 탓인지 그는 자신에게 주어진
권력을 제대로 활용해 보지도 못한 채 4년여 만에 쓸쓸히 역사의 무대에
서 퇴장해야 했다.

　홍국영의 본관은 풍산 홍씨로 정조의 외조부인 우의정 홍봉한洪鳳漢과
이조 판서 홍인한洪麟漢이 가까운 집안이었으나, 그의 아버지 홍낙춘洪樂
春이 벼슬을 하지 못해 친척들로부터 소외를 받았다. 벼슬에서 멀어진 아

버지를 둔 탓에 형편은 넉넉지 않았고 때문에 불우한 어린 시절을 보낸 것으로 보인다. 그래서인지 그는 어떻게든 성공하겠다는 의지가 강했다. 처음에는 외척 세력에 기대어 벼슬을 얻어 보려고 했으나 여의치 않자 새로운 방법으로 벼슬길에 나갈 결심을 했다. 당시 과거의 책임자인 대사헌 황경원이 그 사위를 부정한 방법으로 합격시키려는 것을 알게 된 것이다. 그는 황경원과 사위 사이에 이루어지는 비밀 표시를 알아냈다. 홍국영은 황경원이 사위에게 답지의 비밀 표시를 알려 주는 편지를 빼돌린 후 황경원의 필체를 흉내 내어 사위에게는 다른 표시를 하게 하고, 자기는 장인과 사위 사이에 약속한 표시를 답안지에 적어 급제하는 데 성공했다.

과거에서 급제한 홍국영은 스물다섯 살의 나이에 한림에 들어가 춘방 설서가 되었는데, 이때는 영조가 사도세자를 뒤주에 가두어 죽이고 손자(훗날의 정조)를 후계로 정한 뒤였다. 하지만 세손은 벽파의 횡포 속에서 늘 생명의 위협을 느끼며 지내고 있었다. 이것을 안 홍국영은 충성을 다해 세손을 보호했다.

어느 날 세손이 대전에 들어 문안을 드리자 영조가 요즘 무슨 책을 읽고 있는지 물었다. 세손은 사실대로 《강목綱目》이라고 답했다. 이 대답을 들은 영조의 얼굴색이 달라졌다.

"그 책의 넷째 권 가운데 내가 가장 싫어하는 구절이 있는데 세손은 어찌 생각하는가?"

세손은 당황한 나머지 얼떨결에 "그런 문구는 종이로 가리고 보지 않았습니다."라고 답했다. 영조가 말한 글귀는 한나라 문제가 남월의 왕 위타에게 보낸 편지 중 "나는 고황제의 측실 소생이라."는 부분이었다. 무수리의 소생인 영조는 자신의 출신이 천한 것을 싫어했다. 왕세손의 대답을 들은 영조는 신하를 시켜 세손이 읽고 있는 책을 가져오라고 했다. 놀랍

한국사를 움직인 100인

게도 그 책에는 정말로 그 부분이 흰 종이로 가려져 있었다. 영조로부터 호된 꾸지람을 듣게 될 세손을 구한 것은 세자시강원 사서였던 홍국영이었다. 영조는 크게 기분이 좋아져 세손을 칭찬했다. 뒤늦게 이 사실을 알게 된 세손은 홍국영의 손을 잡고 눈물을 흘리며 "그대는 나의 생명의 은인이다. 훗날 내가 왕이 되면 모두 그대의 덕으로 알겠다. 또 내가 왕이 된 후에는 그대가 어떠한 죄를 짓더라도 난을 일으키는 것 외에는 모두 용서하겠다."라고 약속했다. 이러한 일화만 보아도 홍국영이 세손에게 얼마나 충성을 다했는지 짐작할 수 있다. 물론 세손 역시 그를 총애하고 전적으로 신임했다. 이후 세손의 승명대리를 반대하던 정후겸, 홍인한, 김귀주 등 벽파 인물들을 실각시키는 등 정조의 왕위 계승에 큰 역할을 했다.

세손이 왕위에 오르자 홍국영의 권력도 커졌다. 말단 설서였던 그는 동부승지로 특진했고 날랜 군사를 뽑아 만든 숙위소宿衛所를 창설해 숙위대장을 겸직하는 등 왕궁 호위를 전담했다. 그는 왕의 신변을 보호하는 것은 물론 자신을 통해 모든 결정이 이루어지도록 만들었다. 정조는 주로 규장각에 머물며 학문에 심취해 모든 권력을 그에게 위임하다시피 했다. 그러다 보니 대신과 원로들은 대궐에 들면 홍국영의 숙위소를 먼저 찾을 정도였다. 당시 모든 관리들이 그의 명을 얻어야 행동할 수 있다고 하여 '세도勢道'라는 말이 생겨났다.

그의 백부인 홍낙순洪樂純은 하루아침에 이조 판서가 되었다가 대제학을 거쳐 좌의정까지 이르는가 하면, 그의 아버지도 판돈령의 대관 벼슬을 얻었다. 홍국영의 집은 청탁을 하려고 몰려든 사람들로 문전성시를 이루었다. 눈살을 찌푸리는 사람은 많았지만 조정 백관은 물론 8도 감사나 수령들도 감히 그의 말에 이의를 제기하지 못했다.

그러나 홍국영은 여기에서 만족하지 않고 권력 기반을 좀 더 탄탄하게 유지하고자 했다. 바로 자신의 누이를 후궁으로 들여보낸 것이다. 그가 바로 원빈 홍씨이다. 당시 중전은 좌찬성 김시묵金時默의 딸 효의왕후였는데 소생이 없었다. 홍국영의 누이가 후궁이 되자 그의 권세는 더욱 커졌다. 아무도 그의 뜻을 거스르는 사람이 없었다. 그러나 불행히도 원빈은 아들을 낳지 못한 채 1년여 만에 세상을 뜨고 말았다. 《한중록》에는 홍국영이 원빈의 죽음을 독살로 여기고 그 배후로 효의왕후를 의심해 왕비의 나인들을 혹독하게 고문했다는 내용이 전한다.

하지만 홍국영은 좌절하지 않고 정조가 새로 빈을 맞아들이지 못하도록 하면서 정조의 이복 아우인 은언군의 아들 담湛을 원빈의 양자로 삼아 완풍군에 봉할 것을 요청했다. 완풍군을 세자로 책봉해 자신의 세력을 더욱 공고히 하려고 한 것이었다. 그러나 이러한 행동은 효의왕후 김씨의 분노를 사 그의 입지를 줄어들게 하는 결과를 낳았다.

하지만 원빈이 세상을 떠난 후에도 그는 훈련대장으로 임명되어 도승지, 훈련대장, 선혜당상, 홍문관 제학까지 겸하는 등 승승장구를 거듭했다. 그러던 중 조카라고 부르던 완풍군과 뜻이 맞지 않자 모반 혐의를 씌워 그를 자살에 이르게 했다. 이 사실이 알려지자 반대 세력들은 앞다투어 일어나 그를 귀양 보내야 한다고 목소리를 높였다. 조정에는 그를 탄핵하라는 소리가 빗발쳤고 정언 윤득부, 영의정 김상철도 홍국영의 죄를 폭로하는 데 앞장섰다. 정조는 더 이상 그를 지켜줄 수가 없게 되었다.

그러자 홍국영은 원빈의 죽음이 왕비의 음모라고 주장했다. 그러나 왕비에게 올리는 음식에 그가 비상을 넣은 것이 들통 나면서 그에 대한 정조의 신뢰는 무너지고 말았다. 1779년 홍국영은 자신이 맡고 있던 모든 조정의 실직實職에서 물러난다는 뜻을 담은 은퇴 상소를 올렸으며, 정조는 그날 즉시 이것을 수락했다. 죄가 참수형에 이를 정도였으나 정조는 그와의 약속을 기억하며 관직을 삭탈하고 성 밖으로 내보냈다. 그러나 벌이 약하다는 신하들의 상소가 빗발치자 이듬해 그의 가산을 몰수하고 강릉으로 추방했다. 서릿발 같던 세도가 4년도 채 못 되어 끝난 것이다. 강릉에서 실의에 잠겨 지내던 그는 병을 얻어 서른네 살의 젊은 나이로 세상을 뜨고 말았다.

홍국영이 세상을 떴다는 소식을 들은 정조는 안타까워하면서도 모든 것을 자신의 부덕함으로 돌렸다. "이 사람이 이런 죄에 빠진 것은 참으로 사려思慮가 올바른 데 이르지 못한 탓이다. 그가 공을 세운 것이 어떠하였으며, 내가 의지한 것이 어떠하였는가? 처음에 나라와 휴척(休戚, 안락과 근심)을 함께한다는 것으로 지위가 중하지 않으면 위엄이 서지 않았기에 권병(權柄, 권력을 행사할 수 있는 지위)을 임시로 맡겼던 것인데, 그가 권병이 너무 중하고 지위가 너무 높다는 것으로 조심하고 두려워하며 스스로 삼가는 방도를 생각하지 않고 오로지 총애만을 믿고 위복(威福, 벌과 복을 줄 수 있는 임금의 권력)을 멋대로 사용하여 끝내는 극죄極罪를 저지르게 된 것이다."

실학의 아버지
박지원

朴趾源 (1737~1805년)

▌《열하일기》, 《연암집》, 《허생전》 등을 쓴 조선 후기의 실학자 겸 소설가이다.
▌이용후생의 실학을 강조했으며, 자유 기발한 문체를 구사하여 여러 편의 한문 소설을 발표했다.

박지원은 조선 후기 실학 사상의 한 조류인 북학의 대표적 인물이다. 북학은 18세기 이후 청나라의 새로운 학문인 고증학과 기술 문명을 배우자고 주장한 것으로, 청나라에 다녀온 집권층의 젊은이들이 주축이 되었다. 이러한 북학운동이 시작된 것은 병자호란 이후 북벌론이 퇴색하고 선진화된 청나라의 현실을 인정하면서부터였다. 북학운동은 정조의 지원 아래 규장각에서 추진되었다. 북학파 학자들은 조선이 가난한 것은 유통과 교류가 부족하기 때문이므로 수레를 활용하고, 주택이나 성곽 등을 쌓는데 벽돌을 도입하여 토목건축 기술을 발전시키자고 주장했다. 이와 더불어 농기구의 개량, 관개시설의 확충, 영농 기술의 도입도 제시했다. 이러한 주장은 홍대용의 《담헌설총湛軒說叢》, 박지원의 《열하일기熱河日記》, 박제가의 《북학의北學議》 등에 잘 나타나 있다.

이들은 또한 앞으로 다가올 거대한 변화를 직감하며 상업을 중요시했다. 이들은 이익을 중심으로 한 중농학파重農學派와 구별하여 중상학파重商學派라고 불리기도 한다. 중농학파는 농경 사회의 기본 골격을 유지하면서 토지 제도나 농촌 사회의 지방행정 변화를 통해 개혁을 이루려고 했던 학파이다.

박지원은 한성 반송방에서 박사유朴師愈의 2남 2녀 중 막내로 태어났다. 개국공신인 박은의 13대손이자 선조의 부마였던 금양위 박미朴瀰의 5대손으로 명문가의 후손이었다. 그러나 아버지는 벼슬길에 한 번도 나가지 못한 백면서생이어서 집안은 가난을 면치 못했다.

17세기의 안경, 천리경, 자명종 조선 후기에 이르러 이론적인 성리학에 대한 반성의 움직임이 나타났다. 그와 함께 서양 문물이 유입되면서 실사구시적인 학문에 대한 열망과 과학적 태도가 촉발되었고, 실학이 탄생했다.

아버지가 젊은 나이로 세상을 떠나자 그는 할아버지 밑에서 자랐는데 할아버지는 어린 그에게 특별히 공부를 시키지는 않았다. 그래서 열여섯 살에 이보천의 딸과 혼인한 후에야 공부다운 공부를 시작할 수 있었다.

박지원의 장인은 그가 제대로 된 공부를 한 적이 없다는 것을 알고 직접 《맹자》를 가르친 후 동생인 홍문관 교리 이양천李亮天에게 가르침을 받을 수 있도록 주선해 주었다. 늦은 나이에 학문의 맛을 알게 된 박지원은 몇 년간을 두문불출하며 중국의 고전은 물론 조선의 책을 대부분 섭렵했다. 그는 주로 독학으로 공부했지만 천성적으로 글재주를 가지고 있어 금방 독보적인 위치에 오를 수 있었다.

그가 살았던 시기는 개혁을 추진했던 영조와 정조 덕분에 정치적으로는 안정되었으나, 경제적으로는 토지 제도가 문란해지면서 빈부의 격차가 심화되고 조세와 지대地代가 소작농에게 가중되고 있었다. 사회적으로도 신분 제도가 문란해져 노비 소유가 대량으로 이루어지면서 노비들은 신분의 굴레를 벗어나기 위해 끊임없이 도망쳤고, 국가에서는 도망한 노비를 잡기 위해 온 힘을 기울였다. 그러다 보니 소외되고 몰락한 향반들의 불평은 높아졌고 농민들은 농토를 버리고 유리걸식했다. 이런 틈 사이로 서학西學의 물결이 서서히 스며들고 있었다.

1768년 박지원은 오늘날의 파고다 공원 자리인 백탑 근처로 이사했다. 당시 이곳은 가난한 지식인들이 모여 살던 곳이었다. 그는 이웃에 살던 박제가, 이서구, 유득공, 이덕무 등과 학문적으로 교류하면서 북학파를 형성하였다. 이들은 며칠 동안이고 밤잠을 잊고 세상과 학문에 대해 토론을 거듭했다.

이 중 이서구를 제외하고는 모두 서얼이어서 가난한 생활을 하고 있었다. 그들은 며칠을 굶으면서도 현실의 모순에 울분을 토하고 문장에 대한 토론을 거듭했다. 박지원은 며칠씩 세수를 하지 않고 머리도 손질하지 않으면서도 땔나무꾼이나 참외 장수를 불러 담소를 나누었고 어린 까치에게 밥알을 던져 주면서 장난을 치기도 했다. 이즈음 그는 실학자 홍

한국사를 움직인 100인

대용을 만나 평생의 친구로 삼게 되었다. 그보다 여섯 살 연상이었던 홍대용은 천문학에 대한 지식이 해박했다. 두 사람은 만날 때마다 머리를 맞대며 서로의 학문을 다졌다.

그러나 그는 타협을 모르고 좋고 싫음이 분명한 데에다 매사에 선악을 가리고 옳고 그름을 따지는 성격이어서 주변 사람들과 쉽게 융화하지 못했다. 또한 당시 시대 상황에 대한 불만도 많았고 고위 관리들에 대한 비판 의식도 높아서 권력층과도 사이가 좋지 않았다. 그래서인지 그는 과거 시험을 포기하고 북학 사상에 빠져들어 학문 탐구를 인생의 목표로 정했다. 유학 외에도 농학, 군사학, 자연과학, 역사, 지리 등 그가 관심을 가지지 않은 분야가 없을 정도였다. 그렇게 공부만 하다 보니 살림살이는 남들이 보기에 딱할 정도로 궁핍했다.

정조가 왕위에 오른 후 정권을 잡은 홍국영은 왕세손 시절 정조를 위협하던 세력들을 제거하기 시작했다. 박지원을 아끼던 홍낙성이 이에 연루되었고, 생명의 위협을 느낀 박지원은 가족과 함께 깊은 산속으로 도피했다. 손바닥만 한 땅과 초가집을 구해 직접 농사를 지으며 2년간의 도피 생활을 마친 후에는 한성으로 돌아왔으나 처남의 집에 얹혀 살아야 했다.

1780년 그의 팔촌형인 영조의 부마 박명원朴明源이 청나라 황제의 칠순을 축하하는 사절단으로 선발되면서 그에게 수행원으로 함께 갈 것을 권했다. 그리하여 그는 인생의 전환점이 된 연행燕行길에 나서게 되었다. 이때 그의 나이는 마흔네 살이었다.

박지원은 자신이 꿈꾸던 신학문을 직접 경험할 수 있다는 생각만으로도 가슴이 벅찼다. 일행은 압록강을 건너 연경으로 들어갔으나 청의 황제가 열하熱河로 피서를 떠나 있어서 그곳까지 찾아가야 했다. 그는 이 여행의 모든 과정을 날짜별로 자세히 기록했다. 박지원은 말이 통하지 않는

피서산장 박지원은 1780년 청나라 건륭제의 칠순을 축하하는 사절로 베이징에 다녀와서 《열하일기》를 집필했다. 열하는 지금의 청더로 건륭제의 여름 별궁인 열하행궁이 자리 잡고 있다.

중국 학자들과 적극적으로 필담을 나누었고, 오래지 않아 중국 학자들은 그의 뛰어난 문장과 달필에 감탄했다.

연행에서 돌아온 지 3년이 지난 후 총 26권의 《열하일기》가 발간되었다. 《열하일기》는 우리 역사상 가장 으뜸으로 꼽히는 기행문이다. 압록강을 건너는 장면에서 시작되는 이 책은 랴오둥의 성경, 산해관을 거쳐 베이징으로 이동했다가 열하를 지나 다시 베이징을 거쳐 돌아오기까지 약 두 달간의 여행을 날짜순으로 생생하게 기록하고 있다. 또 중국의 자연과 기후, 풍속, 제도, 문물뿐 아니라 다리, 가옥, 도로, 배 등의 구조물까지 자

한국사를 움직인 100인

세하게 다루고 있다. 더구나 이러한 설명들이 매끄럽고 흥미진진하게 묘사되어 웬만한 소설보다 긴장감과 재미를 줄 정도이다.

《열하일기》는 발간되자마자 당시 지식인들에게 선풍적인 인기를 끌었지만 평가는 극과 극이었다. 신진 사대부들에게는 혁신적인 사상과 신선한 문체로 호감을 샀지만, 기득권 세력에게는 극도의 반감을 불러일으켰다. 그가 《열하일기》에서 청의 발달된 문물을 소개하는 것뿐 아니라 조선도 이를 받아들여야 하며, 실생활에 도움이 되지 못하는 성리학적 관념론에만 매달려 있는 것이 한심하다고 주장했기 때문이다. 이러한 파격적인 내용과 실용적인 문체는 그를 일약 유명 인사로 만들었다.

이 책 덕분에 그는 선공감 감역이라는 관직에 임명되었다. 도로공사 등을 감독하는 정9품의 하급 관리였지만 나이 쉰에 드디어 생계를 유지할 수 있는 관직을 얻게 된 것이다. 이후 사복시의 주부(종6품)로 승진했고 이듬해에는 한성부의 판관이 되었다.

그러나 1792년 사회가 문란해진 것을 비속한 말과 저속한 표현을 추종하는 글 탓으로 여긴 '문체반정'이 시행되었다. 정조가 주도한 이 정책은 단순히 문예사조를 재정립하는 것뿐만 아니라 분산된 국론을 한데 모으고 탕평 정치를 강화하려는 정치적 목적을 담고 있었다. 정조는 이 책임을 박지원에게 돌리고 기존의 문체를 사용하여 반성문을 제출하도록 했다. 보수파의 의견을 수용하면서도 박지원과 같은 개혁파를 자신의 정치 세력으로 끌어들이려는 의도였다. 정조의 의도를 알아챈 그는 고문체를 사용해 《과농소초課農小抄》를 지어 올렸고, 정조가 이를 받아들이는 형식으로 문제를 해결했다.

이후 박지원은 안의 현감, 면천 군수를 거쳐 1800년에 65세의 나이로 양양 부사가 되었지만 1년도 되지 않아 사직하고 한성으로 돌아왔다. 정조가 갑자기 세상을 떠나고 순조가 즉위하면서 그동안 이루어졌던 개혁을 다시 옛것으로 돌리는 수구守舊의 바람이 몰아쳤기 때문이었다. 정권을 장악한 김씨 일파는 반대 세력을 억압하기 위해 천주교 금지령을 구실로 많은 실학자들을 사형에 처하거나 유배를 보냈다. 박지원은 자신이 물러날 때를 알고 사직한 것이다. 그는 중풍으로 고생하다가 1805년, 69세의 나이로 세상을 하직했다.

조선의 레오나르도 다 빈치
정약용

丁若鏞 (1762~1836년)

▌ 한국의 역사, 지리 등에도 특별한 관심을 보여 주체적 사관을 제시했으며, 서학을 통해 합리주
의적 과학 정신과 서양의 과학 지식을 도입했다.
▌ 주요 저서로 《목민심서》, 《경세유표》 등이 있다.

정약용은 윤휴, 유형원, 허목, 이익, 권철신, 이벽 등에게 영향을 받은 남
인 학자로 무너져 가는 조선왕조의 난맥상을 지적하고 이를 개혁하고자
한 인물이다. 그의 개혁 사상은 '낡은 나라를 새롭게 하자.'라는 문구로
집약할 수 있다. 그는 백성들의 곤궁한 생활을 개선하고 독선적인 주자학
사상을 개혁해 나라를 구제하고 민생을 구하고자 했다. 이를 위한 이론적
바탕으로 천주교 교리에 심취하기도 했다. 그러나 당시는 주자학을 공격
하면 사문난적으로 몰리던 때였다. 그는 공자 시대의 수사학洙泗學으로
돌아가 수기修己와 치인治人의 논리를 개발해 그것으로 주자학과 성리학
을 이론적으로 비판하고 새로운 국가 체제를 구상했다. 그러나 당쟁의 회

생양이 되어 18년간 유배 생활을 했다.

정약용은 경기도 광주군 마현리에서 정재원丁載遠과 윤두서의 손녀인 해남 윤씨의 넷째 아들로 태어났다. 정재원은 첫 번째 부인인 의령 남씨에게서 맏아들 약현若鉉을 얻었고, 두 번째 부인인 해남 윤씨에게서 약전若銓, 약종若鍾, 약용若鏞 3형제와 딸 하나를 얻었다. 그리고 후취였던 잠성 김씨에게서는 아들 약황과 세 딸을 두었다. 그의 집안은 조선 초기에 8대조가 홍문관 관원까지 오른 명문가였으나 5대조부터는 이렇다 할 관직을 얻지 못하다가 그의 아버지 대에 이르러 진주 목사를 지냈다.

그는 아버지에게서 학문의 기초를 배웠다. 네 살 때부터 《천자문》을 배웠고 일곱 살에는 처음 시를 지었다. 그는 열 살이 채 되기도 전에 이미 《삼미자집三眉子集》이라는 시집을 낼 정도로 한시를 잘 지었다. 글짓기를 즐겨 1년이면 그가 지은 글이 키 높이만큼 쌓였다고 한다. 열여섯 살 때부터 이가환, 이승훈 등으로부터 이익의 학문을 접했고, 한편으로는 형 정약종과 이벽을 통해 서학을 접했다. 이벽은 한국 천주교의 성조로 일컬어지는 인물로 정약용의 큰형수의 동생이다.

정조가 즉위하면서 아버지가 호조 좌랑으로 복귀하자 정약용은 서울로 옮겨와 살면서 외증조부인 윤두서의 서가에 있는 많은 책들을 읽기 위해 외가에 자주 드나들었다. 또 매부 이승훈의 일가인 이가환의 집에도 출입하면서 이가환의 증조부인 성호 이익의 책들을 읽고 새로운 학문을 접했다.

스물세 살에는 형 약현, 약전과 함께 생원 초시에 합격한 후 성균관에 입학했다. 이후 문과에 급제하여 초계문신抄啓文臣으로 발탁되었다. 초계문신이란 신진 관료 중 우수한 자를 왕실 도서관인 규장각에서 재교육시키는 제도로 당색이나 문벌이 서로 다른 초임 관리들을 서로 교류하게 해

동료 의식을 갖게 하고, 탕평 정치를 보좌할 관료 집단으로 양성하는 데 목적이 있었다.

그해 가을, 정조는 그에게 배다리浮橋를 만드는 설계를 맡겼다. 정조는 평소 정약용이 서학서를 통해 서양 과학 지식을 익힌 사실을 잘 알고 있었다. 그는 경학뿐 아니라 기술 분야에도 재능이 있었다. 이러한 그를 반대파인 노론 벽파는 곱지 않은 시선으로 주시했고, 결국 정약용은 서학을 신봉했다는 이유로 충청도 서산으로 유배되었다. 그는 조정에 나오기 오래전에 이승훈에게 《천주실의》를 빌려 읽으면서 천주교를 처음 접했다. 그는 특히 《천주실의》에 소개된 평등 사상에 큰 흥미를 느꼈다. 또 조선에서 구경도 할 수 없는 과학 기술에도 관심을 가졌다. 그는 매형인 이승훈이 베이징에서 가져온 많은 천주교 서적과 십자가, 성화, 과학기기도 살펴보았다. 이것이 벽파에게 빌미가 되었다. 하지만 다행히 인재를 아끼는 정조가 개입해 첫 유배는 열흘 만에 끝났다.

1792년(정조 16) 그는 《홍문록》에 올랐다. 홍문관은 고위직으로 가는 길목이었다. 홍문관 관원이 되면 사헌부와 사간원 관원인 대간이 될 수 있었다. 대간은 지위는 높지 않았으나 백관에 대한 탄핵권이 있어 그 권한이 컸다. 그래서 정조는 대간에 남인을 기용하고 싶어 했다. 하지만 정약용은 아버지의 3년상을 치르기 위해 고향으로 내려가야만 했다.

그는 고향에서 시묘살이를 하던 중 화성을 축조할 방안을 연구해 보라는 정조의 어명을 받고 윤경尹耕의 《보약保約》과 유성룡의 《전수기의戰守機宜》 등 축성 제도를 참고하여 《성설城說》을 집필했다. 수원 화성은 1794년 1월에 착공되어 1796년 9월에 완공되었다. 10년이 걸려도 어렵다는 성을 2년 6개월 만에 완성한 것이다. 이것은 바로 기중기, 녹로 등 여러 기구들과 벽돌 등의 새로운 건축자재를 사용했기 때문에 가능했다.

그가 사간원 사간을 거쳐 동부승지에 임명되자 조정에서는 일대 소란이 일었다. 파격적인 승진이 계속되었기 때문이다. 남인인 정약용을 그대로 조정에 둘 경우 사도세자 문제가 다시 불거질지도 모른다는 벽파의 우려는 계속되었고 위기감은 점점 커졌다. 정조가 그를 동부승지에 임명하자 그는 자신과 천주교에 대해 벽파뿐 아니라 만천하에 진실을 밝힐 필요가 있다고 여겼다. 그래서 작성한 것이 바로 〈동부승지를 사양하는 상소문辨謗辭同副承旨疏〉이다. 정약용은 여기에서 자신이 천주교를 믿게 된 경위와 배교하게 된 경위를 소상히 밝혔다. 그러나 홍낙안과 이기경 등이 오히려 이 상소를 그가 천주교 신자라는 증거라며 호도하자 정조는 그를 곡산 부사로 좌천시켰다. 비난을 잠재우고자 지방으로 보낸 것이다. 한두 해 기다리면 다시 불러올리겠다는 약속도 했다. 정약용은 이곳에서 백성들의 삶을 가까이에서 살펴보면서 선정을 베풀었다. 이곳에서의 경험은 그가 《목민심서牧民心書》를 짓는 기초가 되었다. 그해 겨울에는 《마과회통麻科會通》 12권을 지었다.

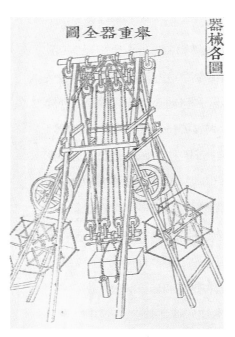

기중기 정약용이 설계한 기중기는 무거운 돌을 들어올리기 위해 만든 복합 도르래로 1792년 화성 축성 시에 유용하게 사용되었다.

그 후 병조 참지로 중앙 관직에 복귀해 형조 참의에까지 올랐다. 그러나 벽파는 계속해서 정약용을 물고 늘어졌다. 치졸한 흠잡기에 분노한 정약용은 정계를 떠나기로

한국사를 움직인 100인

결심했다.

고향에서 모처럼 한가한 시간을 보내고 있던 그에게 어느 날, 규장각의 아전이 찾아와 정조의 전갈을 전했다. "오래도록 너를 보지 못했다. 책을 편찬하고 싶어 주자소의 벽을 새로 발랐다. 아직 마르지 않아 깨끗하진 않으

《목민심서》 정약용이 57세 되던 1818년에 완성한 이 책은 백성의 입장에서 관의 횡포와 부정부패를 폭로하여 견제하고 목민관(지방관)의 치민에 대한 도리를 설파하였다. 규장각 한국학연구원 소장.

나 그믐께면 들어와 경연할 수 있을 것이다." 이것을 본 정약용은 정조에 대한 그리움으로 목이 메어 서울로 달려갔다. 그러나 이미 정조가 승하한 뒤였다.

열한 살의 어린 순조가 보위에 오르자 영조의 계비 정순왕후가 수렴청정을 했다. 권력을 잡은 벽파는 천주교 신자들을 철저히 탄압했다. 여러 가지 이유가 있었지만 남인 계열 중에 천주교 신자가 많았던 탓이 컸다. 그러던 중 책롱 사건이 터졌다. 정약용의 셋째 형 약종이 은밀하게 감추어 오던 천주교 관련 물건들이 발각된 것이다. 1800년(순조 1) 2월 8일, 정약전, 약용 형제와 함께 이가환, 이승훈, 홍락민, 권철신, 이기양, 오석충, 김건순, 김백순 등이 의금부에 투옥되었다. 반대파들은 기회를 잡은 듯 정약용의 형제들을 몰아붙였다. 세 형제 가운데 약종은 처형되고 약전은 전라도 신지도로, 약용은 경상도 장기(지금의 영일군)로 귀양을 갔다. 그해 10월에는 황사영 백서 사건이 터졌다. 약현의 사위 황사영이 조선 교회에 대한 박해 사실을 적은 밀서를 베이징의 주교에게 전하려다 발각된 사건이다. 벽파 강경론자들은 이를 기회로 남인 세력을 완전히 뿌리 뽑으려고

했다. 유배 중인 정약용 형제도 다시 압송되었으나 혐의가 드러나지 않아 다시 약전은 흑산도로, 그는 강진으로 귀양을 갔다. 하지만 이 사건으로 그와 가까웠던 이가환, 권신일, 이승훈 등 천주교 신자들은 처형되었다. 이것이 신유박해이다.

강진에 도착한 그는 성수봉이라는 하급 관리의 집에 거처를 정하고 이 곳에서 6년을 살았다. 세월이 지나면서 그의 명성이 알려지자 인근의 학도들이 몰려들었다. 그는 비록 귀양살이를 하며 많은 고생을 했지만 그 시기를 연구의 기회로 삼아 정진해 대실학자로 이름을 남기게 되었다.

1818년(순조 18), 사간원의 이태순이 이미 4년 전에 석방이 결정된 정약용을 풀어 주지 않는 것은 불법이라고 문제를 제기했다. 그제서야 그는 18년 만에 귀양에서 풀려나 고향으로 돌아왔다. 그는 1836년(헌종 2) 2월에 75세를 일기로 고향집에서 세상을 떴다. 그가 생전 쓴 책은 필사본인 《열수전서》에 경집 88책 250권, 문집 30책 87권, 잡찬 64책 166권 등 총 182책 503권이다.

한국화의 전통미를 일구어 낸
김홍도

金弘道 (1745~?)

▌ 산수화, 인물화, 신선화, 불화, 풍속화에 모두 능했고, 특히 산수화와 풍속화의 새로운 경지를 개척했다.

▌ 서양에서 들어온 새로운 기법을 과감히 시도했는데, 색채의 농담과 명암으로 깊고 얕음과 원근감을 나타낸 훈염 기법이 그것이다.

김홍도가 살았던 18세기 중반은 우리 문화의 중흥기였다. 수많은 실학자들과 더불어 문학과 예술 분야에서도 탁월한 인물들이 속속 등장했다. 특히 영조 시대의 도화서圖畵署에는 실력 있는 화원들이 모여들었다. 하지만 철저한 신분제 사회에서 대부분 중인 계급 출신이던 예술가들은 인격을 존중받지 못하고 역사에 이름조차 남기지 못한 채 사라져 갔다. 이 시대의 대표적인 화가로 손꼽히는 이가 김홍도와 신윤복이다.

당시 도화서의 화원들은 주로 중국의 화풍인 북화의 영향을 받은 그림을 그렸고 문인들은 대부분 남화에 가까운 그림을 그렸다. 김홍도는 이두 방식의 장점을 살려 한국화의 전통미를 일구어 냈다. 그는 주로 일반

〈씨름〉 김홍도의 대표적인 풍속화로 빈틈없이 짜인 구성과 여백 활용 기술, 간결한 필치 등 그의 작품 특징이 집약된 걸작이다. 국립중앙박물관 소장.

백성들의 생활을 생생하게 담은 그림을 주로 그렸다. 그는 작품을 통해 양반들의 부패한 생활을 폭로하고 그 생활 방식을 비웃음과 동시에 일하는 백성들에 대한 애정 어리고 따스한 시선을 드러냈다. 그는 백성들의 삶을 세심히 관찰하여 간결하고 약동적인 필치로 민초들의 감정을 화폭에 담았다. 〈씨름〉, 〈서당〉, 〈대장간〉 등이 대표작이다.

김홍도는 만호萬戶를 지낸 김진창金震昌의 손자인 김석무 金錫武의 아들로 태어났다. 어려서부터 그림의 천재로 소문이 났던 그는 경기도 안산에 칩거 중이던 당대 최고의 문인화가 강세황姜世晃의 문하에서 그림을 배워 20대에 도화서의 화원이 되었다. 28세 때인 1773년에는 왕의 초상화를 그리는 어용화사御用畵師로 발탁되어 영조의 어진과 왕세자의 초상을 그렸다. 어용화사는 화원으로서는 최고의 영예였다.

이듬해 감목관의 직책을 받아 궁중의 채소밭을 관리하는 관청인 사포서에서 근무했다. 1777년에는 별제로 있으면서 강희언姜熙彦, 김응환金應換, 신한평申漢枰, 이인문李寅文 등과 함께 화원으로 활동했다.

《조선왕조실록》에는 그가 두 번째 어용화사에 발탁되어 정조의 초상화를 그리게 된 과정이 묘사되어 있다. "정조 5년(1781년) 8월 26일, 한종유, 신한평, 김홍도 세 사람을 선발해 먼저 임금의 얼굴을 소묘하게 했다. 9월 1일 책임 부서의 관원들과 대신들이 왕궁 정원인 영화당에서 세 사람의 그림을 검토한 뒤에 김홍도가 지명되었다. 이틀 후 대신들이 자리한 가운데 희우정에서 정장한 임금의 초상을 그리기 시작해 9월 16일에 완성하였다. 이를 기뻐한 임금은 대신들을 불러 놓고 서사관 윤동선, 조윤형에게 명해 그림의 표제를 써서 이 초상화를 궁궐 안의 누각에 장식하도록 했다."

〈무동〉 피리, 대금, 해금, 장구, 북으로 구성되는 삼현육각 (三絃六角)의 장단에 맞추어 춤을 추는 무동의 춤사위와 휘날리는 옷자락에서 신명이 느껴진다. 국립중앙박물관 소장 (중박201009-405).

김홍도는 이에 대한 공으로 경상도 안동 부근 안기역의 역참을 관리하던 종6품관인 찰방에 제수되었다. 이 무렵부터 그는 자신의 호를 명나라의 문인화가 이유방李流芳의 호를 따라 '단원'이라 했다. 2년여의 임기를 마치고 도화서로 돌아온 그는 금강산의 면면을 자세히 그려 오라는 정조의 명을 받고 김응환과 함께 금강산으로 떠나 외금강, 내금강의 웅대한 경치를 수십 장丈이나 되는 긴 두루마리에 그려 바쳤다. 다시 일본의 지도를 그려 오라는 명을 받고 김응환과 길을 떠났으나 배를 타기도 전에 김응환이 병으로 세상을 떠나자 혼자 쓰시마 섬으로 가 쓰시마 섬의 지도를 그려 오기도 했다.

1791년에는 세 번째 어용화사로 발탁되어 정조의 초상화를 그렸고, 이 공으로 충북 괴산 연풍의 현감으로 부임했다. 연풍은 작은 고을이었는데

신임 관리의 행차 조선 시대에 제작된 의궤도(특별한 의식의 절차를 기록한 의궤에 실린 그림)에 반드시 포함되는 행렬도이다. 조선 시대 화원들의 주 업무는 이런 기록화를 그리는 것이었다. 국립중앙박물관 소장.

김홍도는 계속되는 가뭄으로 굶주리는 백성들이 늘어나자 관아의 곡식을 내어 주는 등 백성의 구휼에 힘썼다. 그러나 그의 이런 노력을 조정에서는 알아주지 않고 오히려 현감이나 되어서 백성들의 중매나 서고, 젊은 병사들을 뽑아 사냥을 하면서 결석할 경우 쌀로 바치게 한다는 등으로 그를 헐뜯었다. 결국 그는 이 일로 벼슬에서 물러나 다시 서울로 올라와 〈원행을묘정리의궤〉, 〈화성전도〉 등 나라의 중요한 행사를 그림으로 그렸다. 그러나 1800년 정조가 갑자기 세상을 떠나면서 정조가 아꼈던 그를 음해하는 무리가 늘어났다. 당시 김홍도뿐 아니라 정조에게 재능을 인정받아 벼슬을 하던 남인, 중인, 서얼 출신의 인물들 대부분이 이런 일을 겪었다. 순조가 즉위한 이후 그의 역할은 점점 줄어들었고 더 이상 중요한 그림을 그릴 기회는 사라졌다.

조희룡의 《김홍도전金弘道傳》에는 "단원은 풍채와 태도가 아름답고 호방하고 의협심이 있어서 사람들이 모두 그를 신선으로 우러러보았다. 그러나 집안이 가난해 끼니조차 잇기 어려운 형편이었다. 하루는 장에 갔다

가 팔러 나온 매화를 보고 몹시 탐을 냈다. 돈이 없어 그것을 사지 못하고 있었는데 마침 그의 그림 한 폭을 구하는 사람이 있어 그 그림 값으로 받은 돈 3,000냥 중에서 2,000냥은 매화를 사고, 800냥으로 술을 사고, 나머지 200냥으로 땔나무와 먹을 양식을 사니, 겨우 하루이틀의 생계밖에는 되지 않았던 것이다. 또한 그는 김득신, 최북, 이인문 등과 친교를 맺었는데, 이들 그림의 품격과 인품이 높아 그와 서로 통하는 점이 많았기 때문이었다."라고 기록되어 있다.

그는 이후 병고와 생활고 속에서 여생을 마친 것으로 보인다. 1810년경쯤 세상을 뜬 것으로 추정될 뿐 그가 어디에서 어떻게 세상을 떴는지는 명확하지 않다. 그의 대표적인 작품으로는 정승 자리와도 바꾸지 않는다는 〈삼공불환도三公不換圖〉와 한국적인 해학과 정취가 가득 찬 풍속화첩, 말을 타고 가다가 꾀꼬리 소리에 멈추었다는 〈마상청앵도馬上聽鸎圖〉 등이 있다.

금기를 깬 에로티시즘의 대가, 신윤복

김홍도와 함께 조선 풍속화의 쌍벽을 이룬 인물로는 신윤복(申潤福, 1758~?)이 있다. 그러나 김홍도와 달리 그의 생애는 거의 알려져 있지 않다. 다만 화원이었던 신한평의 아들로 태어나 도화서 화원으로 벼슬이 첨절제사까지 이르렀다는 사실만 알려졌을 뿐 이다. 그러나 조선 시대에는 부자가 같은 곳에서 근무할 수 없었으므로 그가 정말 화원 으로 일했는지는 확실하지 않다.

그의 풍속화 소재는 주로 한량과 기녀를 중심으로 한 남녀 간의 애정행각이었는데, 이는 서민 생활을 소재로 했던 김홍도와는 매우 달랐다. 그의 작품 대부분에는 여인과 양반 들이 등장한다. 양반들은 앉은 자세로 향연饗宴을 즐기고 있는 모습이며, 여인들은 춤추고 노래하고 술을 따르며 기생으로서의 본분을 다하고 있는 모습이다.

신윤복은 사물의 모습을 한층 더 화사하고 화려하게 돋보이게 하기 위해 배경을 그 색에 맞게 다양하게 표현해, 각 인물들의 개성을 세심하고 멋지게 자아냈다. 그의 풍속 화 속 배경을 통해서 조선 후기의 생활상과 멋, 살림과 복식 등을 살펴볼 수 있다.

신윤복의 작품에는 대부분 짧은 찬문贊文과 함께 관지款識와 도인圖印이 곁들여 있지 만, 모두 연대와 시기를 밝히고 있지 않아 그의 화풍이 어떻게 변했는지는 가늠하기 힘 들다. 그의 화풍은 후대의 화단에도 많은 영향을 미쳤는데, 작가 미상의 풍속화나 민화 등에서 그의 화풍을 따르고 있는 모습을 많이 볼 수 있다.

신윤복의 대표작으로는 〈연당야유도蓮塘野遊圖〉, 〈미인도〉, 〈단오도〉, 〈무무도〉, 〈산 궁수진山窮水盡〉, 〈선유도船遊圖〉, 〈산수도〉 등이 있다. 단원 김홍도, 긍재 김득신과 더 불어 조선의 3대 풍속화가로 꼽힌다.

조선을 뒤흔든 농민봉기의 지도자
홍경래

洪景來 (1771~1812년)

▌ 19세기 초 평안도에서 홍경래의 난을 일으켰다.
▌ 홍경래는 군사 지도력과 봉기 이념에 한계가 있었지만, 기층 사회에서 성장한 인물로서 대규모
의 항쟁을 주도했다는 점에서 높이 평가된다.

홍경래는 《조선왕조실록》에 역적으로 기록되어 있다. 그러나 그는 세도
정권의 부패, 삼정三政의 문란 등 조선 후기의 사회적 모순에 저항해 농민
반란을 일으킨 인물로 일반 백성들에게는 전설 속의 영웅이며 민중의 지
도자였다. 백성들은 그가 언젠가 다시 돌아와 자신들을 고통에서 구해 줄
것으로 믿었다. 그의 사후 그를 흉내 낸 크고 작은 봉기가 잇달아 일어나
는 등 홍경래는 수많은 농민봉기에 영향을 주었고, 조선 후기 사회 변화
의 기폭제가 되었다. 서른세 살의 짧은 생에도 역사 속에 엄청난 삶의 자
취를 남긴 셈이다.

홍경래는 몰락한 양반 가문 출신으로 평안남도 용강군 다미면에서 태

어났다. 외숙부인 유학권柳學權에게 글을 배웠는데 어렸을 때부터 힘이 세고 총명해서 동네에서는 이름난 소년이었다. 유학원은 그의 총명함을 아꼈으나 어린애답지 않은 야심가적인 기질을 발견하고 그의 앞날을 걱정하게 되었다. 그러던 어느 날 유학권은 홍경래가 쓴 글귀를 보고 더 이상 그를 가르칠 수 없다고 여겨 그를 돌려보냈다. "가을 바람 불 때 역수의 장사는 주먹을 들어 대낮에 함양에 있는 천자의 머리를 노린다."라는 글귀였는데, 이는 《사략史略》에 나오는 것으로 형가刑家가 진시황을 죽이려다가 실패한 고사를 인용한 글이었다. 유학권은 그의 부모에게 "경래의 재능은 비범하나 그 뜻이 순수하지 않으므로 각별한 지도가 필요하다."라는 당부의 글을 함께 보냈다.

그는 이후 독학으로 공부했는데 《사기》, 《병서》 등을 즐겨 읽었고 술법과 풍수지리에도 몰두했다. 또 용력과 무예도 부지런히 갈고 닦았다. 사람들은 학식이 높고 정의감이 넘치는 데에다 성품도 쾌활한 그를 믿고 따랐다고 한다.

그는 1798년(정조 22) 사마시에 응시했다가 낙방하자 실력보다는 문벌과 혈연으로 인재를 뽑는 과거 시험을 포기하고 전국을 떠돌며 술수를 익히고 풍수를 배워 지관地官 노릇으로 생계를 이었다. 조선은 초기부터 서북 지역 사람을 차별하는 분위기가 강했는데 이는 북쪽에 여진족 등이 섞여 살았기 때문이었다. 그래서 당시에는 북쪽 사람들을 오랑캐로 천대하는 경향이 강했다. 특히 조선의 정권을 잡은 이들은 주로 영남 지방 출신이었다. 서북인에 대한 차별은 조선 후기로 갈수록 더 심해졌는데 이렇다 할 배경도 없는 평안도 출신인 홍경래는 더욱 설 자리가 없었다. 게다가 정조가 세상을 뜨고 순조가 왕위에 오르면서 김씨 세도 정치가 기승을 부리자 백성들의 삶은 더욱 곤궁해졌다. 그는 이렇게 각지를 떠도는 동안 지배층의 부패상과 백성들의 비참한 생활을 체험하면서 사회의 모순을 인식하게 되었다.

유랑을 시작하면서 그는 청룡사에서 우군칙禹君則을 만나게 되었다. 우군칙은 명문가 출신이지만 서얼로 태어나 집을 나와 떠돌며 지관으로 명성을 얻던 인물이었다. 두 사람은 부당한 사회 구조를 논하는 가운데 의기투합하게 되었고, 함께 일을 도모하기로 약속했다. 거사를 위해 경제적 기반이 필요했던 이들은 향촌에서 부를 축적한 신흥 지방 유력자, 황해도· 평안도 일대의 사상인私商人, 지방 차별 정책으로 관로가 막혀 불만을 품고 있던 양반 지식층에게 접근했다. 또 자금을 모으기 위해 광산을 개발하고 염전을 운영해 각종 물자와 무기를

홍경래군과 관군의 전투를 그린 〈순무영진도〉 홍경래는 당시 차별받던 서북 출신으로 입신양명을 꿈꿨으나 좌절되자 칼을 들었다. 규장각 한국학연구원 소장.

구입하고 비축했으며, 노동자를 모집한다는 공고를 보고 몰려든 가난한 유랑민들을 모아 군사 훈련을 시켰다.

이렇게 10년 동안 꾸준히 준비를 거듭한 후 홍경래는 1811년 가을, 거

사 준비를 완료했다. 그동안 포섭한 동지들을 소집하고 병력을 규합하자 약 2,000여 명이나 되었다. 거사일은 1812년 정월로 정했다. 그러나 2,000여 명이나 되는 인원이 모이다 보니 관청에서 수상한 움직임을 눈치채게 되었고, 거사일은 12월 15일로 당겨졌다. 혁명군은 평양 감사의 관저 밑에 설치한 폭약이 터지는 것을 신호로 거사를 시작하려 했으나 당일 비가 내리는 바람에 화약이 물에 젖어 폭발하지 않았다. 대원들은 폭발을 기다리다가 난이 실패로 돌아간 것으로 생각하고 뿔뿔이 흩어졌다. 게다가 대원 한 명이 관가에 붙잡히는 바람에 근거지마저 노출이 되었다.

더 이상 기다릴 수 없다고 생각한 홍경래는 12월 18일 스스로를 평서대원수라 칭하며 출전의 격문을 선포했다. 홍경래군은 가산 군아를 습격해 군수 정시鄭耆를 죽이고, 군대를 남북으로 나누어 각 군읍을 공략했다. 북진군은 곽산을 선두로 정주, 선천, 태천, 철산, 용천 등을 점령했고, 남진군은 박천을 점령했다. 그러나 진격 목표를 두고 지도부 내에서 의견이 나뉘어 4일간 지체되었는데 그 사이에 평안도 병마절도사 이해우李海愚가 이끄는 군사 1,000여 명이 안주로 들어오고, 중앙에서 파견된 양서 순무사 이요헌李堯憲의 정예군이 합세했다.

홍경래는 박천 송림리에 진을 치고 군사를 3진으로 나누어 싸웠으나 12월 29일 아침, 혁명군이 채 진영을 정비하기도 전에 얼어붙은 청천강을 건너 관군 1,000여 명이 총공격을 해 오자 정주성으로 후퇴했다. 혁명은 이미 실패를 향하고 있었지만 홍경래는 희망을 버리지 않았다. 머지않아 각 지역에서 포섭해 두었던 동지들이 폭동을 일으켜 호응하고, 한성에서는 지배 세력을 암살하고 조정 권력을 붕괴시키기로 약속이 되어 있었기 때문이다. 그래서 정주성에서 버티면서 농성을 계속하면 언젠가는 한성으로 진격할 날이 올 것으로 믿었다. 부당한 사회를 한탄하는 백성들이 자신의 거사에 호응해 줄 것으로 기대한 것이다.

그러나 홍경래의 병력은 대부분 광산이나 염전 노동자들로 제대로 훈련받지 못한데에다 자발적으로 참여한 사람은 소수였다. 또한 세상에 대한 불만은 많았지만 모든 것을 내던지고 직접 행동하려고 하는 이들은 많지 않았다. 말하자면 민중의 역량이 혁명에 동조할 만큼 성숙하지 않았고, 그것을 이끌어 낼 명분이나 세력도 약했다. 그러나 정주성에 들어간 후 홍경래는 백성들에게 농민 문제를 해소할 근본적인 해결책을 제시하는 실천 공약을 공포했고, 이것이 지역 주민과 농민들의 자발적인 참여를 이끌어 내게 되었다. 덕분에 정주성이 함락되는 최후까지도 한 명의 낙오자 없이 일치단결한 모습을 보여 주었다. 이는 관군이 반란군을 진압하기 위해 정주성 주변을 완전히 초토화시켜 농민들의 반감을 불러일으킨 데에도 원인이 있었다.

2,000여 명에 불과한 반란군은 몇 배가 넘는 관군들에게 둘러싸였지만 쉽게 진압되지 않았다. 성 안의 저항이 심했기 때문이다. 결국 관군은 성 안의 식량이 떨어지기를 기다리며 장기적인 봉쇄 작전을 펼쳤다. 또 자발적으로 해산하면 죄는 묻지 않겠다고 항복을 권했으나 노약자나 부녀자만 두 차례 내보냈을 뿐 모두 풀뿌리와 나무껍질로 연명하면서도 투항하지 않고 버텼다.

어느덧 봄이 오고 있었고 더 이상 시간을 끌 수 없었던 관군은 4월 19일, 성 밑에 굴을 파고 화약을 터뜨려 성을 무너뜨렸다. 선두에서 군사를 독려하던 홍경래는 들이닥친 관군의 총에 맞아 죽었고, 성 안의 모든 사람들은 몰살되었다. 1811년에 시작되어 이듬해 4월 19일에 정주성이 함락될 때까지 다섯 달 동안 평안도 지역을 휩쓸며 조선을 뒤흔든 홍경래의 거사는 결국 이렇게 실패로 끝났다.

한국적 서체를 완성하다
김정희

金正喜 (1786~1856년)

▌조선 후기의 서화가, 문신, 문인, 금석학자.
▌1819년(순조 19) 문과에 급제하여 성균관 대사성, 이조 참판 등을 역임했다.
▌학문에서는 실사구시를 주장했고, 서예에서는 독특한 추사체를 대성시켰으며, 특히 예서, 행서의 새 경지를 이룩했다.

우리나라 역사에서 가장 뛰어난 서예가인 추사는 '추사체'와 〈세한도〉로 기억되는 인물이다. '추사'라는 그의 호를 따서 만들어진 이 글씨체는 당시로서는 일대 사건이었다. 그가 나타나기까지 조선의 서체는 모두 중국의 서법을 따르고 있었기 때문이다. 그는 아버지를 따라 베이징에 갔다가 당대의 석학들과 교류하면서 역대 명필가들의 필적을 연구하고 그 장점만을 규합해 자신만의 독특한 서체를 만들어 냈다.

초기에는 중국 학자 옹방강翁方綱에 심취했고, 만년에는 구양순歐陽詢의 서체를 기본으로 하여 저수량, 안진경顔眞卿, 미불, 유석암劉石庵과 왕희지의 필법까지 고루 받아들였다. 여기에 패기를 더해 강함과 부드러움을 두루 갖춘 글자를 완성했다. 그의 글자는 하나하나가 회화적인 완성도가 높고, 나아가 추상화의 경지에까지 이르는 예술이었다. 또 그는 돌이나 금속에 쓰인 문자를 연구하는 학문인 금석학 연구에 있어서도 일가를 이루었는데, 전각篆刻의 수준 역시 중국과 자웅을 겨룰 만했다.

김정희는 병조 판서 노경魯敬과 기계 유씨 사이에서 태어나 큰아버지 노영魯永에게 양자로 입적되었다. 그의 가문은 안팎이 왕의 종친과 외척으로 문과에 급제하자 조정에서 축하해 줄 정도로 권세가 컸다. 그를 제일 먼저 알아본 사람은 당시 재상이던 채제공이었다. 어느 날 채제공이 추사의 집 앞을 지나다가 대문에 써 붙인 글씨가 보통이 아님을 깨닫고 문을 두드려 글씨를 쓴 이가 누구인지 물었다고 한다. 아버지 노경이 아들 김정희라고 말하자 채제공은 이렇게 대답했다. "이 아이는 장차 명필로 이름을 떨칠 것이지만 글씨를 잘 쓰면 운명이 기구해질 것이니 문장으로 세상을 알리면 크고 귀하게 될 것이외다."

김정희는 어린 시절에 주로 서울 통의동에 있는 월성위의 궁에서 증조부가 모아둔 책들을 읽으며 지냈다. 아버지는 추사의 자질을 알아보고 북학파의 한 사람인 박제가에게 배우게 했다. 1809년 그의 친아버지가 동지부사로 중국에 가게 되자 그는 자제 군관의 자격으로 수행했는데 이 일은 그의 일생에 큰 영향을 미쳤다. 그는 베이징에서 옹방강, 완원阮元과 같은 당대 최고의 학자들과 교류했다. 금석학자인 옹방강은 추사를 '경술문장 해동제일經術文章海東第一'이라고 찬탄했고, 완원은 그에게 '완당'이라는 호를 선사했다. 당시 베이징에서 고증학은 경학의 보조 학문이 아니라 금석학, 사학, 문자학, 음운학, 천산학天算學, 지리학 등과 함께 독립적으로 인정받는 학문이었다. 그는 옹방강의 서체를 따라 배우면서 그 연원을 거슬러 올라 조맹부, 소동파, 안진경 등의 여러 서체를 익혔다. 또 한·위 시

〈묵소거사자찬〉 추사 김정희의 대표적인 작품으로 알려진 해서 작품이다. '묵소거사'라는 호를 바탕으로 지은 상징적인 어구로 '침묵을 지켜야 할 때는 그때에 맞게, 또한 웃어야 할 때는 웃어야 할 때에 맞게'라는 구절을 시작으로 삶의 깨달음을 풀어 놓았다. 국립중앙박물관 소장.

대의 여러 예서체隸書體에 서도의 근본이 있음을 간파하고 연구에 심혈을 기울였다. 그리고 이 모든 서체의 장점을 바탕으로 하여 보다 나은 독창적인 서체를 개발한 것이 바로 추사체秋史體이다.

34세로 문과에 급제한 후 출세가도를 달리던 김정희는 암행어사, 예조 참의, 설서, 검교, 대교, 시강원 보덕을 지냈고 효명세자가 대리청정하던 시절에 아버지 김노경과 함께 세자의 측근으로 활동했다. 그러나 1830년 김노경이 윤상도의 옥사를 배후 조종했다는 혐의로 고금도에 유배되고 말았다. 이것은 김우명이 비인 현감 시절 김정희로 인해 파직된 것을 잊 지 못하여 일으킨 것이었다. 그러나 순조의 배려로 곧 김노경은 귀양에서 풀려나 판의금부사로 복직되고, 김정희도 1836년에 병조 참판, 성균관 대 사성 등을 역임했다. 그 뒤 1834년 순조의 뒤를 이어 헌종이 즉위하고 순 원왕후 김씨가 수렴청정하자 다시 10년 전의 윤상도 사건이 불거져 제주 도로 유배되었다.

제주도에서 그린 작품 중 대표적인 것은 〈세한도〉이다. 〈세한도〉는 문 인화의 최고봉으로 손꼽히는 작품으로 당시 김정희의 처지가 잘 드러나 있다. 조그만 창문 하나 있는 초라한 집 한 채와 오래된 나무 네 그루, 오 가는 사람도 없고 겨울날 눈 내린 후의 풍경이지만 실제 이 그림은 겨울

한국사를 움직인 100인

이 아닌 7, 8월경에 그린 것이다. 이 그림은 제자인 이상적李尙迪이 중국에서 어렵게 구한 귀한 책들을 유배지까지 보내 준 데 대한 감사의 마음을 전하기 위해 그려 보낸 것이었다.

통역관이던 이상적은 사신을 수행하여 자주 중국에 다녀왔는데, 중국에서 귀국하고 나니 김정희가 유배를 가 있었다. 이상적은 중국에서 가져온《만학집晚學集》 등을 제주도로 보냈다. 그가 유배를 떠나자 평소 친하게 지냈던 사람들이 하나둘 떠나갔고, 심지어는 소식을 끊기도 했다. 그런데 이상적만이 그에게 사심 없이 귀중한 책과 정보를 제공한 것이다. "겨울이 되어서야 소나무와 잣나무의 푸름을 알 수 있다."라는《논어》의 구절처럼 그는 이곳에서 인간사의 의리를 깨닫게 되었다. 〈세한도〉의 오른쪽 위에는 "추운 그림일세, 우선(이상적) 이것을 보게. 완당(김정희)."이라고 적혀 있다. 그림에는 모두 네 그루 소나무와 잣나무가 있는데, 이것은 변하지 않는 의리를 표현한 것이다. 또 오랜 풍상을 겪으면서 몸통은 썩고 가지 끝에 솔잎만 몇 개 남은 나무는 추사 자신을 상징한다. 사람이 없는 집의 쓸쓸함은 유배객인 자신의 처지를 표현하고 있다.

1848년 유배에서 풀려난 그는 용산 한강변에 집을 마련하고 살았다. 그러나 1851년 친구인 영의정 권돈인權敦仁의 일에 연루되어 또다시 함경도 북청으로 유배되었다. 2년 만에 유배가 풀려 돌아왔으나 안동 김씨가 득세하던 때라 정계에는 복귀하지 못했다.

귀양을 전후로 그의 글씨는 많이 변했다. 귀양 전의 윤택하던 글씨체는 군더더기와 기름기를 빼 버린 듯한 원초적인 모습으로 변했다. 추사체라는 글씨체가 유배 기간 동안 완성된 것이다. 타고난 천품에다가 무한한 단련을 거쳐 이룩한 고도의 이념미가 표출된 그의 글씨에는 일정한 법식에 구애되지 않는 법식이 있었다.

김정희의 〈산수도〉 김정희가 남긴 그림은 많지 않으나 필치가 호방하고 문기가 배어 있는 문인화의 특성을 잘 보여준다.

추사체는 실학의 정신에 청나라 선진 문물을 결합한 데다 끝없는 수련과 오랜 귀양살이가 남긴 인간적 감정을 응집시켜 완성된 것이라 할 수 있다. 그의 글씨가 단순한 필법에 그치지 않고 지고한 예술의 경지를 이룩할 수 있었던 것은 스스로의 말대로 "가슴속에 만 권의 책(문자향 서권기, 가슴속에 만 권의 책이 있어야 그것이 흘러 넘쳐 그림과 글씨가 된다)"을 갖추었기 때문일 것이다. 이러한 그의 예술은 조희룡趙熙龍, 허유許維, 이하응李昰應, 전기田琦, 권돈인 등에게 많은 영향을 미쳤다. 그러나 김정희 이후로는 그를 능가하는 서예가는 나오지 않았다. 그의 작품으로는 국보 제180호인 〈세한도歲寒圖〉와 〈모질도耄耋圖〉, 〈부작란도不作蘭圖〉 등이 유명하다.

자주적 근대화를 주장한 개화 사상가
박규수

朴珪壽 (1807 ~ 1876년)

▌ 개화 사상가. 박지원의 손자로 개화파 형성에 결정적인 역할을 했다.
▌ 1875년 최익현 등의 척화 주장을 물리치고, 일본과의 수교를 주장하여 강화도조약을 맺는 데 큰 역할을 했다.
▌ 문집으로 《환재집》과 《환재수계》가 있다.

19세기 중엽의 선진 사상가였던 박규수는 박지원의 손자로 실학적 학풍을 계승하면서 사회를 개혁하려고 노력했던 인물이다. 박규수는 실학 사상의 연장에서 개국통상론開國通商論을 적극적으로 주장해 초기 개화 사상이 형성되는 데 교량 역할을 했다.

　박규수는 박종채朴宗采와 유영柳詠의 딸 유씨 사이에서 장남으로 태어났다. 그의 가문은 박혁거세의 후손으로 조선 시대만도 유명한 학자와 관료를 배출한 집안이었다. 그는 일곱 살에 이미 《논어》를 읽고 시를 지어 주변 사람들을 놀라게 할 정도로 총명했다. 자라면서 아버지에게서 할아버지인 박지원에 대한 이야기를 많이 들었고 스스로도 박지원의 글들을

박규수의 간찰 박규수가 용강 현령으로 재직하던 1849년에 형에게 안부를 묻고자 쓴 편지이다. 서양 과학 지식을 바탕으로 용강현의 위치를 서울과 비교하고 있는 내용이 눈에 띈다. 실학박물관 소장.

정리하면서 영향을 받았다. 스무 살 무렵에는 효명세자와 교유하면서 《주역》을 강의하고 서로 나랏일을 의논할 정도였다. 박규수는 효명세자의 명으로 박지원의 글들을 모아 정리해 《연암집》을 만들어 올리기도 했다. 그는 주로 실학자들과 교류했고 중국 학자들 가운데에서는 고염무顧炎武의 영향을 많이 받았다. 그러나 1830년 효명세자의 갑작스러운 죽음과 아버지와 동생의 연이은 사망으로 크게 상심하여 인생무상을 느낄 정도로 충격에 빠졌다. 이후 그는 과거를 포기한 채 칩거했다.

박규수는 마흔두 살이던 1848년(헌종 14)에 과거를 보고 중광문과에 급제한 뒤 늦은 나이에 관료 생활을 시작했다. 지방의 수령 생활은 그에게 백성들의 삶을 이해하는 데 큰 도움을 주었다. 그는 조선의 신분 제도에 대해 "조금이라도 지벌地閥이 있는 자면 으레 양반, 양반 하고 일컫는데 이처럼 견디기 수치스러운 말은 없으며 이는 가장 무식한 자의 지껄임이다."라고 일갈하기도 했다. 이는 할아버지인 박지원으로부터 물려받은 양반 사회에 대한 비판 의식을 표출한 것이었다.

그는 또 백성을 아끼고 사랑했다. 암행어사로 지방관들의 부정을 적발하고, 비리가 되풀이되지 않도록 척결하는 데 힘을 기울였다. 그는 경상 좌도 암행어사로 노력한 공로를 인정받아 승정원 동부승지로 특진되어 조정으로 돌아왔다. 당시 조선은 이양선異樣船이 출몰하고, 지방관의 비리가 횡행함에 따라 농민봉기가 끊이지 않는 혼란과 위기의 시기였다. 청나라도 마찬가지여서 1856년 애로 호 사건으로 영국과 프랑스 연합군이 청을 침략하고 수도가 함락되자 청나라 함풍제가 열하로 피신하는 일이 발생했다. 그러자 조선에서도 서양 세력이 조만간 조선을 침략할 것이라는 위기의식이 가득했고, 가족들을 지방으로 피신시키는 관료들도 생겨났다.

조선 조정은 1861년 1월 청나라 황제를 위로하고 중국을 점령한 서양 세력의 실태를 파악하기 위해 위문사慰問使를 파견했다. 박규수는 위문사의 부사副使 자격으로 열하로 떠났다. 그는 청나라 내치內治의 문란으로 태평천국의 난 등이 일어났고, 이것이 외국에게 틈을 주어 외환外患을 불렀다고 보고했다. 이에 서양 세력은 중국을 침략하기 위해서가 아니라 통상을 요구하고 천주교 전파를 허가받기 위해 접근한 것이므로 지나치게 경계할 필요는

영프연합군 1857년 영국은 애로 호 사건을 구실로 프랑스와 연합군을 구성해 광저우를 침략했다. 이것이 제2차 아편전쟁이다. 이 전쟁의 결과로 청나라는 이듬해 영국과의 불평등조약인 톈진 조약을 맺었다.

없다고 판단했다. 또 청나라의 힘이 약해졌으므로 더 이상 조선이 의지할 수 있는 상태가 아니라는 것을 깨달았다. 그래서 중국과 결속 관계는 유지하되, 다른 한편으로는 서양과 자주적으로 교류해야 한다는 외교론을 폈다.

그러나 조선의 사정은 어지러웠다. 전국적으로 농민봉기가 일어나자 박규수는 임술농민봉기의 안핵사로 파견되어 봉기의 진상을 조사하고 민심을 수습하는 역할을 맡았다. 그는 봉기의 원인을 '농민들의 탓이 아니라 구조적인 모순에서 비롯된 것'이라며, 탐관오리를 엄벌하고 봉기에 단순히 가담한 자들은 처벌을 가볍게 할 것을 건의했다. 이처럼 그는 백성의 우둔함을 탓하기보다 제도나 사회의 구조적 모순을 해결하려고 했다. 이후 박규수는 중앙으로 진출해 이조 참의, 한성 판윤, 예조 판서, 대사헌 등의 요직을 거쳤다.

그가 평양 감사로 부임한 해 미국 상선 제너럴셔먼 호가 대동강을 거슬러 올라와 평양으로 침입해 약탈과 살상을 자행했다. 평양의 군과 민은 합세해 제너럴셔먼 호를 침몰시키고 승무원 24명을 전원 몰살시켰다. 그러자 미국은 조선 국왕에게 서신을 보내 제너럴셔먼 호 사건의 진상을 물었으나 답을 듣지 못하고 18일 만에 돌아갔다. 사건을 해명할 좋은 기회를 놓쳤다고 생각한 박규수는 황급히 '표류한 선박은 우리가 보호해 주지만 제너럴셔먼 호는 침략해 들어왔기 때문에 침몰시켰다. 미국과는 다른 나쁜 감정이 없으며 사이좋게 지내기를 바란다.'라는 취지의 외교문서를 발송했다.

그러나 1871년 미국은 제너럴셔먼 호에 대한 배상과 조선의 개항을 요구하면서 조선을 침략했다. 이것이 신미양요이다. 박규수는 서구 열강이 가진 문물을 받아들여 조선의 힘을 길러야 한다는 점을 통감했다. 메이지

유신을 단행한 후 근대화에 성
공한 일본은 조선과 교류하기
를 원한다는 외교문서를 보내
왔다. 박규수는 일본과 교류해
야 한다고 주장했으나 흥선대
원군은 계속해서 쇄국을 주장
했다.

결국 의견 차이로 박규수는
1874년 우의정 자리에서 물러
났다. 그 후 그는 자신의 사랑
방에 김윤식, 김옥균, 유길준,
박영효 등 젊은 지식인들을 모

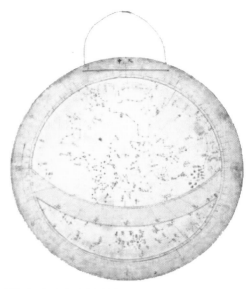

평혼의 박규수가 평면의 원에 별자리를 그려 위치와 시간을 표
시한 것으로 서양 과학 문물과 사상을 적극적으로 수용한 의지
가 엿보인다. 실학박물관 소장.

아 신문물에 대해 강의하고 국제 정세를 알려 주면서 그들로 하여금 새
로운 사회를 만들어 나가도록 독려했다. 그들은 주로《이언易言》,《해국
도지》,《연암집》등을 읽으며 국내 정세의 부조리를 깨닫고 국제 정세에
눈을 떴다. 박규수는 또 자신이 직접 만든 지구의를 이리저리 돌려 보이
며 "이리 돌리면 미국이 중국이 되고, 저리 돌리면 조선이 중국이 되니
어떤 나라도 가운데로 오면 중국이 되는데 오늘날 어디에 중국이 있는
가."라면서 중화 사상을 비판하고 새로운 세계관을 정립할 수 있도록 유
도했다.

그는 또한 천주교가 사교邪敎라고 규정했으나 천주교도를 처형하고
관련 서적을 금서로 규정하기보다는 관련 서적을 수입해 공개하고 관청
을 특설해 천주교를 연구하고 비판함으로써 백성들을 교화하자고 제안
했다.

박규수는 1876년 강화도 회담에서 최익현 등의 척화斥和 주장을 물리치고 일본과의 개항을 주장해 강화도조약(조일수호조약)을 맺는 데에도 큰 역할을 했다. 그는 일본이 침략 세력이기 때문에 그들의 요구를 들어주지 않으면 침입해 올 것이라는 점, 일본이 침입하면 서양이 그에 합세할 것이라는 점, 이에 조선은 대적할 수 없다는 점, 어민들을 보호하기 위해서는 일본과 국교를 단절할 수 없다는 점, 일본이 서양에서 발달한 문물을 수용해 부강을 꾀하므로 조선도 서양 문물을 받아들여 부국강병을 이루어야 한다는 점을 들어 일본과 수교해야 한다고 주장했다. 그러나 그는 자신의 생각을 실행에 옮기지 못하고 세상을 뜨고 말았다.

동학의 창시자
최제우

崔濟愚 (1824~1864년)

▮ 유불선(儒佛仙)의 장점을 융합하여 '시천주(侍天主)' 사상과 '인내천(人乃天)'의 교리를 중심으로 한 동학을 창시했다.
▮ 1864년 동학을 사학으로 단정한 정부에 의해 체포되어 처형당했다.

동학의 창시자인 최제우는 "사람이 곧 하늘이다."라며 인내천人乃天 사상을 주창했다. 신분 계급제인 양반 사회를 부정하고 사람은 누구나 자신 속에 한울님을 모신 존귀한 인격이라는 시천주 侍天主 사상을 가지고 만민평등의 큰 뜻을 전파했다. 또한 평민들도 '보국안민輔國安民'의 주체로 승격할 수 있다는 자주적 평등의 민족 사상을 국민들의 마음속에 심어 주었다. 왕조 사회의 쇠망을 예언하고 후천개벽(後天開闢, 조선 후기의 봉건제도가 무너지고 만민이 평등한 세상이 온다는 의미)의 새 시대가 도래한다는 이상향을 제시하였으며, 당시 서양과 일본의 침략에 대한 '척양왜斥洋倭'의 자주적 저항 의식을 서민들의 마음속에 불어 넣었다. 민족자주, 인간존

중, 만민평등을 바탕으로 한 그의 민본주의 사상은 그가 순교한 후 갖은 탄압과 박해 속에서도 나날이 번창해 동학농민혁명에서 3·1운동에 이르는 우리나라 근대 민족사의 정신적 주류가 되었다. 그의 동학 교리를 한문체로 엮은 《동경대전東經大全》은 오늘날까지 천도교의 경전으로 전해진다.

최제우는 경주에서 최옥崔鋈과 부인 한씨 사이에서 태어났고 본래 이름은 제선(濟宣 혹은 복술福述)이다. 7대조인 최진립崔震立은 임진왜란과 병자호란 때 많은 공을 세우고 전사해 사후에 병조 판서로 추증되고 정무공貞武公의 시호를 받았지만 6대조부터는 벼슬길에 오르지 못한 몰락한 양반 가문이었다. 아버지는 여러 차례 과거에 실패한 유생으로 두 번이나 상처喪妻를 하고 과부였던 한씨를 만나 예순세 살의 나이에 최제우를 낳았다. 그가 서자로 알려진 데에는 이 무렵 최옥이 동생의 아들 제환을 이미 양자로 들였기 때문이다.

가난하게 살던 그는 여섯 살 때 어머니를 여의고 여덟 살에 서당에 들어가 한학을 공부했는데 열 살 무렵이 되어서는 세상의 어지러움을 한탄할 정도로 어른스러웠다고 한다. 열일곱 살에 아버지까지 여의자 그는 3년상을 마친 뒤 전국을 떠돌아다니면서 활쏘기와 말타기 등을 익히고, 갖가지 장사와 의술醫術, 복술卜術 등의 잡술雜術을 배우기도 했다. 비참하고 어려운 백성들의 생활을 직접 경험하면서 그는 어떻게 하면 많은 백성들이 고통받지 않고 살 수 있을 것인지에 대한 고민을 시작했다.

그가 고향으로 돌아와 지내고 있을 때 금강산 유점사에서 온 한 승려가 《을묘천서乙卯天書》라는 책을 그에게 주었다. 승려는 그에게 "이 책을 탑에서 얻었는데 그 내용을 아무도 해독할 수가 없습니다. 생원이 박식하다고 하니 혹시 풀 수 있을지요?"라고 물었다. 그 책에는 "하늘에 기도를 하라.”라는 내용이 담겨 있었다. 즉 세상을 구할 도를 밖에서 구할 것이 아니라, 기도를 통하여 하늘로부터, 나아가 안에서 구하라는 가르침이었다. 그는 이후 수련에 힘써 1856년 양산군 천성산의 내원암에서 49일 기도를 시작했으나 숙부가 세상을 떠

나는 바람에 47일 만에 기도를 중단했다. 그리고 다음 해 적멸굴에서 49일 기도를 드렸다. 그는 이 무렵 세상 사람을 구제하겠다는 결심을 굳게 다지기 위해 이름을 '제우濟愚'라고 고쳤다.

그러나 이렇게 지내다 보니 가산을 탕진했고 빚은 산더미처럼 쌓였다. 그는 빚 독촉에 시달리다가 관가에까지 끌려가 고초를 당하기도 했다. 어느 날 빚 독촉을 하던 노인이 행패를 부리자 분한 마음에 그를 밀쳤는데 그만 죽고 말았다. 노인의 아들과 사위가 몰려와 난동을 부리자 그는 닭털 꼬리를 노인의 목구멍으로 밀어 넣었다. 그러자 노인이 기침을 하면서 깨어났다. 이 일로 인해 그가 영험하다는 소문이 퍼졌다.

1860년 4월, 그는 갑자기 몸이 떨리고 정신이 아득해지면서 숨을 제대로 쉴 수가 없었다. 공중으로부터 천지가 진동하는 소리가 들렸는데 바로 상제上帝의 음성이었다. 그는 상제로부터 병을 고칠 수 있는 영부靈符와 세상을 다스릴 수 있는 조화造化를 얻었다고 한다. 이후 그는 1년 동안 깨달은 것을 정리하고 체계화하여 동학東學을 창시했다. 당시 널리 전파되고 있던 천주교를 서학西學이라고 부르는 것에 맞서 동학이라고 이름 붙

인 것이다.

동학은 인간 중심을 내세운 종교였다. 또 나라와 시대의 모순을 고민하는 보국保國 종교였다. 이는 "사람을 한울처럼 섬겨라.", "나라를 돕고 백성을 편안하게 하라.", "널리 민중을 구제하라."라는 가르침에서도 뚜렷이 드러난다.

포교를 시작하자 놀라울 정도로 많은 사람들이 동학의 가르침을 따랐다. 인간평등 사상을 내세운 동학은 신분 제도 속에서 희망을 잃은 사람이나 천대받던 사람들에게 한줄기 빛과도 같았다. 최제우는 두 여종을 거느리고 있었는데 한 명은 며느리로 삼았고 한 명은 수양딸로 삼는 등 인간 평등의 정신을 몸소 실천했다. 동학의 2대 교주인 최시형崔時亨은 모든 교도들에게 신분의 고하를 막론하고 맞절을 하게 했다.

최제우는 인간의 본바탕이 선하다고 믿었다. 그래서 형벌로 인간을 다스리지 않고, 내부에서부터 선함을 끌어내려 했다. 이것은 노자의 가르침인 '무위이화(無爲而化, 자연의 뜻에 따라 저절로 이루어지도록 교화한다)'와 통하는 것이다. 동학의 핵심인 인내천人乃天 사상도 바로 여기에서 나왔다. 사람이 곧 하늘이므로 하늘을 받드는 사람은 사람을 하늘처럼 받드는 것과 마찬가지라는 의미이다.

하지만 이런 포부를 펴기에는 시대가 지나치게 암울했다. 동학의 세력이 커지자 각종 불미스러운 소문이 떠돌았고 지방의 유림과 친척 중에도 비난하는 사람들이 생겨났다. 그는 남원의 은적암隱寂庵에 피신했다. 그는 이곳에서 《권학가勸學歌》를 쓰고, 관가에 쫓기거나 굶주린 농민들을 불러 모아 동학을 가르쳤다. 교세가 경상북도 일대까지 확대되자 유림들은 통문을 돌려 동학이 사학邪學임을 밝히고 전파를 막기 위해 노력했다. 그러나 동학의 전파를 막을 수는 없었다.

1863년 12월, 조정에서 최제우를 잡아들이라는 명을 내렸다. 그는 몸을 피하라는 제자들의 권고를 거절하고 조용히 포졸들에게 끌려갔다. 이에 동학교도 수천 명이 몰려들어 최제우의 가르침이 민속民俗을 해치지 않는다고 증언하면서 석방을 청원하자 경주 진영은 함부로 손을 댈 수 없는 인물이라 생각하고 무죄로 방면했다.

그가 석방되자 사람들은 조정에서 동학의 정당성을 인정한 것이라고 생각했고 교세는 더욱 늘어났다. 최제우는 각지에 접接을 두고 접주接主로 하여금 관내의 신도를 관할하게 하는 등 신도들을 조직적으로 관리했다. 접은 경상도, 전라도뿐만 아니라 충청도와 경기도에까지 설치되었고, 교세는 계속 신장되어 1863년에는 신도가 3,000여 명, 접소는 13개 소에 달했다.

그러나 최제우는 동학의 교세 확장을 경계하여 곧 조정에서 탄압이 있을 것을 예상했다. 그는 최시형을 북접주인北接主人으로 정하고 해월海月이라는 도호를 내린 뒤 제2대 교주로 삼았다. 최제우는 1864년 11월, 왕명을 받은 선전관 정운구鄭雲龜에 의해 제자 23명과 함께 경주에서 체포되었다. 서울로 압송되는 도중 철종이 죽자 1864년 1월 대구 감영으로 이송되었다. 그를 구출하기 위해 제자들이 몰려들었지만 그는 최시형에게 도망치라는 지시를 내렸다. 최시형은 동학의 포교를 위해 눈물을 흘리며 그곳을 떠났다.

1864년 최제우는 '사도난정邪道亂正'이라는 죄목으로 달성공원에서 효수형에 처해졌다. 포교를 시작한 지 3년 만이었다. 동학 포교는 수면 아래로 가라앉았지만 핍박받던 많은 사람들이 줄지어 동학에 입도했다.

조선의 마지막 봉건주의자

이하응

李昰應 (1820~1898년)

▌ 고종의 즉위로 대원군에 봉해지고 섭정이 되었다.
▌ 당파를 초월한 인재 등용, 서원 철폐, 법률 제도 확립으로 중앙집권적 정치 기강을 수립했다.
▌ 쇄국 정치를 고집함으로써 국제 관계가 악화되고 외래 문명의 유입이 늦어지게 되었다.
▌ 임오군란, 갑오개혁 등으로 은퇴와 재집권을 반복했다.

흥선대원군 [국립중앙박물관 소장(중박 201009-405)]

흥선대원군은 조선 말 봉건제 해체의 위기를 체제의 내적 개혁으로 극복하려 했으며, 위정척사적 입장에서 서구 제국주의의 침략에 강력하게 대응했던 인물이다. 그의 개혁 정치는 일시적으로 내부의 모순을 완화시키고 외세의 침략을 저지하는 성과를 거두기도 했으나, 시대의 흐름에 역행하여 조선의 근대화를 늦추었다는 근본적인 한계를 지닌다. 명성황후와 대립하게 된 후에는 변화무쌍한 정치 노선을 걸었으나 초기 10

한국사를 움직인 100인

년간의 집정은 강직한 성격과 과감한 개혁 정치로 내치內治를 안정시켰고, 서구 열강의 침략적 접근에서 민족을 수호할 수 있었다.

이하응은 영조의 현손 남연군 구球의 아들이며 고종의 아버지이다. 열두 살에 어머니를 여의고 열일곱 살 때에는 아버지마저 여읜 뒤 사고무친四顧無親으로 불우한 청년기를 보냈으며, 1843년 흥선군에 봉해졌다. 당시는 안동 김씨가 세도를 누리며 왕실과 종친에 갖가지 통제와 위협을 가하던 시절이라 낮은 관직을 전전했다.

그러나 추사 김정희에게 붓글씨를 배우고, 청나라의 새로운 학문과 정치에 대한 이야기를 들으면서 마음속에 큰 뜻과 야심을 품었다. 그리고 그런 사실이 알려질 경우 종친으로서 받게 될 견제를 우려해 자신을 숨기려고 애를 썼다. 호시탐탐 기회를 노리던 그는 신정대비 조씨에게 만약 철종이 후사 없이 세상을 뜨게 되면 자신의 둘째 아들 명복(命福, 고종의 아명)을 후계자로 삼을 것을 약속받았다.

마침내 1863년, 철종이 후사 없이 세상을 뜨자 그는 인생 최대의 전환점을 맞게 되었다. 신정왕후가 약속대로 열두 살의 명복을 익종의 양자로 들이고 익성군으로 봉해 대통을 계승하자는 원로대신 정원용鄭元容의 말을 받아들였기 때문이다. 이로써 60여 년간 권력을 쥐고 흔들던 안동 김씨와 풍양 조씨의 세력은 무너지고 흥선대원군 이하응의 시대가 도래하게 되었다.

흥선대원군이 집권하던 시기는 격변의 시기였다. 조선왕조의 통치 규범이던 중화적 질서와 성리학적 사상이 무너지기 시작했고, 수천 년을 이어온 전제군주제와 신분제가 밑바닥부터 흔들리기 시작했으며, 외세의 침략에 대처하기 위해 새로운 질서에 대한 모색이 이루어지고 있던 때였다.

대권을 잡은 그는 조정에서 안동 김씨를 몰아내고 당파를 가리지 않고

인재를 등용했으며, 부패한 관리를 적발하여 파직시켰다. 이와 함께 세도
정권기를 거치면서 실추된 왕족의 권위를 높이기 위해 왕족을 집중적으
로 발탁해 권력의 핵심부에 등용했다. 또한 국가 재정의 낭비와 붕당의
요인이던 서원을 대거 철폐해 정치 폐단을 근본적으로 막고자 했다. 그러
나 이는 지방 양반들과 유생들의 반발을 초래하여 훗날 대원군이 정계에
서 물러나는 원인 가운데 하나가 되었다.

1864년에는 안동 김씨 세력의 정치적 의도를 관철시키는 장으로 활용
되던 비변사를 축소하는 대신 의정부가 정부의 모든 사무를 주관하게
했으며, 세도 문벌의 군사적 기반이던 훈련도감을 정비했다. 또한《대전
회통 大典會通》,《양전편고 兩銓便攷》,《육전조례 六典條例》를 편찬, 간행하

운현궁 이도당 뒷뜰 흥선대원군의 사가로 이곳에서 고종이 출생했다. 대원군은 이곳을 중심으로 정치적 영
향력을 행사했다.

한국사를 움직인 100인

는 등 법전 및 운영 규칙을 정비했다. 이와 함께 유교 질서의 재확립을 위해 이단 사상을 탄압하여, 동학 교조 최제우를 처형하고 천주교도를 박해했다.

이 밖에도 관복과 서민들의 의복 제도를 개량하고 사치와 낭비를 억제하는 한편, 세제稅制를 개혁하여 귀족과 상민의 차별 없이 세금을 징수하는 호포제를 시행했다. 양반도 호포세를 내는 호포제는 양반의 반대에 부딪혔으나, 결국 시행됨으로써 상민의 부담액이 줄었고 신분적 평등 의식도 고취되었다.

그러나 왕실의 권위를 높이기 위한 경복궁 재건에 필요한 비용을 조달하려고 원납전을 강제 징수하고, 10만 냥 이상을 헌납하는 자는 수령 군수에 임명하고, 1만 냥 이상은 등관을 허락하는 등 매관매직으로 공사비를 충당하는 사태를 벌이기도 했다.

대원군과 관련하여 가장 논란이 되는 것은 바로 '쇄국 정책'이다. 그는 집권 내내 극단적인 쇄국 정책으로 일관했는데, 그 결과 조선은 미국, 프랑스 등의 서구 열강과 무력 충돌을 피할 수 없었다. 1832년과 1845년 영국의 통상 요구, 1846년 프랑스의 통상 요구, 1864년 이후 러시아의 통상 요구가 잇따르자 당시 집권자이던 홍선대원군은 서양과의 교역을 금하고 문호를 닫았며, 천주교 탄압을 단행했다. 홍선대원군은 조선에 들어와 교세를 확장시키고 있는 신부들을 서양 열강의 앞잡이로 인식했으며, 당시 청나라의 천주교 탄압을 본받아 천주교를 철저히 탄압하였다. 결국 1866년 천주교 신도 8,000여 명이 학살되고, 포교 활동을 하던 프랑스 인 신부 12명 중 9명이 처형당하는 병인박해가 일어났다. 이때 탈출한 3명의 신부 중 리델 신부가 프랑스 공사 H. D. 벨로네에게 이 사실을 전하면서 문제가 발생했다.

그해 9월 프랑스는 신부 처형에 대한 문책과 문호 개방을 요구하며 군함 7척을 이끌고 강화도를 공격했다. 그러나 강화도 수비군의 완강한 저항으로 목적을 이루지 못하고 퇴각했다. 이것이 병인양요이다.

또 미국의 상선 제너럴셔먼 호가 대동강을 거슬러 올라와 통상을 요구하다가 "서양 오랑캐들과는 상종하지 않는다." 하며 거절당하자 대포를 쏘며 상륙해 민가를 습격했다. 이에 성난 평양의 백성들은 제너럴셔먼 호에 불을 지르고 선원 24명을 모두 죽였다. 그러자 1871년, 미국 정부는 조선에 그 책임을 따지고 무력으로 통상 교섭을 하려 했지만 강화의 수비대에게 심한 타격을 받고 쫓겨갔다. 이것이 신미양요이다.

두 차례의 양요를 물리친 흥선대원군은 전승의 기세를 몰아 쇄국 정책을 더욱 강화하고 척사의 결의를 다짐하기 위해 전국 각지에 척화비斥和碑를 세웠다. 이 척화비문에는 "서양 오랑캐가 침범함에도 싸우지 않음은 즉 화和하는 것이요, 화를 주장하는 것은 곧 나라를 파는 일이다 洋夷侵犯非戰則和主和賣國."라는 글을 새겨 놓았다. 흥선대원군의 쇄국 결의가 얼마나 단호했던가를 짐작하고도 남는다. 쇄국 정책으로 인해 조선은 근대화와 문호 개방이라는 새로운 사태에 대응할 만한 대책을 마련하지 못한 채 국제 무대에서 완전히 고립 상태에 놓였고 외래 문명의 흡수가 늦어지게 되었다.

대원군은 왕권을 강화시키고 세도 정치를 불식시키기 위해 집권 초기부터 안동 김씨의 세도 정권을 무너뜨리려 부던히 노력했다. 그러나 안동 김씨를 몰아낸 자리를 외척인 민씨 세력들이 차지하고 권력을 휘두르는 사태가 벌어졌다. 며느리인 명성황후는 대원군을 반대하는 세력들을 포섭하고 고종의 친정親政을 계획했다. 결국 그는 10년 만에 실정失政에 대한 최익현의 탄핵을 받고 권력에서 밀려나게 되었다. 1873년 11월 고종이

친정을 선포하자 흥선대원군은
운현궁으로 은퇴하였다.

하지만 그는 계속해서 정계 복
귀를 노렸고 나라가 격변의 소용
돌이에 휘말릴 때마다 사람들은
그를 기다렸다. 첫 번째 계기는
1881년의 위정척사운동이었다.
수신사 김홍집金弘集이 일본에서
가져온《조선책략朝鮮策略》의 반
포를 계기로 전국의 유생들이 척
사상소운동斥邪上疏運動을 전개하
였는데, 그때 승지 안기영安驥永
등이 민씨 정권을 타도하고 대원
군의 서장자庶長子 재선載先을 왕
위에 앉히려고 했다. 이 시도는

최익현[국립중앙박물관 소장(중박201009-405)]

실패했지만 흥선대원군은 1년 뒤 임오군란으로 민씨 일파를 몰아내고 다
시 권좌에 올랐다.

재집권한 흥선대원군은 다시 한 번 과단성 있는 정책을 신속하게 밀고
나갔다. 군제를 개혁하고 인사 개혁을 단행하며 민씨 세도 정권을 무너뜨
리는 조치를 취해 나갔다. 그러나 명성황후의 책동으로 청나라 군대에 체
포되어 톈진으로 연행되었고, 바오딩부에 4년간이나 유폐 생활을 했다.
1885년 8월 이노우에 가오루井上馨와 이홍장李鴻章의 밀의에 의해 서울로
돌아왔지만 운현궁에서 반감금 상태로 지냈다. 그러던 중 1887년 청나라
의 위안스카이袁世凱와 결탁하여 고종을 폐위시키고 장남 재황載晃을 옹

립하여 재집권하려다가 실패했다.

　독일, 프랑스, 러시아 3국의 간섭으로 친러파인 민씨 일파가 득세하자, 흥선대원군은 청일전쟁 이후 강성해진 일본과 손을 잡았다. 일본 공사 미우라 고로三浦梧樓는 조선에서 친러파를 척살하고 일본의 영향력을 강화하고자 정치 낭인들과 일본군을 동원하여 궁중을 습격할 계획을 세웠다. 미우라는 은거 중이던 흥선대원군을 내세워 입궐의 명색을 꾸미고 경복궁에 쳐들어가 명성황후를 살해하고 친일내각을 세웠다. 그리고 흥선대원군의 위세를 빌려 만행을 은폐하고자 하였다. 하지만 친러 정부가 정권을 다시 잡자 흥선대원군은 은퇴한 후 양주로 돌아가 은거했다. 1898년 세상을 떠났고, 1907년(광무 11) 대원왕大院王에 추봉되었다.

안동 김씨와 60년간의 세도 정치

세도 정치의 본래 의미는 조광조가 도학의 원리를 정치 사상으로 심화시킨 데에서 주창된 것으로, '세상 가운데의 도리'인 세도世道를 실현하는 정치를 말한다. 조광조는 이를 위해 세도의 책임자가 정치를 이끌어야 한다고 보았다.

그러나 조선 시대 순조, 헌종, 철종 대에 실제로 전개되었던 정치 형태를 칭할 때는 세도의 책임을 맡은 자가 세도를 빙자해 세력을 휘둘렀다는 부정적인 의미에서 '세도 정치'라고 불렀다.

1800년 정조가 죽고 순조가 열한 살의 어린 나이로 즉위하자 정조의 유탁을 받은 김조순이 영조의 계비인 정순왕후의 수렴청정에 협조하면서 그의 딸을 순조의 비로 들이는 데 성공했다. 그러나 1805년 정순왕후가 세상을 뜨자 정순왕후 편에서 세도를 휘둘렀던 벽파 일당이 몰락하고, 순조의 외척인 안동 김씨의 세도 정치가 시작되었다.

여기에는 안동 김씨 이외에 시파의 대가인 남양 홍씨, 풍양 조씨, 여흥 민씨, 동래 정씨, 나주 박씨 등이 연계되어 있었다. 순조의 아들인 효명세자의 빈으로 풍양 조씨 만영의 딸이 간택되었는데, 효명세자가 일찍 죽고 그 소생이 여덟 살의 어린 나이에 헌종으로 등극했다. 때문에 순조의 비 순원왕후의 수렴청정 아래 김조순의 아들 김좌근이 정권을 잡아 안동 김씨 일문의 독재가 계속되었다. 한때 헌종의 외척인 풍양 조씨 일문이 정권에 접근했으나 김조근의 딸이 헌종의 비로 간택됨에 따라 안동 김씨의 세도 정치는 계속 이어졌다. 그 이후 순원왕후의 근친인 김문근의 딸까지 철종의 비로 간택되면서 조정은 안동 김씨의 세상이 되었다. 60여 년 동안 안동 김씨의 세도가 어찌나 드셌던지 남자를 여자로 만드는 일 외에는 못하는 일이 없다는 풍문이 나돌 정도였다.

이러한 세도정권의 정치적 폐해는 삼정三政의 문란을 가져왔고, 뇌물이 성행함은 물론이거니와 벼슬을 사고파는 매관매직이 공공연하게 이루어졌다. 관직을 산 수령들이 백성들을 착취해 그것을 벌충하자 백성들의 삶은 더욱 피폐해졌다.

순조의 즉위와 함께 시작된 19세기는 굶주림과 학정에 성난 백성들이 끊임없이 민중봉기를 일으킨 시대였다. 홍경래의 난을 비롯한 수백 차례의 농민봉기는 정권 교체나 기득권 획득을 위해서가 아니라 생존을 위한 민중의 항거였다. 60년간 계속된 세도 정치는 농민항쟁으로 조성된 정치적 위기 속에서 1863년 고종의 왕위 계승을 계기로 막을 내렸다.

고종

격동의 역사 속 비운의 황제

高宗(1852~1919년)

- 조선 제26대 왕(재위 1863~1907년).
- 명성황후와 대원군의 세력 다툼 속에서 일본을 비롯한 열강의 내정 간섭을 겪었다.
- 헤이그 밀사 사건으로 황태자(순종)에게 양위한 후 퇴위하여 덕수궁에서 만년을 보내다가 1919년 1월 21일 서거하였다.

고종이 왕위에 오르던 시기는 세계 열강이 호시탐탐 조선을 노리고 있던 혼란한 상황이었다. 1866년 프랑스 인 신부와 천주교도들을 처벌한 사건으로 병인양요가 일어났고, 같은 해 7월에는 대동강에 들어와 약탈을 일삼던 미국 상선 제너럴셔먼 호를 평양인들이 불태워 버리는 사건이 발생했다. 하지만 흥선대원군은 단호하게 이들을 모두 물리치고 철저한 쇄국 정책으로 일관했다.

고종의 친정親政이 시작된 후에도, 정권은 왕비 민씨와 그 일족인 민승호閔升鎬, 민겸호閔謙鎬, 민태호閔台鎬로 대표되는 민씨 일가로 넘어갔고 외척 정치가 시작되었다. 고종은 왕비 민씨와 대원군의 세력 다툼 속에서 국

·란을 헤쳐 나가야 했고 을미사변으로 왕비 민씨를 잃은 후에는 공포와 혼돈의 틈바구니에서 조선의 앞날을 지키기 위해 고군분투하다가 생을 마감했다.

고종은 흥선대원군 이하응의 둘째 아들로, 대원군의 사저에서 출생했다. 철종이 후사 없이 죽자 안동 김씨와 반목하던 신정대비 조씨에 의해 왕위에 올랐다. 어머니는 부대부인 민씨이다. 즉위할 당시 열두 살의 어린 나이였기에 즉위 후 10년간은 아버지인 대원군이 섭정을 했다.

대원군의 섭정 기간 동안 그는 왕으로서의 자질과 능력을 기르는 데 힘썼다. 공제일(公除日, 국상으로 애도하는 날)에도 경연을 열 정도였다. 대왕대비 조씨의 인도와 권면, 그리고 연신筵臣들의 노력과 충언도 도움이 되었다. 그는 혼란스러운 국내외의 정세를 파악하면서 정치 감각을 키워 나갔다.

고종은 즉위한 지 3년이 되는 1866년 3월 창덕궁 인정전에서 여성부원군 순간공 민치록閔致祿의 딸 민정호閔貞鎬를 왕비로 맞아들였다. 그녀는 아홉 살 때 부모를 여의고 여주의 본가에서 가난하게 자라다가 열여섯 살이 되던 1866년 고종의 생모인 부대부인 민씨의 추천으로 왕비에 책봉되었다. 왕비는 1871년 원자를 낳았으나 5일 만에 요절했고, 3년 후 순종 황제가 되는 세자 척坧을 낳았다. 이 외에도 두 아들과 딸을 더 낳았으나 모두 일찍 요절했다.

고종은 황후 민씨 외에도 몇 명의 후궁을 두었다. 고종보다 두 살 연하인 순헌황귀비 영월 엄씨는 여덟 살에 궁에 들어와 명성황후의 시위상궁으로 있다가 황후가 시해된 후부터 고종 곁에 머물렀다. 아들 은垠을 낳은 후 귀인에 책봉되었고, 다시 순비純妃로, 대한제국 선포 후에는 순헌귀비純獻貴妃로 진봉되었다. 은垠은 영왕에 책봉되었는데, 국운의 쇠망과

고종 20세기 초 화가 채용신이 그린 어진으로 비단에 색을 칠하는 기법으로 그려져 있다. 국립중앙박물관 소장(중박201009-405).

함께 유학이라는 명목으로 열한 살의 나이에 일본에 볼모로 가는 비운을 겪었다. 귀인 영보당 이씨는 완화군을 낳았고, 귀인 장씨는 의화군 강(堈, 훗날의 의왕)을 낳았으며 귀인 복녕당 양씨는 옹주인 덕혜옹주를 낳았다. 덕혜옹주는 일본의 강압으로 일본의 쓰시마 섬주의 후손 소 다케유키宗武志와 강제로 혼인한 뒤 불행한 삶을 살았다. 이외에도 귀인 광화당 이씨가 왕자 육堉을 낳았고, 귀인 보현당 정씨가 왕자 우堣를 낳았으며, 귀인 내안당 이씨가 딸을 낳았으나 모두 요절했다.

홍선대원군의 섭정이 끝나고 고종은 친정을 시작했지만 국내외 상황은 녹록치 않았다. 1875년에는 운요호 사건이 발생했다. 일본 군함인 운요호는 인천의 영종도를 지나 강화도 남단에 있는 초지진을 거슬러 올라와 군대를 상륙시켜 살육과 약탈을 감행했다. 이는 통상을 강요하는 일종의 시위였다. 이 사건을 계기로 조선은 이듬해 일본과 강화도조약을 체결했다.

이 조약의 주요 골자는 조선과 일본이 자주적인 국가로서 평등한 권리를 갖는다는 것과 부산 이외의 두 곳의 항구를 개항하는 것, 그리고 일본의 치외법권과 해안측량권을 주는 것 등으로 조선에 절대적으로 불리한 내용이었다.

하지만 이 조약으로 조선은 개국과 함께 새로운 문물을 접하게 되었다. 1880년 통리기무아문統理機務衙門을 설치해 개화 정책을 관장하게 하고, 신사유람단을 일본에 파견하는 한편, 신식 군대 별기군別技軍도 창설했다. 청나라의 중재로 조미 수호통상조약을 체결하면서 구미 각국과도 수교했다. 그러나 이러한 개화 정책은 조정을 개화당과 사대당의 극심한 알력 속에 빠지게 했고 임오군란과 농민봉기들을 야기했다. 고종은 이듬해 민영익 등 보빙사를 서방에 파견해 임오군란 이후 지나치게 커진 청나라 세력을 견제하고자 했다. 1884년 갑신정변 당시 김옥균, 박영효 등 개화파가 고종을 보필했으나 고종은 중립적 입장을 유지했고 마침내 청나라의 군사적 압력으로 급진 개화파의 혁명은 수포로 돌아갔다. 이후 청나라의 압력은 더욱 거세어졌고 러시아의 위협 증대, 영국 군함의 거문도 점령 사건이 잇달았다. 그러자 1885년 일본은 조선에서 청나라의 우월권을 배제하고, 청과 일본이 동등한 세력을 가질 수 있게 하는 청일 간의 톈진조약을 체결했다.

이후 잠시 소강 상태를 보이던

고종 일가 영친왕, 순종, 의친왕, 덕혜옹주와 함께한 고종 황제 일가.

청일전쟁 일본이 청에 대해 승리함으로써 아시아의 패권이 청에서 일본으로 넘어갔다. 이후 일본은 아시아 유일의 열강 국가로서 조선과 청나라에 대한 침략을 강화했다.

정국은 1894년에 일어난 동학농민혁명을 계기로 청나라와 일본 양국의 군대가 조선에 들어오고, 마침내 청일전쟁이 일어났다. 그때 고종은 김홍집 등 중도 개화파를 등용해 갑오개혁을 시행하고 개국 연호를 사용하였으며 〈홍범14조〉를 발표함으로써 본격적인 개화의 문을 열었다. 청일전쟁이 일본의 승리로 끝나면서 조선에 대한 지배 기반을 굳힌 일본은 본격적으로 내정 간섭을 시작했다. 그러나 일본이 러시아, 프랑스, 독일의 간섭으로 랴오둥 영유領有를 포기하고 국제적 위신이 떨어지자 민씨 일파는 러시아와 손을 잡고 친일내각을 무너뜨렸다. 그리고 이범진李範晋, 이완용 李完用 등을 등용해 제3차 김홍집 내각을 구성했다. 이에 맞서 일본 공사 미우라 고로는 1895년 10월 일본인 자객들을 앞세워 경복궁으로 들어가 명성황후를 시해하는 을미사변을 일으켰다. 그리고 고종을 협박해 친러파 내각을 물러나게 하고 유길준 兪吉濬 등을 중심으로 한 제4차 김홍집 내각을 수립했다.

자신의 왕비조차 지키지 못한 고종의 상심은 컸다. 그러나 공포가 더 컸다. 을미사변 이후 고종이 신임하던 시위대 지휘관들은 대부분 친일파로 교체되고, 궁중 경호를 명분으로 일본 군인들이 대거 입궁했다. 고종은 명색이 왕이었을뿐 국정에 대해서는 아무런 발언권도 행사하지 못했다. 뿐만 아니라 독살될지도 모른다는 걱정에 제대로 식사도 하지 못했다. 절박한 상황에서 고종이 의지한 사람은 주로 서양의 선교사들이었다.

을미사변 이후 일본에 대한 조선 백성들의 감정 역시 극도로 악화되었다. 각지에서 의병이 일어나 정국이 소란해지자 러시아 공사 베베르K. I. Veber는 공사관을 보호한다는 구실로 러시아 군 100명을 서울로 데려왔다. 기회를 노리던 이범진 등은 베베르와 공모하여 1896년 2월 11일 새벽, 고종과 세자를 가마에 태워 러시아 공사관으로 피신시켰다. 유폐나 다름 없었다. 이것이 바로 아관파천이다.

이후 임금을 만나기 위해서는 러시아 공사의 승인을 받아야만 했다. 한 나라의 국왕이 일개 공사관으로 몸을 피하자 국가의 위신은 추락했고 백성들 사이에서는 환궁 여론이 들끓었다. 조정에서는 김홍집, 정병하鄭秉夏, 어윤중魚允中 등 개화파 인사가 살해되고 다시 친러내각이 성립되었다. 아관파천은 청일전쟁 이후 동아시아에서 패권을 차지하려 한 일본과 이를 저지하려는 러시아의 세력 다툼의 결과였다.

1897년 2월 20일 고종이 다시 환궁하기까지 러시아 공사관에 머무르던 1년 동안 러시아를 선두로 한 구미 열강은 왕실을 보호하는 대가로 각종 경제적 이권들을 약탈해 갔다. 고종은 1897년 2월 25일 러시아와 일본의 협상에 따라 경운궁(慶運宮, 지금의 덕수궁)으로 돌아왔다.

고종이 환궁하자 황제 즉위를 요청하는 상소문들이 줄을 이었다. 백관들의 간청이 이어지자 고종은 "부득이 따르기로 한다."라며 황제 즉위를 허락했다. 연호를 '광무光武'라 고치고, 국호를 조선에서 '대한'으로 하고 환구단에서 황제 즉위식을 했다. 왕이 황제가 된 것은 청나라의 영향력에서 완전히 벗어나겠다는 선언과 마찬가지였다. 더 이상 중국 황제의 책봉을 받는 왕이 아니라 천지신명에게 책봉을 받는 천자가 된 것이다. 고종은 황제가 됨으로써 쓰러져 가는 나라를 다시 일으켜 세울 도약의 계기로 삼고자 했다. 그리고 부국강병을 이루기 위한 광무개혁을 추진했다.

1904년 러일전쟁에서 일본이 승리하자 조정의 친러파들은 친일파로 돌변해 일본 공사관에 모여들었다. 조선과 일본은 그해 2월 한일의정서를 체결했다. 이어 8월에는 제1차 한일협약을 체결했고 이듬해 11월에는 이토 히로부미伊藤博文가 파견되어 궁궐을 포위하고 황제와 대신들을 위협해 제2차 한일 협약인 을사조약에 조인할 것을 강요했다. 참정대신 한규설 등 몇몇 대신은 조인을 완강히 거부했으나 박제순, 이지용, 이근택, 이완용, 권중현 5명의 찬성으로 을사조약이 체결되었다. 조선은 외교권을 일본에 빼앗김으로써 병자호란 이래 국가 존망의 위기를 맞았다. 소식이 전해지자 조약의 취소를 호소하는 상소문이 잇달았고 곳곳에서 시위가 일어났다.

고종은 1907년 네덜란드의 헤이그에서 열리는 제2회 만국평화회의에 밀사를 파견하기로 결심했다. 신임장과 친서를 받은 이준李儁, 이상설, 이위종 등은 회담이 개최되기 며칠 전에 도착해 한국의 전권위원으로서 회의에 참가하기를 요구하고, 일본의 부당성을 호소했다. 그러나 일본 대표 고무라의 방해 공작으로 만국평화회의 의장인 러시아 대표 넬리도프는 "동조약이 이미 국제적으로 승인된 이상 다시 국제회의에 상정해 논의할 수 없으며 조선 대표도 참석할 수 없다."라고 거절했다.

3명의 대표는 열강의 여론의 환기시키기 위해 영국, 미국, 프랑스의 대표들을 방문해 을사조약의 부당성을 역설하고 각국의 신문을 통해 일본의 침략 행위를 밝혔다. 이는 각국 대표들에게 많은 동정을 얻었지만 구체적인 성과는 없었다.

이 사실이 발각되자 일본은 이토 히로부미를 통해 고종을 문책했다. 이토는 이완용과 비밀리에 접촉하여 몇 번의 내각회의를 소집한 후 고종에게 양위讓位할 것을 강요했다. 고종은 완강히 거부했지만 일본에 대항할 힘은 없었다. 고종은 황태자(순종)에게 양위한 후 이강년李康年에게 밀지를 내려 의병을 일으킬 것을 호소하는 등 일본에 항거했지만 역부족이었다. 그리고 1910년 대한제국이 일본에 합병되고 국권을 상실하면서 이태왕李太王으로 불리다가 1919년 1월 21일 서거했다. 장지는 금곡에 있는 홍릉으로 명성황후와 함께 합장되었다. 고종이 재위한 44년은 민족의 격동기로 그는 흔들리는 국운과 명운을 함께했다. 독살설 속에 치러진 고종의 장례는 3·1운동이 일어나는 하나의 계기가 되었다.

을사조약과 을사오적

1905년 일본은 을사조약을 체결하여 대한제국의 외교권을 박탈했다. 이에 찬성한 대한제국 대신은 학부대신 이완용, 내부대신 이지용, 외부대신 박제순, 군부대신 이근택, 농상공부대신 권중현 5명이다. 이들을 을사오적이라고도 일컫는다. 특히 이완용은 을사조약 체결을 지지하고 서명을 주도했으며 의정부를 내각으로 고친 후 내각총리대신이 된 을사오적의 대표적인 인물이다. 또한 그는 헤이그 특사 사건 후 고종에게 그 책임을 추궁하며 순종에게 양위할 것을 강요했다.

1905년, 즉 을사년에 체결된 이 조약의 정식 명칭은 을사보호조약으로 명목상 한국은 일본의 보호국이 된다는 것이다. 그러나 사실상 일본 제국주의의 식민지화를 미화하는 것에 지나지 않는다는 비판에서 흔히 을사조약이라는 명칭을 사용하는데, 조약 체결 과정의 강압성을 비판하는 의미에서 '을사늑약乙巳勒約'이라고 부르기도 한다.

조약의 주요 내용은 한국의 외교권을 빼앗고, 통감부와 이사청을 두어 일본이 대한제국의 내정을 장악하는 데 있다. 을사조약을 기초로 개항장과 13개의 주요 도시에 이사청과 11개의 도시에 지청支廳이 설치되어 일본의 식민지 지배의 기초가 마련되었으며, 통감부는 병력 동원권과 시정 감독권 등을 보유한 최고 권력기관으로 군림하게 되었다.

조약 체결의 명분은 "조약 체결을 거부하면 일본이 무력으로 조선을 침략할 것이므로 차라리 체면을 살리면서 들어주자."라는 것으로 대신들 중 참정대신 한규설韓圭卨, 탁지부대신 민영기閔泳綺를 제외하고 모두 조약 체결의 불가피함을 인정했다. 그리하여 박제순과 일본의 전권공사 하야시 곤스케林權助 간에 을사조약이 체결되었다.

을사조약을 반대하는 목소리가 전국적으로 높아지면서 이들 오적에 대한 응징 기도도 빈번하게 일어났다. 기산도奇山度, 구완희具完喜 등이 이근택을 암살하려 했고, 1907년 3월 오기호吳基鎬, 나인영羅寅永 등의 을사오적 암살단이 이들을 제거하려 했으나, 뜻을 이루지 못했다. 또 1909년 서울 종현 성당에서 이재명李在明이 이완용을 암살하려 했으나, 부상을 입히는 데 그치고 말았다. 그러나 을사오적은 한일합방 후에 모두 친일의 대가로 '조선귀족령'에 따라 일본의 작위를 수여받았다.

풍전등화의 조선에서 치열하게 살다 간 여걸
명성황후

明成皇后(1851~1895년)

▎조선 제25대 국왕 고종의 비. 구한말 국내외적 혼란기에 흥선대원군을 비롯한 외세와의 대립 속에서 정치적 영역을 확대했다.

▎개국 정책으로 일본과 수호조약을 체결했고, 임오군란과 갑신정변 때에는 청군의 개입으로 정권을 잡았다.

▎1895년 을미사변으로 일본 낭인들에 의해 살해되었다.

한국 근대사의 극적인 요소를 한 몸에 체현한 인물인 명성황후에 대한 평가는 극과 극이다. 개화의 선각자이며 탁월한 능력을 발휘한 정치가이자 일제의 국권 침탈에 저항한 국모라는 평가가 있는가 하면, 다른 한편으로는 시아버지 흥선대원군과 추악한 권력 투쟁을 벌인 부덕한 며느리이자 고종을 허수아비로 만든 권력욕의 화신이라는 평가도 있다. 하지만 이는 사료에 의한 것이라기보다는 그동안 만들어진 드라마나 소설 등을 통해 심어진 인식이거나 일본인들에 의해 의도적으로 왜곡되어 온 평가이다. 그러나 누구도 부인할 수 없는 사실은 명성황후가 구한말 일제에 목숨을 빼앗긴 조선의 국모로 풍전등화의 조국에서 치열하게 살다 간 여걸이었다는 사실이다.

명성황후는 1851년 9월 25일 경기도 여주 근동면 섬락리에서 민치록閔
致祿과 한산 이씨의 딸 사이에서 태어났다. 태종의 비인 원경왕후와 숙종
의 비인 인현왕후를 배출한 명문가였다.

명성황후는 여덟 살에 부모를 여의고 친척집에서 자라다가 열여섯 살
에 왕비로 간택되어 한 살 아래인 고종과 가례를 올렸다. 고아인 민씨를
왕비로 천거한 사람은 바로 흥선대원군의 부인 민씨였다. 이는 외척의 발
호를 막고자 하는 대원군의 의중을 따른 것이기도 했다.

그러나 명성황후는 결혼한 지 5년이 지나도록 자식을 낳지 못했다. 게
다가 대원군이 고종의 총애를 받던 궁인 이씨 소생의 완화군을 세자로 책
봉하려 하자 그녀의 위기의식은 더욱 커졌다. 엎친 데 덮친 격으로 명성
황후가 낳은 첫아들은 선천적 기형으로 5일 만
에 세상을 떠나고 말았다. 명성황후는 이것이
대원군이 보낸 산삼 때문이라고 생각하고 이
때부터 대원군을 멀리하게 되었다는 설도 있
다. 다행히 1874년 다시 왕자를 낳았지만 이후
낳은 2남 1녀 모두 1년을 넘기지 못하고 세상
을 떠났다. 유일하게 살아남은 세자마저도 병
약하고 잔병치레가 많았다. 이런 상황에서 명
성황후는 무슨 일이 있어도 세자만은 지켜야
한다는 의지를 불태우게 된 것으로 보인다.

명성황후는 어린 시절 아버지 민치록에게 글
을 배울 때 몇 번만 읽으면 바로 암송할 정도로
기억력이 좋아 어떤 일이든 한 번 본 것은 절대

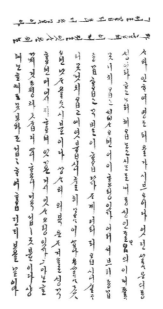

명성황후 어필

영친왕비의 적의 조선 시대 여성 최고 신분의 복식인 적의는 조선 시대 말까지 왕비와 왕세자빈의 궁중 대례복으로 사용되었다. 원래는 붉은 비단으로 지었으나 1897년 왕과 왕비가 각각 황제와 황후로 승격되면서 청색으로 바뀌었다. 국립고궁박물관 소장.

잊지 않았다고 한다. 또 독서를 좋아해 왕비 수업을 받는 중에도 《소학》, 《효경》,《여훈女訓》 등을 밤새 읽었다고 한다. 국제 정세의 동향에도 관심이 많아 조선을 방문하는 외국인들에게도 적극적으로 호감을 표명했다. 명성황후를 만난 영국 여행가 이사벨라 비숍Isabella Bird Bishop에 따르면, 그녀는 영국의 왕과 내각의 관계, 관리 등용 제도, 왕비가 장관을 해임할 수 있는지 등에 대해 자세하게 물었다고 한다. 이러한 정보는 외교가 중요한 시기였던 당시 그녀의 중대 관심사였을 것이다.

대원군의 섭정이 10년이 넘어가는 1873년, 스무 살을 넘긴 고종은 왕권을 되찾고자 했다. 여기에 명성황후가 적극적으로 독려하면서 대원군과 명성황후의 갈등이 본격적으로 시작되었다. 대원군이 쉽게 물러나려 하지 않자 명성황후는 노론 세력을 등에 업고 최익현으로 하여금 탄핵 상소를 올리게 하여 대원군을 정계에서 밀어냈다. 그러나 그해 11월 고종이 친정을 선언한 후에도 조정에서 대원군의 힘은 막강했다. 고종과 명성황후는 자신들만의 세력이 필요했고, 이는 민씨 일족의 등용으로 이어졌다.

명성황후는 특히 친정 조카인 민영익을 개화정권의 핵심 세력으로 삼으려고 했다. 그러나 무리한 개화는 국가 재정을 한계에 이르게 했고 민심도 나빠져 임오군란을 유발하는 계기가 되었다. 임오군란은 신식 군대인 별기군을 창설한 후 구식 군대에 대한 차별대우에 불만을 품은 구식 군인들이 일으킨 봉기이다. 13개월 치의 봉미를 받지 못하고 있던 구식 군인들은 한 달 치 봉미를 준다는 소리를 듣고 갔다가 반은 썩고 반은 모래인 봉미를 보고 분노했다. 군인들은 들고 일어나 무기고를 부수고 무장한 뒤 민씨 일파의 집을 찾아다니며 집을 부수고 닥치는 대로 잡아 죽였다. 구사일생으로 궁궐을 빠져나온 명성황후는 충주 목사 민응식의 집에 피신해 목숨을 구했다. 그녀는 이 사태를 해결하기 위해 청나라에 구원을 요청했다.

한편 이 난을 수습하기 위해 대원군이 다시 정치 전면에 등장했다. 대원군은 왕비가 죽었다고 공표하고 가짜 국장을 치렀다. 그러나 한 달 후 대원군은 청나라에서 파병된 군대에 납치되고, 명성황후는 50여 일 만에 경복궁으로 돌아왔다. 이후 더욱 위기를 느낀 명성황후는 민씨 일족에게 의지하며 조정의 요직을 내주었다. 그런데 명성황후가 불러들인 청국 군대가 돌아가지 않는데다 그녀가 청국 군대에만 의지하는 모습을 보이자 위기를 느낀 김옥균, 박영효 등을 중심으로 한 개화파들이 정변을 일으켰다. 1884년에 일어난 이 정변으로 민영익이 중상을 입고 많은 민씨 일파가 피살되면서 명성황후는 일본과 급진개화파를 경계하게 되었다. 그러나 갑신정변은 청군의 개입으로 '3일 천하'로 끝나고 김옥균과 박영효는 일본으로 망명했다.

갑신정변 후 그녀는 외교면에서 여러 통로를 개척하면서 국정 전반에 나서게 되었다. 하지만 오랜 외척의 득세로 국가 재정이 바닥나고 백성들의 삶이 피폐해지면서 동학농민혁명이 일어났다. 들불처럼 타오른 혁명군은 전주를 점령하고 충청도까지 위협하는 등 순식간에 전국적으로 퍼져나갔다. 명성황후는 청에 도움을 요청했고 이에 일본도 대규모 병력을 파병했다. 두 나라 군대는 조선 땅에서 싸움을 벌였고 전쟁은 일본의 승리로 끝났다. 이후 일본의 노골적인 내정 간섭에 명성황후는 러시아의 힘을 빌려 일본을 견제하기로 했다. 일본에 망명한 박영효를 복권시켜 내무대신을 맡기고 친일파를 제거하면서 '일본은 조선의 자주독립을 위해 조선의 내정을 간섭하지 말라'라는 요지의 성명까지 발표했다. 일본은 명성황후를 조선 침략에 가장 큰 걸림돌이라고 생각하면서 은밀히 제거공작에 착수했다.

1895년 8월 일본 공사관 밀실에서 미우라를 비롯한 서기관 스기무라, 조선군부 고문 오카모토 등이 모여 비밀리에 행동 계획을 세웠다. 일본군과 낭인들이 실질적인 거사를 담당하되, 겉으로는 조선군을 내세워 쿠데타로 가장해 명성황후를 제거하고 대원군을 꼭두각시로 내세운다는 내용이었다.

을미사변을 일으킨 일본 낭인들

10월 8일 오전 7시 경복궁에 일본군 140여 명과 낭인들이 나타나 궁궐 수비대와 총격전을 벌이기 시작했다. 총격전이 한창일 때 은밀히 궁궐의 담을 넘은 한 무리의 낭인들이 건청궁으로 달려갔다. 이곳에는 고종의 침전인 곤녕전과 명성황후의 침전인 옥호루가 있었다. 이들은 궁내부대신 이경직을 살해하고 궁녀와 환관 40여 명을 살해한 뒤 옥호루에서 피신하는 명성황후를 살해하고 시신을 불태웠다.

　을미사변은 고종이 아관파천을 결정하게 된 주요 원인이었고, 의병 봉기의 계기가 되었다. 이 사건이 국내외에 널리 알려지면서 많은 나라들이 일본에 강경하게 항의하자 일본은 미우라 등 관계자 48명을 히로시마 감옥에 가두었으나 형식적인 취조를 거쳐 증거 불충분으로 전원 석방시켰다.

　명성황후는 시해된 후 폐서인되었지만 같은 해 다시 복위되었고, 2년 뒤인 1897년 10월 대한제국 수립과 더불어 명성황후로 추존되었다.

암살당한 개혁의 불꽃
김옥균

金玉均 (1851~1894년)

▌조선을 속국으로 생각하는 청나라의 내정 간섭을 치욕적이라고 비판했고, 일본의 힘을 빌려 조선의 개혁을 꾀하고자 했다.

▌1884년 12월 4일 우정국 낙성연을 계기로 갑신정변을 일으켰다.

▌문벌의 폐지, 인민평등 등 근대 사상을 기초로 하여 낡은 왕정사 자체의 문제를 궁극적으로 해결하고자 하는 혁명적 의도를 지닌 근대적 인물이었다.

김옥균은 급진개화파의 지도자로 갑신정변을 주도했으며, 우리나라 개화 사상의 형성에 큰 역할을 한 인물이다. 그는 꺼져 가는 조선의 명운을 걱정하며 시대의 흐름에 맞게 개화해야 나라의 발전을 꾀할 수 있다고 주장했다. 당초에 온건 개혁 노선을 추진했지만 민씨 일파의 반대에 부딪히자 쿠데타를 일으키게 되었다. 그러나 그의 개혁은 실패로 끝났다. 소수의 개화파 인사들에 의해 진행된 개혁은 민중들의 지지를

김옥균

받지 못했고, 외세에 의존하는 부분이 컸기 때문이다. 그러나 부강한 나라를 만들고자 했던 그의 의지와 애국심만큼은 높이 평가받을 수 있을 것이다.

김옥균은 충남 공주에서 몰락한 양반 김병태金炳台의 맏아들로 태어났다. 그는 일곱 살 때 천안에 사는 당숙인 좌찬성 김병기金炳基의 양자로 들어갔다. 열한 살에 양아버지인 김병기가 강릉 부사로 부임하자, 그곳 송담서원에서 이이의 학풍의 영향을 받으면서 학문의 기초를 닦았다.

서울에 올라온 그는 1872년에 스물두 살의 나이로 알성문과에 장원급제했는데 이즈음 민씨 세력과 유림들의 공격으로 대원군이 물러나는 과정을 직접 보게 되었다. 그러자 조정은 민씨 일파의 독무대가 되었고, 외척 정치의 온갖 악폐가 되살아나면서 조선은 점점 수렁에 빠져들었다. 정치에 발을 막 내딛은 김옥균은 이러한 현실을 목도하면서 조선에는 새로운 사상에 의한 대혁신이 필요하다는 것을 절감하게 되었다. 그는 한두 해 전부터 개화통상론자이며 정계의 거물이던 박규수의 사랑방에 드나들면서 유대치劉大致, 오경석吳慶錫 등의 지도를 받고, 박영효朴泳孝, 서광범徐光範, 홍영식洪英植 등과 교유하면서 개화 사상을 접했다. 이 과정에서 그는 뜻이 맞는 인물들과 교류하면서 일종의 정치적 결사체를 조직하게 되었다.

그에게 가장 큰 영향을 준 인물은 박규수이다. 그는 박지원의 손자이며 청나라에 다녀온 인물로 당시 사대부들 중에서는 가장 개화된 인물이었다. 그는 민씨 세력이 득세하자 관직에서 물러나 재동에 머물면서 청년들에게 신문물과 개화 사상을 가르쳤다. 의기충천한 청년들은 그의 집 사랑방에 몰려들어 국가의 장래에 대해 토론하고 모임을 가졌다. 김옥균도 이런 청년들 중 하나였다.

의원 유대치는 오경석, 이동인 등과 같은 개화파 인사들과 교류하면서 선진 문물을 소개하는 책들을 읽고 개화의 중요성에 대해 눈뜬 인물이다. 그는 자신의 이념과 지식을 젊은 청년들에게 전하며 신분과 관계없이 스승과 제자로 지냈다. 역관 오경석은 여러 차례 중국을 방문하면서 국제 정세에 대해 자연스레 눈뜨게 되었고 나라의 장래를 걱정하면서 청년들에게 중국에서 가져온 책들을 나눠 주었다. 그는 일개 역관이었으나 국제적 외교 절차를 아는 유일한 조선의 관리였다. 일본과 통상수호조약을 맺을 당시 척화파들의 반대를 극복하고 협상을 추진한 사람이기도 하다. 봉원사 소속의 승려 이동인은 처음에는 유대치와 교류하다가 그의 소개로 김옥균을 알게 되었다. 1879년에는 김옥균의 주선으로 일본을 여행하며 신문물을 직접 살펴보기도 했다.

일본과 강화도조약이 체결되면서 문호가 개방되자 김옥균은 사회 각층의 뜻을 같이하는 사람들을 모아 '충의계忠義契'라는 비밀 조직을 만들었다. 그리고 국왕과 측근들을 설득해 개화의 필요성을 호소하며 낡은 인습을 타파하고 새로운 지식과 문물을 도입해 근대화하는 것이 격동하는 국제 정세 속에서 나라와 자주독립을 지키는 길이라고 주장했다.

1881년 조정에서는 서구의 문물을 배워 오기 위해 신사유람단을 파견하기로 결정했다. 12명으로 구성된 신사유람단은 일본에 약 4개월간 머물면서 일본 정부의 수뇌들과 접촉하고 각 부처의 실무를 자세히 조사했다. 김옥균도 이듬해 일본으로 가서 조선소와 제련소, 탄광, 조폐국 등을 시찰하고 개화파의 후원자 역할을 한 후쿠자와 유키치福澤諭吉의 집에 머물면서 대한 일본의 진의를 파악하려고 노력했다.

그러던 중 김옥균은 조선에서 임오군란이 일어났다는 소식을 듣고 급히 서울로 돌아왔다. 이 사건의 전말을 알게 된 일본은 조선에 군함을 파견했지만 이미 청나라에서 사건을 다 수습한 후였다. 하지만 일본은 피해의 책임을 물어 제물포조약을 체결하고, 공사관을 경비한다는 일본군의 주둔을 허용하고 피해를 배상하라고 요구했다. 일본은 임오군란을 기회로 삼아 조선을 실질적인 식민지로 만들기 위한 내정 간섭을 할 요량이었던 것이다. 군란 직후 잠시 권력을 잡았던 대원군은 김옥균이 귀국하는 즉시 체포하라는 명령을 내렸지만, 그가 잡히기 전에 대원군이 청나라 군대에 의해 톈진으로 끌려가는 바람에 무사할 수 있었다.

하지만 이러한 정치 상황은 종주권을 주장하는 청으로부터 벗어나 일본식의 적극적인 개화 정책을 추진하려 했던 개화파의 행동반경에도 큰 제약을 주었다. 제물포조약으로 파견된 수신사에 참여한 김옥균은 일본에서 큰 환대를 받았다. 일본은 이들을 친일 세력으로 만들기 위해 17만 엔의 차관까지 주선하면서 고종의 신임장을 가져오면 더 많은 차관을 해주겠다고 약속했다. 이 중 5만 엔은 일본에 대한 배상금 1회분으로 지급되었으며 나머지는 수신사의 체류 경비로 사용되었다. 수신사가 귀국한 뒤에도 김옥균은 일본에 남았다. 일본에서는 김옥균에게 자신들의 군세 확장이 조선의 독립을 도와주기 위해서라는 감언이설을 흘렸다. 아직 젊었던 그는 일본의 조선 침략 의도를 제대로 읽어 내지 못했다.

파탄 난 나라 재정을 메우기 위해 1883년 6월, 고종의 신임장을 가지고 3차로 일본에 건너간 김옥균은 300만 원의 차관을 교섭했다. 그러나 묄렌도르프와 민씨 일파가 여러 방해 공작을 벌이다 급기야 그 위임장이 위조라고 일본에 알렸고, 결국 그는 차관을 얻는 데 실패했다. 그러나 실상 일본 정부나 민간 재계에서 당시 일본의 1년 조세 수입의 22분의 1이나 되는 300만 원이란 거액을 투자할 능력이 없었기 때문이었다.

그가 빈손으로 귀국하자 개화파가 2년여 동안 공들여 벌인 사업도 모

두 중지되고 말았다. 게다가 수구파가 외채 도
입 실패의 책임을 추궁하자 신변의 위협을 느
낀 그는 정계에서 물러나 한성의 교외에서 칩
거했다.

조선 관복을 입은 묄렌도르프

　결국 순리적인 방법을 통한 개혁이 불가능하
다고 생각한 김옥균과 급진개화파는 정변을 통
해 국정을 개혁하려는 계획을 세우게 되었다.
즉 정변으로 정권을 장악한 다음 '위로부터의'
급진적인 방법으로 개혁 정책을 추진하기로 한
것이다.

　때마침 안으로는 농민들이 수구파에 저항하고 있었고, 밖으로는 청나
라가 조선 주둔군 1,500명을 안남(安南, 베트남 하노이 지역) 전선으로 이동
시켜 서울에 주둔하는 청나라 군대의 규모가 축소되어 있었다. 김옥균은
이 상황을 기회로 생각하고 개화파 정치인을 모아 정변을 일으키기로 결
정했다. 또한 일본공사 다케조에 신이치로竹添進一郎를 만나 김옥균 일파
의 향후 활동을 적극 지원하겠다는 약속을 받고 일본측과 화해했다.

　1884년 12월 4일 오후 6시 정동에 새로 신축한 우정국 준공 축하연에서
개화파는 자신들의 군사력과 일본군을 동원하여 윤태준, 한규직, 민태호,
민영목 등 민씨 일파의 대신들을 제거하고 정권을 장악했다. 김옥균, 박
영효, 서광범 세 사람은 고종을 만나 우정국에서 반란이 일어난 것과 그
원인이 수구 세력에게 있음을 알리고 경우궁으로 피신할 것을 권했다. 고
종이 경우궁으로 가자 일본군이 외곽을 지켰다. 다음 날 이재원李載元을
영의정, 홍영식을 좌의정으로 한 새 내각이 조직되었다. 김옥균은 판서가
임명되지 않은 호조 참판을 맡아 국가 재정을 장악하고, 12월 6일 혁신정

강을 공포했다.

　내각 구성을 마친 새 정부의 정책은 대략 다음과 같았다. 첫째, 정치적으로는 청과의 전통적 관계를 단절하고 내각의 권한을 확대하며 입헌군주제를 지향한다. 둘째, 경제적으로는 지주자본을 이용하여 농·상공업을 육성하고, 국력을 진흥시켜 자본주의 국가를 수립한다. 셋째, 사회면에서 문벌·신분제의 폐지를 통한 만민평등을 지향한다. 이에 대한 구체적인 개혁안으로는 단발령, 궁내부 설치, 과거제 폐지 등이 있었다.

　그러나 정변이 일어난 지 사흘째 청군과 일본군 사이에 교전이 일어났다. 여기에 개화파가 일본과 결탁해 국왕을 연금하고 있는 것으로 오해한 일반 백성들까지 합세해 엄청난 수의 부대가 궁궐을 공격했다. 일본군은 무기력하게 철수했고 살아 남은 개화파 인사들은 다케조에와 함께 일본군의 호위 아래 인천으로 달아나 배에 올랐다.

　갑신정변은 3일 천하로 끝나고 말았다. 개혁이 이렇게 허무하게 끝나게 된 또 다른 원인은 민중이 중심이 되어 일으킨 것이 아니라 소수 지성인들의 거사였다는 점, 외세에 대한 투쟁이 아니라 조선 내부의 기층질서에 대한 도전이었다는 점에서 한계를 지니고 있었기 때문이다.

　김옥균은 박영효, 서광범, 서재필 등과 함께 일본으로 망명했다. 10년간에 걸친 망명 생활이 시작된 것이다. 다시 집권한 민씨 정권은 이들

개화파 1883년 말 서광범, 민영익, 홍영식, 김옥균, 유길준 등 개화파 일행이 일본을 방문했을 때 촬영한 사진이다.

한국사를 움직인 100인

을 대역죄인으로 규정하고 자객을 보내는 한편, 일본 정부에 이들을 송환할 것을 요구했다. 일본 정부는 만국공법萬國公法상 망명한 정치범을 송환할 수 없다는 이유로 조선 정부의 요구를 거절했지만, 1886년 8월 이용가치가 떨어진 김옥균을 오가사와라 섬에 연금시켰고 1888년에는 홋카이도로 이송했다가 1890년에야 풀어 주었다. 일본에 실망한 김옥균은 1894년 청의 이홍장李鴻章과 담판할 생각으로 상하이로 건너갔으나, 민씨 정권이 보낸 자객 홍종우洪鐘宇에게 암살되었다. 청나라는 김옥균의 시체와 홍종우를 조선 정부에 인도했고 김옥균의 시체는 양화진에서 능지처참되어 전국에 효시되었다. 그는 청일전쟁에서 일본이 승리하고 개화파의 갑오 정권이 수립된 후 반역죄가 사면되었고, 1910년 규장각 대제학에 추증되었다.

한국 민중 저항사의 상징
전봉준

全琫準 (1855~1895년)

▌ 동학농민혁명의 지도자로서 부패한 관리를 처단하고 시정개혁을 도모했다.
▌ 전라도 지방에 집강소를 설치하여 동학의 조직 강화에 힘썼으며, 일본의 침략에 맞서 싸우다가
체포되어 교수형을 당했다.

전봉준은 우리 역사상 최초로 일반 민중들을 역사의 주역으로 이끌어 낸
인물이다. 그는 민중이라는 아래로부터의 힘을 결집해 봉건 제도를 타파
하고, 침투해 오는 일본의 자본주의적 진출을 저지하고자 했다. 그가 역
사의 전면에 등장한 기간은 2년 남짓에 불과하지만 그가 남긴 파장은 시
대의 흐름을 변화시켰다. 그의 민중운동 정신은 오늘날까지 이어져 국민
이 주권자라는 위치를 자각시키는 계기가 되고 있다. 비록 그의 정신은
일본의 군사력에 좌절되었지만 그가 이끈 동학농민혁명은 조선의 봉건
제도가 붕괴하고 있음을 만천하에 드러내 보였고 민중을 각성시킴으로써
이후의 사회변혁운동과 민족해방운동의 원동력이 되었다.

전봉준의 고택 전라북도 정읍에 있는 전봉준의 고택. 전봉준은 전라도를 중심으로 사회 개혁의 뜻을 펼쳤으나 일본군에 체포되어 사형당했다.

전봉준은 1854년 전라도 태인군 산외면 동곡에서 태어났다. 어렸을 때의 이름은 '명숙明叔'이었지만 키가 작고 몸집이 야무지다 하여 '녹두綠豆'라는 별명으로 불렸다. 향리였던 아버지 전장혁全彰赫은 당시 고부 군수 조병갑趙秉甲이 모친상에 과도한 부조금을 거둬들이자 이에 저항하다가 매질을 당해 장독杖毒으로 죽었다. 조병갑과 전봉준의 악연은 이때부터 시작된 셈이다.

그는 작은 땅을 경작하며 동네 아이들을 가르치며 살았다. 한때는 지관의 일도 했다고 한다. 당시의 조선 사회는 어수선하기 이를 데 없었다. 개항 후 외세가 물밀듯이 밀려들어 왔고, 봉건 사회가 무너지기 시작하면서 각종 농민봉기들이 끊이지 않았다. 이러한 상황 속에서 전봉준 역시 나라의 장래에 대해 고민했으며, 지식인으로서의 도리를 다하려고 했다. 그가 동학에 입교한 나이는 서른 살이 넘었을 무렵이라 추정된다. 동학은 당시 천주교를 의미하던 서학에 대립하는 의미로 붙여진 이름이었다. 동학의 기본 이념은 인간 평등 사상에 기초한 '인내천人乃天'으로 '사람이 곧 하늘'이라는 의미이다. 그는 훗날 재판장에서 "동학은 수심守心하여 충효로써 근본을 삼고 보국안민輔國安民하려는 것이다. 동학은 수심경천守心敬天의 도이다."라고 동학에 입교하게 된 동기를 밝히기도 했다. 젊었을 때부터 지역의 지도자 역할을 했던 그는 입교한 지 얼마 지나지 않아 고부 지역의 포교를 담당하는 접주接主로 임명되었다.

1892년 고부 군수가 된 조병갑이 과중한 세금을 거두고, 태인 군수를 지낸 아버지의 송덕비를 만든다는 구실로 강제 모금을 하려 했다. 고부 농민들은 군청으로 몰려가 어려운 사정을 호소했으나 조병갑은 요청을 듣기는커녕 이들을 가두어 버렸다. 이때 이들의 구명에 앞장선 이가 바로 전봉준이다. 그러나 탐관오리들의 악행은 더욱 심해졌다.

그러자 전봉준은 1893년 11월에 최경선崔景善, 김도삼金道三 등 20여 명과 함께 사발통문을 작성하고 고부성 점령, 조병갑 처형, 탐관오리 처단, 전주성 점령, 서울로의 진격 등을 내용으로 하는 봉기를 계획했다. 그러나 이 계획은 조병갑이 익산 군수로 이동하면서 보류되었다. 전봉준은 고부 고을 농민 60여 명과 함께 전주의 감영에 가서 감사 김문현金文鉉에게 고부의 폐정을 시정해 달라고 등소(等訴, 여러 사람의 이름으로 올리는 조선 시대의 청원서)했으나, 모두 쫓겨나고 말았다. 그런데 이듬해 1월 익산 군수로 이동했던 조병갑이 다시 고부 군수로 오게 되었다. 고부 농민들은 더이상 참지 못하고 갑오년인 1894년 2월, 봉기를 시작했다.

동학군의 깃발 1894년 제2차 동학농민혁명 당시 농민군들이 사용하던 군기이다. 일본군의 경복궁 점령 사건을 계기로 일어난 동학농민혁명 제2차 봉기는 일본군을 이 땅에서 몰아내기 위한 반외세창의(反外勢倡義)의 기치를 내건 항쟁이었다. 전주역사박물관 소장.

전봉준은 최경선, 김도삼, 정익서鄭益西와 함께 1,000여 명의 농민을 이끌고 고부 군청을 습격했다. 창고의 곡식을 풀어 농민에게 나누어 주고 무기고에서 무기를 빼앗아 탐관오리의 부정부패 개선을 요구하는 농성을 시작했다. 조정에서는 고부 농민봉기 발생의 책임을 물어 조병갑을 체포하고, 용안 현감 박원명朴源明을 고부 군수로, 장흥 부사 이용태李容泰를 고부군 안핵사로 임명했다. 박원명은 부임 후 난민들을 회유하여 대부분의 사람들은 자진 해산했으나 이용태가 강제로 난민을 완전히 해산시키자 상황은 다시 악화되었다. 전봉준은 본격적인 무력 항쟁에 나서게 되었다.

전봉준은 고부군 백산면에 진을 치고 주변 지역의 접주들에게 통문을 보내 궐기를 권했고, 각지의 농민 수천 명이 이에 호응해 그의 진영으로 몰려들었다. 그는 농민들을 군사 조직으로 편성하고 전투 태세를 갖추었다. 전봉준 부대는 금구, 부안까지 진격했고, 곧 호남 일대가 농민 봉기군에게 점령되었다. 농민군은 백산에서 농민대회를 열고 제세안민濟世安民, 축멸왜이逐滅倭夷, 진멸권귀盡滅權貴 등의 강령을 발표했다. 대장 전봉준, 총관령 손화중, 김개남, 총참모 김덕명, 오시영, 영솔장 최경선 등이었다.

농민군은 전라감영군 1,600여 명을 황토현으로 유인해 격파하고 그날로 정읍을 장악했다. 다음 날 흥덕과 고창을 점령한 후 4월 27일에는 전주에 입성했다. 농민군이 이렇게 승승장구할 수 있었던 이유로는 정부군보다 지형을 잘 알고 유리하게 활용할 수 있었다는 점, 지역 민중들에게서 절대적인 지원을 받았다는 점을 꼽을 수 있다.

전주성 함락에 놀란 조정에서는 4월 28일 청나라에 병력을 요청했다. 5월 5일 청나라 군사 3,000여 명이 아산에 상륙했다. 이에 한반도에서 세력을 확장하려던 일본은 톈진 조약의 규정에 따라 다음 날 바로 약 4,000여 명의 군대를 인천에 상륙시켰다. 갑자기 조선이 국제 분쟁의 무대가 된 것을 깨달은 농민군은 외국의 군대를 끌어들인 조정에 분노했지만 당면한 문제들 때문에 정부군과 타협해야 할 필요를 느꼈다. 교섭 끝에 정부는 농민군의 〈폐정개혁안弊政改革案〉을 받아들이는 조건으로 자진 해산을 유도했다. 이 〈폐정개혁안〉은 탐관오리의 처벌과 축출, 보부상의 폐단 철폐, 간신 축출 등 보편적이고 제도적인 차원에서 여러 가지 폐정을 시정하려는 것이었다.

그 후 농민군은 전주성에서 물러나 각자의 고향으로 돌아갔으나, 무장과 조직은 그대로 유지했다. 전봉준은 개혁안이 시행되지 않으면 농민군의 무장과 조직을 풀지 않겠다고 강조했다. 그러나 당시의 조정은 폐정개혁을 단행할 의지도, 능력도 갖지 못한 상태였다. 그러자 농민군은 집강소執綱所를 설치하고 농민들의 억울한 일을 해결하는 사업을 벌이기 시작했다. 이에 김학진은 농민군의 집강소를 사실상 인정하고 기존 감사─수령의 행정 질서와의 공존을 제의했다. 전봉준과 김개남은 집강소 질서를 체계화하기 위해 6월 15일경 남원에서 농민군대회를 열고, 각 고을에 집강소를 설치하여 농민군 중에서 집강을 뽑아 수령의 일을 행하도록 했다. 이에 나주를 제외한 전라도의 52개 고을에 집강소가 설치되고 본격적으로 활동이 시작되었다.

한편 청군이 조선에 주둔하면 일본은 자신들의 이익이 잠식될 것을 우려하여 톈진 조약을 빌미로 군함과 병력을 파견했다. 그리고 "내란이 종결되었으니 공동으로 철병하자."라는 청나라의 제안에도 이를 따르지 않았다. 급기야 일본 공사 오토리 게이스케大鳥圭介는 1894년 7월, 군대를 끌고 궁궐에 들어가 고종을 위협해 내정개혁을 추진한다는 명분으로 친일내각을 구성하고 대원군을 섭정에 앉혔다. 이후 발발한 청일전쟁에서 일본이 승리하고 청나라 세력이 물러가자 보국안민의 기치를 내걸었던 전봉준은 더 이상 두고 볼 수 없다고 판단했다.

그는 논산에서 농민군을 모집해 2만여 명의 병력을 확보하고, 10월 24일 공주로 진격했다. 전봉준은 이 궐기가 항일 구국항쟁 차

우금치 동학비 우금치에서 퇴각한 동학군은 패퇴를 거듭했다. 동학군의 넋을 기리기 위해 전라도 장흥에 세워졌다.

원이지 정부와 대항하는 것이 아니라는 것을 명확히 했으나 정부는 호위부장 신정희를 순무사로 임명해 동학군을 토벌할 것을 지시했다. 일본 공사 이노우에 가오루井上馨도 이용가치가 떨어진 동학군을 이번 기회에 완전히 소탕하고자 본국에 추가 파병을 요청했다. 이러한 상황 속에서 동학군은 11월 10일까지 약 2,500명의 정부군 및 약 200명의 일본군과 두 차례에 걸쳐 처절한 전투를 치렀으나 연이어 패함으로써 제2차 동학농민혁명은 좌절로 끝나고 말았다.

전봉준은 12월 2일 순창군 피노리에서 체포되어 일본군에게 넘겨진 후 서울로 압송되었다. 1895년 2월 9일부터 3월 10일까지 형식적인 재판을 받은 후 사형을 언도받았고, 3월 30일 손화중, 최경선, 김덕명, 성두한成斗漢과 함께 처형되었다. 당시 전봉준의 나이는 42세였다. 그는 "나라를 격정하는 단심丹心을 누가 알 것인가!"라면서 자신의 피를 종로 거리에 뿌려 달라는 유언을 남겼다.

서재필

徐載弼 (1864~1951년)

- 박영효, 김옥균, 홍영식, 서광범 등 개화파의 일원으로 갑신정변을 일으켰으나 실패하고 일본을 거쳐 미국으로 망명하여 의사가 되었다.
- 귀국 후 〈독립신문〉을 발간하고 독립협회를 결성했다.

서재필은 구한말에서 해방에 이르기까지 파란 만장한 한국 근대사를 온몸으로 헤쳐 온 인물이다. 독립운동가이면서 미국인이었고, 이상론자이면서 현실주의자로 '민족의 선각자'라는 찬사와 '국제 정세를 오판했다'라는 비판을 함께 받고 있다.

서재필은 외가인 전남 보성에서 서광언徐光彦의 둘째 아들로 태어났다. 친척인 서광하徐光夏의 양자로 들어가 대덕에 살았고 일곱 살에는

서재필

서울로 올라와 외숙부인 김성근의 집에서 한학을 배웠다. 1882년 별시문과에 최연소로 급제해 교서관 부정자에 임명되었다. 그는 개화파의 거두인 김옥균을 비롯해 박영효, 서광범 등과 사귀면서 개화에 눈을 떴다. 그후 김옥균의 권유로 1883년 5월 도쿄의 도야마 육군학교에 입학해 신식 군사지식과 기술을 배웠다. 일본 유학 생활을 통해 개화의 필요성을 절감한 그는 1884년에 귀국해 사관士官을 양성하는 조련국 사관장이 되었으나, 1884년 민영익이 군대의 통솔권을 장악하고 군사훈련을 위해 청나라 장교를 불러들이자 군에서 쫓겨났다.

그해 그는 김옥균, 서광범, 박영효 등과 함께 갑신정변을 일으켰다. 서재필은 스물두 살의 나이로 개화 정부의 병조 참판 겸 정령관에 임명되었는데 청군을 앞세운 수구파의 공격으로 3일 만에 일본으로 도피했다. 정변이 실패하자 그의 부모와 처, 형은 음독자살했으며, 두 살 난 어린 아들은 굶어 죽었고, 동생은 처형되는 등 집안은 풍비박산이 났다.

박영효와 함께 일본으로 망명한 그는 한국과의 외교 문제로 일본에서 냉대를 받자, 5개월 동안 망명 생활을 하다가 개화파 인사들과 헤어진 후 이듬해 미국으로 망명했다. 그는 샌프란시스코에서 낮에는 막노동을 하고 밤에는 기독교청년회에서 영어를 공부했다. 그는 의학을 공부하기로 결심하고 1888년, 코크란 대학에 입학해 의학을 전공하여 한국인 최초의 서양 의사가 되었다. 1890년 미국으로 귀화해 필립 제이슨Philip Jaisohn이 된 그는 주로 박물관에서 동양 서적을 번역하면서 생계를 꾸렸다. 1894년 미국인인 뮤리엘 암스트롱과 재혼했고 개인병원을 개업했다.

1894년 갑오개혁 후 서재필 등 급진개화파들의 반역죄가 사면되자 박영효는 서재필을 불러들였다. 그는 망명을 떠난 지 11년 만인 1895년 12월에 고국으로 돌아왔다. 귀국 후 바로 중추원 고문직을 맡았으나 개화운동의 선구자로서 계몽 사업에 더 힘썼다. 그는 개화파 정부와 함께 근대화운동의 한 방편으로 신문을 발간하기로 하고 〈독립신문〉을 발행하는 데 온힘을 쏟았다. 〈독립신문〉은 우리나라 최초의 민간 신문으로 주시경의 노력에 힘입어 순 한글로 간행되었으며, 영문판 〈인디펜던트The Independent〉로도 발행되었다. 그는 갑신정변의 실패를 외세에의 의존과 무모한 시도 때문이라고 분석하며 우매한 지식인과 민중

〈독립신문〉(독립기념관 소장)

을 계몽해 자주자강의 독립된 정부를 만들어야겠다고 생각했던 것이다. 그는 또 정관계 인사들과 개화 의식을 지닌 일반인들의 호응을 받아 사대주의의 상징인 영은문이 있던 자리에 독립문獨立門을 세워 민족의 자주독립 정신을 널리 알렸다.

또한 배재학당 강의와 토론을 통해 청년들에게 자유 평등한 민권民權을 자각시키고 자주독립 정신을 북돋았고, 〈독립신문〉의 기사와 만민공동회 등을 통해 정부의 폐정弊政을 비판하고 시정을 촉구했다. 〈독립신문〉을 창간한 후에는 이상재, 남궁억, 이완용, 김가진, 안경수 등과 함께 1896년 7월 2일 독립협회를 창설하고 고문顧問이 되었다. 그러나 독립협회가 차

독립문

츰 정치 단체의 성격을 띠면서 조선의 이권利權을 빼앗는 데 방해가 된다고 느낀 열강들의 압력으로 곧 고문직을 사퇴하고, 결국 수구파에 의해 1898년 5월 한국에서 추방되었다. 그의 개혁운동은 독립협회의 해산과 함께 실패로 끝났다.

그러나 그의 개화운동은 당시 봉건적 잔재에서 벗어나지 못한 조선 사회에 자주 독립 사상과 자유민주주의 사상의 씨앗을 뿌렸다. 그가 뿌린 씨앗은 10년 후 애국계몽운동을 전개하고 3·1운동이 일어나는 데 큰 역할을 했다.

그 후 서재필은 필라델피아에서 인쇄업과 문구점을 하면서 기회가 있을 때마다 독립운동에 참여했다. 그러던 중 국내에서 3·1운동이 일어나자 그는 본격적으로 독립운동에 투신했다. 필라델피아에서 한인연합대회를 개최하고, 미국인들에게 일본의 잔학성을 고발하고, 한국의 독립을 호소했다. 1921년 워싱턴 군축회의에 이승만과 함께 한국대표단이 되어 활발한 독립 외교를 전개했으며, 1925년에는 하와이에서 열린 범태평양회의에 송진우, 백관수, 신흥우 등과 함께 우리나라 대표로 참석해 일본의 잔학함을 규탄하고 독립에 대한 지원을 호소했다.

해방 이후 미군정이 실시되자, 미군정청 J. R. 하지J. R. Hodge 중장은 김규식의 의견을 받아들여 서재필을 미군정 최고 고문으로 초빙했다. 혼탁한 한국의 정치 상황을 정리하는 데에는 그가 가장 적임자였기 때문이다. 그는 1947년 83세의 나이로 고국으로 돌아와 이듬해까지 한국에 머물면서 강연과 저술 활동으로 민주주의 국가로 나아가는 방향을 제시하고 사분오열된 정국을 통합하는 데 노력했다. 그는 매주 금요일마다 '국민의 소리'라는 라디오 방송을 통해 연설을 했다. 당시 가장 효과적인 전달 기구였던 라디오를 통해 국민 계몽에 앞장선 것이다.

이승만을 초대 대통령으로 하는 남한의 단독정부가 수립되자 그는 자신의 역할이 끝났다고 생각하고 1948년 미국으로 돌아갔다. 당시 진보 세력에서는 그를 초대 대통령으로 추대하려는 움직임도 있었으나 그는 정치적 야심을 가지지 않고 이승만의 당선을 도왔다.

그는 미국으로 떠나기 전 기자회견에서 "우리 역사상 처음 얻은 인민의 권리를 약탈당하지 마라. 정부에게 맹종하지 말고 인민이 정부의 주인이며 정부는 인민의 종복이라는 것을 잊어서는 안 된다. 그러므로 이 권리를 외국인이나 타인이 빼앗으려거든 생명을 바쳐 싸워라. 이것만이 평생의 소원이다."라고 말했다.

서재필은 한국전쟁이 한창이던 1951년 1월, 필라델피아 근교의 몽고메리 병원에서 생애를 마쳤다.

안창호

안창호는 항일민족운동을 주도하고 정치운동과 교육운동을 전개하면서 독립운동에 일생을 바친 선각자이다. 그는 정보와 실력 부족으로 대일 항쟁도 하지 못하면서 권력싸움에만 몰두하던 독립운동계에 민족 통일과 애국 정신을 확산시키며 새로운 정치 패러다임을 제공했다.

안창호는 평안남도 강서군에서 농민 안흥국安興國의 셋째 아들로 태어났다. 그는 아홉 살 때부터 서당에 다니기 시작했으며, 열두 살에 아버지를 여원 후로는 할아버지 슬하에서 자랐다. 열일곱 살이 되던 해 서울로 와 선교사 언더우드가 세운 구세학당에 입학해 신학문을 배우면서 서구 문물을 접했다.

그는 1898년 독립협회 관서 지부에서 일하면서, 만민공동회 연설을 통해 명성을 얻게 되었다. 그러나 독립협회가 정부의 탄압을 받고 해체되자 고향으로 돌아와 점진학교를 세우고 교육을 통한 구국운동에 뛰어들었다. 점진학교는 우리나라 사람이 세운 최초의 학교이다. 그러나 부족함을 느낀 그는 형 치호致浩와 친지에게 학교 운영을 맡기고 1902년 샌프란시스코로 유학을 떠났다. 그리고 이곳에서 한인 노동자들의 어려운 처지를 개선하기 위해 최초의 한인 친목회를 조직해 한인 노동자들의 일자리를 주선하는 등의 일을 시작했다. 1904년 리버사이드로 이주한 뒤 리버사이드 오렌지 농장에서 일하는 한인들에게 '오렌지 하나를 따더라도 정성껏 따는 것이 나라를 위하는 일'임을 강조하고 언제나 솔선수범하는 자세로 일함으로써 한인들의 신용도를 높이는 데 주력했다. 그는 미국을 중심으로 한 교포 사회의 영사관 구실을 했다. 1905년 4월 5일 공립협회를 창립하고 야학을 개설해 교포들의 교육에 힘쓰는 한편, 순 한글신문인 〈공립신보〉를 발행했다. 이 공립협회는 1909년 대한인국민회로 발전했다.

을사조약 체결 후 국내로 들어온 안창호는 계속 교육 활동을 하면서 각계의 독립운동가들과 접촉했다. 그는 특히 민중의 실력을 양성하는 것이 독립의 기초를 마련하는 것이라고 판단하고 실업 사상을 기르며 산업을 경영할 신민新民을 길러야 한다고 생각했다. 안창호는 이갑, 양기탁, 신채호 등과 비밀결사인 신민회新民會를 조직해 구국운동을 전개하는 한편, 평양에 대성학교를 설립해 독립애국청년을 양성하고, 대구에 태극서관을, 평양에는 자기 회사를 세워 독립운동의 재정적 기반을 마련했다.

1909년 안중근의 이토 히로부미 저격 사건이 일어나자 그는 이와 관련된 혐의를 받고 3개월간 개성 헌병대에 갇혔다가 1910년 봄 망명길에 올랐다. 블라디보스토크, 연해주를 거쳐 미국으로 간 그는 105인 사건으로 신민회와 청년학우회가 해체되자 샌프란시스코에서 후신인 흥사단興士團을 결성했다. 무실역행務實力行과 민족전도 대업의 기초를 준비하는 것을 목적으로 한 흥사단은 지역 차별을 없애기 위해 8도를 대표하는 청년들로 창립 위원을 구성하고 25인을 발기인으로 하여 발족되었다.

미국에서 3·1운동 소식을 접한 그는 1919년 4월 정인과鄭仁果, 황진남黃鎭南과 함께 상하이에 도착해 임시정부의 내무총장 겸 국무총리 대리로 취임해 임시정부 청사를 마련하고 각 지역의 독립운동가들을 소집하는 등 활발하게 활동했다. 그러나 안창호의 준비론, 이승만의 외교독립론, 이동휘의 무장독립론으로 나뉘어 있던 임시정부는 결국 1921년 1월 이동휘가 노령으로 임시정부를 떠나자 분열되었다. 그 후 이 상황을 극복하고 통일된 독립운동 방안을 논의하기 위해 국민대표회의를 소집해야 한다는 요구가 곳곳에서 제기되었다. 1923년 1월 국민대표대회가 개최되자 그는 윤해尹海와 함께 부의장에 선출되었다. 그러나 회의가 시작되면서부터 안창호의 소속 단체인 북미국민회가 미국에 대해 한국의 위임통치를 청원한 문제로 안창호의 대표권 불신임이 제기되었으며, 임시정부를 해체하자는 창조파와 임시정부를 유지하면서 개조시키자는 개조파가 대립했다. 결국 안창호가 부의장직을 사임하고 개조파가 대회 불참을 선언함으로써 국민대표회의는 결렬되었다.

이로 인해 많은 독립운동가들이 임시정부에 실망하고 상하이를 떠났다. 그는 미국을 방문해 재미교포들의 지원을 받아 새로운 독립운동의 길을 모색했다. 그는 대통령 중심제로는 이념과 노선이 다양한 독립운동계를 통일할 수 없다고 생각하고 미국, 만주, 러시아 동포 사회를 지도할 수 있는 삼두정치론三頭政治論을 주장했다. 그러나 국무총리 이동휘가 임시정부를 탈퇴한 후에는 대독립당 결성으로 방향을 바꾸었다. 국내외 한인들을 국민으로 하는 민적民籍을 작성

일본 경찰에 연행되는 윤봉길

해 국민의 정부인 임시정부를 유지하고, 실제 독립운동은 대독립당이 수행한다는 것이었다. 이는 특수한 집단의 이익을 추구하는 정당이 아니라 민중적 기반 위에 결성되는 각 독립운동 세력의 수평적인 의결 체제를 의미했다. 안창호는 독립운동에 있어 민족주의자와 공산주의자와의 사상과 노선 갈등을 유화시켜 제3의 새로운 노선을 제시하고자 했다. 그는 생산성과 실용성을 중시하여 허위의식을 배척하고 철저한 자기비판의 기반 위에서 인력과 자금, 조직을 갖추기 위한 현실적 여건을 조성해 나가는 데 힘썼다.

1932년 4월 안창호는 윤봉길의 홍커우 공원 폭탄 투하 사건에 연루되었다는 구실로 체포되어 국내로 압송되었고, 12월 치안유지법 위반으로 4년형을 선고받았다. 1935년 2월 가출옥한 뒤에는 일제의 철저한 감시로 인해 별다른 활동을 하지 못했다. 1937년 6월, 일명 동우회 사건으로 이광수 등 관련자 181명과 함께 또다시 체포되었다가 이듬해 경성대학 병원에서 사망했다.

총 한 자루로 제국주의를 처단하다

안중근

安重根 (1879~1910년)

▌ 구한말의 독립운동가로 삼흥학교를 세우는 등 인재 양성에 힘썼다.
▌ 하얼빈에서 이토 히로부미를 사살하고 사형당했다.
▌ 사후 건국훈장 대한민국장에 추서되었다.

1909년 10월 26일 오전 9시 30분 헤이룽 성 하얼빈 역. 일본의 정치 거물 이토 히로부미가 러시아의 문무 관병과 악수를 나누는 찰나, 여섯 발의 총성이 울렸다. 이토는 총을 맞고 병원으로 이송되었으나 숨졌다. 총을 쏜 30대의 조선 청년은 "코레아 우라('대한 만세'라는 의미의 러시아 어)!"를 외쳤고, 그 자리에서 체포되었다. 청년은 뤼순 감옥에 144일 동안 갇혔다가 1910년 3월 26일, 서른세 살의 젊은 나이에 처형되었다. 그가 바로 대한의용군 참모중장인 안중근이다.

안중근은 황해도 해주 수양산 아래 광석동에서 안태훈과 조씨 사이에서 맏아들로 태어났다. 안자미安子美의 30세손이며 고려 조의 명현 안향의 26

한국사를 움직인 100인

대손이다. 할아버지 안인수는 진해 현감을 지냈으며, 아버지는 성균관 진사였고, 고조부 때부터 해주, 봉산, 연안 일대에 많은 전답을 지니고 있던 황해도의 부호 가문이었다. 안중근의 아버지는 일본 국비유학생 70명에 선발될 정도의 인재였으나 갑신정변이 실패하면서 수구파 정권이 개화 세력을 탄압하자 고향으로 은거했다.

안중근은 태어날 때 가슴과 배에 7개의 점이 있어 북두칠성의 기운을 타고 태어났다며 '응칠應七'이라는 아명으로 불렸다. 어린 시절에는 할아버지에게서 한학漢學을 배웠지만 무술 공부에 더 열심이어서 틈만 나면 화승총을 메고 포수들을 따라 사냥을 다니곤 했다. 열여섯 살에 한 살 연상인 김홍섭의 딸 김아려와 결혼해 2남 1녀를 두었다. 그리고 바로 그해 동학혁명군 진압에 나선 아버지를 도와 선봉장이 되어 적장소를 급습하고 공을 세웠다. 그러나 아버지 안태훈이 동학당에게 노획한 1,000여 부대의 쌀을 군량미로 사용한 것이 문제가 되었다. 탁지부 대신 어윤중과 전 선혜청 당상 민영준은 양곡을 상환하라는 압박을 가했다. 이 사건은 개화파 김종한의 중재로 무마되었지만 다시 민영준이 양곡 상환 문제를 들고 나오자 신변의 위협을 느낀 안태훈은 명동성당으로 피신했다. 이곳에 머무는 몇 달간 그는 성서를 읽고 천주교 강론을 들으면서 자연스럽게 천주교 신자가 되었다. 그 사이 민영준의 일이 마무리되고 안태훈은 120권의 천주교 교리문답 서적을 가지고 청계동으로 돌아와 전교 활동을 시작했다. 그리고 숙부, 사촌 등 일가친척과 청계동 마을 사람 등 모두 33명이 함께 세례를 받게 했다. 이

안중근

때 안중근도 세례를 받고 '도마Thomas'라는 세례명을 받았다. 안중근은 이런 과정을 통해 신학문을 접하고 가톨릭 신부에게 프랑스 어를 배웠다. 또 청계동을 사목 방문한 뮈텔(한국명 민덕효) 주교를 해주까지 수행하는 등 교회 일에 헌신하기 시작했다.

1904년의 러일전쟁에서 승리한 일본이 조선의 주권을 침탈하려는 의도를 드러내자 그는 아버지와 상의 끝에 상하이나 산둥에 국외 항일 투쟁 터전을 잡을 계획을 세웠다. 처음에는 외국의 도움을 구하여 국가의 난국을 타개하고자 했으나, 프랑스 인 르각(한국명 곽원량) 신부로부터 "국내에서 젊은이들에게 실력과 독립 사상을 고취하는 교육이 필요하다."라는 충고를 듣고 깨달은 바가 있어 귀국했다.

평양에서 안중근은 한재호, 송병운 등과 함께 '삼합의'라는 석탄 회사를 만들었으나 수천 원의 손해만 보았다. 그는 을사조약이 체결되는 것을 보고 사업을 정리한 뒤 삼흥학교를 세우고, 남포의 돈의학교를 인수해 인재 양성에 힘썼다. 하지만 1907년 7월 한일신협약까지 체결되자 나라의 앞날을 더 이상 두고 볼 수 없다고 느끼고 연해주로 가서 의병 운동에 참가했다. 그는 연해주에서 한인 사회 유력자들의 협조를 구하는 데 힘썼다. 다행히 많은 조력으로 무기와 자금을 마련했고 국외 의병 부대를 조직하는 데 박차를 가했다.

1909년 김기룡, 엄인섭, 황병길 등 11명의 동지들과 단지회(斷指會, 일명 단지동맹)라는 비밀결사를 조직했다. 이토 히로부미와 이완용을 3년 이내에 암살하지 못하면 자살로 속죄할 것을 단지의 피로 맹세한 것이었다. 그러던 중 블라디보스토크에서 이토가 러시아의 대장대신 코코프체프V. N. Kokovsev와 하얼빈에서 회견을 할 것이라는 신문기사를 보았다. 안중근은 우덕순禹德淳, 조도선曹道先, 유동하劉東夏와 이토의 암살을 모의하고 만반의 준비를 갖추었다.

1909년 10월 26일, 이토를 태운 특별열차가 하얼빈에 도착했다. 이토는 코코프체프와 약 25분간 열차 회담을 마치고 차에서 내려 환영 군중 쪽으로 발길을 옮겼다. 그 순간 안중근이 군중 속에서 뛰어나와 권총을 발사해 이토에게 3발을 명중시켰다.

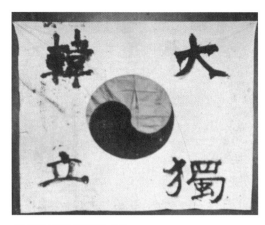

안중근의 혈서(독립기념관 소장)

하얼빈 총영사 가와카미 도시히코川上俊彦, 궁내대신 비서관 모리 다이지로森泰二郎, 만철 이사 다나카 세이타로田中淸太郎 등이 중상을 입었다. 그는 현장에서 러시아 경찰에게 체포되어 뤼순의 일본 감옥에 수감되었다.

나라 안팎에서는 그를 구명하기 위한 변호모금운동이 일어났다. 그러나 일본 정부는 그의 변호인을 허가하지 않았고, 심지어 일본인 관선변호사 미즈노 요시타로水野吉太郎와 가마타 세이지鎌田政治의 변호조차 허가하지 않으려 했다. 안중근은 재판을 받는 내내 논리정연하게 자신의 입장을 밝혔다. 미즈노는 그의 태도에 감복해 "그 범죄의 동기는 오해에서 나왔다고 할지라도 이토를 죽이지 않으면 조선은 독립할 수 없다는 조국에 대한 적성赤誠에서 나온 것을 의심할 여지가 없다."라고 변론했을 정도였다.

안중근은 "3년 전부터 대한의군 참모중장의 자격으로 이토 히로부미를 포살하고자 했으며, 이 의거는 개인적인 원한이 아니라 조선의 독립과 동양 평화를 위해 독립전쟁의 일환으로 결행한 것이다."라고 진술했다.

하지만 결국 사형이 언도되었고, 죽음을 앞둔 안중근은 동생인 정근定根과 공근恭根에게 "내가 죽거든 시체는 우리나라가 독립하기 전에는 반장返葬하지 말라. ……대한 독립의 소리가 천국에 들려오면 나는 마땅히 춤을 추며 만세를 부를 것이다."라고 유언했다. 그는 3월 26일 오전 10시 뤼순 감옥 형장에서 순국했다.

사살된 이토 히로부미는 일본에서 메이지 헌법(1889년)의 초안을 마련하고 양원제 의회(1890년)를 수립하는 데 크게 기여한 인물이다. 우리나라에서는 대한제국을 강제 합병시킨 인물로 기억된다. 이토는 1905년 11월 9일 특명 전권대사로 조선에 부임하면서 온갖 협박으로 을사조약을 강제 체결하는 한편 1907년, 헤이그 밀사 사건을 계기로 고종을 강제 퇴위시켰다. 이후 그는 일본의 침략을 미화하기 위해 순종을 앞세워 부산-대구-의주 등 전국을 순행하면서 통감부와 순종이 평화롭게 공존하고 있음을 선전했다. 조선에서의 임무를 마친 이토는 대륙 진출의 길을 모색하기 위하여 중국을 방문했다. 그는 1905년 러일전쟁 최고의 격전지였던 뤼순의 203고지에 올라 대륙 진출의 열망이 담긴 시를 짓기도 했다.

이토 히로부미

> 오랜만에 듣는 203고지
> 1만 8,000명의 뼈를 묻고 있는 산
> 오늘 올라 보니 감개가 무량하다.
> 하늘을 바라보니 산머리에 흰 구름이 둘러져 있네.

때문에 안중근에 대한 평가는 일본에서는 테러리스트로, 한국에서는 독립운동을 한 의사義

±로 극과 극을 달린다. 2010년 그의 서거 100주년을 맞이해 옥중에서 집필한 《안응칠 역사》와 《동양평화론》를 통해 독립운동가만으로서가 아닌 교육자로, 동양 평화를 주장한 사상가로 재평가되고 있다.

안중근의 동양평화론

〈동양평화론東洋平和論〉은 안중근이 1910년 옥중獄中에서 쓴 글이다. 일본을 중심으로 한국과 중국의 희생을 강요하는 이토 히로부미의 '극동평화론'에 맞서, 한·중·일이 동등하게 평화와 발전을 이루어 나가기를 꿈꿨던 그는 사형 집행 전까지 이 글을 쓰는 데 매달렸다고 한다. 안중근은 이 글을 마칠 때까지 사형 집행을 미뤄 줄 것을 일본 측에 요청했으나 서둘러 형을 집행하는 바람에 미완으로 남게 되었다. 〈동양평화론〉은 한문으로 쓰였는데, 1979년 〈동아일보〉에서 원문을 번역해 게재했다.

〈동양평화론〉은 한·중·일 3국의 관계를 '대등한 국가 관계'로 보면서, 이웃 국가에 대한 침략과 영토 확장을 비판하고 평화적 공존을 주장한 내용이다. 이를테면 한·중·일 3국의 중심이 되는 뤼순을 중심지로 삼고 동양평화회의를 조직한다, 3국 공동의 은행을 설립하고 공용화폐를 발행한다, 3국 공동의 군대를 창설하고 타국의 언어를 가르친다, 조선과 청국은 일본의 지도 아래 상공업의 발전을 도모한다, 3국의 황제가 로마의 교황을 방문해 협력을 맹세하고 왕관을 받아 세계인의 신용信用을 얻는다 등의 내용이 담겨 있다.

안중근의 동양평화론은 동양 3국이 평등하고 상호 협력하는 동맹 관계를 건립해야 한다는 데 취지가 있다. 이러한 주장은 당시로서는 혁명적인 제안들이었지만 당시는 배타적인 주권을 중심으로 경쟁과 전쟁으로 점철되었던 제국주의 시대였기 때문에 역사적으로 한계를 지닐 수 밖에 없었다.

이러한 구상은 유엔이나 유럽공동체보다 70년이나 앞선 것이었으며, 최근 군주제를 수립하면서도 국민의 권리와 자유를 보장하려 했던 칸트의 '평화연맹'과 비교되면서 재조명되고 있다.

〈님의 침묵〉
한용운

韓龍雲 (1879~1944년)

▌ 독립운동가, 승려, 시인.
▌ 시집 《님의 침묵》을 출판하여 저항문학에 앞장섰고, 불교를 통한 청년계몽운동을 했다.
▌ 《조선불교유신론》 등을 통해 종래의 무능한 불교를 개혁하고 불교의 현실 참여를 주장했다.

한용운

〈님의 침묵〉의 저자 한용운은 민족의 갈망을 절실하게 노래한 시인이자 독립운동가이며, 한국 근대 불교계에서 혁신적인 사상과 활동을 펼친 승려이다. 속명은 유천裕天으로 용운은 법명이며 득도할 때의 계명은 봉완奉玩, 법호는 만해(萬海 혹은 卍海)이다.

한용운은 1879년 8월 29일 충청도 결성에서 한응준韓應俊과 온양 방씨 사이에서 태어났다. 여섯 살때부터 서당에서 한학을 공부하기 시작

한국사를 움직인 100인

하여 아홉 살이 되던 해 《서상기西廂記》와 《통감通鑑》을 읽고, 《서경書經》에도 능통할 정도의 실력을 쌓았다.

동학농민혁명이 일어날 무렵 그는 마을 서당에서 훈장을 하고 있었다. 평안하던 그의 일상은 이 혁명을 계기로 전환점을 맞는다. 아버지가 농민군을 토벌하러 나서는 모습을 보면서 갈등을 겪게 된 것이다. 수많은 농민군의 죽음은 그에게 인생이란 무엇인가에 대한 의문을 품게 했다.

한양으로 향하던 그는 삶의 궁극적인 의문을 해소하고자 이름난 도사가 있다는 오대산 월정사로 발길을 돌렸다. 그러나 도사는 만나지 못하고 허기와 실망만을 안고 돌아서 다시 백담사를 찾았다. 백담사의 주지인 김연곡金蓮谷 스님에 이끌려 이곳에서 불문에 귀의했다. 이때가 1904년, 그의 나이 스물여섯 살 되던 해이다.

스님이 된 그는 5년 동안 속세와 담을 쌓고 불경 공부와 참선에 열중하면서 스님으로서 갖추어야 할 지식과 경험을 쌓았다. 그러나 그는 평범한 스님이 되기에는 현실 문제에 대한 관심이 너무 높았다. 게다가 우연히 접한 《영환지략瀛環之略》과 《음빙실문집飮氷室文集》 같은 책들도 그의 마음을 설레게 했다. 《영환지략》은 청나라의 서계여徐繼畬가 지은 세계 지리서이고, 《음빙실문집》은 청나라의 양계초梁啓超가 지은 혁명 서적이다. 그는 세계에는 중국과 일본만 있는 것이 아니라 아메리카와 아프리카 등 많은 나라들이 존재하고, 지구상에 다양한 사람들이 살고 있다는 사실에 충격을 받았다. 또한 칸트와 루소, 베이컨 등 서양의 철학 사상을 접하면서 산중에 묻혀 경전만 읽을 것이 아니라 넓은 세계를 직접 알아보고 싶다는 욕구를 느꼈다.

그는 이후 일본 각지를 돌아다니며 견문을 넓혔다. 조선이 일본의 식민지가 되던 해에는 북간도와 시베리아까지 돌아다녔다. 이러한 다양한 경험은 그의 사상에 큰 영향을 미쳤다. 그는 1911년 송광사에서 박한영, 진진응, 김종래 등과 승려궐기대회를 열어 일본의 조동종曹洞宗과 한국 불교의 통합을 꾀한 이회광 등의 친일적인 불교 행위를 규탄했다.

한용운은 조선 임제종 중앙포교당을 설립했지만 조선총독부에서 곧바로 폐지 조처가 내려왔다. 이어 조선총독부의 보호를 받는 30본산에 맞서 조선불교회를 조직했지만 온갖 방해로 뜻을 이루지 못했다. 그는 오랜 고민 끝에 《조선불교유신론》을 써 세상에 발표했다. 사회진화론에 입각해 약육강식의 이론을 도입해 경쟁을 통해 살아남아야 한다는 것이었다. 즉 스님들이 절에서 지내며 불경만 외는 것은 구세救世를 외면하는 것으로 백성들 속으로 들어가 다른 종교와 경쟁하고, 구걸을 금지해야 하며, 예불격식도 하루 한 번으로 간소하게 해야 한다고 주장한 것이다.

그의 이런 주장에 대해서는 지나치게 전통을 무시하고 세속화된 관점이라는 비판도 있으나 조선 시대 이후 불교 개혁을 주장한 사람이 없었다는 점에서 진보적 지식인들은 열띤 호응을 보냈다. 그러나 한문으로 쓰인 《조선불교유신론》은 일반인들이 읽기가 힘들다는 것을 깨달은 그는 다시 불경 대중화를 위해 팔만대장경을 모두 열람한 후 《불교대전佛敎大典》을 편찬했다. 《불교대전》은 재래식 장경 위주의 편찬 방식에서 벗어나 주제별로 불경을 엮은 최초의 책이다. 여기에서도 그의 불교 근대화 작업의 일면을 엿볼 수 있다. 이 대전은 1914년 4월 30일 범어사에서 발행되었다.

한용운은 1918년 불교 잡지 〈유심惟心〉을 창간하고 불교 논설뿐만 아니라 계몽적인 글을 발표했고, 문학에 대한 관심도 드러냈다. 이 잡지에는 3·1운동의 동지가 되는 육당 최남선, 최린, 백용성 등이 글을 기고했다. 많은 원고들이 조선총독부의 검열을 받고 삭제되었으나 그는 굴하지 않

만세 시위를 하는 사람들

았다. 〈유심〉 제3호를 만들 무렵, 국제 정세가 급격히 변화하고, 민족의
자주독립을 주장하는 소리가 높아졌다.

1919년, 그는 백용성白龍城과 함께 불교계를 대표해 3·1독립선언의 민
족 대표로 참여했다. 그러나 최남선이 지은 〈독립선언서〉의 내용이 지나
치게 온건하다며 자신이 다시 쓰겠다고 제안했다. 이것이 받아들여지지
않자 그는 마지막 공약 3장에 "최후의 1인까지 최후의 일각까지 정당한
의사를 쾌히 발표하라."라는 구절을 삽입하게 했다. 게다가 옥중에서 변
호사는 물론 사식과 보석을 거부할 것을 결의하자고 주장했다. 그는 이
독립선언문 3,000장을 만들어 중앙 학림의 학생들을 불러 나누어 주고 여
러 절에 배포함과 동시에 만세 시위에 참여할 것을 당부했다.

드디어 3월 1일, 종로 태화관에서 최린의 사회로 "이제 우리는 조선의
독립을 선언했으니 죽어도 한이 없다."라는 한용운의 축사와 독립 만세를

선창하고 체포되었다. 체포된 독립운동가들은 말할 수 없이 심한 고초를 당했고, 국가 내란죄로 사형된다는 소문에 마음이 약해진 이도 있었다. 어떤 사람은 주동자가 아니라고 발뺌했고, 어떤 사람은 자기 뜻이 아니었다고 변명을 늘어놓기도 했다. 미결수로 있는 동안 고초에 눈물 흘리는 그들에게 한용운은 똥통을 둘러 엎으며 "나라 잃고 죽는 것이 서럽거든 당장에 취소하라." 하고 소리쳤다고 한다.

재판정에서 그는 "앞으로도 피고는 독립운동을 할 것인가?"라는 재판장의 물음에 "그렇다. 언제든지 그 마음을 고치지 않을 것이다. 만일 이 몸이 없어지면 정신만이라도 남아 영원토록 가지고 있을 것이다. 너희 나라에 승려 월조대사가 있지 않느냐, 조선에도 한용운이 있다는 사실을 명심하라."라고 답했다. 그는 당시 최고형이던 징역을 3년 선고받았다. 그리고 3·1운동을 치르면서 민족지도자로 급부상했다.

출옥 후에는 민립대학설립운동과 물산장려운동 등의 민족운동에 참여했고 민족운동과 청년 교육을 하면서 시 창작에도 열중했다. 그가 〈님의 침묵〉을 쓴 것은 1925년 정도인 것으로 보인다. 시에 등장하는 '님'은 연

조선총독부

인이나 조국 또는 부처 등 여러 의미를 지니며 '님의 침묵'이라는 표현은 당시의 민족적 상황을 가장 압축적으로 상징하고 있다. 1931년에는 잡지 〈불교〉를 인수하여 사장으로 취임했다. 1940년에는 창씨개명반대운동과 1943년

조선인학병출정반대운동도 전개했다. 그는 끼니를 이을 수 없을 만큼 궁핍한 생활 속에서도 시를 쓰고 소설을 썼다. 일제의 극심한 탄압 속에서도 굴하지 않고 비타협적인 독립 사상을 견지하다가 조선총독부와 마주보기 싫다며 북향으로 지은 성북동의 집에서 오랜 지병인 중풍으로 세상을 떴다. 해방 1년 전이었다.

나라는 망해도 민족은 망하지 않는다
신채호

申采浩 (1880~1936년)

▌ 독립운동가, 사학자, 언론인.
▌《조선상고사》, 《조선상고문화사》, 《조선사연구초》, 《조선사론》 등을 집필했으며 내외의 민족 영
웅전과 역사 논문을 발표하여 민족 의식 함양에 힘썼다.
▌ "역사는 아(我)와 비아(非我)의 투쟁이다."라는 명제를 내걸고 민족사관을 수립하여 한국 근대사
학의 기초를 확립했다.

신채호

신채호는 젊은 시절 애국 계몽 운동가로서 주로
언론 저술 활동에 종사했고, 일제하에서는 러시
아, 만주, 베이징, 상하이 등지에서 망명 생활을
하며 독립운동가로서 활약했다. 또한 사학자로
서 한평생 '민족'과 '역사'를 화두로 당시 국정
과 일본의 불의를 통렬히 비판하며 조선 민중의
혼을 깨우는 데 앞장섰다. 그는 만주와 시베리
아의 수많은 유적지들을 직접 돌아다니고 수많
은 사료들을 접하면서 우리 고대사(고조선, 부여,

고구려)의 많은 부분이 왜곡되어 있음을 확인했다. 그리고 "역사에 영혼이 있다면 처참해서 눈물을 뿌릴 것"이라고 통탄했다. 그가 민족 독립과 민중 해방을 위한 방편으로 아나키스트 운동에 투신하게 되면서 독립운동에 있어서 그에 대한 평가는 조금씩 엇갈리게 되었다. 그러나 그가 우리나라의 대표적인 행동하는 지성인이라는 데에는 이견의 여지가 없다.

신채호는 충청남도 대덕군 도림리에서 신광식과 밀양 박씨의 둘째 아들로 태어났다. 할아버지가 정6품 사간원 정언을 지냈으나 아버지가 벼슬을 하지 않아 집안은 가난했다. 신채호는 어린 시절 서당 훈장인 할아버지에게 글을 배웠고 《삼국지》나 《수호지》 등 중국의 역사소설을 즐겨 읽었다. 열여덟 살 때에는 어린 시절부터 책을 빌려 주던 신승구의 주선으로 학부대신을 지낸 신기선申箕善의 서재에 출입하면서 많은 책을 접했고, 스무 살에는 신기선의 소개로 성균관에 입학했다. 이 시절 신채호는 변영만, 김연성, 류인식, 조소앙 등과 교류했으며 이들과 독서회를 조직해 사회과학을 공부하기도 했다. 그리고 실력을 기르기 위해서는 봉건적 주자학의 테두리에서 벗어나 서양 사상을 연구해야 한다는 것을 깨달았다.

독립협회에 가입한 이후 1898년에는 430여 명의 동지들과 함께 체포되기도 했다. 감옥에서 풀려난 후 그는 고향으로 내려가 농민들에게 새로운 문물과 사상을 전파했다. 스물여섯 살에는 성균관 박사로 임명되었지만 관직 생활 대신 구국운동에 나서기로 결심하고 고향에서 교육 활동에 힘썼다. 그러던 중 장지연張志淵의 제의로 황성신문사에 논설위원으로 입사하면서 언론인으로 활동하기 시작했다. 그러나 〈시일야방성대곡(是日也放聲大哭, 이날을 목 놓아 통곡한다)〉이라는 논설로 장지연을 비롯해 10여 명이 구속되자 〈황성신문〉은 무기 정간되었고, 그는 〈대한매일신보〉로 자리를 옮겨 언론 활동을 계속했다. 스물여덟 살에는 양기탁, 이동녕, 이회영, 이

〈시일야방성대곡〉 1905년 11월 20일 〈황성신문〉 2면 사설란에 실린 장지연의 논설. 황제의 승인을 받지 않은 을사조약의 부당함을 알리고 이토 히로부미와 을사오적을 규탄하고 있다.

동휘, 안창호, 전덕기, 이갑, 이승훈 등과 더불어 항일비밀결사인 신민회新民會 조직에 참여했다.

신채호는 〈일본의 삼대 충노忠奴〉, 〈친구에게 주는 절교서〉 등을 통해 친일파들의 반민족 행위를 통렬하게 비판하면서 일본의 원조를 받을 수도 있다는 근대화 지상주의자들의 주장을 부정하고 스스로의 힘으로 독립을 쟁취할 것을 주장했다. 그럼에도 일제의 식민지화가 기정사실화되면서 그는 안창호, 김지간 등 신민회원들과 함께 블라디보스토크로 망명했다. 그가 망명을 선택한 것은 비록 나라는 망하더라도 민족은 망하지 않는다는 믿음 때문이었다. 그는 이후 조카의 혼사 문제와 제자 김기수의 죽음으로 고국에 돌아온 일을 제외하고는 고국에 발을 디디지 못했다. 블라디보스토크에서 그는 〈해조신문〉을 복간하고 〈청구신문〉 발행에 참가하는 등 언론 활동을 다시 시작했다. 1911년에는 〈권업신문〉의 주필, 〈대양보〉의 주필로도 활동했다. 그리고 무애생無厓生, 열혈생熱血生, 검심劍心, 연시몽인燕市夢人 등의 다양한 필명을 사용하여 문필 활동을 계속했다.

1915년 신채호는 신규식과 박은식으로부터 상하이 활동을 권고받고 상하이로 건너가 신한혁명단에 참가했다. 그는 이 무렵 〈꿈하늘〉이라는 중편소설을 발표했다. 국가주의와 국수주의, 영웅주의를 주제로 한 이 소설을 통해 그는 외교 독립론과 실력 양성론을 비판했다.

신채호는 역사 연구를 민족 해방 운동의 주요한 방편으로 삼았다. 이미 〈대한매일신보〉에 〈독사신론讀史新論〉을 연재하면서 당시 국사 교과서의 오류와 김부식의 사대주의 사관을 비판하기도 했다. 뿐만 아니라 《조선상고사朝鮮上古史》를 집필하는 한편 남만주 일대와 백두산을 직접 답사하고 광개토대왕비를 돌아보며 보고 들은 것을 기반으로 《조선통사론》, 《인물고》 등을 집필하기 시작했다.

이즈음 국내에서는 3·1운동이 일어났고 상하이에 임시정부가 수립되었다. 그는 임시정부 수립에 앞서 임시정부창건위원회의 요인으로 활약했으나, 미국에 위임 통치를 제안했던 이승만을 대통령으로 추대하자 임시의정원 전원위원회 위원장 자리를 사양하고 임시정부를 비판하기 시작했다.

그의 독립 투쟁 노선은 철저하게 무장 투쟁이었다. 그는 외교나 문화운동, 일제의 이성에 호소하는 따위의 온건한 방법으로는 아무런 성과도 이룰 수 없으며 암살이나 테러 등의 수단을 통해 항쟁해야 한다고 주장했다. 1921년 창간한 잡지 〈천고天鼓〉를 통해 테러를 통한 무장 투쟁을 민족해방운동의 수단으로 채택하면서 국내에 흑색청년동맹을 창설하고 북경지부까지 설치했다. 이 단체는 의열단과 함께 1920년대 초 아나키스트들

〈조선혁명선언〉 1923년 4월 14일 자 〈동아일보〉에 실린 이 선언문에는 이승만의 외교론과 안창호의 준비론 등을 모두 부차적으로 취급하고 무장 투쟁을 최우선하는 의열단과 신채호의 독립 투쟁 방식이 드러나 있다.

의 테러 활동을 이끌었다. 이러한 그의 생각은 의열단의 강령과 행동 목표의 취지 및 단원의 정신 무장을 위해 발표한 〈조선혁명선언〉에 자세히 드러나 있다.

그는 이 글에서 일본 제국주의를 '조선 민족 생존의 적'이라고 규정하고 임시정부를 비판했으며 나아가 민중의 직접적인 혁명을 통해 민중의 자유가 보장되고 민중이 주인인 사회를 건설해야 한다고 선언했다. 행동 목표에는 일본 천황의 암살도 포함되어 있었는데, 이 글을 읽는 일본인들의 간담을 서늘하게 할 정도로 격렬하고 논리정연한 문장으로 혁명 이론을 전개하고 있다. 덕분에 의열단의 무력 항쟁은 눈부시게 전개될 수 있었다. 이런 행동들은 끝내 일본 경찰에 발각되었고 일본은 그를 일급 불온인물로 낙인찍어 체포에 혈안을 올렸다.

그는 1928년에는 무정부주의 동방연맹대회에 참석하는 등 아나키즘 활동을 활발하게 전개했다. 그 후 한국인 아나키스트 대회를 개최해 아나키즘을 선전하고 적의 기관을 파괴할 것을 결의했다. 그리고 러시아와 독일의 폭탄 전문가를 초빙해 폭탄과 총기를 만들어 각국으로 보내 대관大官을 암살하고 건물을 파괴하는 한편 세계 각국에 선전문을 발송하기로 했다.

그러나 이 기관지를 만드는 과정에서 필요 자금을 확보하기 위해 외국환을 위조할 계획을 세운 것이 문제가 되었다. 그는 당시 우체국에 근무

한국사를 움직인 100인

하던 대만인 아나키스트 임병문으로 하여금 위조 외국환을 우체국에 저축하도록 한 뒤 일본 등에서 현금으로 인출한다는 계획을 세웠다. 그는 유맹원이라는 중국인 행세를 하면서 1만 2,000원을 인출하기 위해 대만행 배를 탔는데 임병문이 체포되는 바람에 사전에 계획이 발각되어 대만에 도착하자마자 일본 경찰에 체포되었다. 모진 고문 끝에 그의 독립운동 경력이 모두 드러났고 특히 그가 〈조선혁명선언〉을 쓴 인물이라는 것도 밝혀졌다. 그는 10년형을 선고받고 뤼순 감옥에 갇혔다.

신채호는 옥중에서도 우리나라 역사 연구에 몰두하다가 오랜 감옥 생활로 인해 건강이 악화되어 57세의 나이로 생을 마감했다. 그는 죽기 전 "내가 죽으면 시체가 왜놈들의 발끝에 채이지 않도록 화장해 재를 바다에 뿌려 달라."라고 유언했다.

항일 무장 투쟁의 영웅

김좌진

金佐鎭 (1889~1930년)

▌ 서북학회, 대한독립군단, 신민부 등을 창설하는 등 항일운동을 전개한 민족지도자이다.
▌ 1918년 만주로 망명하여 대종교에 입교했으며, 〈무오독립선언서〉에 서명한 민족지도자 39명 중
한 사람이다.
▌ 만주 무장독립군 총사령관으로 1920년 청산리 80리 계곡에서 일본군 3,300여 명을 섬멸하고
이후 약 10여 년간 본격적인 항일 전투를 지휘했다.

김좌진(독립기념관 소장)

김좌진은 충청남도 홍성군 갈산면 행산리에서
김형규와 한상희의 둘째 아들로 태어났다. 세
살 때 아버지가 세상을 떠나고 형이 김덕규金德
圭의 양자가 되어 서울로 떠나고 나서 집안의
실질적인 가장이 되었다. 그는 어린 시절부터
글공부보다는 활쏘기, 말타기, 병정놀이를 즐겨
했고, 《삼국지》, 《수호지》, 군사학에 관련된 책
을 즐겨 읽으며 무술 연마에도 많은 노력을 기
울였다. 체력이 강인하고 놀라울 정도의 괴력

을 가지고 있었으며 몸놀림이 날쌔 동네 사람들이 그를 '비호飛虎'라고 불렀다고 한다.

그러나 이런 강인함에도 길에서 거지를 보면 그냥 지나치지 못할 정도로 어렵고 약한 사람을 돕는 마음이 유난했다. 열다섯 살 무렵 김좌진은 집안의 모든 가족과 노비들을 한자리에 모아 놓고 푸짐한 잔치를 벌였다. 당시 그의 집에는 50명이나 되는 노비가 있었다. 잔치 도중 김좌진은 갑자기 노비문서를 태우고 "당신들은 오늘부터 자유인이다."라고 선언했다. 뿐만 아니라 2,000석이나 되는 소출의 전답을 무상으로 소작인들에게 나누어 주었다. 어린 나이에 노비 해방과 토지 개혁을 실천에 옮긴 것이다.

그 후 그는 서울로 올라와 육군무관학교에 입학했다. 당시 대한제국은 일제의 준식민지 상황에 처해 있었고, 국권회복운동이 전개되던 시점이었다. 김좌진은 활발히 전개되던 계몽운동을 피부로 느낄 수 있었다. 이에 김항규, 김홍진 등과 함께 자진하여 상투를 잘랐다. 그는 졸업 후 고향으로 돌아와서 자신이 배운 계몽운동을 실천하기 위해 호명학교를 세웠다. 호명湖明은 '호서湖西 지방(충청도)을 밝게 한다'라는 의미로 '개화한다'라는 뜻이었다. 재정적 여유가 없었던 그는 안동 김씨 문중에 도움을 요청하고, 90칸짜리 자신의 집을 내놓았다.

1910년 일제에 국권이 침탈되자 김좌진은 독립운동에 적극 투신했다. 그의 역할은 주로 군자금 모금이었다. 김좌진은 1910년을 전후로 이창양행이라는 위장 상회를 차려 항일운동의 근거지로 삼고, 신의주에 염직회사를 차려 해외와의 연락 거점으로 삼았다. 일제 강점 후에는 국내에서의 독립운동이 불가능하다고 판단하고 서간도 지역에 독립운동 기지를 마련하려 했다. 그러나 군자금이 여의치 않아 그는 서울의 부자들을 대상으로 군자금을 모금하다 1911년 6월 서대문형무소에 수감되어 2년 6개월간 옥

살이를 했다.

감옥에서 나온 후에도 그는 고향으로 돌아와 독립운동을 계속했다. 그는 노백린, 신현대 등과 함께 대한광복회에 가입했다. 이 단체는 국내 독립운동단체 중 가장 규모가 크고 활동 범위가 넓었다.

그는 화폐 위조로 군자금을 만들었고, 이로 인해 일본 경찰의 추적을 받게 되어 만주로 망명하게 되었다. 만주로 망명한 지 얼마 지나지 않아 대한광복회의 국내 조직이 와해되면서 그는 대한정의단에 가입했다. 정의단이 임전태세의 군정부 조직으로 개편되고 나서는 중심인물로 활동했다. 군정부는 대종교 신도들의 헌금과 함경도민이 보내 준 군자금을 기금으로 하여 1,500명에 달하는 독립군을 보유하고 있었다. 1918년에는 3·1 독립선언의 기반이 되는 〈무오독립선언서〉에 39명의 민족지도자 가운데 한 사람으로 서명했다.

청산리 전투에 패해 후퇴하는 일본군

1919년 3·1운동이 일어나고 상하이에 임시정부가 수립되자 군정부라는 이름을 북로군정서北路軍政署로 바꾸고 총사령관이 되어 독립군 편성에 주력했다. 임시정부가 지원해 준 돈 1만 원으로 산골짜기에 사관학교를 세워 사관을 양성하고 무기를 입수했다. 교육 과목은 정신교육, 세계 각국의 독립운동사와 한일 관계사, 군사학, 병기 조작법과 부대 지휘법, 체조, 호령법 등 다섯 과목이었고 군사훈련은 대한제국 국군이 하던 방식을 그대로 따랐다. 이때 양성된 인물들은 대한군정서군의 주축이 되어 이후 김좌진과 함께 청산리전투를 승리로 이끄는 데 기여했다.

1920년 10월, 일본군이 독립군을 토벌하기 위해 만주로 출병한다는 소식이 전해지자 여러 독립군 단체는 백두산으로 피신하기로 했다. 홍범도가 이끄는 대한독립군과 안무가 이끄는 군무위원회, 지청천과 이상룡이 이끄는 서로군정서 등도 그곳으로 이동했다. 이동을 시작한 지 한 달쯤 지났을 무렵, 북로군정서는 백두산으로 가는 길목인 청산리 계곡에 도착했다. 일본군이 진격하고 있다는 소식을 들은 김좌진은 청산리 백운평에 독립군들을 배치했다. 일본군은 독립군이 매복해 있는 사실을 모른 채 백운평 계곡으로 들어왔다. 독립군과 일본군 사이의 전투는 10월 말까지 청산리와 그 주변 지역에서 10여 차례나 벌어졌다. 일본군 1,200여 명이 사망한 청산리 전투는 한국독립군의 가장 대표적인 전투였다. 청산리 전투의 승리는 주변 지형을 적절히 이용한 데에다 지휘관들의 우수한 유격 작전, 주변 지역 조선인들의 헌신적인 지지가 함께 이룩한 성과였다.

그러나 일본군의 보복을 피해 독립군은 대부분의 병력을 시베리아의 자유시로 옮겨야만 했다. 김좌진은 러시아로 가는 것을 탐탁지 않게 여겼는데 도착하고 보니 소련공산당이 조선독립군을 지원한다는 것은 거짓이었다. 그는 자유시 참변이 일어나기 직전 시베리아를 탈출해 무사할 수 있었지만 많은 독립군이 소련군에게 참변을 당했다. 북간도로 돌아온 그는 1925년 신민부新民府라는 군사단체를 창설하고 성동사관학교를 세워 사관을 양성해 정규군을 강화하는 데 힘을 기울였다. 상하이의 임시정부는 그를 군무부장으로 임명했으나, 그는 반일 무장 투쟁이 구국의 유일한 길이라고 말하며 거절하고 독립군 양성에만 전념했다. 그는 독립군을 뒷바라지하는 동포들에게 자신들이 피해를 준다고 생각하고 직접 방앗간을 차려 놓고 일을 했는데, 1930년 1월 24일 이 방앗간에서 공산당원 박상실 朴尙實에게 암살되었다. "조국을 위해 할 일이 많은데, 이렇게 먼저 가다니 참으로 한스럽구나."라는 말을 남기고 조용히 숨을 거두었다.

삼천 만 동포에게 고함
김구

金九 (1876~1949년)

■ 대한민국 임시정부 조직에 참여하고, 1944년 대한민국 임시정부 주석에 선임되었다.
■ 신민회, 한인애국단 등에서 활동했다.
■ 1962년 건국훈장 대한민국장이 추서되었다.

김구는 일제 시대 대한민국 임시정부의 주석을
지내며 항일 민족운동을 전개한 인물로 해방 후
남한만의 단독정부 수립에 반대해 통일민족국
가 건설운동을 전개한 민족주의자이다.

김구는 1876년 황해도 해주에서 김순영金淳永
과 곽낙원郭樂園 사이에서 태어났다. 신라 경순
왕의 후손으로 선조들은 오랫동안 중앙에서 벼
슬을 했으나 김자점 역모 사건으로 멸문지화滅
門之禍를 당하고 해주 서쪽의 백운방에 자리를

김구(독립기념관 소장)

잡게 되었다. 그가 태어났을 때는 곳곳에서 농민봉기가 끊이지 않았고 조선을 노리는 구미 열강의 세력들이 침탈해 오던 혼란한 시기였다.

김구는 서당을 하던 아버지에게서 한문과 한글을 익혔다. 열일곱 살에 우리나라의 마지막 과거인 경시慶試에 응시하기 위해 해주로 갔으나, 매관매직 행태를 목격하고 과거를 포기했다. 그리고 석 달 동안 두문불출하며 풍수지리서, 관상학, 병서 등을 읽었으며, 이후에는 마을 훈장으로 지냈다. 그는 동학의 평등주의 사상에 심취해 동학에 입교했고, 1893년 해주 지방의 접주接主가 되었다. 이듬해에는 황해도 도유都儒로 뽑혀 보은 집회에 참가했고, 여기에서 손병희孫秉熙를 만났다. 그리고 제2대 교주인 최시형으로부터 팔봉도소접주八峰都所接主라는 첩지를 받는 등 북접 계열로 동학교문 활동을 했다. 동학농민혁명이 실패한 것을 계기로 그는 민족적 자주의식을 자각하였다.

1895년 을미사변이 발생하자 분에 못이긴 그는 일본군 중위인 쓰치다 조스케土田讓亮를 맨주먹으로 때려죽였다. 이 사건으로 체포되었으나 1897년 사형이 집행되기 직전, 고종의 특사로 집행이 정지되었다. 하지만 일본 공사 하야시 곤스케林權助의 압력으로 출옥하지는 못했다. 결국 그는 탈옥을 감행해 삼남 일대를 떠돌다 공주 마곡사에서 승려가 되어 원종圓宗이라는 법호를 받았다. 그러나 평양 근교 대보산 영천암의 방주를 마지막으로 환속하였다. 이때 나라를 구하기 위해서는 그동안 자신이 해왔던 무장 투쟁 방식이 아니라 민중을 각성시키고 깨우쳐 스스로 힘을 길러야 한다는 것을 깨달았다. 이런 깨달음은 그를 애국계몽운동에 투신하게 했다.

김구는 1900년 강화도로 건너가 개화파 인사들과 교유하면서 교육과 계몽 사업에 힘을 기울였다. 1903년에 기독교 신자가 되었고, 본격적으로

한국독립당 김구와 한국독립당. 독립기념관 소장.

계몽 운동에 참여했다. 그는 황해도 장연에 봉양학교를 설립하고 교육에 힘을 기울이다 백남훈白南薰에게 인계하고 공립학교 교원이 되었다.

1905년 을사조약이 체결되자 그는 이동녕, 이준, 전덕기 등을 만나 을사조약 철회를 주장하는 상소를 결의한 뒤, 대한문 앞에서 읍소를 하고 종로에서 가두연설을 했다. 그러나 민중들이 제국주의에 대한 지식이 없고 애국심이 박약한 것이 근본적인 문제라는 것을 깨닫고 교육 사업 등 계몽 운동에 전념하기로 결정하고 돌아왔다.

이후 1906년 종산 서명의숙을 거쳐 안악 양산학교에서 교원으로 일했고, 1909년에는 재령 보강학교 교장이 되었다. 이해에는 해서교육회를 조직해 도내 각지를 다니며 교육의 필요성을 역설하고 애국심을 고취시켰다. 그러던 중 안중근의 이토 히로부미 저격 사건이 발생하자 그는 사건 관련자로 체포되어 해주 감옥에 수감되었으나 곧 무혐의로 풀려났다. 그러나 이듬해 안악 부호들을 협박해 독립운동 자금을 빼앗아 서간도에 무관학교를 세우려 한 안악 사건에 연루되어 15년 징역형을 언도받았고, 수감 중에 터진 105인 사건으로 2년형을 추가로 선고받았다. 1914년 7월 가석방된 후 안악으로 돌아왔으나 일본의 감시로부터 자유롭지 못했다. 이곳에서 그는 아내와 함께 안신학교의 일을 돕다가 양산학교장인 김홍량의 동산평농장 농감農監이 되어 학교를 세우고 소작인을 교육하는 등 농촌계몽운동을 했다. 1919년 3·1운동이 일어나자 일본의 감시에서 자유롭게 독립운동을 할 수 없음을 깨닫고 상하이로 망명했다.

상하이로 망명한 김구는 임시의정원 의장 이동녕을 찾아가 임시정부에 참여했고, 1945년 11월 임시정부의 주석으로 요인들을 이끌고 환국할 때까지 전후 27년 동안 임시정부를 통해 국내외 독립운동에 헌신했다.

임시정부에서 그는 1923년 내무총장, 1924년 국무총리 대리를 지냈다. 초대 대통령 이승만의 탄핵 면직과 2대 대통령 박은식의 사임 등으로 인해 무정부 상태에 빠지자 1926년 12월, 이동녕의 천거로 국무령에 선임되었다. 그러나 1920년대 후기가 되면서 시련이 가중되어 임시정부는 청사 임대료와 급사의 임금도 지불하기 어려운 형편이 되어 활동이 크게 위축되었다. 일본에 투항하거나 검거되는 독립운동가들이 점차 늘어나면서 상황은 더욱 악화되었다.

1940년 중국의 국민당 정부와 함께 자리를 잡은 임시

제1차 미소공위 이승만, 김구, 스티코프, 안재홍.

정부는 다시 좌우합작운동을 전개해 5당 통합을 이루어 냈다. 그는 임시정부 국무회의의 주석으로 선출되었다. 그는 일본의 패망이 멀지 않았음을 직감하고 좌우합작으로 임시정부를 보강하고 광복군을 창설해 지청천을 총사령관으로, 이범석을 참모장으로, 황학수를 서안의 전방사령관에 선임하고 항전을 계획했다. 1942년 7월에는 중국 정부와 광복군에 대한 정식 협정을 체결하여 연합군과 더불어 항일 공동작전을 수행할 수 있는 기초를 마련했다. 해방 직전에는 700여 명의 특공대가 편성되어 국내 진공작전을 세우고 계획을 추진했으나 1945년 8월 15일, 일본이 항복함으로써 광복군의 힘으로 조국을 해방시킨다는 꿈은 깨어지고 말았다. 게다가 미군정이 이승만은 물론 임시정부도 정부 자격으로는 귀국할 수 없다고 결정함에 따라 임시정부 요인들은 개인 자격으로 귀국해야 했다. 이러한 미국의 조치는 27년간 대한민국의 법통을 이어 온 김구를 비롯한 임정 요인들에게는 더할 수 없는 모욕이었으나 별 도리가 없었다.

김구 일행은 그해 11월 25일 환영인파 한 사람 없이 쓸쓸히 김포공항에 도착했다. 당시 정국은 수백 개의 정당이 난립하면서 좌우와 중립으로 대립하고 있었다. 분열된 정국을 수습하는 일은 임시정부가 맡게 되었고 김구는 민족 세력의 집결체로서 특별정치위원회의 구성을 준비했다. 그러던 중 모스크바 3상회의에서는 한국을 미국, 영국, 소련, 중국 등 4개국이 5년간 신탁통치한다는 신탁통치안이 결의되었다. 김구는 국무회의를 소집하고 반탁 투쟁을 주도했다.

이 시기 그의 정치적 입장은 〈삼천 만 동포에게 읍고함〉이라는 성명에서 찾아볼 수 있다. 그는 이 글에서 독립 진영의 재편성, 새로운 합작위원회의 구성, 신탁통치 반대, 미·소 양군의 분할 점령 반대와 38선 철폐, 독립정부 수립을 주장했다. 민족자주와 반탁을 일치시켜 반탁운동을 전개

한 것이다. 이러한 가운데 한국 문제는 유엔으로 넘어갔다. 그는 남북총
선거에 의한 정부수립결의안을 지지하며, 완전한 자주독립 노선만이 통
일정부 수립을 가능하게 한다고 주장했다. 그러나 1948년 2월 26일 총선
거를 감시하려 파견된 유엔한국임시위원단의 입국을 북한이 거부함으로
써 선거 가능 지역인 남한만의 총선거를 실시하자는 미국의 제의가 유엔
소총회에서 결정되었다. 그는 "통일된 조국을 건설하려다가 38선을 베고
쓰러질지언정 일신의 구차한 안일을 위하여 남한만의 단독 정부를 세우
는 데에는 협력하지 않겠다."라고 굳은 의지를 천명했지만 8월 15일과 9
월 9일 남북에서 각각 단독정부가 수립되면서 그의 노력은 물거품이 되고
말았다. 결국 김구는 남북 정부 양측에서 냉대를 받았고 이승만 정권으로
부터 탄압받다가 1949년 6월 집무실인 경교장 京橋莊 에서 육군 장교 안두
희의 총에 암살되었다.

좌익과 우익, 한국 현대사의 갈림길에서
여운형

呂運亨 (1886~1947년)

▌1918년 상하이에서 신한청년당을 발기했고, 김규식을 파리평화회의에 대표로 파견했다.

▌1920년 고려공산당에 가입하여 1921년 모스크바에서 열린 원동(遠東)피압박민족대회에 참석하여 한국의 사정을 세계에 알렸다.

▌1933년 조선중앙일보사 사장에 취임하고, 1936년 〈조선중앙일보〉가 정간되자 사임한 후 1944년 비밀결사인 조선건국동맹을 조직했다.

여운형은 한국 현대사에서 가장 평가가 극명하게 갈리는 인물이다. 진취적인 민족운동가였다고 하는 이들도 있지만, 공산주의에 도취된 기회주의자였다고 보는 이들도 있다. 그는 3·1운동과 대한민국 임시정부 수립의 산파역을 맡았고, 해방 이후에도 건국준비위원회, 인민공화국, 좌우합작, 미·소 관계 등에 관여했다. 좌우의 평화와 융합을 꿈꾸던 그는 1947년 암살되면서 파란만장한 생을 마감했다.

여운형

여운형은 경기도 양평에서 여정현과 이씨 사이에서 태어났다. 위로 삼남매가 있었지만 모두 일찍 죽는 바람에 그가 태어났을 때에는 집안뿐 아니라 문중 전체에서도 경사로 받아들일 정도였다. 몽양夢陽이라는 호는 할아버지인 여규신이 태몽에 떠오르는 해를 보았다고 해서 지어 준 것이다. 여규신은 동학에 입교하면서부터 동학농민혁명 이후 많은 고초를 겪었다. 여운형은 어린 시절부터 할아버지에게서 학문을 배우면서 그의 강직한 성품을 이어받아 불의나 무력 앞에서 결코 고개를 숙이지 않는 성정을 지니게 되었다.

그가 신학문을 접한 것은 열네 살 때 배재학당에서 영어교사로 일하던 친척 여병현의 영향으로 배재학당에 입학하면서부터였다. 그러나 매주 월요일마다 일요예배에 참석하지 않는 사람을 조사하고 벌을 주는 학교가 마음에 들지 않아 민영환이 설립한 홍화학교로 전학했다. 그러나 배재학당에서 서양 문물을 접하면서 우리나라가 매우 뒤처져 있다는 사실을 깨달았다. 나라의 발전을 위해서는 서양의 문물을 받아들이지 않으면 안 된다는 사실을 절감했던 것이다.

그러던 중 그는 동생 여운홍과 함께 안창호의 〈대한의 장래〉라는 연설을 듣고 큰 감동을 받았다. 당시 그는 가정형편 때문에 홍화학교를 그만두고 취직이 보장되는 우체학교를 다니고 있었다. 을사조약에 따라 일본이 통신을 장악하게 되자 우체학교도 일본으로 넘어갔다. 여운형은 졸업을 한 달 앞두고 학교를 뛰쳐나와 버렸다. 그리고는 고향으로 돌아와 낮에는 농사를 짓고 밤에는 학문을 익히며, 을사조약과 민영환의 자결에 대해 순회 연설을 하곤 했다. 일진회의 회원이던 양평 군수가 그의 열정적인 연설에 감동해 눈물을 흘릴 정도로 그는 열과 성을 다했다.

어머니에 이어 아버지까지 세상을 떠나자 그는 교육 사업에 뜻을 두고

한국사를 움직인 100인

광동학교를 설립해 청년들에게 신학문을 가르치기 시작했다. 1908년에는 손수 상투를 자르고 노비문서를 태워 집안의 노비를 해방시킴으로써 자신의 사상을 행동으로 나타냈다.

을사조약이 체결된 후 그는 해외로 나가 독립운동을 하기로 결심했다. 집안의 논을 담보로 돈을 빌려 동생을 미국에 유학 보내고 자신은 중국으로 건너가 남경의 금릉대학을 다녔다. 졸업 후에는 상하이에서 교민단의 간부로 활동하다가 33세 되던 1918년, 청년 조직의 필요성을 느끼고 신한청년단을 조직했다. 신한청년단의 대표적인 활동은 1919년 파리에서 열린 강화회의에 민족대표를 파견한 일이다. 제1차 세계대전의 전후 처리를 위해서 열린 파리강화회의에서 피압박민족의 의견이 존중될 것이라는 정보를 접하고 이를 독립운동의 계기로 삼고자 대표를 파견한 것이다. 그리고 이 일은 그의 생각대로 3·1운동이라는 거국적인 독립운동이 일어나는 계기가 되었다.

어느덧 상하이에는 1,000명이 넘는 독립운동가들이 모여 활동하고 있었다. 이들은 서로 모여 독립운동의 방향을 논의하고 좀 더 조직적인 활동을 위해 임시정부의 건립을 추진했다. 여운형은 '정부'의 구성에 반대했지만, 임시정부 제1차 내각의 외무부 차장으로 참여했다.

한편 3·1운동에 당황한 일본은 사태를 진정시키기 위해 여운형을 회유하기로 했다. 독립운동가로서 신망과 명성이 높고 외국과도 폭넓은 교제를 하고 있었기 때문이다. 그래서 일본은 척식국 장관인 고가 렌조古賀廉造을 내세워 조선 정치에 대한 의견을 교환하자며 초청 전보를 보냈다. 이 초청에 대해 임시정부에서는 찬반양론으로 나뉘었다. 이동휘를 중심으로 한 원로들은 반대했고, 안창호를 중심으로 한 청장년층은 찬성했다. 안창호는 여비로 300원을 마련해 주기도 했다. 그가 일본으로 떠나자 반

도쿄 제국호텔 여운형은 1919년 제국호텔에서 일본 장관들에게 조선 독립의 당위성을 역설하였다.

대론자들은 그를 비난했다. 일본이 절대로 독립을 허용할 것이 아닌데 이용만 당하거나 그가 배신할지도 모른다는 이유에서였다.

고가 렌조는 여운형을 회유하기 위해 무척 애를 썼지만 그는 그 외에도 초대 정무총감 미즈노 렌타로水野錬太郎, 체신대신 노다 우타로野田卯太郎 등을 만나 일본의 강도 행위를 비난하고 조선의 독립을 주장했다. 그는 1919년 도쿄 제국호텔에서 다음과 같은 내용의 기자회견을 가졌다. "주린 자가 먹을 것을 찾고 목마른 자가 마실 것을 찾는 것은 자기의 생존을 위한 인간 자연의 원리이다. 이것을 막을 자가 있겠는가! 일본인이 생존권이 있는데 우리 한민족만이 홀로 생존권이 없을 수 있는가? 일본인이 생존권이 있다는 것을 한국인이 긍정하는 바요, 한국인이 민족적 자각으로 자유와 평등을 요구하는 것은 신이 허락하는 바이다. 일본 정부는 이것을 방해할 무슨 권리가 있는가! 세계는 약소민족해방, 부인해방, 노동자해방 등 세계 개조를 부르짖고 있다. 이것은 일본을 포함한 세계적 운동이다. 한국의 독립운동은 세계의 대세요, 신의 뜻이요, 한민족의 각성이다."

1919년 11월 28일 일본의 마이니치 신문에 실린 여운형의 연설로 일본은 발칵 뒤집혔고 그는 하룻밤 사이에 국제적인 인물로 떠올랐다. 여운형의 일본행을 결연히 반대하던 임시정부 국무총리 이동휘는 〈국무총리 포고 2호〉를 발표해 여운형의 항일 활동을 공식적으로 인정했고, 1920년에는 상하이에서 여운형과 함께 고려공산당을 창립했다. 그러나 그즈음 임시정부 내부에서는 창조파와 개조파로 나뉘어 갈등을 빚고 있었다. 여운형은 안창호의 개조파 세력을 따랐지만 파벌 다툼에 대한 실망으로 임시정부를 떠났다.

우리나라의 공산주의 운동은 독립운동의 일환으로 시작되었다. 계급투쟁보다는 제국주의를 타도하고 민족을 해방시키는 것으로 이해하여 많은 독립운동가들이 여기에 참여했다. 여운형도 이런 입장에서 공산주의 세력에 가담해 《공산당선언》을 번역하기도 하고, 모스크바 유학을 주선하면서 초기 공산주의를 성장시키는 데 기여했다.

그 역시 우선 민족 해방을 성취한 후에 민주 혁명을 수행하고 점차 사회 개혁을 실천해 훌륭한 자주독립과 민주 사회주의적인 민족국가를 건설해야 한다고 생각했다. 그래서 레닌과 두 차례에 걸쳐 회담하면서 조선의 독립에 소련이 노력한다는 약속을 얻어냈으며 시베리아의 조선독립군 양성을 위한 경제적 원조를 교섭해 200만 원 상당의 금괴도 원조받았다.

그러나 그는 망명 16년 만에 상하이에서 일본 경찰에 체포되어 고국 땅을 밟게 되었다. 판사는 그에게 배일 사상을 버리면 죄를 면해 주겠다고 회유했지만 그는 단호히 거절하고 3년의 징역형을 언도받아 복역하다가 1932년 7월에 출옥했다.

그 후 그는 조선중앙일보사 사장에 취임했다. 〈조선중앙일보〉는 민족적 범죄자, 특권층의 비리나 추행을 보도하며 독자들의 성원과 호응을 받았다. 그러나 1936년 베를린 올림픽 대회에서 마라톤 선수 손기정의 우승 기사를 보도하면서 그의 유니폼에 달린 일장기를 지운 이후 계속되는 탄압으로 1937년 11월에 폐간되고 말았다. 그는 조선어 폐지, 창씨개명, 신사 참배 등 극심해지는 민족 말살 정책에도 전혀 굴하지 않았고, 지속적으로 국내외 동지들과 연락하며 치밀하게 독립운동 계획을 지원했다. 1942년 에는 일본에서 귀국하다가 일본 경찰에 체포되어 투옥되기도 했다.

해방 후 정국은 좌익과 우익으로 나뉘어 혼란스러웠다. 그는 조선건국 준비위원회를 이끌면서 양쪽의 비난을 받아야 했다. 우익으로부터는 공산당이라고 비난을 받았고, 좌익으로부터는 우익 인사라는 불평을 들었다. 그러나 그는 이런 비난에도 좌익과 우익을 통합하고자 노력했다.

그해 12월 모스크바 3상회의는 한국에 대해 '미·영·중·소 4개국이 5년 이하의 신탁통치를 실시한 후 독립을 고려한다.'라는 내용의 의정서를 작성했다. 신탁통치에 찬성하면 통일정부는 가능했지만 5년여의 세월이 필요했고, 신탁통치에 반대하면 민족의 독립만 보장될 뿐 좌우 분열을

덕수궁 석조전 이곳에서 미소공위가 개최되어 좌우합작위원회 회담이 열리곤 했다.

한국사를 움직인 100인

해결해야 하는 문제가 남았다. 여운형에게는 무엇보다 통일정부 구성이 중요했다. 그러나 김구는 반탁 운동을 제2의 독립운동이라고 하며 신탁통치에 결사적으로 반대했고, 이승만은 반탁의 여세를 몰아 남한만이라도 공산화를 막자고 주장했다. 결국 여운형은 북쪽과 교섭을 추진하면서 좌우합작에 전념했다. 그러나 시간이 흐를수록 그는 좌우 양쪽으로부터 배제되었고, 이듬해 정계를 은퇴했다. 이후 미·소 냉전으로 남북의 대립은 점차 심화되었고, 그는 수차례의 테러 위협에 시달렸다. 결국 여운형은 1947년 7월 19일, 서울 혜화동에서 한지근韓智根에게 저격당해 예순두 살의 나이로 세상을 떠났다.

대한민국의 초대 대통령
이승만

李承晩 (1875~1965년)

▌대한민국의 초대 대통령으로 대한민국 헌법을 제정하고 한국전쟁 후 미국과 상호방위조약을 맺었다.

▌독립협회, 한성 임시정부, 상하이 임시정부에서 활동했다. 광복 후 우익 민주 진영의 지도자로 1948년 대한민국 초대 대통령에 당선되었다.

▌4선 후 4·19혁명으로 사임했다.

이승만

대한민국 임시정부의 초대 대통령이며 대한민국의 초대 대통령인 이승만은 우리나라의 현대사를 관통한 인물이다. 그에 대한 평가는 그가 살아 있을 때뿐만 아니라 세상을 떠난 지금도 양극단으로 팽팽하게 나뉘어져 있다. 이승만을 긍정적으로 평가하는 입장은 그의 임시정부 활동과 해방 이후 대한민국의 건국에 기여한 점, 농지 개혁과 한미 상호방위조약 체결로 경제 개발을 이룩할 수 있는 토대를 구축했다는 점, 반공주의적 지도자라는 점 등을 꼽는다. 반대로 그에 대해 부정적으로 평가하는 입장은 그가 권력을 위해 분단정부 수립을 주도했고, 친일 세력을 청산하지 못했으며, 한국 사회에 반공주의의 씨를 뿌리 내리고, 독재 정치로 민주주의 발전을 막았으며, 종속적인 한미 관계를 가져왔다는 점을 비판한다.

이승만은 1875년 황해도에서 이경선과 김해 김씨 사이에서 5대 독자로 태어났다. 양녕대군의 16대손이었으나 몰락한 가문이어서 가정 형편은 어려웠다. 그럼에도 부모님들은 아들이 왕족의 후손이라는 선민의식選民意識을 자주 심어 주었는데 여섯 살 무렵 이승만이 천자문을 떼자 없는 살림에도 동네 사람들을 불러 잔치를 열 정도였다. 그래서인지 미국 유학 시절 이승만은 자신을 이씨 왕가의 왕자로 소개하기도 하고 대통령 시절에는 자신을 '과인寡人'이라고 부르는 등 군주 의식을 가지고 있었다.

그는 서울로 올라온 후 한학을 공부하면서 과거에 응시했지만 번번이 낙방했다. 그러던 중 1894년 갑오개혁으로 과거 제도가 사라지고 신식학교인 배재학당이 세워져 젊은이들에게 외국어와 신학문을 가르치게 되었다. 연이은 과거 낙방으로 구체제를 혐오하게 된 그는 스스로 단발斷髮을 하고 배재학당에 입학해 개화의 물결과 서구의 민주적 정치 제도를 접하게 되었다.

그는 배재학당을 졸업할 무렵 영어로 연설을 할 수 있을 정도로 영어 실력이 뛰어났다. 그가 고종 폐위 음모에 휘말려 투옥된 후 나무형틀과 족쇄를 차고 있으면서도 영어 단어를 외우고 영한사전까지 만들어 공부했다는 이야기는 유명하다. 그는 감옥에서 영어 성경을 접하고 기독교로 개종하면서 본격적으로 기독교 문명과 근대화를 지향하게 되었다. 이런 영어 실력은 1904년 민영환의 밀사로 미국 대통령 루스벨트에게 조선의

배재학당(복원)

독립을 호소하는 데에도 큰 도움이 되었다. 그러나 주미공사가 협조해 주지 않아 정식으로 진정서를 제출하는 데에는 실패했고, 그는 미국에 남아 공부하는 길을 택했다. 조지워싱턴 대학을 거쳐 1910년 프린스턴 대학에서 한국인 최초로 철학박사 학위를 받은 그는 한국으로 돌아와 YMCA에서 기독교 청년운동과 교육에 전념했다.

　이승만은 1891년 박승선과 결혼했으나 미국으로 건너간 후 사실상 헤어졌다. 박승선은 이승만이 투옥되었을 때 갓난아기를 업은 채 덕수궁 앞에서 거적을 펴고 3일간이나 임금에게 읍소할 정도로 남편에 대한 애정이 남달랐다고 한다. 그러나 부부는 아들을 미국에 데리고 가는 문제로 심하게 다툰데다 그 아들이 미국에서 장티푸스로 세상을 떠나자 부부 사이의 갈등이 회복할 수 없는 지경에 이르렀다. 이혼 후 이승만은 쉰여덟 살 무렵 스위스 제네바에서 만난 서른세 살의 오스트리아 출신 프란체스카 도너와 재혼했다.

국내에서 서재필과 독립운동을 하던 이승만은 일본이 기독교 세력을 꺾기 위해 조작한 105인 사건에 연루되어 1913년 하와이로 망명했다. 그 후 3·1운동 전까지는 민족학교를 세우고 한인기독교회를 창립하는 등 주로 교육자와 종교지도자로 활동했다. 그러다가 제1차 세계대전이 종결되고 한국에서 3·1운동이 일어나자 일약 해외 한국독립운동의 최고 지도자로 부상했다. 이는 청년독립운동가라는 그의 입지와 미국에서 박사 학위를 받았다는 점, 기독교 세력과 윌슨 대통령과의 친분, 전주 이씨 가문의 힘 등이 만들어 낸 결과였다.

1920년 그는 임시정부 대통령에 취임했으나 워싱턴 군축회의에 참가하기 위해 미국으로 갔다가 돌아오지 않았다. 그리고 그가 미국 대통령에게 국제연맹의 한국 위임통치를 청원했다는 사실이 알려지면서 면직되었다. 이후 그는 독자적으로 독립운동을 했고 미국과의 외교를 통해 독립을 이루어야 한다는 노선을 견지했다. 해방 후 임시정부보다 한 달 앞서 귀국한 그는 한때 좌우파를 망라한 지지와 미군정의 절대적인 지지 속에 민족지도자로 거론되기도 했으나 신탁통치안을 반대하면서 철저히 우익 최고지도자로서의 자리를 공고히 했다.

1948년 5월 10일 총선거에서 이승만은 제헌국회 의장으로 선출되어 대한민국 헌법의 기초 심의 및 채택에 중요한 역할을 행사하며 대한민국 헌법을 제정했다. 그리고 대통령 중심제로 헌법이 제정되자 그해 7월 국회 선거를 통해 대한민국의 초대 대통령으로 당선되었다. 이후 그는 강력한 반공주의를 주장해 남한 내의 공산주의 세력을 몰아내는 데 전력했다. 그러나 1950년 한국전쟁이 터지자 서울을 사수할 것을 주장하는 주한미대사의 권유를 뿌리치고 가장 먼저 피란길에 올랐다. 한국전쟁은 이승만 정권이 권력을 강화한 기회가 되었다. 그는 유엔의 도움으로 북한군을 물리쳤고, 분단 상태에서의 정전停戰협정을 반대했다. 그럼에도 정전협정이 체결되자 한·미 양국이 휴전 후에도 긴밀한 유대 관계를 유지한다는 상호방위조약을 체결했다.

그는 반공의식을 기저基底로 '뭉치면 살고, 헤어지면 죽는다.'라는 슬로건으로 3대 대통령까지 역임했다. 그러나 선출 과정은 투명하다고 할 수 없었다. 한국전쟁 중에 대통령 직선제로 개헌해 2대 대통령에 재선되었고, 대통령제의 중임으로 3선이 어려워지자 초대 대통령의 중임 제한 철폐를 골자로 한 개헌안을 제출했다. 이 안이 재적의원수 3분의 2 이상에 미달되어 부결되자 곧바로 소위 사사오입四捨五入 개헌을 강행해 3대 대통령에 당선되었기 때문이다.

이러한 1인 독재 정치는 국민과 야당의 분노를 불러일으켰고 분열되었던 야당을 민주당으로 결집하게 만들었다. 1960년 제4대 대통령을 선출하기 위한 3·15 선거는 이러한 독재 체제의 정점을 보여 준다. 선거운동뿐 아니라 투표 과정과 개표 과정이 모두 부정으로 점철되었다. 이승만과 이기붕의 조직적 부정으로 이승만과 이기붕이 제4대 정·부통령으로 당선되자 민주당과 국민들은 선거 무효를 선언하며 들고 일어났다. 더구나 마산에서 시위 도중 살해된 고교생 김주열의 시체가 인양되

4·19혁명

한국사를 움직인 100인

자 사태는 걷잡을 수 없어졌다. 1960년 4월 19일 수천 명의 학생과 시민들은 대통령 관저까지 진입해 이승만의 하야를 요구했다. 이승만은 비상계엄을 선포했고 경찰의 발포로 사상자가 발생했다. 결국 이승만은 4월 26일 하야를 결정했고, 곧이어 5월 29일 하와이로 망명함으로써 12년간의 독재는 끝났다. 그는 1965년 하와이 호놀룰루 시 마우나라니 요양원에서 90세를 일기로 세상을 떠났다. 유해는 국내로 옮겨와 국립묘지에 안장되었다.

시대를 앞서 간 비운의 여인
나혜석

羅蕙錫 (1896~1949년)

- 한국 최초의 여성 서양화가로 야수파의 영향을 많이 받았으며, 소설가로도 활약했다.
- 조선미술전람회 제1회부터 제5회까지 입선했고, 1921년 경성일보사 내청각에서 조선 여성 최초로 개인 전시회를 열었다.
- 작품으로는 〈스페인 국경〉, 〈스페인 해수욕장〉, 〈무희〉, 〈파리 풍경〉, 〈나부〉 등이 있다.

나혜석은 우리나라 여성운동의 선구자로 꼽히는 인물이며 남성 중심의 폐쇄적인 사회에서 활동하던 여성 지식인이었다. 또한 최초의 여성 서양화가이자 최초의 여성 소설가로 우리 근대문화사에 큰 족적을 남긴 인물이기도 하다. 그러나 이런 업적들에도 그녀는 파란만장한 삶으로 인해 근대사의 대표적인 비극의 주인공으로 기억되곤 한다.

나혜석은 수원의 큰 대문 참판댁의 5남매 중 넷째로 태어났다. 대한제국 시절 시흥 군수, 용인 군수 등을 지낸 아버지 나기정羅基貞 덕에 넉넉한 환경에서 자랐다. 고등학교를 졸업하고 난 후 나혜석은 오빠의 권유로 일본 동경여자미술전문학교에 입학했다. 이렇듯 고등교육을 받은 그녀에게 당시의 남녀차별 문제는 매우 불합리하게 여겨졌다. 그녀는 조선인 유학생 잡지인 〈학지광學之光〉에 양부현부良夫賢夫에 대한 교육은 없으면서 현모양처賢母良妻에 대한 교육만 시키는 것은 부당하다는 내용의 글을 기고하기도 했다. 이러한 사고방식에 영향을 준 것은 둘째 오빠인 나경석이었다. 그는 오사카의 빈민굴에서 생활하며 사회봉사를 했던 혁명적 인물이었다. 나혜석은 이러한 오빠 덕분에 일본에서 당시 조선 여성이 지니기 힘든 자유와 도전정신을 지니게 되었다.

하지만 유학 1년 만에 그녀는 공부를 그만두고 돌아와 결혼하라는 부모님의 압력을 받게 되었다. 그러나 이미 근대적 여성 의식에 눈을 떴고 자의식이 강한 그녀는 이를 받아들일 수가 없었다. 게다가 그녀는 〈학지광〉의 발행인 최승구崔承九와 사귀는 중이었다. 최승구가 1916년 결핵으로 세상을 떠나면서 두 사람의 연애는 끝이 났다. 나혜석은 충격으로 신경쇠약에 빠져 한동안 방황했다. 간신히 마음을 추스른 나혜석은 동경여자유학생친목회를 조직하고 〈여자계〉를 발간했다. 이 회보에 발표한 단편소설 〈경희〉는 여성의 자아 발견을 주제로 한 작품이었다.

그러던 나혜석에게 또 다른 남자가 다가왔다. 교토 국제대학교에 다니던 김우영이었다. 김우영은 이미 한 번 결혼했던 처지였으나 교토와 도쿄를 오가며 나혜석에게 열렬히 구애했다. 그러나 당시 그녀의 관심은 오직 일본 제국주의에 고통받고 있는 민족과 여성뿐이었다. 1918년 미술학교를 졸업하고 조선으로 돌아온 나혜석은 함흥 영생중학교, 서울 정신여자고등학교에서 미술교사로 일했다. 이듬해인 1919년에는 동경에서 독립운동을 계획하고 귀국한 김마리아, 황에스더와 함께 3·1운동에 관여하면서 5개월간 감옥 생활을 했다. 그때 변호사였던 김우영이 그녀의 변론을 맡으면서 두 사람은 가까워졌고, 6년 동안 계속된 김우영의 구애는 결국 결실을 맺게 되었다.

　나혜석은 결혼에 앞서 몇 가지 조건을 내세웠다. 첫째 평생 지금처럼 사랑해 줄 것, 둘째 그림 그리는 것을 막지 말 것, 셋째 시어머니와 전실 딸과는 따로 살게 해 줄 것, 넷째 연인이었던 최승구의 묘지에 비석을 세워 줄 것 등이었다. 당시로서는 파격적인 조건이었지만 김우영은 이를 수락했고, 두 사람은 1920년 4월 서울 정동 예배당에서 화려한 결혼식을 올렸다. 웨딩드레스를 입고 결혼한 두 사람의 결혼식은 당시 대단한 이슈였다.

　그리고 다음 해 3월 나혜석은 만삭의 몸으로 경성일보사 내청각에서 최초의 서양회화 전시회를 열었다. 〈매일신보〉는 당시 관람객이 인산인해를 이룰 정도로 성공적인 전시회였다고 평했다. 그 후 김우영이 일본 외무성 만주 안동현 부영사로 발령이 나자 나혜석은 그를 따라 만주로 갔다. 그곳에서 부영사의 아내로서 안정된 삶에 만족하지 않고 야학을 열어 여성들을 가르치고 남몰래 독립운동가들을 돕는 등 활발한 활동을 했다.

　그러나 3남 1녀를 낳고 기르는 와중 육아와 가사일에 지치고 예술에 대한 갈망이 점점 커졌다. 마침내 두 사람은 자녀들을 시댁에 맡기고 3년간 세계일주 여행을 시작하기로 했다. 이러한 그들의 행보는 사람들의 이목을 집중시키기에 충분했다. 이들 부부의 여행 소식은 신문을 통해 세상에 알려졌다. 그들은 시베리아 횡단열차를 타고 한 달 만에 프랑스에 도착했다. 파리에서 나혜석은 서양회화 작품들을 연구하며 자유를 만끽했다. 이 시기 나혜석의 그림은 야수파의 영향을 많이 받았다. 〈스페인 국경〉, 〈스페인 해수욕장〉, 〈무희(캉캉)〉, 〈파리 풍경〉, 〈나부〉 등의 작품이 남아 있다.

　그러나 행복은 오래가지 않았다. 파리에서 나혜석은 민족대표의 한 사

〈무희(캉캉)〉 인체를 단순화하고 모피코트의 화려함을 강조한 작품이다. 순종적이며 집에서만 생활했던 전통적인 여성상에서 벗어나 활동적이며 서구의 새로운 문물을 받아들인 신여성상을 제시하고 있다. 국립현대미술관 소장.

람이자 천도교 신파의 거두인 최린崔麟을 만났는데, 이 만남으로 인해 그녀의 삶은 파국으로 치닫게 된다. 최린은 나혜석의 남편인 김우영과도 친분이 있었다. 김우영은 법률 공부를 위해 베를린으로 떠나면서 그에게 아내를 부탁했다. 그러나 남편이 없는 파리에서 둘은 위험한 사랑에 빠지고 말았다. 그녀는 자신의 사랑에 대해 이렇게 말했다. "남자나 여자나 다른 사람과 좋아 지내면 오히려 자기 남편이나 아내와 더 잘 지낼 수 있지 않을까? 나는 결코 남편을 속이고 다른 남자(최린)를 사랑하려고 한 것은 아니었다. 오히려 남편에 대한 정이 두터워지리라고 믿었다. 구미 일반 남녀 사이에 이러한 공공연한 비밀이 있는 것을 보고…… 가장 진보된 사람에게 마땅히 있어야 할 감정이라고 생각한다."

1929년 그녀는 조선으로 돌아왔다. 그러나 파리에서 있었던 나혜석과 최린에 관한 소문이 조선 사교계에 퍼지면서 김우영과의 사이가 악화되었다. 김우영은 이혼을 원했고, 나혜석은 재산 분배를 요구하고 이혼서류에 도장을 찍었다. 김우영은 이듬해 신정숙이라는 여성과 재혼했다.

이혼 후 나혜석은 작품 활동에 몰두했다. 1931년 제10회 조선미술전람회에서 특선을 수상한 〈정원〉은 일본 제12회 제국미술원전람회에서 입선하기도 했다. 그러나 활짝 개화한 예술 활동과 반비례하듯 살림은 점점 어려워졌다. 그런 데에다 출품 준비 중이던 작품이 화재로 불타 버린 후에는 충격으로 수전증이 생겨 팔을 자유롭게 쓰지 못하게 되었다. 그녀는 미술 개인지도를 하고 초상화를 그리는 등으로 생활비를 벌어야 하게 되었다.

1934년 나혜석은 잡지 〈삼천리〉에 원고지 1,500장 분량의 〈이혼고백서〉를 발표했다. 여기에서 나혜석은 자신의 약혼과 결혼, 최린과의 만남, 이혼에 이르는 과정 등을 상세히 밝히면서, 조선 남자들의 겉과 속이 다른 행동에 대해 일침을 날렸다. "조선 남성의 심리는 이상하다. 자기는 정조 관념이 없으면서 여자에게는 정조를 요구하고 또 남의 정조를 빼앗으려 한다. ……이 어이한 미개의 부도덕이냐……."

그러나 〈이혼고백서〉는 세상 사람들의 비난만을 불러일으켰다. 강한 남성 중심 사회였던 조선 사교계에서는 오히려 그녀의 뻔뻔함을 욕했다. 나혜석은 〈이혼고백서〉를 발표함과 동시에 최린에 대해 소송을 제기했다. 최린이 파리에서 강제로 자신에게서 정조를 빼앗았고 김우영과 이혼하면 생활을 돌봐 주겠다는 약속을 이행하지 않았다며 1만 2,000원의 위자료를 청구한 것이다. 그때 최린은 중추원 참의가 되면서 본격적인 친일親日의 길을 걷고 있었다. 나혜석은 소송을 취하하기로 하고 최린에게 수천 원을 받았다. 아이러니하게도 그녀가 만났던 이광수, 최린, 김우영 등이 모두 반민특위에서 친일파로 단죄받았으나 그녀에게서는 친일의 흔적을 찾아볼 수 없다.

그 후 나혜석은 세상으로부터 잊혔다. 게다가 1935년 충무로에서 개최한 소품전이 완전히 실패하자 예술에 대한 의욕마저 잃게 되었다. 첫아들이 폐렴으로 열두 살의 나이에 세상을 뜨고, 주변 사람들이 하나둘 그녀의 곁을 떠나는 것도 삶에 대한 희망을 잃게 했다. 김우영은 그녀가 자녀들을 만나는 것을 철저히 막았다. 그녀는 불교로 개종한 후 수덕사, 해인사 등을 전전하면서 유랑 생활을 하다가 해방 후 오빠 나경석의 도움으로 양로원에 몸을 의탁했으나 적응하지 못하고 나왔다. 그리고 1948년 12월 10일 서울의 시립자제원(侍立慈濟院, 지금의 시립남부병원) 무연고자 병동에서 행려병자로 세상을 떠났다.

또 다른 신여성의 비극, 윤심덕

'신여성'이란 일본에 유학한 학생들을 중심으로 1910년대부터 사용되기 시작한 단어이다. 1920년대 도시의 지식인 사회에서는 일반적인 용어로 통용되었다. 개항 이후 들이닥친 서구 문물의 도입으로, 신분과 성별에 상관없이 교육의 기회가 열렸고 이를 발판으로 이른바 세상에 눈을 뜬 신여성들이 탄생했다. 이들은 웨이브 머리와 구두, 종아리가 드러난 통치마 등으로 대변되었으며 기존의 유교적 개념에서 벗어나 경제, 민족, 결혼 등에 대해 자유로운 사고를 하면서 '자유연애'를 실천했다.

대표적인 신여성으로는 나혜석, 윤심덕, 최승희, 김원주, 김명순, 김활란 등이 있는데 그중 가장 성공적인 인물은 윤심덕이었다. 그녀는 우리나라 최초의 국비유학생이었고, 최초의 여류 성악가였으며, 최초의 대중가수로 대중의 관심 속에 있었다.

윤심덕은 평양 순영리에서 부친 윤석호와 모친 김씨 사이의 1남 3녀 중 둘째 딸로 태어났다. 윤심덕은 키가 매우 크고 목이 긴 서구형 미인이었으나 성격은 사내아이 같이 활달해 어린 시절에는 '왈녀'라고 불리기도 했다. 그녀는 조선총독부 관비유학생으로 뽑혀 일본 우에노 음악학교 성악과에 입학했으며, 1921년 동우회에서 주최한 국내 순회공연에 참여했다가 김우진을 만나게 되었다. 와세다대학교 영문학과를 졸업한 전도유망한 극작가인 김우진은 이미 결혼해 고향 목포에 아내와 딸이 있었다. 사랑에 빠진 두 사람은 이런 현실에서 헤어질 수 밖에 없었고, 윤심덕은 조선으로 돌아왔다. 조선에서 성악가로 활동하던 그녀는 루마니아의 작곡가 이오시프 이바노비치

Iosif Ivanovich의 〈도나우 강의 잔물결〉에 김우진이 가사를 붙인 최초의 대중가요 〈사死의 찬미〉를 불렀고, 일약 스타가 되었다.

1926년 레코드 재취입을 위해 일본으로 건너간 그녀는 일본에 와 있던 김우진과 다시 만나게 되었고, 돌아오던 배 위에서 현해탄에 몸을 던져 함께 죽었다. 이튿날 〈동아일보〉, 〈조선일보〉, 〈매일신보〉는 물론 〈도쿄아사히신문〉까지 현해탄에 몸을 던져 정사한 청춘 남녀의 소식을 대대적으로 보도했다. 두 사람의 동반자살은 1991년 동명의 영화 〈사의 찬미〉로

만들어져 공전의 히트를 기록하기도 했다.

사의 찬미

광막한 황야를 달리는 인생아
너는 무엇을 찾으려 왔느냐.
이래도 한세상 저래도 한세상
돈도 명예도 사랑도 다 싫다.
녹수 청산은 변함이 없건만
우리 인생은 나날이 변했다.
이래도 한세상 저래도 한세상
돈도 명예도 사랑도 다 싫다.

이 노래는 윤심덕의 비극적인 동반 자살 이후 큰 인기를 끌었고, 자유연애 사조를 상징하는 노래로 자리 잡았다. 본래 왈츠이기 때문에 경쾌한 곡조였으나 느린 연주와 애달픈 그녀의 목소리는 처연하고 비극적이기 그지없다. 두 사람의 죽음 후 신드롬을 불러일으킨 이 노래는 우리나라 대중음악사에 음악 외적인 스캔들로 떠오른 최초의 곡이 되었다. 그리고 서양음악을 빌어와 가사를 붙인 대중음악의 유행을 일으키며 본격적인 대중음악 시대의 도래를 이끌었다.

박정희

朴正熙 (1917~1979년)

▌ 5·16군사정변을 주도했고 1963년 제5대 대통령에 취임했다.
▌ 1967년 재선된 후 장기 집권을 위하여 3선 개헌안을 통과시켰다.
▌ 중앙정보부장 김재규의 저격으로 급서했다.

박정희 6군단 부군단장 시절.

박정희에 대한 역사적 평가는 둘로 나뉜다. 그의 리더십이나 경제 발전에 대한 공로로 인해 긍정적인 평가가 있는 한편 독재와 장기 집권, 인권 탄압에 대한 비판의 소리도 높다.

박정희는 경상북도 선산군 구미면 상모리에서 박성빈朴成彬과 백남의白南義 사이에서 5남 2녀 중 막내로 태어났다. 그의 아버지는 지주의 아들이었으나 벼슬을 하지 못하고 동학농민군에 가담해 활동하는 등 할아버지의 눈 밖에 나는 행동으로 재산을 거의 물려받지 못한 것으로 보인다. 덕분에 박정희는 넉넉지 못한 환경에서 자랐다.

그는 아홉 살에 구미공립보통학교에 입학했다. 성적은 매우 좋아 줄곧 우등상을 받았고 당시 전국의 수재들이 모이는 대구사범학교에 합격했다. 졸업 후에는 교사 생활을 했으나 3년 만에 그만두고 1942년 만주에 있는 신경군관학교에 입학했다. 이 학교에서 그는 매일 아침 일본 천황에게 요배遙拜를 하고 만주국 황제에게 궁성요배를 했다. 말수가 적었던 그는 '독종'이라는 소리를 들을 정도로 성실하게 수업에 임했고, 우등상까지 받을 정도였다. 덕분에 성적 우수자에게 주는 특전인 일본 육군사관학교의 입학 자격을 받을 수 있었다. 그는 1944년 육군사관학교를 우수한 성적으로 졸업한 후, 일본군 소위로 임관되었다. 그러나 그가 중위로 승진한 직후, 일본은 연합군에게 항복했고 한국은 해방되었다. 그는 한 달쯤 떠돌이 생활을 하다가 한국광복군에 합류했지만 패잔병의 입장으로 1946년 귀국할 수밖에 없었다. 이후 미군정에서 장교를 양성하기 위해 설립한 조선경비사관학교에 입학했다. 이 학교는 육군사관학교의 전신이다.

이즈음 남로당 구미 지역 책임자로 일하던 형 박상희가 경찰토벌대에 피살되는 일이 발생했다. 문제는 박정희 역시 남로당에 가입해 있었다는 것이었다. 그는 1949년 순천에서 일어난 10·19 사건을 계기로 공산주의자 관련 혐의를 받고 군법회의에 회부되어 사형을 선고받았으나, 동료 장교였던 백선엽과 김창룡의 도움으로 석방되었다. 이후 박정희는 극단적인 반공 노선을 걷기 시작했다.

한국전쟁 중에는 부하인 송재천의 소개로 육영수와 결혼식을 올렸다. 박정희는 이미 대구사범학교를 다닐 때 김호남과 결혼한 적이 있었다. 그러나 아버지의 강요에 못 이겨 한 결혼이라 거의 별거 상태로 지냈고, 딸

한국전쟁 1950년 9월 인천에 상륙한 연합군으로 인해 북측이 우세를 보이던 전세가 바뀐다.

이 태어났지만 가까이하지 않았다. 결국 두 사람은 이혼했고 김호남은 비구니가 되었다. 육영수는 옥천 대지주의 딸로 당시로는 드물게 서울에 올라와 고등학교를 졸업한 여자였다. 육영수의 내조로 그는 이후 출세가도를 달렸다.

1961년 5월 16일, 박정희는 "누란累卵의 위기에서 조국을 구하고 도탄에 빠진 민생고를 시급히 해결하겠다."라는 공약을 내걸고 청년장교들과 함께 군사 쿠데타를 일으켰다. 7월에는 입법권, 사법권, 행정권을 장악한 국가재건최고회의 의장에 취임해 군정軍政을 실시했으며, 1962년 3월 윤보선 대통령이 사임하자 대통령 권한 대행도 함께 맡았다. 1963년에 창당된 민주공화당에 입당해 총재에 추대된 후, 그해 치러진 제5대 대통령 선거에서 야당 후보 윤보선을 15만여 표의 근소한 차이로 누르고 당선되었다.

대통령이 된 박정희는 여론의 반대에도 경제발전에 필요한 외자를 유치하기 위해 한일협정에 정식 조인하고 한 · 일 국교를 정상화시켰으며, 화폐 개혁을 단행하고, 인력 수출로 외화를 벌어들였으며, 베트남 전쟁 파병을 단행했다. 이렇게 확보된 자금은 경부고속도로 건설에 쓰였다. 또 농어촌 근대화를 목표로 새마을운동을 실시해 이른바 '잘살기 운동'을 시작했다. 그러나 이 운동은 국민들의 자발적인 참여보다는 정부의 적극적인 개입에 의한 강제성을 띠었기 때문에 부작용도 많았다.

한국사를 움직인 100인

그는 개발도상국이었던 한국의 낙후된 경제를 재건하여 경제 성장을 일으켰으나 대통령의 임기를 2선으로 제한한 헌법을 고치는 등 장기 집권을 모색하기 시작했다. 그는 '경제 개발이 중단되어서는 안 된다.'라는 명분으로 반대파를 설득했고 급기야 1972년, 국회와 정당 해산을 발표하고 전국에 계엄령을 선포한 후 통일주체국민회의에서 대통령을 선출하는 유신헌법維新憲法을 제정해 제8대 대통령으로 선출되었다. 헌법의 주된 내용은 박정희의 종신 대통령직을 보장하고 모든 권력을 그에게 집중하는 것이었다. 이로써 '유신 시대'라고 불리는 제4공화국이 시작되었다.

그러나 그가 이룩한 경제 발전과 별개로 장기 집권에 따른 정치적 부작용과 국민들의 민주화 요구는 점점 거세졌다. 긴급조치 발동으로 정권을 유지해 나가기는 했으나 장기 집권과 반민주적인 통치를 반대하는 국민들의 저항도 만만치 않았다. 박정희는 가장 큰 저항 세력인 학생들을 통제하기 위해 학생회를 폐지하고 학도호국단을 부활시켰으며, 민방위법을 만들어 예비군 대상이 되지 않는 17세 이상, 50세 미만의 남자를 민방위대로 조직해 훈련을 받게 했다.

또 이러한 사회적 모순과 갈등 속에서 이를 극복하기 위해 남북한 통일 문제를 제기해 남북적십자회담과 남북조절위원회를 열기도 했는데, 1972년 〈7·4남북공동성명〉, 1973년 〈평화통일외교정책에 관한 대통령 특별성명〉 등을 발표했다. 그러나 1974년 8월 15일 경축식에서 육영수가 재일교포 문세광의 저격으로 세상을 뜨면서 남북 관계는 다시 어두워졌고, 유신 체제에 반대하는 시민들의 목소리는 더욱 거세졌다. 박정희는 긴급조치 9호를 발령했다. 이는 유신헌법을 부정, 반대, 비방하는 일절의 행위를 모두 금지한다는 내용이었다. 정부의 이렇게 극단적인 조치에 따라 구속되는 양심수는 늘어 갔고, 인권 유린의 정도는 심화되었다.

전국에서는 시위가 계속되었고, 특히 부산과 마산 지역의 시위가 극렬했다. 1979년 10월 16일 부산대학교 학생 5,000여 명은 "유신정권 물러가라.", "정치 탄압 중단하라." 등의 구호를 외치며 교내에서 반정부 시위를 벌였고, 저녁에는 시내 중심가까지 진출해 격렬한 시위를 벌였다. 다음날에는 시민들이 합세하면서 시위가 지속적으로 확산되자 정부는 10월 18일 0시를 기해 부산에 비상계엄령을 선포하고 계엄군을 투입하여 1,058명을 연행하고 66명을 군사재판에 회부했다. 이를 '부마항쟁'이라고 한다.

1979년 10월 26일, 박정희는 중앙정보부장 김재규, 경호실장 차지철 등과 함께 부마 사태의 수습책을 논의하기 위해 궁정동에 모였다. 이곳에서 박정희는 차지철과 함께 김재규에게 피격당하고 말았다. 그는 곧 수도육군병원으로 이송되었으나 과다 출혈로 사망했다. 이 사건은 김재규가 권력 간 암투에서 밀려나면서 충동적으로 일으킨 범행이라는 주장과 박정희, 차지철의 독재를 중단하려는 민주화에 대한 열망으로 일으킨 사건이라는 주장이 있다.

인간다운 삶을 위하여
전태일

全泰壹 (1948~1970년)

▌ 초등학교를 4학년에 중퇴하고, 17세 때부터 평화시장의 의류 제조 회사에서 재단사로 일했다.
▌ 동료 재단사들과 바보회를 만들어 평화시장의 노동 조건 실태를 조사하고, 이를 토대로 노동청
과 서울특별시에 노동 조건 개선을 요구하는 진정서를 제출했지만 묵살당했다.
▌ 22세의 젊은 나이에 노동자의 근로 조건 개선을 요구하고, 근로기준법 화형식을 한 후 분신자
살했다.

전태일은 대구부 남산동(지금의 대구광역시 중구 남산동)에서 가난한 노동자
의 맏아들로 태어났다. 재봉사였던 아버지 전상수는 의류업 계통의 봉제
노동자였는데 나이가 들면서 집에 재봉틀 한두 대를 들여 놓고 삯일을 하
며 생계를 꾸려 나갔다. 전태일이 여섯 살 때 부산에서 소규모 양복점을
하던 그의 집은 염색공장에 맡긴 원단이 장마로 상하는 바람에 파산하고
서울로 상경하게 되었다. 몇 년간의 고생 끝에 전상수는 천막집 한 채와
재봉틀 한 대를 사들여 삯바느질 일을 하게 되었고, 가세는 점점 나아졌
다. 그러나 4·19혁명으로 인해 막대한 옷값을 떼먹히고 다시 빈손으로 거
리에 나앉게 되면서 대구로 돌아왔다. 전태일은 학교를 중퇴하고 신문팔

전태일

이, 삼발이 장사 등을 하며 가족의 생계를 떠맡았다. 그러나 어린 나이에 감당하기 힘든 일에 1년간 가출했다 돌아왔지만 잠시 학교 생활을 하다 재봉 일을 하라는 아버지의 말에 동생 태삼과 함께 서울로 야반도주를 감행했다. 그의 손에는 작은 이불 한 채와 아버지가 만든 어른용 모직 점퍼 8장뿐이었다. 그러나 서울에서 갈 곳을 찾지 못하고 헤매던 그는 동생 걱정 때문에 곧 다시 대구로 돌아왔다.

아버지의 계속되는 술주정과 구타로 어머니가 서울로 식모살이를 떠나자 전태일도 여동생을 데리고 서울로 오게 되었다. 서울에서 그는 아버지에게 배운 재봉 기술로 청계천 평화시장의 한 의류 공장에 보조로 취업했다.

그는 하루 14시간씩 노동을 하며 일당으로 당시 차 한 잔 값이던 50원을 받았다. 다음 해 미싱사로 옮겨 재봉사로 일하게 되었는데, 그곳에서 어린 여공들이 적은 월급과 열악한 환경, 과중한 노동에 시달리는 것을 보며 노동운동에 관심을 가지기 시작했다. 특히 함께 일하던 한 여공이 가혹한 노동 환경으로 인한 직업병인 폐렴으로 강제 해고되자 충격을 받았다. 그러나 그 역시 여공을 도왔다는 이유로 해고되었다. 그는 그 후 재단사 보조로 취직했고 재단사가 다른 회사로 옮기면서 마침내 재단사 자리에 올랐다. 그러나 재단사가 되었어도 그의 어려운 형편은 여전했다. 1967년 3월 17일의 일기에서는 당시 노동 현실을 엿볼 수 있다. "정말 하루하루가 못 견디게 괴로움의 연속이다. 아침 8시부터 저녁 11시까지 하루 15시간을 칼질과 다리미질을 하며 지내야 하는 괴로움, 허리가 결리고 손바닥이 부르터 피가 나고, 손목과 다리가 조금도 쉬지 않고 아프니 정말 죽고 싶다. ……육체적 고통이 나에게 죽음을 생각하게 하는 것이 아니라 정신적 고통이 더욱 심하기 때문이다. 두 가지 가운데 한 가지만 없어도 좋겠다. 미싱 6대에 시다가 6명, 다른 집 같으면 재단사, 보조, 시다 3명이 해야 할 일을 나 혼자 하니 정말 고통이 이만저만이 아니다."

그러던 중 우연히 노동자의 인권을 보호하는 법인 근로기준법의 존재를 알게 되었다. 그 뒤 해설서를 구입해 근로기준법을 공부하면서 법에 규정되어 있는 최소한의 근로 조건조차 지켜지지 않는 현실에 분노를 느끼게 되었다. 전태일은 종종 어린 보조들을 집으로 돌려보내고 밤늦도록 혼자서 보조가 해야 할 일을 해 주곤 했는데 이것을 여러 번 업주에게 들켜 해고되었다.

이 일을 계기로 그는 1969년 6월 평화시장 최초의 노동운동 조직인 '바보회'를 창립했다. 그리고 평화시장 노동자들에게 근로기준법의 내용과 현재 근로 조건의 부당성을 알리고 설문을 통해 근로 실태를 조사하기 시작했다. 그러나 이 일은 업주들의 방해로 실패했고 전태일은 더 이상 평화시장에서 일할 수 없게 되었다. 그는 한동안 공사장에서 막노동을 하며 지냈다.

1970년 9월 전태일은 노동운동을 하기 위해서는 평화시장 안에 자리를 잡아야 한다는 사실을 깨닫고 평화시장으로 돌아왔다. 그는 재단사로 일하며 이전의 바보회를 발전시킨 '삼동친목회'를 조직했다. 그는 틈나는 대로 서울시청, 노동청 등을 찾아다니며 진정서를 내고 신문기자들을 만나거나 방송국을 찾아갔다. 좀 더 자료가 많다면 방송을 고려해 보겠다는 방송국 관계자의 말에 그는 노동 실태 조사 설문지를 돌려 126장의 설문지와 90명의 서명을 받아 1970년 10월 6일 노동청장 앞으로 〈평화시장 피

복제품상 종업원 근로개선 진정서〉를 제출했다.

마침내 이 내용이 다음 날 석간신문인 〈경향신문〉에 〈골방서 하루 16시간 노동〉이라는 표제로 사회면 톱기사로 실렸다. 전태일 등 삼동회 회원들은 본격적으로 임금, 노동시간, 노동환경의 개선과 노동조합 결성 등을 위해 사업주 대표들과 협의를 벌였다. 삼동회를 주축으로 재단사들의 사기가 하늘을 찌르자 사측과 정부에서는 안절부절 못했다. 업주들은 삼동회를 사회주의 조직으로 매도함으로써 노동자들이 노동운동에 참여하지 못하도록 방해했다. 그러나 당시 신민당의 김대중이 국정 전반에 걸쳐 비판의 소리를 높여가고 있던 시절이라 박정희 정권이 그 어느 때보다 사회 여론을 살피던 때였다. 만약 노동자들의 참상이 언론에 계속 보도된다면 대통령 선거에 좋지 않은 영향을 미칠 것이 뻔했다. 그러다 보니 이를 무마하기 위해 노동청에서는 뒤늦게 실태 조사를 하겠다며 전태일 등에게 '노동절에 포상하겠다'라거나 '모범청년'이라며 회유하려고 들었다. 결국 노동청에서 해고된 재단사들의 취직을 모두 보장하고 일주일 안에 노동 조건을 개선하겠다고 제안했다. 회원들은 모두 취직했고 전태일도 재단사 보조로 취직했다. 그러나 근로 조건은 개선되지 않았다.

전태일과 삼동회 회원들은 11월 13일, 근로기준법은 노동자들의 인권을 보호하지 못하는 무능한 법임을 고발하는 뜻에서 근로기준법 화형식을 갖기로 결의했다. 결행일은 11월 13일이었다. 그는 이때 "이번만은 어떤 희생을 치르더라도 결단코 물러서지 말고 싸우자."라고 힘주어 말했다.

11월 13일, 평화시장 일대는 경찰들이 삼엄하게 진을 치고 있었고 업주들은 종업원에게 "오늘 행사에 절대 가담해서는 안 된다."라고 주의를 내렸다. 삼동회 회원들은 평화시장 앞에서 노동환경 개선을 요구하는 시위를 벌였다. 그러나 업주와 경찰 들이 현수막을 빼앗는 등 시위를 진압하

려 하자 전태일은 온몸에 석유를 끼얹고 불을 붙였다. 그리고 "근로기준
법을 지켜라! 우리는 기계가 아니다!" 등의 구호를 외치며 평화시장 앞을
달렸다. 뒤늦게 도착한 기자들이 취재를 시작했다. 약 3분가량 전태일의
몸이 불탔다. 근처에 있던 사람들은 뜻밖의 상황에 당황해 불을 끌 엄두
조차 내지 못했다. 이 소식을 듣고 공장의 수많은 노동자들이 달려 나와
시위에 참여하기 시작했다. 전태일은 병원으로 이송되었으나 이렇다 할
치료를 받지 못하고 자신이 못다 이룬 일을 어머니가 이루어 달라는 유언
을 남기고 스물두 살의 나이로 숨을 거두었다. 전태일의 죽음은 사회적으
로 큰 반향을 일으켰고 지금도 노동자들의 정신에 큰 영향을 주고 있다.

근대화의 뒷모습,《난장이가 쏘아올린 작은 공》

1970년대를 말할 때 '유신'은 그 중심에 있다. 1972년 12월의 유신헌법을 시작으로 1979년 10월 박정희의 죽음까지, 유신 체제는 1970년대 한국 사회를 지배한 중심적 힘이었다. 전태일의 분신 사건을 계기로 노동운동은 거세게 불붙었고, 지식인들 역시 문학작품 등을 통해 서서히 사회 현실을 비판하기 시작했다. 이 시기에 조세희의《난장이가 쏘아올린 작은 공》은 비슷한 시기에 출간된 황석영의《객지》와 함께 당시로서는 금기시되던 경제 성장의 이면裏面을 다룬 작품들 중 단연 두드러진 작품이다.

《난장이가 쏘아올린 작은 공》은 1978년 발표된 작품으로, 1970년대 한국 소설이 거둔 중요한 결실로 평가된다. 작가 조세희는 철거촌에 들이닥친 포크레인을 보고 이 글을 쓰게 되었다고 하는데, 낙원도 아니고 행복도 없는 '낙원구 행복동'에서 살아가는 소외 계층인 한 가족의 삶을 통해 화려한 도시 재개발 뒤에 숨은 소시민들의 아픔을 그리고 있다. 이 소설은 어두운 현실의 풍경을 묘사했지만, 동화적인 분위기와 간결한 문체로 추악하고 복잡한 현실에 대비시킴으로써 사회적 모순을 더욱 더 선명하게 부각시켰다.

난쟁이인 아버지와 어머니, 3남매 영수, 영호, 영희는 하루하루 힘겹게 살아가던 중 통장으로부터 재개발 사업으로 인한 철거계고장을 받는다. 행복동 주민들은 반발하지만 철거는 간단히 끝나 버리고, 그들의 손에는 아파트 딱지가 주어진다. 입주권이 있어도 입주할 돈이 없는 마을 주민들은 시에서 주는 이주 보조금보다 약간 많은 돈을 받고 거간꾼들에게 입주권을 판다.

채권 매매, 칼갈이, 건물 유리 닦기, 수도 고치기 등으로 어렵게 삶을 유지하던 난쟁이 아버지는 어느 날 병에 걸려 일을 할 수 없게 된다. 어머니는 인쇄 제본 공장에 나가고 영수는 인쇄소 공무부 조역으로 일하며 생계를 이어나간다. 영호와 영희도 몇 달 간격으로 학교를 그만둔다. 투기업자들의 농간으로 입주권의 값이 뛰고 영수 일가도 승용차를 타고 온 사나이에게 입주권을 판다. 그러나 명희 어머니에게 전셋값을 갚고 나니 남는 것이 없다. 영희는 집을 나가 승용차를 타고 온 투기업자의 사무실에서 일하며 함께 살게 된다. 그에게 순결을 빼앗긴 영희는 투기업자가 자기에게 했듯이 그의 얼굴에 마취를 하고 가방 속에 있는 입주권과 돈을 가지고 행복동 동사무소로 향한다. 서류 신청을 마친 영희는 가족을 찾으러 이웃에 살던 신애 아주머니를 찾아간다. 그러나 아버지가 벽돌 공장 굴뚝에서 자살했음을 알게 된다.